现 代 汉 语

（增 订 本）

北京大学中文系
现代汉语教研室 编

创于1897　The Commercial Press

图书在版编目(CIP)数据

现代汉语/北京大学中文系现代汉语教研室编.—增订本.—北京：商务印书馆，2012(2022.10 重印)
ISBN 978-7-100-09116-9

Ⅰ.①现代… Ⅱ.①北… Ⅲ.①现代汉语—高等学校—教材 Ⅳ.①H109.4

中国版本图书馆 CIP 数据核字(2012)第 083157 号

权利保留，侵权必究。

XIÀNDÀI HÀNYǓ
现 代 汉 语
（增订本）

北京大学中文系现代汉语教研室 编

商 务 印 书 馆 出 版
（北京王府井大街36号 邮政编码100710）
商 务 印 书 馆 发 行
北京新华印刷有限公司印刷
ISBN 978-7-100-09116-9

1993 年 7 月第 1 版   开本 710×1000 1/16
2004 年 3 月重排本   印张 32¾ 插页 1
2012 年 8 月增订本
2022 年 10 月北京第 22 次印刷

定价：96.00 元

增订本主持人

郭　锐　王理嘉　陆俭明

编　者

绪论　　王理嘉　李小凡
语音　　王理嘉
文字　　苏培成
词汇　　符淮青　万艺玲
语法　　陆俭明　马　真
修辞　　袁毓林

第一版和重排本主持人

王理嘉　陆俭明

编　者

绪论、语音　　王理嘉
文字　　　　　苏培成
词汇　　　　　符淮青
语法　　　　　陆俭明　马　真

审订人

朱德熙　林　焘

增订本前言

为适应教学与学术研究的发展需要,培养新世纪的人才,2011年北京大学中国语言文学系现代汉语教研室在保留原编者的基础上,增加了一部分富有教学经验的中青年教师,对出版多年的《现代汉语》教材再次进行修订,并加以增补。各章节增补修订的主要内容概述如下:

绪论部分扼要说明了现代汉语的源头,并着重引用史料,简述了现代汉语如何从自发形成的民族共同语走向有明确规范的标准语,以及目前规范化、标准化的新进展和关于提升国家语言能力的新精神。绪论中"现代汉语方言"这一节全部重新改写,从保护语言资源的角度出发强调各地方言都有其自身存在的文化价值,应该加以维护并长期保存和发展;在方言分区的原则和标准中指明应以语音特征作为首要标准,并介绍了七大方言区各自在音韵系统上最主要的特征及其次方言片的分布状况。

语音部分保留了过去元辅音分析法和声韵调分析法互相结合的教学体系,从最小的语音单位——元音和辅音入手,进入音节结构的各组成单位——声母、韵母和声调,再扩大到连读音变和句子的语调。为贯通语音的生理属性和物理属性之间的内在因果关系,补充了"元音和辅音的声学表现"一小节;为阐明各种教科书对普通话的音位分析为何说法不一,且相去甚远,添加了"音位分析的多答案性"一小节;为说明字母与语音以及音位之间的关系,增补了"汉语拼音教学的基本观念"一章。此外,还对语音描写中的严式音素记音和宽式音位记音,以韵尾为标准的韵母分类的意义,儿化韵在汉语方言中的不同表现形式分别做了若干补充和修订。

文字部分在原有章节的基础上,新增加了两节,同时对原有的内容也有所调整和修订。在"汉字的性质和特点"这一节中着重阐述了汉字是表意性质的,是与语言中最小的音义结合单位——语素相对应的语素文字;在"汉字的结构"这一节中,从现代汉字学的观点出发,讲述了汉字的无理据分析和有理据分析,并在区分了汉字的溯源分析和现状分析的差异后,把汉字字符分析为意符、音符和记号三类。由这三类字符组成了现代汉字的六种主要构成类型，是谓之"新六书说"。而"汉字的正字法"这一节则在汉字规范化四定——定形、定音、定量和定序的基础上，重点讲授现代汉字的社会应用，规范字和不规范字以及正字法的基本要求。增补修订后文字部分形成了较为完整的现代汉字教学体系。

词汇部分在保留总体框架不变的基础上，对原有章节内容分别做了修订、调整和补充。主要是：增加了词汇词义系统性的分析和论述；在"词的构造"这一节中增添了"造词法"的内容，其中包括富含汉语传统文化特点的用修辞手法来创造新词的造词法。而在词义分析方面，则以自然语言对词义的表述为基础，增加了对表名物的词、表行为动作的词、表性状的词的词义分析，以期能提供操作性较强的词义分析方法。此外，还补充了多义词类型的介绍，更新充实了同义词辨析和辞书编纂、词条释义讲解等方面的内容。

语法部分以词组的句法结构为核心，全面阐述现代汉语的词类系统、各种句法结构的特点、虚词的特点和用法、常见的语法错误，以及检查常见语法错误的两种方法。这次增订将原书的一、二两节合并，让学生对四种语法单位（语素、词、词组、句子）在学习起步的时候就有一个简单明了的整体性认识。在词组这一节增加了"词组和句法结构"这一小节，说明了这两个概念的异同及与作为话语的基本单位——句子——的关系。"述语和宾语"这一节增加了一小节"准宾语"；"述语和补语"这一节做了较多的补充，对不同类型的述补结构的不同特点，做了比较细致的分析。在"句法里的歧义现象"这一节里，除了将"显性语法关系"和"隐性语法关系"改为现在通用的"句法结构关系"和"语义结构关系"外，还对句法里的歧义现象做了更透彻的解析。此外，在这次修订中，还对词类划分中的兼类问题、主谓结构和述宾结构中的句法分析问题等诸多方面都做了增补和说明。整个语法部分比先前在论述上更为深入浅出，通俗易懂，且富有启发性。

第六章"修辞"是新增加的内容。本章在传统修辞学体系和叙述框架之下，灌注了新的精神、加入了新的内容、做出了新的分析。主要运用语用学、认知语言学、系统功能语法、俄语功能修辞学的理论概念和分析方法，来讨论和分析相关的修辞现象，揭示修辞方式背后的思维方式和认知过程。还引入信息论、控制论、博弈论和现代社会学的有关概念和思想，贯穿在对具体修辞现象的分析中。举例尽可能贴近当前的语言生活和媒体语言的实际生态。借鉴中国古代文论、诗话、词话和现代文艺理论的有关概念和思想,挖掘汉语语言学跟中国古代诗学、中国现代新诗格律之间的关联;拉近跟文学理论、文学欣赏、诗学批评和文本分析等邻近学科的距离,使修辞知识对于语言艺术的分析和欣赏有一定的启发性。

为贯彻学以致用的原则,本教材各部分的每一章节均配合教学内容设计了大量练习题、复习题和思考题,尤其是语法部分,量大且有一定难度。这些练习题应视为教学内容的有机组成部分,对提高学习者的思维能力和分析能力大有裨益。为取得良好的学习效果,学习者应认真完成这些作业。

现代汉语是国内各高等院校中文系普遍开设的必修基础课程。自上世纪八十年代以来,各种不同版本的现代汉语教材逐渐增多,教材内容也不尽相同。比如语音部分,有的教材有普通话音位的讲授,有的教材却没有这一部分内容。而有这一部分内容的各种教材,讲授方法和内容深浅也各自不同。有的把普通话音位与《汉语拼音方案》结合在一起讲,有的则各自独立成章,互补联系,且从音位的最小对立体讲起,一直讲到音位内部的区别特征。词汇部分的内容,有的教材偏重在传统的词汇学框架内加深、扩大各方面的知识,吸取目前学术研究的新成果;有的则完全另建体系,用包括句义在内的"语义"(语义学)和包括言语行为在内的"语用"(语用学),讲授传统的和新起的有关词汇、词义、语句、篇章,以及语言应用等多方面的学术发展的新知识。语言三要素"语音、词汇、语法"之外的其他部分教学内容也是如此。凡此种种,可谓各有千秋,各擅胜场。

教材编写内容的不同,与教材编写的理念、教材适用的对象以及不同类型的院系的课程设置都有关系。就北京大学中文系而言,文学、汉语、古典文献、应用语言学分别为四个不同的专业,各专业有共同的必修基础课,也有本专业自己的一套系列化课程。因此,现代汉语课程的定位和教材的编写既要考虑它是大学一年级的共同必修基础课,也要考虑它是本专业各类后续课程的基础课。例如,该课之后本专业还有诸如现代汉语虚词研究、现代汉语语法研究、现代汉语词汇专题、汉语方言学、实验语音学、汉语修辞学等方面的专门化课程,这都是在现代汉语这门主干基础课之上再分科继续深入的,乃至其后的研究生课程,也跟它有密切关系。即便是基础课的教材,也应该与时俱进,跟上学术发展。因此,教材的编写,既不能超越入门基础课的界限,也不能失之过浅,不考虑与其他后续专门化课程的衔接。本教材的编写,各部分是否完全恰如其分地处理好了这些方面的关系,不敢妄下断言。但教学主要依靠教师讲授,授课教师可以而且应该根据教学对象的不同、教学任务的不同,因材施教,因地制宜,在课堂讲授时,对教材内容做权宜处理,加以增减调节。在北大校内如此,作为面对社会的一本教学参考书更是如此。

在众多不同版本的现代汉语教科书中,北大这本教材是国内最早出版发行的版本,可以追溯到上世纪的1958年。在1952年全国高等院校院系大调整后,根据新的教学体制和课程设置,现代汉语课虽然已经开设几年,但全国却没有这门课程的教材。时任北大中文系汉语教研室主任的王力先生首先提出并委托朱德熙和林焘两位先生主笔,年青助教和教研室研究生一起参加,集体编写出版了现代汉语教材。全书除绪论外,依次为语音、文字、语法和词汇、修辞以及各类文体的作品分析,总共六大部分,分上、中、下三册,由高等教育出版社出版。包含绪论、语音、文字和语法四部分的上册,在1959年元旦先与读者见面;其后中册和下册分别在1959年底和1960年4月出版发行。翻阅全书,无论是前言或后记,都找不到任何一个个人的名字,只有北京大学中国语言文学系汉语教研室的署名。

其后,根据几年积累起来的教学经验和课程改革的要求,由原教材主要执笔人朱德熙、林焘两位先生加以改编,删去了修辞和作品分析两大部分,其他四部分也分别做了重大修改,并增加了若干章节,合并成一册。这就是1962年由商务印书馆出版的《现代汉语》教材。

1977年高校恢复全国统一招生,其后本科生、研究生的学位制度也逐步建立起来。汉语教研室分为古代汉语和现代汉语两个教研室,朱德熙和林焘先生也专注于高年级和研究生的专门化课程。根据当时的课程设置,为培养汉语专业人才的需要,现代汉语课被分为现代汉语语音、现代汉语词汇和现代汉语语法三门相对独立的课程。1983年根据当时教学改革的精神,大学本科培养的是通才,只是为培养专门人才打下一定的基础,一年级的课程不宜过深过专。于是,上述三门课程又重新合并为一门现代汉语课。为适应教学需要,1985年教研室开始着手在1962年版的《现代汉语》教材基础上,花了多年时间,对它做了大幅度的增补和修订。各部分的章节都有较大的变动,扩展和增添了许多新内容。修订改写后,1993年仍由商务印书馆出版,发行了十年。2004年又趁重排本的机会对教材做了逐章逐节的审阅,对书中举凡文字错缺、行文疏漏、用例失当、论述脱节之处,一一做了修正。

目前北大这一版本的《现代汉语》教材自出版发行以来,多蒙高校广大学者和众多学子的垂青,已陆续印刷了十余次。1996年该教材获国家教委第三届优秀教材一等奖;1997年,以该教材为主要组成部分的"现代汉语系列化课程的建设与实践",荣获教育部首届普通高等学校国家级教育成果一等奖。此后,日本和韩国也相继与商务印书馆洽谈,分别出版了日译本和韩译本的北大《现代汉语》(重排本)教材。

为适应高校学术研究和基础学科发展的需要,近几年一直担任本书责任编辑的商务印书馆汉语编辑室刘一玲同志殚精竭虑,以求推陈出新,多次提议我们对2004年重排本《现代汉语》教材再做一次精益求精的修订和增补。他们和我们一样对北大老一辈的语言学师长王力、朱德熙、林焘和袁家骅、高名凯、岑麒祥等诸位先生有深切的缅怀,对这本几十年来与他们一直有紧密联系的《现代汉语》教材也格外关注,恳切相告该教材在社会上需求不断,发行量稳中有升,而且据反映此教材已几乎成为各地报考汉语言文字学专业、对外汉语教学专业、语言学及应用语言学专业的硕士、博士学位考生的必读参考书。受此鼓舞,教研室终于从去年起花了一年时间,对原书又做了适应新世纪需要的精心增补,细心修订,几经集体审阅,多次讨论修改,最后杀青定稿。付梓出版以后,倘能为高校师生多提供一份可资参考的教学资料,并能让大家从中有所得益,则我们的心愿也就得到了最大的满足。

在教材增补修订的过程中,我们曾广泛地参阅了目前许多教材和专著,从中汲取了精华,在此一并表示衷心的感谢。教材中肯定还有疏漏和不妥之处,敬请雅正。

北京大学中文系现代汉语教研室
2012年5月

重排本说明

《现代汉语》自1993年出版至今已经十年了。这部教材是在朱德熙、林焘两位先生主编的1958年和1962年版本的基础上修订改编的,这样算起来那就已经有45年的历史了。目前这个版本的《现代汉语》自出版以来,多蒙学界和广大学者垂青,已陆续印刷了6次。1996年教材获国家教委第三届优秀教材一等奖,1997年教材暨现代汉语教研室其他课程建设成果又一起荣获中华人民共和国国家教育委员会颁发的首届普通高等学校国家级教学成果一等奖。这些荣誉,我们一如既往都认为是一种要求继续努力的鼓励和督促。

八十年代以来,语言文字学科在各自的研究领域中都取得了令人惊喜的成绩,可谓硕果累累,目不暇给。但是,要从这些成果中提炼精粹,加以吸收,并转化在基础学科的教材中则尚需假以时日。不过,一旦条件成熟,我们一定会在新的起点上,全力以赴,对教材再做重大的修订和改编。

这次重排印刷我们仍维持了教材原有的框架,但逐章逐节,审阅了全部内容,举凡文字错缺、行文疏漏、论述脱节、举例失当之处,能发现的我们都一一做了修正。补苴罅漏,共400余处,涉及200多页。书末的附录《标点符号用法》也更换为新的版本。总之,希望尽量减少因我们的疏忽而给读者带来的负面影响。

这次重排印刷的原因之一是日本三省堂出版社已与商务印书馆谈妥要发行本书的日文版。回想1958年版的《现代汉语》也是日本首先翻译出版的。我们衷心希望这次1993年版的《现代汉语》在日本翻译出版时也能受到广大读者的欢迎。

北京大学中文系现代汉语教研室
2003年7月

前　言

　　1958年,我们曾经出版过一部《现代汉语》教材,全书分上中下三册,内容包括语音、文字、语法、词汇、修辞和作品分析六个部分。1961年,根据几年积累起来的教学经验和课程改革的要求,由原执笔人朱德熙、林焘等加以改编,删去了修辞和作品分析两部分,其他四部分也分别做了修改并增加了若干章节,把原来的教材合并成一册,由商务印书馆出版。

　　自从教材出版以来,我们曾经收到过很多单位和个人来信,提出了许多宝贵的意见。同时,教材中有些章节的内容,蒙兄弟院校不弃,分别加以采用和吸收。这些都是对我们的鞭策和鼓励。

　　1977年高校恢复全国统一招生后,为适应北大中文系汉语专业的需要,我们把"现代汉语"分为现代汉语语音、现代汉语语法、现代汉语词汇三门独立的课程。1983年,根据当时教学改革的精神:大学本科只是为培养专门人才打下一定的基础,一年级的课程不宜太专太深,我们重新把上述三门课程合并为一门"现代汉语"。为了适应教学需要,1985年我们开始着手在1961年的《现代汉语》教材的基础上,编写了现在这一部《现代汉语》新教材。其中绪论、语音、词汇、文字都是重新编写的,语法部分也做了许多修改并增添了一些新的内容。各部分的执笔人分工如下:

　　绪论、语音　　　　　　　　王理嘉

　　词汇　　　　　　　　　　　符淮青

　　文字　　　　　　　　　　　苏培成

　　语法　　　　　　　　　　　陆俭明　马　真

此外,郭锐、刘一之为语法部分编写了全部练习。教材初稿写成后,作为讲义先在校内试用了两年,同时在教研室内讨论过多次。李庆荣、杨必胜、王福堂、吴竞存、侯学超、沈炯、刘勋宁、李小凡等各位同志都提出了宝贵的意见。初稿经过修改,再由朱德熙、林焘两位先生通读全稿,最后审定。

　　在教材编写过程中,我们曾参考过目前许多论著和教材,谨向他们表示深切的谢意。由于水平的限制,教材中肯定有疏漏和不妥之处,我们期望得到斧正和帮助。

北京大学中文系现代汉语教研室

1993 年 6 月

目 录

第一章　绪论 …………………………………………………………… 1
　第一节　汉语和汉字 ………………………………………………… 1
　第二节　现代汉语的历史渊源 ……………………………………… 4
　第三节　现代汉语民族共同语的规范化 …………………………… 8
　第四节　现代汉语方言 ……………………………………………… 16

第二章　语音 …………………………………………………………… 22
　第一节　语音概述 …………………………………………………… 22
　第二节　语音的性质 ………………………………………………… 30
　第三节　元音和辅音 ………………………………………………… 34
　第四节　声母 ………………………………………………………… 53
　第五节　韵母 ………………………………………………………… 59
　第六节　声调 ………………………………………………………… 73
　第七节　普通话的音节结构 ………………………………………… 89
　第八节　儿化音变和连读变调 ……………………………………… 97
　第九节　轻重音和语调 ……………………………………………… 108
　第十节　《汉语拼音方案》和普通话音位 …………………………… 117
　第十一节　汉语拼音教学的基本观念 ……………………………… 130
　第十二节　语音的规范化问题 ……………………………………… 135

第三章　文字 …………………………………………………………… 143
　第一节　汉字的性质和特点 ………………………………………… 143
　第二节　汉字的结构（上） …………………………………………… 147
　第三节　汉字的结构（下） …………………………………………… 155
　第四节　汉字的简化和整理 ………………………………………… 163
　第五节　定量、定音、定序 …………………………………………… 170
　第六节　汉字的正字法 ……………………………………………… 179
　第七节　汉字的前途 ………………………………………………… 184

第四章　词汇

- 第一节　词和词汇 ······ 189
- 第二节　词的构造 ······ 196
- 第三节　词义 ······ 203
- 第四节　多义词和同音词 ······ 215
- 第五节　同义词、反义词、上下位词 ······ 227
- 第六节　几种重要的词汇划分 ······ 237
- 第七节　熟语 ······ 247
- 第八节　词典 ······ 253

第五章　语法

- 第一节　语法的性质与作用 ······ 261
- 第二节　词组 ······ 269
- 第三节　词类 ······ 276
- 第四节　句子 ······ 293
- 第五节　主语和谓语 ······ 299
- 第六节　述语和宾语 ······ 309
- 第七节　述语和补语 ······ 318
- 第八节　定语和状语 ······ 327
- 第九节　复谓结构 ······ 336
- 第十节　句法里的歧义现象 ······ 344
- 第十一节　复句 ······ 350
- 第十二节　语气 ······ 364
- 第十三节　倒装、插说、复指 ······ 371
- 第十四节　虚词 ······ 376
- 第十五节　常见的语法错误 ······ 397
- 第十六节　检查语法错误的两种方法 ······ 409

第六章　修辞

- 第一节　修辞概说 ······ 417
- 第二节　语音的调节和利用 ······ 430
- 第三节　词语的选择和锤炼 ······ 443
- 第四节　句式的调整和修饰 ······ 457
- 第五节　辞格的运用和创新 ······ 472
- 第六节　适应语体和调整风格 ······ 493

第一章 绪 论

第一节 汉语和汉字

　　语言和文字都是人类在漫长的进化过程中,世代积累,逐渐形成的,它使人类社会的发展产生了质的飞跃。语言是人类最重要的思维工具,利用语言人类认知世界,积累经验,交流信息,发展文化,协调社会生产和社会生活。有了语言,人类才能成为万物之灵。记录语言的书面符号是文字,有了文字,社会群体在长期历史发展中积累形成的文化技术和精神文明才能继承传播,绵延不绝发扬光大。语言和文字相辅相成,使人类进入了科学文化飞速发展的文明时代。语言文字好比是人类社会的神经系统。

　　汉语和汉字是中华文化的主要载体。汉语的历史十分久远,根据史料的记载,它在绵长悠久的历史发展中,经历了与境内外其他民族语言密切交流的发展过程,是以汉民族为主体,同时融合了其他民族语言因素而形成的。华夏民族很早就创造了独特的记录自己语言的书面符号——汉字。现在可以见到的刻在龟甲和兽骨上的文字,是距今三千多年前殷商时期的甲骨文。它已经是成系统的相当成熟的文字了,远不是最原始的汉字。根据近几十年的出土文物资料,可以推断原始汉字产生的时代距今已有五千年以上的历史。

　　用汉语表达,用汉字记录的中华文化源远流长。汉字是世界上自形成到现在仍在使用的最古老的文字。古埃及文字和巴比伦楔形文字虽然比汉字起源更早,但早在纪元前就已经不再通行了,而汉字延续至今仍然是正式通行的书面文字。汉字是根据汉语自身的特点而创制的,汉字和汉语的内在联系表现在作为书写单位的汉字,在语义上是与最小的表义单位——语素相对应的,在语音上是与言语中最自然的发音单位——音节相对应的。汉字、音节、语素,在汉语中总体上是一一对应的,所以确切地说,汉字是一种以方块结构形体,表示汉语中最小的音义结合体的语素文字。汉字是由形、音、义三方面组成的,学习汉字的同时,也就是在掌握言语中可以构词造句的最小的语言单位。这是汉字与世界上广泛通行的拉丁化拼音文字最本质的不同。

　　汉语是目前世界上唯一的几千年来一直使用表意语素文字的语言。汉语有文字记载的历史上下数千年,它的分布地区在中国境内纵横数万里。汉语作为母语使用的人口有十二亿以上,居世界首位。中国境内除汉族外,回族、满族、畲族等也都使用汉语,蒙古族、壮族、傣族、苗族、白族、布依族、土家族等十几个少数民族既使用本族语言,也使用汉语。其他民族中也有不少是兼通汉语的。所以,实际上汉语已经成为中华民族共同使用的一种交际工具。此外,世界各地的广大华侨和华人也使用汉语。汉语在海外,也被称之为华语。现代汉语也是世界公认的国际通用语言之一。汉语和汉字不仅为中华民族的统一、进步、繁荣和发展做出了辉煌巨大的历史贡献,而且对亚洲其他一些语言也有很大影响,日语、朝鲜语、越南语都曾经使用过或至今仍然在自己的文字系统中保留着一部分汉字;在它们的词汇中还都保存着大量汉语借词。汉语是世界上最为发达、丰富的语言之一。

　　汉语源远流长,历史悠久,文献资料长达三千多年。口头语言一发即逝,古人的口语当然已经无法听到,所以汉语自古至今的历史发展,各个阶段的语言特点,只能从书面语言(即包括各种文体在内的文学语言)以及有关的文字资料中去了解和研究。从书面语言资料看,汉语在长期的历史发展中,曾经在相当长的一个历史时期内,同时并存着两种文学语言,即两种书面语言系统:一种是在先秦口语基础上形成的上古书面语言以及后代采用和模仿这种书面语言写作的各类文献著作,这种文体的书面语言就是现在通常所说的"文言文"。另一种是魏晋六朝以来在北方话口语基础上逐渐发展形成的书面语言,它与当时的口语十分接近,大都用于通俗文学和笔记语录,而文言文则占有书面语言的正统地位。前一种书面语言与现代汉语差别很大,后一种则与现代汉语比较接近,是现代汉语的直接源头。为了区别于后来二十世纪所说的"白话文",就把中古时期在当时口语基础上产生的书面语言称之为"古白话"。唐代"变文"、宋元话本、明清以前的小说《水浒传》《西游记》等都属于古白话的范围,而"五四"前后的白话文,则称之为"新白话"。

　　为了研究汉语在不同发展阶段各自的特点,探索引起变化的原因,揭示它的发展规律和发展方向,目前把汉语的研究分为三个分支学科:古代汉语、近代汉语和现代汉语。

古代汉语

研究上古期、中古期和近代期的文言文书面语言。上古期指商、周、秦、汉时期,从公元前十八世纪到公元三世纪;中古期指魏、晋、南北朝、隋、唐、宋时期,从公元三世纪至十三世纪左右;近代期,指元、明、清一直至"五四"前后的文言文。这三个时期的文言文都属于古汉语的研究范围。

近代汉语

研究自晚唐五代以来在当时口语基础上形成的,应用于通俗文学作品的早期白话文(古白话)书面语言。近代汉语上承古代汉语,下接现代汉语,历时一千余年。现代汉语在语音、词汇和语法方面的许多特点,大都可以在近代汉语中找到它发展形成的源头。

现代汉语

就狭义的现代汉民族共同语而言,它的形成大体上不会晚于明朝中期。民族共同语的发展通常分为两个阶段:在社会地区交流中自发形成的没有固定语音标准的初级阶段;人为推广的有明确规范的高级阶段。经过加工规范的共同语是民族共同语的最高形式,也就是汉民族共同语的标准语。

汉语在上述各个发展阶段,语音、词汇和语法等各个方面都有自己的特点。但是,语言的发展是渐变的、缓慢的,其间的过渡期,有时可能长达二三百年,因此各时期各阶段很难划出一条绝对的界限。另外,从不同的角度根据不同的标准也可以做出不同的划分。就语言本体说,语言三要素中的语法往往是最稳固的部分;与社会生活各方面都有紧密联系的词汇则变化发展最快,也最为明显;相对于词汇而言,语音的发展变化,也是比较缓慢的。所以,汉语史的分期,根据什么标准,或以哪个标准为主,往往有不同的意见。汉语史科学分期的探讨有很重要的意义,因为这有助于深入研究汉语的发展变化以及各时期的语言特点及其相互之间的渊源关系。

作为高等院校"现代汉语"基础课程使用的教材,本书将讲授有关现代汉民族共同语形成的历史及其语音、词汇、语法、文字和修辞等各方面的基础知识、基本技能和基本理论。

复习和思考一

一、语言和文字对促进人类社会的发展有什么作用?

二、简单说说与其他语言(例如英语)相比,汉语和汉字有什么特点。

三、为什么说汉语在相当长的历史时期内,曾经同时并存着两种书面语言系统?

四、现代汉民族共同语发展的两个历史阶段有什么不同?

五、简单说说,汉语史的科学分期对汉语的研究有什么意义。

六、现代汉语的历史分期有不同的意见,你有什么看法?

第二节 现代汉语的历史渊源

民族共同语指的是在一种方言基础上形成的民族内部各地区成员之间用以互相沟通的语言。这种通用语的基础方言通常总是政治、经济、文化比较发达地区的方言。共同语有两种形式:口头形式和书面形式,而方言则一般不具备自己的书面形式。

汉语分布地域广阔,自古就有方言分歧。先秦时期"言语异声,文字异形"。古人的口语,今天当然无法再现了,但是从书面文献资料中可以知晓,汉语在各个历史发展阶段也都存在着以北方话为基础的可以互相沟通的共同语。春秋战国时期,《论语·述而》里就记载过:"子所雅言,《诗》、《书》、执礼皆雅言也。"意思就是孔子在读《诗》、《书》、主持礼仪时说的都是雅正(典雅、规正)之言。汉代,"雅言"在扬雄所著的《方言》一书里,与只在各个地区通行的方言相对,被称之为"通语""凡语"。其后,在社会历史的变化发展中,共同语的基础方言也逐渐由陕西、山西一带东移至河南洛阳一带,雅言以"中原之音"为正音,"中原雅音"又被当时称为"天下通语"。当然,古代的"雅言""通语""中原正音",未必就是现在所说的有明确语音标准的"共同语"。在当时交通不很发达的条件下,这种通用语只是在社会政治、经济、文化方面起到沟通大范围交际的作用。共同语书面形式所起的作用远远大于它的口语形式。

凡书面语言一开始总是以口语为基础逐渐形成的。由于脱离了口语交际的现时情景和口语表达时的辅助手段(语气、手势等),书面语言在用词造句方面就会形成简省、凝炼、严谨、完整等不同于口语的特有风格,而且由于表意汉字在书面上的保守性,久而久之这种书面语言的传统就会固定下来,脱离自然口语的发展变化,最后变成不仅读出来听不懂,而且不经过专门学习,连看也看不懂的书面语言了。中国先秦、两汉时期以口语为基础形成的上古书面语言,历经千余年的发展变化,到了中古时期(公元三世纪起)就成为这样一种书面语言了。后来就把上古书面语以及后来继承和模仿这种书面语言来写的文章作品统称为文言文。在长期的封建社会里,文言文一直占有汉语书面语言的正统地位,直到二十世纪"五四"运动时期,才让位给白话文。

由于上古书面语言与口语完全脱节,中古六朝以后在当时北方话的基础上,一种新的口语体书面语言开始显露端倪。例如,在笔记小说《世说新语》、佛经翻译等一些书面资料中就可以看到一些口头词语、口语句式。这种用于笔记语录的古代白话,就是现代汉语的直接源头。其后,这种口语化的书面语体经历了唐五代,到了宋元之际已经发展成熟。明清时期更是产生了大量传播全国,有一些后来成为世界闻名的文学巨著。为了与"五四"前后吸收了西洋语法特点的新白话区别开,现在把明清以前的白话叫"古白话"。

从上面的叙述中,可以看到从中古到现代"五四"运动之前,汉语在长期的历史发展中实际上产生了文言和白话两种书面语言,长期共存,各有自己的应用范围。文言文占据正统地位,公文书信,科举考试,著书立说都用文言。而白话文则用于面对民间百姓的戏曲说唱、野史传说、笔记语录等市井文学作品。这种与"文言"相对,与口语紧密联系的"白话"书面语,通过唐代"变文"、宋元话本等书面作品的不断磨炼发展,到了明清时期,更是产生了大量的文学巨著,诸如《水浒传》《西游记》《金瓶梅》《儒林外史》《红楼梦》等。这许多通俗文学作品的语言,虽然或多或少各自带有一点地方方言的色彩,但是大多没有超出北方话的范围。这种白话语体的书面语言传播全国各地,不仅大家都看得懂,而且还被非北方话地区的人用来写作。可见,它已经在社会上自发地成为通行全国各方言地区的书面共同语了。明清时期大部分小说的语言虽然跟唐代"变文"、宋元话本在汉语史的分期上都属于古白话的范围,但是其中有一些与现代汉语已经十分接近了。

中国从秦朝(公元前221—公元前207年)就用"书同文"的政令结束了华夏境内"文字异形"的局面。但是,"书同文"不等于"语同音",方言分歧,"言语异声"的状况一直存在。口语的交流受河流山川空间地域的阻隔,所以与书面共同语相比,汉民族口头共同语的开始形成显然一定会晚得多。但是,至迟在公元十四世纪,即元末明初,一种被称之为"官话"的口头交际共同语已经开始形成了。因为根据书面资料,在朝鲜人编写的学习汉语的教科书里就有"……不是官话,无人认听"(见《李朝实录·成宗四十一年(1483)九月》)这样的话。明嘉靖年间(1522—1566)何良俊的《四友斋丛说·十五史》一书,提到当时的大书画家雅宜山人王宠,他是苏州一带人,一生未曾做过官,却"不喜作乡语,每发口必官话"。与他差不多同时代,身居高官的张位在《向奇集·各地乡音》中也说过:"江南多患齿音不清,然此亦官话中乡音耳。若其各处土语,更未易通也。"这些资料充分说明,官话与乡音、土语相对,是已经在民间流行的各方言地区之间用来互相沟通的交际用语。这种带着各自家乡口音的官话,借助宋元以来在北方话基础上已经形成的白话通俗文学书面语言的力量,已经从官场雅语逐渐发展为官民之间和文人雅士知识阶层之间,乃至各地区之间一些民间百姓也在使用的共同语了。所以明代来华传教的利玛窦(1552—1610)在《中国传教史》里向西方人介绍"官话"这一名称时,曾说过中国各省语言不同,但有一种通用的语言——官话,"学会了官话,可以在各省使用,就连妇孺都能用官话跟外省人交谈"。

明时盛行的官话口头共同语也是在北方话的基础上形成的。北方话分布范围很广,但可以分为以南京话为中心的南方官话和以北京话为中心的北方官话。由于官话是自发形成的,并无明确的语音标准,在民间百姓中也并没有人为地去推广,所以不同地区的官话,都各自带着浓重的家乡口音。大体上南方官音比较接近传统的"中原雅音",如分尖团,保留入声等;而北方官音则随口语的发展,变化较快,失去了传统读书音中的一些特点,如不分尖团,入声归并消失等。但是南北官话的语音差异并不影响它已经形成的口头共同语的地位,所以到了清代,雍正皇帝时期(1723—1735)还鉴于官民上下如果语言不通,会影响政令实施、地方治理,因而训谕官吏务必通晓官话。科举考试,"不谙官话者,不准送试"。同时还责令方音最重的闽广两省设立正音书院,专门教授官话。可见,官话在当时已经是清朝政府官方认定的共同语了。

清朝后期官话的发展有一个明显的变化,那就是北京话脱颖而出成为最具优势、通行最广的共同语。当时,十九世纪下半期方始获准在北京设立使馆的外国人最早敏锐地察觉到了这一点。他们在北京很快发现必须把原先在南方学会的南京官话改为北京官话。在英国公使馆担任公职的威妥玛(1818—1895),在他编写的供各国在华使馆共同学习的汉语课本《语言自迩集》(1867年伦敦出版)中清楚地写明了这一段史实。他说:为了更好地与清廷官府打交道,必须学习"帝国官话",也就是"净化了它的土音的北京话"。

"据说北京话的特征正逐渐渗入官话通行区域的所有各地方言","北京官话是中国全域的通用语"。从历史发展的角度看,这确实也是必然的趋势,因为北京从公元1153年金朝开始,以后历经元、明、清三代,八百年来一直是历朝历代的首都,是全国政治、经济和文化中心,北京官话自然比其他地方官话更容易传播到全国各地去。

十九世纪末二十世纪初,中国富有民族进取精神的知识分子,因为国家迭遭世界列强的欺凌侵略,在政治上掀起了维新变革的浪潮。在文化领域中,主张从汉字改革入手,创制易识易写的拼音字母,普及教育以"开民智而救大局",否则将"不足以自存于世界"。由此而触及了全国"语同音"的问题。因为大家都认识到切音字(当时对拼音字母的称呼)是一种"字话一律",拼切"说话之音"的"话音字"。如果语言不统一,分别拼切各自的地方话,那不是一定会分裂共同的"天下通语",破坏中国的"同文之治"吗?所以,最后清朝的管学大臣张百熙,京师大学堂总教习(即校长)吴汝纶等,共同上书朝廷主张采用当时王照创制的《官话合声字母》,理由是王照的切音字母所拼的官话,"皆京城口声"(北京口语),"可使天下语音一律"。当时,"国语""普通语"这些名称,已从日本传到中国,清政府也采用了国语这一名称,并且在1911年6月制定了一个"统一国语办法案",规定了"国语教育事业"的实施办法。但是三个月后,辛亥革命爆发,清王朝被推翻。所以,国语教育事业实际上是由后来的国民政府开展起来的。

复习和思考二

一、中国古代文献资料中的"雅言""通语"指的是什么性质的语言?

二、在口语基础上产生的古代书面语言(文言)为什么会与口语完全脱节?

三、现代白话文是直接从古代文言文发展而来的吗?白话文与文言文是什么关系?

四、早期的现代汉语民族共同语(口语)是什么时候发展起来的?为什么会有"官话"这样一个名称?

五、"书同文"等于"语同音"吗?为什么说清末的切音字运动触动了国家的语言统一问题?

第三节　现代汉语民族共同语的规范化

一　民族共同语标准音的确立

清末民初,西学东渐,西方语言学的学说也已经传播到中国。从当时胡以鲁《国语学草创》一书中可以看到诸如"音素、元音、音节、语族、标准语、标准音"这一类新概念、新术语都已经进入了中国传统的语言文字研究领域。按照规范语言学的学术界说,民族共同语的初级发展阶段并无明确的语音标准,因为它不是国家行政硬性规定而是人们在口头交际中自然形成的。民族共同语进入高级发展阶段就要对它的语音、文字、词汇和语法各方面都加以规范,使之在各方面都有明确的标准,并且采取行政措施,有计划有组织地加以推广。相对于初级形式,高级形式的民族共同语也用"标准语"来指称。

现代汉语民族共同语的发展迈向标准语的阶段是从民国初年开始的。1913 年,由民国政府召开全国"读音统一会",任务是审定常用字的国语标准音;制定国语注音字母。并由此在社会上推行国语,统一全国语言。当时由于大家对"官话""官音""标准语""标准音"这些新术语、新概念的理解并不一致,所以经过一个多月的激烈争论,最后以各省代表投票的方式表决,根据以北京音为基础,"折中南北,牵合古今"的方针确立了国语标准音。具体地说就是在北京音系的基础上,加入了"兀"[ŋ]、"万"[v]、"广"[ȵ]三个浊声母,一个入声调,韵母保留尖团音的区分。后来把当时表决通过的这种法定国音称之为"老国音"。

1918 年注音字母(1930 年起改称注音符号)公布,国语开始在全国中等师范学校和小学教学中正式推行。但是,老国音是南北杂糅人为制定的"标准音",实际上全国各地包括北京在内,没有一个人是用这种"人造国音"说话的,自然很难推行。于是,不到两年就爆发了一场"京音"和"国音"的大辩论。

"京音国音问题"大辩论历时三年之久,最终统一了认识:"官话虽然号称普通话,通行区域很广,然而夷考其实,是全无标准的"(钱玄同语)。"国语是自然语言中之一种",应该"用一种活的语言,就是北京话","作为统一全国的标准国语"(参看《全国国语运动大会宣言》,1926 年,北京)。所以在 1923 年,当时的国语统一筹备会就决定舍弃夹杂在老国音中的一些南方方言的语音特点,其后又说明"所谓以现代的北平为标准音者,系指'现代的北平音系'而言","并非字字必遵其土音"。这样,国语运动最终以新国音取代了老国音,确立了北京语音为国语标准音的地位。此前,"五四"时期的"白话文运动"已使白话文取代了文言文,成为现代汉语正式的书面语,而"纯以京音为标准"的新国音,又确立了民族口头共同语的标准音。言文一致,书面形式和口语形式紧密结合,白话文运动与国语运动"双潮合一",全面确立了北京话现代汉民族共同语的地位。之后,国语和注音字母继续逐步推行,在现代语文辞典中完全取代了旧的反切注音,在全国师范和小学的语文教学中得到了一定的应用,而在当时的话剧、电影、广播电台的新闻播音中则建立了牢固的阵地,特别值得一提的是国语的推行,其影响一直远及东南亚的海外华侨。1948 年国语首先在台湾全省普及,在社会上得到了广泛的应用。

二 汉语规范化运动的开展

1949 年之后,汉民族共同语的发展又进入了一个崭新的历史时期。新中国成立之初就十分重视全国的语言文字的改革和规范,号召要注意语言的纯洁和健康。1955 年 10 月相继召开了各界有关人士参加的两次全国性会议:"全国文字改革会议"和"现代汉语规范问题学术会议"。会后国务院根据会议精神确定"促进汉字改革、推广普通话、实现汉语规范化"为语言文字工作的三大任务,并为此开展了一系列工作。

(一) 简化汉字和整理异体字

新中国建立之初,我们面临文盲率占总人口 85% 的严峻事实,迫切需要扫除文盲,提高工农群众的文化水平,否则将严重影响社会经济、科学文化水平的迅速发展。1956 年国务院公布了中国文字改革委员会的《汉字简化方案》,其中包括 515 个简化字和 54 个可以类推的简化偏旁。之后,又经过几次修订和调整,公布了《简化字总表》(1964 年),共用 2235 个简化字代替了 2261 个繁体字。此外,在异体字、汉字字形、异形词的整理方面,文改会也做了一系列工作。简化字的推行,在全国扫盲工作中发挥极为重要的作用,由于简化字易于认读,便于书写,在中小学语文教学和社会上的各行各业中都受到了大家的欢迎。

汉字规范化工作对普及教育和提高全民族文化素质和科学文化水平具有重要意义,反映了一个民族的文明程度,对每一个汉字使用者来说就是要求:正确掌握规范的简化字,不乱造简化字;不滥用繁体字;不写已经废弃的异体字;熟悉规范的新字形,不写旧字形;注意消灭错别字。

(二) 制定和推行汉语拼音方案

汉字改革另一项极为重要和迫切的工作就是为配合推广普通话而制订一个使用拉丁字母的汉语拼音方案。从历史发展上说,简化汉字和创制拼音字母这两件事都源自清末民初的汉语拼音运动,当时的目的就是为了普及教育,统一全国的语言。在国语注音字母推行不久之后,国语运动的倡导者就开始研究并着手制订国语罗马字拼音方案,因为国语注音字母没有采用世界上通行最广的拉丁字母,汉字笔画式的拼音字母在国际上的流通价值和技术上的使用价值必然会受到不可克服的限制。1928年,国民政府大学院(即教育部)正式公布了"国语罗马字"(简称"国罗"),作为国音字母第二式,与汉字笔画式的国语注音字母第一式同时使用。但是作为中国第一个法定的罗马字拼音方案,它在实际使用中很难推广,因为它的字母标调法过于复杂,由此字音的拼写形式也随声调的不同而发生不同的变化,书写阅读都很不方便。所以,制定一个新的拉丁化汉语拼音方案,以取代旧的已经通行了几十年的汉字笔画式国语注音符号,是新中国成立后迫切需要完成的历史任务。

1958年2月第一届全国人民代表大会第五次会议通过并公布了经过各界人士认真讨论并多次修改、调整的《汉语拼音方案》。这个方案汲取汉语拼音运动中涌现出来的许多拉丁化拼音方案的长处,是六十多年来中国人民创制汉语拼音字母的经验总结,确实可以称之为"历史集成,千案聚粹"。它不仅可以用于汉字注音,推广普通话,而且还可以用来作为我国各少数民族创制和改革文字的基础,用来帮助外国人学汉语,并用于音译人名、地名和科学术语,以及编制索引和代号等等。九十年代语言文字进入信息化高度发展时期,更证明《汉语拼音方案》对国家科学文化事业的发展具有极为重要的意义。

(三) 推广以北京语音为标准音的普通话

普通话和国语这两个名称在"五四"新文化运动时期都已经开始使用了。新中国成立后,由于强调全国"各民族都有使用和发展自己的语言文字的自由",所以在1955年的两次全国性的语言文字工作会议上决定将规范的现代汉语定名为"普通话",以体现民族平等、语言平等的政策。但是,这两个名称的学术含义实质上是一样的,指的都是以北京语音为标准音的现代汉民族共同语——有明确规范的标准语。

国语标准音在上世纪二十年代初期(1923)确立后,由于三十年代后期的时局,以及当时文化普及率不高,实际上通行的范围是很窄的。新中国成立之初,实现了历史上空前的团结统一。国家的建设,社会生产的发展,文化科学的普及和提高,都迫切地要求消除方言隔阂,加强地区之间的沟通往来。所以,两次全国性会议以后国务院就发出了《关于推广普通话的指示》(1956年2月)。经过细致周密的考虑,当时"推普"的工作方针可以概括为十二个字:"大力提倡,重点推行,逐步普及"。

这一工作方针是根据当时的实际情况确定的。"大力提倡"指的是大造舆论,多做宣传鼓动。因为当时旧的习惯势力和狭隘的地方观念还相当严重。"宁丢祖宗厅,不丢祖宗音",孩子学说普通话,"撇京腔",会受到家长训斥。"重点推行"是因为中国地域广大,人口众多。"推普"不能要求"一刀切",要把力量放在重点地区、重点城市;并且首先在学校(中小学)和青少年中重点推行。"逐步普及"指一是"推普"不能操之过急,要做长期细致耐心的工作;二是要根据不同条件、不同对象、不同年龄,提出不同要求。

由于工作方针切合实际和各界人士的积极努力,当时的推广普通话工作取得了很大的成绩。

(四)全面开展现代汉语规范化的工作

从民族共同语的建立和发展来说,1955年的两次全国性语言文字的改革和规范化会议,把现代汉语规范化的工作推向了一个全新的更高的发展阶段。这表现在以下几个方面。

1. 全面规范了普通话的含义和标准

现代汉语规范的总原则是:以北京语音为标准音,以北方话为基础方言,以典范的现代白话文著作为语法规范。经过这样规范的现代汉民族共同语也就是汉语的标准语——普通话。

作为民族共同语的普通话必须严格规定以北京语音为标准。如果没有明确的语音标准,写下来的汉语拼音也就不可能有统一的规范,民族共同语的口语也就难以统一。只有明确规定以北京语音为标准,大家才有具体的标准可遵循。而词汇和语法这两方面则有所不同。从民族共同语书面语形成的历史来看,北方话的语汇从十三世纪开始,随大量白话通俗文学作品已经传播到全国各地,所以为普通话词汇确定基础方言时已经不可能也不应该把它限制在北京话的范围内了。北方话的分布地域最为广大,使用人口最多,在词汇方面以北京话为核心,以北方话作为基础方言,显然有利于民族共同语向它的高级阶段发展。语法方面,作为一个标准,"以典范的现代白话文著作为语法规范",这样的提法显然是比较妥帖的。它突出了标准语的典范性特征,以区别于一般的书面语和口语,从而使民族共同语更富于一致性,向更为完善更为精密的方向发展。

2. 正确阐明了标准语与地域方言的关系

标准语是经过加工和规范的共同语,通行于各个不同的地区,地域方言只适用于某一局部地区。但民族共同语一定要依附于一种自然语言才能生存和发展,同时也要不断从各地方言中汲取营养才能使自己成为更加发达、生动丰富的语言。普通话是在北京话的基础上建立起来的,但是北京话本身仍然是一种方言,不能等同于作为民族共同语的普通话。这一点过去在国语运动中就没有表述清楚:认为"北京的方言就是标准的方言……,就是用来统一全国的标准国语"(见《全国国语运动大会宣言》)。这在后来产生了一定的负面影响,比如在《国语辞典》(1947年)的词条中收入许多北京话土词俗语。如"裂锅"(绝交)、"白毛儿汗"(大汗)、"小抠儿"(吝啬),等等。在词条注音方面,连词"和"的读音也用的是北京土音ㄏㄢ(hàn)。此外在儿化、轻声的收词、注音方面也拘泥于以"北京活语"为准,过于屈从北京的土语土音。

现代汉语规范问题学术会议对这一问题做了全面明确的阐述:"民族共同语最大的特征在于它的规范性,规范将涉及语音、词汇、语法结构和正字法等各个方面。"普通话一方面要以北京话作为自身存在和发展的基础,另一方面也要舍弃其中"非常特殊的东西","尽可能减少它的内部分歧,这样才能确立有章可循的规范"。这一阐述对正确处理普通话和北京话的关系十分重要。

3. 阐明了书面语言和口语的关系,并指明语言规范化的主要对象是书面语言

现代汉语规范问题学术会议阐明了在语言规范理论中,规范化的主要对象是书面语言,尤其是书面语言中的文学语言。所谓文学语言指的是经过提炼加工所形成的语言,它用于科学、文化、政治、经济等各个方面。文学语言有书面和口头两种形式,但以书面语言为主。规范化要以书面语言为主要对象,那是因为书面语言比日常口语更精密、更细致,也更富于逻辑性。同时,书面语言依托于便于传播的书籍等印刷物,它必然会"在科学文化的发展中起主导作用,并领导整个语言,包括日常口语,向更完善的方向发展"。这一论述对后来处理异读词中读书音和口语音的关系,以及口语中儿化轻声的规范问题,都有重要指导意义。

语言规范化会不会妨碍、限制语言的发展?规范化会不会损害束缚语言的生动性呢?现代汉语规范问题学术会议对此也做了明确的阐述。

汉语规范化不会妨碍语言的发展,因为规范化所要限制、剔除的只是那些不合语言发展规律的成分,只是为了克服语言内部的分歧和混乱。这恰恰是为了促使语言向更加健康、更加精密、更适合时代要求的方向发展。

规范化也不会使语言僵化,千人一面。语言形式的多样化,是语言生动、丰富多彩的最重要的修辞手段,作家个人的语言风格更是应该大力提倡。文学创作、文艺作品里的语言,在不影响理解的范围内,适当使用富有地方色彩的方言俚语,这也与语言规范化并不抵触。规范语言学中所说的文学语言(包括文学作品的语言)是标准语的根柢和源泉,它是语言巨匠们在全体人民所创造和发展的语言基础上,经过加工提炼而形成的,当然需要从与社会生活紧密相连的方言俚语中吸收富于表现力的语言成分。但是标准语一定是文学语言,文学语言却不一定都是标准语。即使是文学、文艺作品的语言,无节制地滥用方言俚语,其效果也一定适得其反。

综上所述,从历史的继承和发展的角度看,二十世纪五十年代中期的这两次全国性的语言文字工作会议以及后来一系列围绕着汉字改革和汉语规范化而开展的工作,使在二十年代国语运动中才走上标准语发展道路的现代汉语,开始向全面规范,更加完善精练,生动丰富的方面迅速前进。但是,语言是人类社会最重要的表达思想、交流信息的工具,它涉及社会发展的方方面面,所以语言规范化也必然是一项复杂的、艰巨的长期工作。而且,语言是随着社会而发展变化的,所以语言的规范也不可能是固定不变的,语言文字规范化工作也永远不会停止不前。

二十世纪八十年代,随着国内社会形势的发展,我国的语言文字工作又进入一个新的历史时期。计算机语言的输入,言语工程的开展,科学技术的推广和应用,文化教育的普及和提高,传声技术的现代化,信息化、自动化的技术处理,市场经济和商品生产的发展,政府方针政策的颁布实施,法律法规的制定,尤其是国际上政治、文化、经济方面的频繁交往,都迫切需要规范的标准的语言文字。

1986年国家教育委员会和国家语言文字工作委员会召开了有全国各省、市、自治区将近三百人参加的全国语言文字工作会议。这是相隔三十年,继1955年召开的全国文字改革会议和现代汉语规范问题学术会议之后召开的第二次全国性的语言文字工作会议。通过一系列专题报告和各界人士的发言,经过认真讨论,确定了语言文字工作新时期的工作中心是:促进语言文字的规范化和标准化;加强语言文字应用的管理。在与之配合的多项具体任务中最主要的是:继续大力推广和普及普通话;进一步推行《汉语拼音方案》;加强语言文字应用的管理并制定相关的标准和法规。

语言文字工作新时期的方针、任务确定以后,各有关部门开展了一系列工作。例如:

关于推广普通话。"推普"方针由五十年代的"大力提倡、重点推行、逐步普及"调整为"大力推行、积极普及、逐步提高"。要求普通话成为四种用语:教学用语、宣传用语、工作用语、交际用语。制订了普通话水平测试等级标准,并针对不同对象要求一定范围内的岗位人员参加测试,持证上岗,掌握不同等级的普通话。

关于《汉语拼音方案》的进一步完善。汉语拼音输入是电子计算机输入中使用最广的方法,以字音为单位的拼音输入会遇到严重的同音重码问题。以语词甚至以语句为输入单位是解决这一难题的有效途径之一,这要求必须拟制一个现代汉语分词的规范,而《汉语拼音正词法基本规则》(1988年)的制定,显然是有助于电脑拼音输入解决这一难题的。同时,这也说明语言信息迫切要求汉语拼音进一步完善化、精密化。

关于汉字的研究和整理。现代科学技术的应用严格要求电脑存储的语言文字信息是规范的、标准的,它排斥一切不规范、不标准的信息。所以关于汉字规范化的主要方面是拟定汉字使用的各种规范标准,重点是汉字定量、定形、定音、定序等工作。《现代汉语常用字表》(1988年1月)、《现代汉字通用字表》(1988年3月)的拟定和公布,以及其他有关汉字规范化的工作都是为了语言文字信息化有一个共同遵循的标准。

目前,现代汉民族共同语正肩负着语言文字信息化的历史使命,以前所未有的速度向建立更为完善规范的标准语的目标迈进。

2000年10月31日,中国历史上第一部根据宪法制定的关于语言文字的法律——《中华人民共和国国家通用语言文字法》正式公布,并于2001年1月1日实施。在贯彻实施的通知中指出:这是"我国第一部语言文字专项法律,它体现了国家的语言文字方针、政策,科学地总结了新中国五十多年来语言文字工作的成功经验,第一次以法律形式明确了普通话和规范汉字作为国家通用语言文字的地位,对国家通用语言文字的使用做出了规定。《国家通用语言文字法》的颁布实施将有力促进语言文字的规范化和标准化,使国家通用语言文字在社会生活中更好地发挥作用。同时,对全面提高国民素质、发展科学文化、提高经济和社会信息化水平、增进各地区各民族之间的交流与沟通、增强中华民族凝聚力均具有重要意义"。

国家通用语言文字法的颁布和实施,标志着新中国成立以来语言文字工作走上了法制化轨道,进入了一个新的发展时期。此后,语言文字工作在规范化、标准化以及依法行政、依法管理方面都取得了良好效果。2011年10月在纪念《国家通用语言文字法》颁布十周年时,教育部和国家语委进一步从国家战略高度指出,语言文字是历史发展和社会进步的重要力量,要求语言文字工作迈上新的台阶:在全球化的背景下,从维护国家核心利益和社会安全发展出发,在全面提升国民语言文字应用能力的基础上,提升自己的国家语言能力,以适应时代发展的新要求。

"国家语言能力"是一个新概念,指国家处理海内外各种事务所需要的语言能力,其中包括国家发展所需要的语言能力。这是对语言的国家功用的新概括。提升国家语言能力,首先要求在大力推广和规范使用国家语言文字的同时,继续处理好方言与普通话的关系,培养既会说方言,又会说普通话的"双言人才";处理好少数民族语言与国家通用语言的关系,培养既会说本民族语言,又会说汉语的民汉"双语人才";继续处理好中华语言(华语)和外语之间的关系,在加强母语教育和提升通用性最广泛的外语语种的使用能力之外,还要注意培养国家对外事务需要的其他语种的人才。这样才能充分开发利用普通话、方言、少数民族语言以及多方面的外语资源,避免国家语言资源的流失,保护语言生态的多样性。

在新世纪和时代发展新要求的形势下,中国语言文字规范化、标准化及其应用和管理工作,将以提升公民和国家的语言能力为目标,为建设语言强国,传播中华文化,维护国家的利益和安全,以及引导社会语言生活和谐发展,构建和谐社会而做出贡献。

复习和思考三

一、民族共同语与标准语,这两个概念是不是完全等同的?

二、民族共同语的标准音是怎样建立起来的?

三、国语运动与汉语规范化运动是什么关系?

四、语言规范化会不会限制语言的发展和言语风格的多样性?

五、为什么说语言规范化的主要对象是书面语言?

六、第二次全国语言文字工作会议(1986年)为语言文字工作确定了哪些新任务?

七、提高国家语言能力对国家安全和社会发展有什么意义？

八、你对处理好方言和普通话，少数民族语言和国家通用语言，中华语言和外语之间的关系有什么认识？

第四节 现代汉语方言

现代汉语从广义上说也包括现代汉语的各种方言。共同语是相对于方言而存在的，二者相互依存。中国历史上不同时期的共同语和方言在性质、种类和分布区域上各不相同，然而又有着历史继承关系。言文合一的现代汉民族共同语普通话是在近代中国争取国家富强、民族振兴的历史进程中逐步确立的。新中国的建立实现了全国政治、经济、文化的空前统一，全面推广普通话的历史课题随之应运而生。半个多世纪以来，普通话已经在全国各地得到普及，适应了社会发展的需要。普通话是国家通用语言，推广普通话为的是克服不同方言地区之间的交际障碍，方便沟通和交流，而不是歧视、禁止使用方言。方言是客观存在的，有其自身的产生发展规律和使用价值，并在一定领域和特定地区内将长期存在。

为了把握现代汉语的全貌，为了推广普通话的全国交际功能和传承方言的地域文化功能，我们应该对现代汉语方言的概况有一个初步的了解。汉语方言种类之多、分歧之大，在世界语言中是罕见的，在西方人眼中，"北京人能听懂的广东话，一点不比英国人对奥地利土话的理解多"。不少西方学者因此认为，"汉语更像一个语系，而不像有几种方言的单一语言，汉语方言的复杂程度很像欧洲的罗马语系"。汉语方言分歧最明显的是语音，划分汉语方言首先根据语音特征和使用群体的认同分为七种类型，然后分别划定各方言的地理界线。毗邻的方言由于长期互相接触，互相影响，逐渐混同，有时难以确定其方言归属，可以视为方言过渡区或混合方言，不必硬性划归某类方言。现代汉语方言的分区有多种方案，认同度最高、影响最大的是袁家骅先生1960年在《汉语方言概要》中提出的七大方言[①]：北方方言、吴方言、湘方言、赣方言、客家方言、粤方言、

[①] 《中国语言地图集》(1987)多出晋语、徽语、平话三大方言。晋语是山西省及其毗邻省区有入声的方言。多数人认为"将晋语纳入官话方言的研究范围较好"（钱曾怡主编《汉语官话方言研究》，2010）。徽语是皖南黄山市（原徽州地区）向南延伸到赣东北婺源县、德兴市、浮梁县，向东延伸到浙西建德市和淳安县一带，兼有吴方言、北方方言、赣方言特征的方言，但又难以归入其中哪一个方言。有人认为是一种独立的混合方言。平话是广西从灵川至南宁的铁道、南宁沿左右江和邕江的水道、柳州沿融江的水道、桂林沿漓江的水道等交通沿线地区中古全浊声母今读不送气清音的方言。有人认为过去划为粤方言勾漏片的两广毗连地区方言也具有这一特征，应划归平话。

闽方言。下面依次做一些简略的介绍。

一　北方方言

也叫官话方言。长江以北的汉语基本上都属北方方言,只有皖西南怀宁、岳西、潜山、太湖等9县以及湖北监利县属赣方言,苏北海门、启东以及靖江和通州的部分地区属吴方言。重庆无论江北江南都属北方方言。湖北、安徽、江苏三省长江以南也有北方方言:湖北鄂州、武昌、石首等市县以及恩施、宜昌地区,皖南马鞍山、芜湖、铜陵、贵池一带沿江地区和东部广德、郎溪、宁国、宣城、青阳、南陵等北方移民县市,苏南南京、镇江二市。长江以南的省区也有北方方言:云南、贵州二省,广西除东南部毗邻广东的梧州、玉林、钦州地区和东北部毗邻湖南的全州地区以外的大部分地区,赣北九江、瑞昌、景德镇、婺源、德兴等市县,赣南赣州市和信丰县城,湘北常德地区,湘南郴州地区,湘西怀化、芷江、新晃、凤凰、靖县、通道等市县。北方方言的分布区域占整个汉语区的四分之三,使用人口87271万[①],占说汉语的总人口120689万的72.3%,下分8个次方言片:北京和东北片、冀鲁片、胶辽片、江淮片、中原片、西南片、兰银片、晋陕片。

二　吴方言

也叫吴语。主要分布在苏南(南京、镇江除外)、上海、浙江等省市,此外还包括苏北海门、启东以及通州、靖江部分地区,赣东北玉山、广丰、上饶等市县,闽北浦城县部分地区。吴方言以苏州话或上海话为代表,使用人口7379万,占汉语总人口的6.1%,下分6个次方言片:太湖片、婺州片、宣州片、台州片、瓯江片、处衢片。太湖片地处杭嘉湖平原以北,又称北部吴语,其他各片统称南部吴语。

三　湘方言

也叫湘语。主要分布在湖南中部和南部,延伸到广西东北部的全州、灌阳、资源、兴安等市县。湘方言以长沙话为代表,使用人口3637万,占汉语总人口的3%,下分5个次方言片:长益片、娄邵片、衡州片、辰溆片、永全片。长益片、

---

① 人口数据根据民政部《中国行政区划简册》(2004年)折算。

衡州片的中古全浊声母已经清音化，又称新湘语，其他片不同程度地保留全浊声母，又称老湘语。

四　赣方言

也叫赣语。主要分布在赣北、赣中以及毗连的湘东平江、浏阳、醴陵、攸县、茶陵、酃县、临湘、岳阳、华容、洞口、绥宁、隆回等市县，延伸到鄂东南大冶、咸宁、嘉鱼、蒲圻、崇阳、通城、通山、阳新、监利等市县，皖西南怀宁、岳西、潜山、太湖、望江、宿松、东至、石台、贵池等市县，闽西建宁、泰宁等县。赣方言以南昌话为代表，使用人口4800万，占汉语总人口的4％，下分9个次方言片：昌都片、宜浏片、吉茶片、抚广片、鹰弋片、大通片、耒资片、洞绥片、怀岳片。

五　客家方言

也叫客家话。主要分布在闽、粤、赣三省的边缘地带以及湘东南地区，广西、四川、海南、台湾等省市自治区也有不连续的分布。客家方言分布的200多个市县大部分还有其他方言并行，纯粹通行客家话的只有41个市县。客家方言以梅州话为代表，使用人口4220万，占汉语总人口的3.5％，下分8个次方言片：粤台片、海陆片、粤北片、粤西片、汀州片、宁龙片、于信片、铜桂片。

六　粤方言

也叫粤语。分布在广东中部和西南部、广西东南部，以及香港、澳门特别行政区。粤方言以广州话为代表，使用人口5882万，占汉语总人口4.9％，下分7个次方言片：广府片、四邑片、高阳片、吴化片、勾漏片、邕浔片、钦廉片。

七　闽方言

也叫闽语。主要分布在福建、海南、台湾、广东潮汕地区和雷州半岛，以及浙南苍南、平阳二县和广西桂平、平南等市县部分地区。闽方言以厦门话和福州话为代表，使用人口7500万，占汉语总人口的7％，下分8个次方言片：闽南片、闽东片、闽北片、闽中片、莆仙片、邵将片、雷州片、琼文片。

汉语方言区示意图

图例：
- 北方方言
- 闽方言
- 吴方言
- 客家方言
- 赣方言
- 粤方言
- 湘方言
- 少数民族语言

0 380 760km

现代汉语七大方言分布示意图

汉语方言还有两种特殊分布,一是方言岛,二是海外方言。方言岛指的是存在于某方言区域内的操另一种方言的人群居住的小块区域。这样的小块方言犹如大海中的孤岛,所以形象地称之为方言岛。海外方言指的是海外华人社区通行的汉语方言。世界各地有 150 多个海外方言社区,分布在亚、美、欧、澳、非各大洲,总人口超过 2500 万。七大方言中,粤方言、闽方言、北方方言和客家方言有海外分布,使用人口最多的是粤方言和闽方言。方言岛和海外方言都是由历史上的移民散播的。

除北方方言以外的各大方言都位于中国东南部,可以统称为东南方言。其中,南部沿海的闽、粤方言与北方方言差异最大,长江下游沿海的吴方言次之,长江中游内陆地区的湘、赣方言以及岭南内陆的客家方言与北方方言差异相对较小。各大方言的主要语音差异可以概括成下面的表格,其中第一项"中古全浊声母今读"是划分方言的主要标准,指的是该方言区保留浊声母[b、d、g;dz、dʐ、dʑ;v、ɦ、z]的情况。次一项指的是有无塞擦音、擦音声母[tʂ、tʂʻ、ʂ;ts、tsʻ、s;tɕ、tɕʻ、ɕ;tʃ、tʃʻ、ʃ]的情况。"塞音韵尾"一项指的是有无韵尾[-p、-t、-k;-ʔ];"鼻音韵尾"指的是有无韵尾[-m、-n、-ŋ]以及[-n]与[-ŋ]是否对立或混同的情况。"调类"一项,指的是该方言区调类数目多少的大体情况。

	中古全浊声母今读	塞擦音和擦音声母	塞音韵尾	鼻音韵尾	调类
北方方言	清化后平声送气,仄声不送气	①精组洪音 ts-,②知系 tʂ-、③精、见组细音 tɕ-	多数地区无塞音韵尾,江淮、晋陕有-ʔ	-n 与-ŋ 对立	4/5/3
吴方言	保留浊声母格局	①精组、知系 ts-、②见组细音 tɕ-	-ʔ,个别地区无塞音韵尾	-n 与-ŋ 不对立	8/7/5(上海)
湘方言	清化后入声送气,舒声不送气或不清化	①精组洪音、知系二等 ts-,②精、见组细音、知系三等 tɕ-	无		5/6
赣方言	清化后一律送气		-t-ʔ/-t-k-ʔ/-p -t -ʔ	-n 与-ŋ 不总对立	6
客家方言		ts-	-p -t -k/-t -k -ʔ		6
粤方言	清化后平上声送气,去入声不送气	tʃ-/ts-	-p -t -k	-m -n -ŋ	9/10
闽方言	清化后多不送气,少数字一致例外	ts-	闽南-p -t -k -ʔ,闽东-ʔ,闽北无	闽南-m -n -ŋ,闽东、闽北-ŋ	7/8

汉语方言与普通话的差别不但表现在语音方面,而且也表现在词汇和语法方面。词汇差异如:普通话的名词"厨房",太原话为"伙房",成都话为"灶房",合肥话为"锅间",扬州话为"锅上",苏州话为"灶下间",温州话为"镬灶间",长

沙话、南昌话为"灶屋",双峰话为"茶堂",阳江话、福州话为"灶前",厦门话为"灶骹",潮州话为"灶下",建瓯话为"鼎间";普通话的动词"站",苏州话为"立",温州话、双峰话、南昌话、梅州话、广州话、福州话、厦门话为"徛";普通话的形容词"馊",济南话为"斯*脑*"或"酸",西安话为"尸*气"或"酸",成都话为"酸臭",温州话为"蔫",广州话为"缩",阳江话为"臭馊",厦门话为"臭酸"。语法差异如普通话的差比句"他比你高"在方言里有多种不同句式。广州:佢高过你。厦门:伊恰悬汝。丰顺:佢较高过你。梅州:佢比你过高。泉州:伊悬汝。天台:渠是你长。青海:他你哈高着。又如,虚词"得"在普通话里是结构助词,用作程度补语(好得很)和状态补语(洗得干干净净)的标记,而在方言里却有多种不同用法。用作动态助词,可表完成体:虽然只读得两年书,一手字倒是蛮漂亮(长沙)。也可表持续体:渠提得东西来了(南昌)。用作语气词:老王还跟人家说话得(成都)。用作助动词:太阳大,衣裳才得干(宜宾)。昨晡夜个戏人人都讲好,十分看得(下洋)。用作介词:恩妈买咕一斤肉,得我做咕顿好吃咯(芜湖)。钱得贼偷走刮倒(常宁)。那双鞋子他收哒不得我邻看(衡山)。你得漂白粉漂一下,箇衣服就白呱嗒(衡阳)。我得成都工作了三年,去年才回来的(彭州)。你得办公室去,把今年政府发的16号文件拿来(重庆)。

　　从上面的叙述可以看出,划分方言的主要依据是方言的共同语音特点,语音特点可以表现在好几方面,所以方言间的界线往往十分错综复杂。此外,方言和普通话的差别虽然在语音方面最为突出,但是在词汇和语法方面也有不少细微的或显著的差异,形成了各自的方言特色。我们研究和了解汉语方言,不仅是为了有效地推广普通话,也是为了更好地了解汉语发展的历史和现代汉语自身的特点。从历史的角度说,现代汉语的各大方言都是古代汉语在不同地域的流变。方言是语言演变的结果,方言的差别都具有历史的意义,其中往往保留着书面文字资料上看不到的古音、古义等十分宝贵的活的语言材料。现代汉语和汉语史的研究如果不联系汉语方言的研究,有些问题是很难深入的。

复习和思考四

一、现代汉语有哪几大类方言?分布在什么地区?

二、汉语方言和普通话的差别表现在哪些方面?

三、你自己的话属于哪一种方言?举几个例子说说它和普通话有什么不同。

第二章 语 音

第一节 语音概述

一 语音的划分

人类是通过语音来感知语言、理解语言的。我们在听到一种完全陌生的语言时，会感到它只是一连串不断变化的声音。如果听到的是从小就学会了的母语或经过专门学习而通晓了的语言，我们就能够很快地把连续不断的言语链（语流、音流）分成或长或短的各种语音片段——音段，理解它的意义。

音流首先可以分解为语调上和意义上完整的音段，也就是通常所说的句子。句子和句子之间可以有较大的停顿，每个句子又可以进一步分成若干较小的音段，叫作节拍群。例如，"五星红旗/飘扬在/天安门广场上"这句话可以分成三个节拍群，中间有较小的停顿。一个节拍群往往由几个词组成，其中有的读得比较重（重音），有的读得比较轻（轻音）。节拍群又可以分为更小的音段——音节，音节是在听感上可以自然感到的最小的语音片段，也是语音的基本结构单位。例如，"五星红旗"在书写上是四个字，在语音上就是四个音节。

如果对比一下"红"和"同"或"红"和"豪"这两对字的读音，就可以发现从音节中还可以分出更小的片段来，"红"是由 h 和 ong 两部分组成的，前一部分叫声母，后一部分叫韵母。对汉语来说，音节的组成成分还必须包括一个声调，因为 hōng（轰）和 hóng（红）显然代表了不同的意义。音节里的声母一般不能再分成听觉上更小的单位了，但是有的韵母却可以进一步分析，如"豪"的韵母可以分为两个听起来明显不同的声音——a 和 o，这是音流里最小的语音单位，叫作音素。音素是最小的音段，根据不同的性质，分为元音和辅音。

语调、音节、轻重音、声母、韵母、声调、音素、元音和辅音等都是语音学里的基本概念。学习现代汉语语音就要弄清这些概念包括哪些内容。它们指的是什么样的语音成分，在语言中起什么作用，又是怎样一起构成表达语言的语音系统的。

二 语音的符号——汉语拼音方案和国际音标

语音一发即逝，不留踪迹，必须有一套符号记录下来，才便于学习、分析和研究。记录语音的符号种类很多，在汉语的学习和研究中使用最广的是汉语拼音字母和国际音标。

（一）《汉语拼音方案》

《汉语拼音方案》是总结了过去几十年汉语拼音的经验并广泛征求了各方面的意见后设计和制定的，1958年2月由第一届全国人民代表大会第五次会议批准，推行全国。目前国内推广普通话、语文教学、对外汉语教学、字典注音、图书编目、电子计算机和手机的语音输入等各方面都采用《汉语拼音方案》，国外译写我国的人名、地名也都使用这一套拼音，已经得到了世界各国以及国际标准化组织(ISO)的公认。所以，也是中文拉丁化拼写的国际标准。

同过去的直音、反切以及采用笔画式字母的注音符号比较，汉语拼音方案有以下优点：(1)符号数目少，基本字母只有二十六个；(2)采用国际上通行的拉丁字母，书写方便，便于国际上交流；(3)字母音素化，用来记录或分析语音准确灵活。

《汉语拼音方案》的内容包括五个部分：

1. 字母表

字母：	A a	B b	C c	D d	E e	F f	G g
名称：	ㄚ	ㄅㄝ	ㄘㄝ	ㄉㄝ	ㄜ	ㄝㄈ	ㄍㄝ
	H h	I i	J j	K k	L l	M m	N n
	ㄏㄚ	ㄧ	ㄐㄧㄝ	ㄎㄝ	ㄝㄌ	ㄝㄇ	ㄋㄝ
	O o	P p	Q q	R r	S s	T t	
	ㄛ	ㄆㄝ	ㄑㄧㄡ	ㄚㄦ	ㄝㄙ	ㄊㄝ	
	U u	V v	W w	X x	Y y	Z z	
	ㄨ	ㄪㄝ	ㄨㄚ	ㄒㄧ	ㄧㄚ	ㄗㄝ	

v只用来拼写外来语、少数民族语言和方言。
字母的手写体依照拉丁字母的一般书写习惯。

2. 声母表

b ㄅ 玻	p ㄆ 坡	m ㄇ 摸	f ㄈ 佛	d ㄉ 得	t ㄊ 特	n ㄋ 讷	l ㄌ 勒
g ㄍ 哥	k ㄎ 科	h ㄏ 喝		j ㄐ 基	q ㄑ 欺	x ㄒ 希	
zh ㄓ 知	ch ㄔ 蚩	sh ㄕ 诗	r ㄖ 日	z ㄗ 资	c ㄘ 雌	s ㄙ 思	

在给汉字注音的时候，为了使拼式简短，zh、ch、sh 可以省作 ẑ、ĉ、ŝ。

3. 韵母表

	i ㄧ 衣	u ㄨ 乌	ü ㄩ 迂
a ㄚ 啊	ia ㄧㄚ 呀	ua ㄨㄚ 蛙	
o ㄛ 喔		uo ㄨㄛ 窝	
e ㄜ 鹅	ie ㄧㄝ 耶		üe ㄩㄝ 约
ai ㄞ 哀		uai ㄨㄞ 歪	
ei ㄟ 欸		uei ㄨㄟ 威	
ao ㄠ 熬	iao ㄧㄠ 腰		
ou ㄡ 欧	iou ㄧㄡ 忧		
an ㄢ 安	ian ㄧㄢ 烟	uan ㄨㄢ 弯	üan ㄩㄢ 冤
en ㄣ 恩	in ㄧㄣ 因	uen ㄨㄣ 温	ün ㄩㄣ 晕
ang ㄤ 昂	iang ㄧㄤ 央	uang ㄨㄤ 汪	
eng ㄥ 亨的韵母	ing ㄧㄥ 英	ueng ㄨㄥ 翁	
ong (ㄨㄥ) 轰的韵母	iong ㄩㄥ 雍		

(1)"知、蚩、诗、日、资、雌、思"等七个音节的韵母用i,即:知、蚩、诗、日、资、雌、思等字拼作 zhi,chi,shi,ri,zi,ci,si。

(2)韵母儿写成 er,用作韵尾的时候写成 r。例如:"儿童"拼作 ertong,"花儿"拼作 huar。

(3)韵母ㄝ单用的时候写成 ê。

(4)i 行的韵母,前面没有声母的时候,写成 yi(衣),ya(呀),ye(耶),yao(腰),you(忧),yan(烟),yin(因),yang(央),ying(英),yong(雍)。

u 行的韵母,前面没有声母的时候,写成 wu(乌),wa(蛙),wo(窝),wai(歪),wei(威),wan(弯),wen(温),wang(汪),weng(翁)。

ü 行的韵母,前面没有声母的时候,写成 yu(迂),yue(约),yuan(冤),yun(晕);ü 上的两点省略。

ü 行的韵母跟声母 j,q,x 拼的时候,写成 ju(居),qu(区),xu(虚),ü 上两点也省略;但是跟声母 n,l 拼的时候,仍然写成 nü(女),lü(吕)。

(5)iou,uei,uen 前面加声母的时候,写成 iu,ui,un。例如 niu(牛),gui(归),lun(论)。

(6)在给汉字注音的时候,为了使拼式简短,ng 可以省作 ŋ。

4. 声调符号

阴平	阳平	上声	去声
ˉ	´	ˇ	`

声调符号标在音节的主要母音上。轻声不标。例如:

妈 mā　　麻 má　　马 mǎ　　骂 mà　　吗 ma
(阴平)　　(阳平)　　(上声)　　(去声)　　(轻声)

5. 隔音符号

a,o,e 开头的音节连接在其他音节后面的时候,如果音节的界限发生混淆,用隔音符号(')隔开,例如:pi'ao(皮袄)。

(二)国际音标

国际音标是国际上语言学、语音学领域中最通用的一套语音记音符号,1888 年由当时的欧洲国际语音学会公布以来,已经使用了一百多年。它具有其他记音符号无可比拟的优点:(1)符号和音值之间的关系是固定的,一音一符,一符一音,不会发生标音含混的毛病。(2)音标的数量远远超过任何一种语言的拼音字母,又有许多附加符号做补充,因此能够细致准确地记录世界上各种语言的语音。(3)音标的字形是在国际通行的拉丁字母的基础上制定的,易于掌握,使用方便。(4)通行范围广,是各国语言学家研究分析语音最常使用的符号。国际音标犹如一套统一的数学符号,使语言学家相互之间可以对各种语言的语音进行讨论和交流。

国际音标公布以后,曾有过许多次修改和增补。本书根据教学的需要,只列一张国内通行较广的国际音标简表。

国 际 音 标 简 表

发音方法 \ 发音部位		双唇	唇齿	齿间	舌尖前	舌尖中	舌尖后	舌叶	舌面前	舌面中	舌面后(舌根)	小舌	咽头	喉
辅音 塞	清不送气	p				t	ṭ		ṱ	c	k	q		ʔ
	清送气	p'				t'	ṭ'		ṱ'	c'	k'	q'		ʔ'
	浊不送气	b				d	ḍ		ḓ	ɟ	g	ɢ		
	浊送气	b'				d'	ḍ'		ḓ'	ɟ'	g'	ɢ'		
塞擦	清不送气		pf	tθ	ts		tʂ	tʃ	tɕ					
	清送气		pf'	tθ'	ts'		tʂ'	tʃ'	tɕ'					
	浊不送气		bv	dð	dz		dʐ	dʒ	dʑ					
	浊送气		bv'	dð'	dz'		dʐ'	dʒ'	dʑ'					
鼻	浊	m	ɱ			n			ɳ	ɲ	ŋ	ɴ		
闪	浊					ɾ								
颤	浊					r						R		
边擦	清					ɬ								
	浊					ɮ								
擦	清	ɸ	f	θ	s		ʂ	ʃ	ɕ	ç	x(ʍ)	χ	ħ	h
	浊	β	v	ð	z		ʐ	ʒ	ʑ	ʝ	ɣ	ʁ	ʕ	ɦ
无擦通音(半元音)	浊	w ɥ	ʋ				ɹ			j(ɥ)	ɰ(w)			

元音	圆唇元音	舌尖元音 前	舌尖元音 后	舌面元音 前	舌面元音 央	舌面元音 后
高(闭)	(ʮ ʯ ɥ ɰ)①	ɿ ʮ	ʅ ʯ	i y	ɨ ʉ	ɯ u
半高(半闭)	(ø ɵ o)			e ø	ɘ ɵ	ɤ o
半低(半开)	(œ ɞ ɔ)			ɛ œ	ɜ ɞ(ɚ)	ʌ ɔ
低(开)	(ɶ ɒ)		ɚ	a ɶ	ɐ	ɑ ɒ

---

① 表内相同的音标而外加括号的表示它有两个发音的部位,加括号的为次要的发音部位。

声调符号

调号用五度制声调符号。把字调的平均相对音高分为"低""半低""中""半高""高"五度,分别用1、2、3、4、5表示。调号以与 n 等高的竖线为比较线,旁加横线表示声调的高低升降。常用调号如下:

11	˩	低平	131	˩˧˩	低升降
22	˨	半低平	153	˩˥˧	全升高降
33	˧	中平	151	˩˥˩	全升降
44	˦	半高平	353	˧˥˧	高升降
55	˥	高平	351	˧˥˩	高升全降
13	˩˧	低升	242	˨˦˨	中升降
15	˩˥	全升	513	˥˩˧	全降低升
24	˨˦	中升	515	˥˩˥	全降升
35	˧˥	高升	535	˥˧˥	高降升
53	˥˧	高降	424	˦˨˦	中降升
51	˥˩	全降	313	˧˩˧	低降升
42	˦˨	中降	315	˧˩˥	低降全升
31	˧˩	低降			

短调可将横线缩短,如 ˩, ˧, ˦等。

其他音

ɪ	i e 之间的音		Y	y ø 之间的音
ʊ	u o 之间的音		E	e ɛ 之间的音
A	a ɑ 之间的音		Θ	ø o 之间的音
ɜ	ə ɐ 之间的音			

长度,轻重音

  : 长音,放在音标之后,如 a:
  · 半长音,放在音标之后,如 a·
  ˈ 重音,放在音节之前,如 ˈa
  ˌ 次重音,放在音节之前,如 ˌa
  • 轻音,放在音节之前,如 •a

附加符号

  ~ 两可,如 n~l   ˜ 鼻化,如 ã

˳ 清音化，如 b̥、g̊		ˬ 浊音化，如 s̬	
˔ 舌较高，如 e̞		˕ 舌较低，如 e̞	
˖ 舌较前，如 t̟		˗ 舌较后，如 t̠	
˒ 唇较圆，如 e̹		˓ 唇较展，如 e̜	
ˌ 成音节，如 m̩		˞ 卷舌元音，如 ə˞，没有误会时可作 ɚ	

三 宽式记音和严式记音

汉语拼音方案和国际音标虽然都是记录语音的符号,但是它们的性质和功用很不相同。前者是为拼写汉语普通话而设计的,符号限于 26 个拉丁字母,字母的读音也是根据普通话确定的;而后者则是为记录世界上各种语言(包括还没有文字的语言)而设计的。每个符号表示的音值,像阿拉伯数字的数值一样,在世界各国是统一的、固定的,所以称之为国际音标。它是一种国际通用的,在语言学,特别是语音学领域中专用的标记语音的符号体系。

世界上各种不同的语言数以千计,而一种语言的语音,由于前后邻接的语音环境的不同,以及自身组成要素之间的影响,所以自然语言中的语音变化多端、纷繁复杂。出于不同的目的和需要,使用国际音标标记语音通常分为两种相互联系但又有不同的记音法。一种叫"严式标音法",又称"音素标音法",用于精确细致地记录描写某种语言或方言的语音成分。例如,普通话里"阿、烟、弯、冤"四个字的主要元音,就要分别用[ʌ]、[ɛ]、[a]、[æ]来标记;"南、年、怒"三个字里的声母,分别用[n]、[ȵ]、[ŋ]三个不同的音标标记。国际音标是一种坐标性质的语音符号,有时为了表示两个语音之间的细微差别,而又没有单独的音标可用,那就还需要用规定的附加符号来标记。例如分别用[k̟]、[k̠]、[k̹]来标记"给、高、古"三个字的声母,表示它们之间有舌位靠前、舌位靠后、圆唇化的发音差别。

用音标标记语音也可以用"宽式标音法",与严式的"音素标音法"相对,又叫"音位标音法"。在宽式记音中,出现在不同语言环境中的语音,如果在这种语言里并无区别意义的作用,那么就可以把它们归纳为一类,用同一个音标去标记。例如,分别出现在"阿、烟、弯、冤"四个字里的元音[ʌ]、[ɛ]、[a]、[æ],都用一个音标[a]或[ɑ]去标记。宽式记音和严式记音里的音标在性质上是完全不同的,前一种音标表示的是某种具体语言里包括好几个音在内的一类音。这种音类语音学里用一个专门的术语"音位"来指称;而严式记音里的音标只代表一个音,其音值是固定的,由国际语音协会统一界定。为了加以区别,一个音标如果夹在双斜线内,如/a/,那就表示它是一个音位性的音标,它包括哪几个音要根据某种具体的语言去确定;同一个音标如果放在方括号[ ]内,如[a],那就表示它代表的是一个前、高、不圆唇元音。在不需要加以区别,或根据上下文,其意义自明的情况下,该音标也可以采用方括号[ ]来表示。

在语言的田野调查中,记录一种语言或方言的语音时,在程序上总是先采用严式记音法,尽可能细致精确记录该语言(方言)中所有的语音成分,然后再根据语音与意义的关系加以归纳,用宽式的音位标音,整理成系统的音类(音位)。这样就可以用为数不多的音标兼赅复杂纷繁的语音现象,从而简洁明了地显示一种语言(方言)的语音全貌及其内在的系统性。在语言的田野调查中,严格的音素标音(音值记音),是宽式音位标音的基础。而在语言教学和语音研究中则可以先从宽式标音入手,便于学习和使用,然后根据严式标音细致精确地描写和了解它们之间的语音差别和内在联系,以便于比较不同语言(方言)之间的语音差异和各自的特点,获得两全其美的效果。

从语音和符号的关系说,用于直接拼写语词读音的拼音字母、拼音文字,也是一种音标。但是,这类用于阅读和书写的字母音标与一音一符的国际音标,性质完全不同。表音文字里的音素字母,作为一个字母的名称虽然只有一个读音,但这个字母实际上代表的是一类音(音位),而不是一个音(音素),也就是说,音素文字采用的都是宽式的"音位标音法"。汉语拼音方案也不例外,所以,上面所举的[ʌ]、[ɛ]、[a]、[æ]等几个不同的元音,都用一个字母 a(或 ɑ)来表示。此外,作为一种书写系统,在拼写设计中也可以有字无音或无字有音。因之,在现代汉语语音的学习和研究中,一定要透过字母学语音,并且通过严式标音细致深入了解字音在自然话语中的实际读音及其语音变化。

练 习 一

一、举例说明《汉语拼音方案》的用途。

二、《汉语拼音方案》的字母名称和声母的呼读音有什么不同?

三、默写《汉语拼音方案》里的声母和韵母。

四、什么叫国际音标？它有什么优点？

五、研究语音为什么必须掌握国际音标？

六、一音一符的国际音标和汉语拼音字母有什么不同？使用目的有什么不同？

第二节　语音的性质

根据语言的发音、传播、感知及其社会功能，语音的性质可以从物理、生理和社会功能三个方面来研究。

一　语音四要素

从物理的，也就是从声学的角度来看，语音和其他声音一样都是由于物体的振动而产生的。振动使空气质点发生疏密不同的变化，形成声波，作用于人耳的鼓膜，由听觉神经传达到大脑，就产生了声音的感觉。

声波是一种纵行的疏密波，但也可以用高低的图形来表示，如下图（一）：

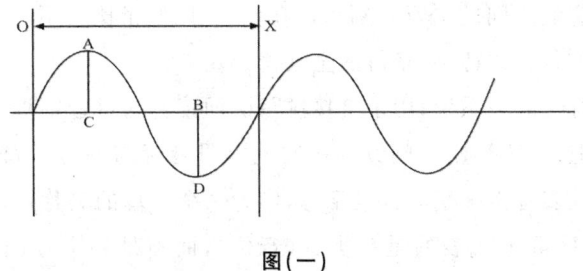

图（一）

声波的振动有一定的振幅、周期和频率：

振幅——振动的幅度，即空气质点离开平衡位置最大的偏移量（图中 A 至 C，B 至 D 的距离）。

周期——振动的周期，即空气质点完成一个全振动所需要的时间（图中由 O 至 X 的距离）。

频率——空气质点在 1 秒钟内完成振动的次数。

构成语音的四个物理要素——音高、音强、音长和音色（音质）都要用上面这三个概念来说明。

（一）音高

就是声音的高低，决定于声波的频率（基频）。在 1 秒钟内，声波振动的次数越多,声音就越高,反之则低。由音高构成的声调(字调)在汉语里的作用非常重要,因为它可以区别不同的意义。普通话里"衣(yī)、疑(yí)、以(yǐ)、意(yì)"的不同就是靠音高的变化来体现的。

(二) 音强 (音量,音重)

就是声音的强弱轻重,决定于声波的振幅。振幅越大,声音就越强。在语音学里,声音的强弱往往同轻重音的概念联系在一起。但是,物理上的音强与听觉上的响度(轻重)并无直接的或平行的对应关系。音高和音长的变化也会影响听觉上对响度的感觉。汉语里的重音和轻声(弱重音)就主要是由音高和音长决定的。

(三) 音长

指声音的长短,即声音持续的时间。取决于发音体振动持续时间的长短。在有的语言(方言)里,音长也是区别不同意义的手段。例如广州话：[saːm^{55}](三)——[sam^{55}](心),[haːu^{35}](考)——[hau^{35}](口)。

(四) 音色 (音质)

就是声音的特色、本质,是不同的声音能够互相区别的最本质的特征。物体振动发出来的声音,如果只有一种单纯的频率,我们管它叫纯音。纯音很少见,一般声音都是由复合波组成的。因为物体的振动往往包含着一系列不同的振动,形成的声波实际上是由许多频率不同、振幅不同的纯音混合而成的。复合波中频率最低的纯音叫作基音,其他的都叫陪音,基音频率决定声音的音高。声音之所以有不同的音色就是因为除了基音之外,还有各自的陪音,而陪音的多少、强弱、频率又是各不相同的。音色由共振频率特性决定。

陪音和基音之间有两种关系：(1)陪音的频率是基音频率的整数倍数,即二倍、三倍、四倍等。这样形成的声波是有周期性的,每隔一个相同的时间,同样的波形就重复出现一次。这种声音听起来和谐、悦耳,叫作乐音。语言里的元音都是乐音。(2)陪音和基音在频率上没有整数倍数的关系,杂乱无章。这样的声波是非周期性的,叫作噪音。语言中的辅音绝大多数属于这一类。

语音千变万化,形形色色。但是都可以从上面四个要素来分析和辨认。音色是各种语言用以区别不同意义的基本要素,其他三种要素的重要性则随不同的语言而不同。在汉语里,音高的作用极为重要,音强和音长是次要的。

二 发音和发音器官

从生理的角度说,说话时发音器官的活动方式不同、活动部位不同就形成不同的语音。因此,了解发音器官的构造以及在构成语音中的作用,有助于我们学习和分析不同的语音。发音器官如图(二)所示。

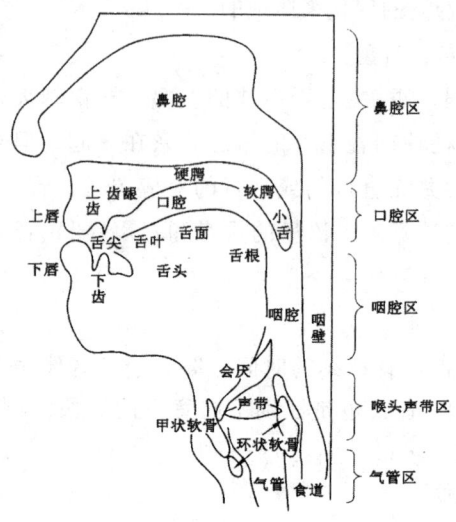

图(二) 发音器官部位示意图

人类的发音器官大体上可以分为三个部分。

(一) 肺

由肺的呼吸作用形成的气流是产生语音的基本动力。肺叶扩张,吸入气流;肺叶收缩,呼出气流。语音通常都是在呼出气流时发出的,但是有些语言里,也存在利用吸气作用发出的语音(吸气音)。肺气流压力的大小和语音的强弱直接有关,呼气量大,声音就强,呼气量小,声音就弱。

(二) 声带

由肺部呼出的气流,经过气管,到达位于喉头中间的声带,声带是两片边缘富有弹性的唇形肌肉,前端附着在甲状软骨(喉结)上,后端分别跟两块勺状软骨联结。声带分开时呈V字形,当中的空间叫声门。说话时,声门关闭,声带并拢,肺气流积聚在下面形成压力,冲击声带,声带富有弹性的边缘随之忽开忽闭,持续颤动,从而产生了像蜂鸣一样的嗡嗡声,叫作声带音或嗓音,也就是原始的音波。由声带颤动而产生的声波是周期性的。声带是元音的声源,同时也是浊辅音的声源之一。

声带和音高的关系最为紧密。语音的高低决定于声带的张力和声带本身的质量。同一个人可以发出不同音高的语音,那是因为声带的松紧可以随着勺状软骨的活动加以调节。声带拉紧,颤动频率加快,声音就变高;声带放松,颤动频率放慢,声音就变低了。女性的声音一般比男性高,因为她们的声带短而薄,颤动频率高。小孩儿的声带更短更薄,所以声音又尖又细。

(三) 声腔

包括喉腔、咽腔、口腔和鼻腔。咽腔在喉头之上,跟鼻腔、口腔相通,声波到达咽腔后可以有三种方式输送出去:1. 软腭上升,挡住通往鼻腔的通路,声音只能从口腔出去,这时发出来的是口音,如 a、t 等;2. 软腭下垂,口腔有一个部位闭塞起来,声音只能从鼻腔出去,形成鼻音,如 m、n 等;3. 软腭居中,口腔、鼻腔都通,这时发出来的是口鼻音,也就是鼻化音。

鼻腔基本上是固定的空腔,口腔的形状则可变性很大,发音活动最复杂的变化就在口腔里,因为这里集中了绝大部分可以活动的发音器官,主要包括唇、舌、软腭和小舌。口腔中其他部分,如牙齿、齿龈、硬腭等都是不能活动的固定部分。在发音中,活动部分是主要的,起这样两种作用:1. 改变口腔的形状、容积或气流的通路,使声音得到不同的调节和共鸣,形成不同音色的元音和鼻音;2. 跟固定部分接触,构成不同的阻碍,成为噪音的声源。阻碍的部位不同,方式不同就形成不同音色的辅音。

上面分别介绍了语音的生理属性和物理属性。发音器官声门以下是产生语音的动力部分,声门以上(包括声带)一直到双唇为止,实际上是一根形状复杂充满空气的管子,也就是声道。发音时,声带由于肺气流的不断激励,迅速开闭,持续颤动,把稳定的气流变成了一连串急速的喷流,产生了蜂鸣般的声带音(原始音波),并向声腔传递,经过共鸣(共振)才放大成为我们日常听到的语音。同时,由于声腔是随着不同的发音动作不断改变形状的,声波的共振频率也随之改变,从而形成一连串听起来有着各种音色变化的语音。

三 语音的社会属性

语音是语言的物质外壳,所以具有自然属性。而作为人类社会最重要的交际工具,它更是一种社会现象,所以,语音又有它的社会属性。因为,语音只有作为意义的载体才能起社会交际的作用,而音义的结合不是个人决定的,是由社会全体成员在长期的历史发展中约定俗成的。

不同的语言有不同的语音。英语里有一些音是汉语普通话没有的。而普通话里有一些音也是英语所没有的。而相同的语音在语言里所起的作用也并不相同。例如,汉语和英语都有送气音[t']和不送气音[t],但是在汉语里,这两个音担负着区别意义的功能,而在英语里这两个音却不起区别意义的作用。由此可见,从社会交际功能的角度看,重要的不是语音在物理上、生理上的差别,而是这种语音上的差别是否跟意义的差别联系在一起。从这一点出发,语音可以分为两类:一类是有分辨意义作用的,一类是没有分辨意义作用的。我们通常所说的元音和辅音,实际上是用在两种不同的意义上的,有时指的是从物理、生理角度划分出来的最小的语音单位,叫作"音素",有时指的是从语音的社会功能角度划分出来的有区别意义作用的语音单位,用于后一种意义时可以用一个专门的术语来称呼,叫作"音位"。我们学习一种语言,常常听到"某某语言有多少个元音,多少个辅音"的说法,这里所说的元音和辅音一般都是从音位这个角度说的。

语音的社会属性是语音最重要的本质特征。许多语音现象都要从这方面去考察分析才能得到合理的解释。比如,在制订汉语拼音时为什么有的语音听起来相差甚远但在字母设计中却无须加以区别,如"个"ge和"叶"ye的主要元音都用同一个字母e来表示。而"丝"si和"诗"shi的声母,听起来差别很小却必须用不同的字母分别清楚。同样的语音为什么在不同的语言(方言)里却有不同的结合方式。诸如此类的问题,离开了语音的社会属性都是无法说明的。

练 习 二

一、什么是语音?语音同其他声音有什么不同?
二、举例说明音高、音强、音长、音色在物理上的区别。
三、说明语音四要素的生理基础。
四、画一张发音器官示意图并标出发音器官各部分的名称。
五、发音器官的活动部分在构成语音中起什么作用?
六、为什么说语音的社会属性是语音的本质特征?
七、音素和音位这两个概念有什么不同?

第三节 元音和辅音

气流从肺里出来振动声带,形成声波,通过口腔时又没有受到任何阻碍,这种声音就是元音。气流从肺里出来不一定振动声带,通过口腔受到一定的阻碍(爆发成音或摩擦成音)。这种主要依靠阻碍发出来的声音就是辅音。

元音和辅音都是从音质的角度划分出来的语音的最小单位,统称为音素。音素的划分一般不考虑音高、音强、音长。"吴"wú 和"务"wù,音高不同,但音质相同,算一个音素[u]。

一 元音的性质

发元音时口腔好像一个共鸣器,共鸣器形状不同,元音的音色也就不同。而不同的口腔形状主要是由口腔的开合、舌头的位置和嘴唇的形状决定的。例如,我们发出"啊、衣、乌"这三个音,从咽腔到口腔没有受到任何阻碍,声音非常清晰响亮,这三个音都是元音。但是这三个元音听起来很不相同,从发音生理的角度说就在于口腔的形状不同。发"啊"时嘴张得很大,舌头位置很低,嘴唇不圆;发"乌"时嘴张得很小,舌头位置高而后,嘴唇圆。元音的音色就是由以下三方面决定的。

(一) 舌头的高低

舌头的高低和嘴的开合是相互联系的。嘴张得小,舌头和上腭的距离小,舌头的部位也就高;嘴越开,舌头和上腭的距离就越大,舌头的部位也就越低。嘴的开合程度叫作开口度。为了便于说明元音的性质,通常把舌位的高低分成五度:高、半高、中、半低、低。发"衣"时,舌头最高,开口度也最小,这个元音就是高元音;发"啊"时,舌头最低,开口度也最大,这个元音就是低元音。

(二) 舌头的前后

舌头的前后也影响元音的性质。舌位高低的改变可以由外表(嘴的开合)看出来,舌位前后的改变通常从外表看不出来,只有靠本人的感受来体会。例如,"乌""迂"的不同,就是由于舌头位置前后不同所形成的。为了便于说明元音舌位的前后,通常把它分为三度:前、央、后。发"迂"的时候,舌头靠近下齿背,这个元音就是前元音;发"乌"的时候,舌头后缩,这个元音就是后元音。

(三) 嘴唇的圆不圆

发元音时嘴唇圆不圆很容易从外表看出来。发"衣"的时候,嘴唇不圆,是不圆唇元音;发"迂"的时候,嘴唇前伸拢圆,是圆唇元音。

每一个元音的音色都可以从舌头的高低、前后以及唇形的圆展这三方面来描述。下面图(三)是元音舌位变化示意图,表明了舌位变化和元音音色的关系。图(四)是国际音标元音舌位图。

前面所讲的元音,发音时鼻腔的通路是关闭的。如果发音时,软腭下降,鼻腔和口腔的通道同时打开,元音就会带上鼻音色彩,叫作鼻化元音。国际音标用附加符号"~"来表示,如[ã]。

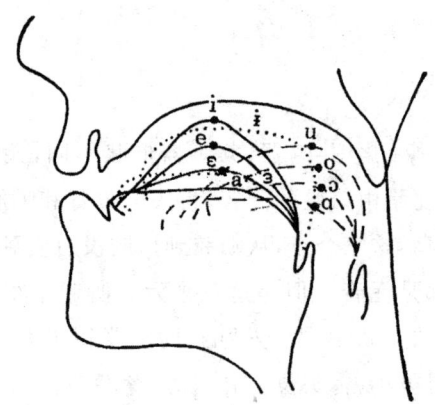

图(三)　元音舌位变化示意图
——前元音　－－－后元音　……混元音

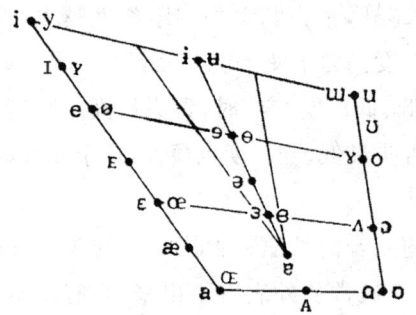

图(四)　国际音标元音舌位图

国际音标元音舌位图是根据元音发音时舌头隆起部位的高低前后(用X光机拍摄)画成的不等边四边形(图四)。横向从[i]到[u]划分为"前、央、后"三个区域,纵向三等分从[i]到[a]、从[u]到[ɑ]分为四个坐标点,依次为"高、半高、半低、低";也可以划分得更细,依次为"最高、次高、高中、正中、低中、次低、最低"。斜线左边的都是不圆唇元音,右边的都是圆唇元音。

根据舌位的高低前后,唇形的圆展,国际音标把元音舌位图上的[i]、[e]、

[ε]、[a]和[ɑ]、[ɔ]、[o]、[u]八个基本的舌面元音称为正则元音或标准元音。它不属于某一具体语言,代表八个按照明确固定的舌位、唇形发出的元音,音值也是明确固定的。它们是分析描写任何语音的参照物(标准、标尺),各种语言里的元音,它的舌位、唇形都可以参照它同标准元音的比较确定自己在元音舌位图上的位置,所以标准元音又被称之为"定位元音"。

元音舌位图上的元音都是舌面元音,只有元音的基本音质,都是没有元音的补充发音动作,没有鼻化、卷舌化、清化等特殊音色的基本元音。同时,音标本身又都是坐标性质的符号。一个音标所代表的音值,可以正好是所记录的某个语言(方言)里的某个音,也可以只是相近或极相似。这时在精细的严式记音中,就要用附加符号来准确地标注。如普通话"波"的元音,可以用[O̞˕]来标记,表示它是一个舌位偏低,唇形略展的后、半高、圆唇元音。各种附加符号的含义,参看第一节国际音标简表。

二 普通话的元音

人类的发音器官可以发出来的元音数目很多,但是就某种具体的语言来说,元音的数目总是有限的。普通话里的主要元音可以分为舌面元音、舌尖元音和卷舌元音三大类。

(一) 舌面元音

普通话里可以单独使用的舌面元音有六个,逐一介绍如下。

1. a[a]　　前、低、不圆唇元音

发音时,口腔大开,舌尖略向前伸,舌面下降到最低度,嘴唇不圆。例如"沙发"shāfā、"马达"mǎdá。确切地说,普通话里单独使用的 a,比国际音标的[a]舌位要略后一点,严式记音可以用[A]来标写。

2. o[o]　　后、半高、圆唇元音

发音时,口略开,舌头后缩,后舌面升至半高度,嘴唇略圆,圆唇程度比国际音标的[o]要小一些。例如"薄膜"bómó、"磨破"mópò。严格地说,普通话里的单元音 o[o],实际读音是一个略有动程的复合元音[uo]。

3. e[ɤ]　　后、半高、不圆唇元音

发音时,口略开,舌头后缩,后舌面升到半高度,嘴唇不圆。例如"隔阂"géhé、"苛刻"kēkè。普通话的 o 和 e 的分别主要在嘴唇圆不圆,但后一个元音的舌位比前一个要略偏央一些。另外,发音时舌位还有一个从高到低偏向次低后高元音[ʌ]的动程。所以严式标音可以用[ɤʌ]来表示。

4. i[i]　前、高、不圆唇元音

发音时,开口度很小,舌头前伸,前舌面上升接近硬腭,气流的通路狭窄,但不发生摩擦,嘴唇不圆。例如"积极"jījí、"笔记"bǐjì、"秘密"mìmì。

5. u[u]　后、高、圆唇元音

发音时,开口度很小,舌头后缩,后舌面上升接近软腭,气流通路狭窄,但不发生摩擦,嘴唇拢圆。例如"父母"fùmǔ、"读书"dúshū。

6. ü[y]　前、高、圆唇元音

发音时,开口度以及舌位的高低前后跟[i]大致相同,区别主要在于发ü[y]时双唇要拢圆。例如"序曲"xùqǔ、"语句"yǔjù。

除了上面可以单独使用的六个单元音以外,普通话里还有两个元音。一个是前、半低、不圆唇元音ê[ɛ],只能作为叹词单独出现,如"欸(ê),你快来!"这个ê在其他场合不单独出现,作为叹词出现时也可以读成[ei]。还有一个元音是央元音[ə],只有在轻声里才能单独使用,如"他的"tāde[tʼatə]。

现在把普通话的八个舌面元音标写在元音舌位图上(图五):

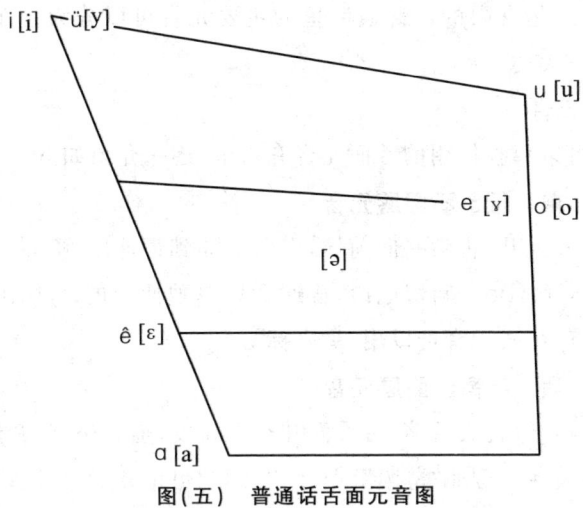

图(五)　普通话舌面元音图

(二) 舌尖元音

发舌面元音时,舌尖始终不抬起,放在下齿背附近。发舌尖元音时,主要是舌尖起作用,舌位没有高低之分,靠舌尖活动的前后和唇形圆展来区别不同的音色,普通话里只有两个舌尖元音,汉语拼音都用字母 i 表示。

1. -i[ɿ]　舌尖前、不圆唇元音

发音时,舌尖前伸靠近门齿背,气流通路狭窄,但不发生摩擦,嘴唇不圆。普通话里的[ɿ]不能单独成音节,前面都有声母 z[ts]、c[tsʻ]、s[s]。例如"自私"zìsī、"字词"zìcí。

2. -i[ʅ]　舌尖后、不圆唇元音

发音时,舌尖上翘,对着硬腭前部,气流通路狭窄,但不发生摩擦,嘴唇不圆。普通话里的[ʅ]不能单独成音节,前面都有声母 zh[tʂ]、ch[tʂʻ]、sh[ʂ]、r[ʐ]。例如"支持"zhīchí、"日蚀"rìshí。

（三）卷舌元音

卷舌元音是舌尖和舌面同时起作用的元音,也可以看作一种特殊的舌尖元音。普通话里可以单独成音节的卷舌元音只有一个:

er[ər]　卷舌、央、中、不圆唇元音

er 是一个卷舌的央元音,发音时,舌位处于央元音[ə]的状态,同时舌尖向硬腭翘起就形成卷舌元音[ər]。例如"而、耳、儿、尔"等字,都是读[ər]的字音。字母 er 和音标[ər]都借用 r 表示卷舌作用,虽然用两个符号标写,实际上只代表一个音素。国际音标也可以用[ɚ]表示这个卷舌元音。严格地说,[ər]发音开始时,舌位较低,随着卷舌,舌位也略略上升,产生一个很小的动程,在去声字中尤其明显。例如"二",严式记音可以标记为[ᵊər]。但在音韵系统中,它以处理为单元音、单韵母为宜。

三　辅音的性质

发辅音时,发音器官的活动部分和固定部分接触形成阻碍,气流必须克服阻碍才能构成声音。语音学里把辅音的发音过程分为三个阶段:1.成阻,指阻碍的形成(构音);2.持阻,指阻碍的持续(蓄气);3.除阻,阻碍的解除(成音)。从辅音的发音过程中,我们可以看到辅音的形成一般包含两个方面:发音部位,即形成阻碍的部位;发音方法,即阻碍气流或解除阻碍的方法。阻碍的部位不同或阻碍的方法不同都会影响辅音的性质。辅音的音质主要就是由这两方面决定的。

（一）发音方法

辅音的发音方法基本上有五种:

1. 塞音　在发音器官的某个部位上,把气流完全阻塞,然后突然打开,使气流骤然冲出,爆发成音。这样形成的声音叫塞音(爆破音、破裂音),如[p]、[t]、[k]。

2. 擦音　阻碍的部分并不完全闭塞,留有狭窄的缝隙,让气流挤出来,发生摩擦的声音,叫作擦音,如[f]、[s]。

3. 鼻音　口腔的某个部位形成完全的闭塞,软腭下降,打开鼻腔的通路,使气流从鼻腔出去,这种声音就是鼻音,如[m]、[n]。

4. 边音　发音时舌头中间的通路塞住,气流从舌头的两边(或一边)出去,叫作边音,如[l]。

5. 颤音　发音时,发音器官有弹性的部分,如双唇、舌尖、小舌,迅速颤动,使气流忽通忽塞,急速交替,形成颤音,如舌尖颤音[r]。颤音也可以不连续颤动,只是闪动一下,叫作闪音,如舌尖闪音[ɾ]。

以上五种基本的发音方法也可以分别结合起来使用,如边音和擦音结合成边擦音[ɬ]。最常见的是塞音和擦音结合成塞擦音,如普通话里的 z[ts]、j[tɕ]等。这种音先塞后擦,成阻和持阻的开始是塞音,然后转为擦音。由于两种方法紧密地结合在一个发音过程中,所以听起来浑然一体,跟一个单纯的音素一样,实质上是一个复辅音,所以国际音标用两个音标结合在一起表示。

辅音在发音方法上还有清浊和送气不送气的区别。气流通过声门时,声门敞开,声带松弛,让气流顺利地通过,声带不颤动,这种声音叫作清音。气流通过声门时,声门紧闭,声带并拢。气流从声带中挤出去时,声带发生颤动,这种声音叫作浊音。元音一般都是浊音,辅音里的鼻音、边音、颤音一般也都是浊音,塞音、擦音、塞擦音则有清有浊。

除阻时有没有比较强的气流送出来也能改变辅音的音质。试比较下列两行字:

　　　　布 bù　　杜 dù　　住 zhù　　故 gù
　　　　铺 pù　　兔 tù　　处 chù　　库 kù

下一行字,在辅音除阻后,立刻送出一股较强的气流,叫作送气音。上一行字的辅音发音时气流很微弱,叫不送气音。严格地说,弱送气音用附加符倒撇[']表示,强送气音用音标[ʰ]表示,不加区别时可以通用。例如"宽阔"[kʰuan kʰuo],或[k'uan k'uo]。

（二）发音部位

我们说"都"时，舌尖抵着上齿龈，说"姑"时，舌面后部抵着软腭前部，这两个声音的不同就是因为发音的阻碍部位不一样。从理论上说，发音器官主动部分接触点的任何细微的移动或接触面大小的不同都会引起辅音音质的变动。但是人类的听觉并不能分得如此细致，就语音学的实用目的看，一般把发音部位分为十个左右已经够用。下面简单介绍十二类不同发音部位的辅音，每类只举两三个世界语言中常用的音作为例子（详见第一节国际音标辅音表）。

1. **双唇音**　双唇紧闭或互相接近，如[p]、[ɸ]、[m]。
2. **唇齿音**　下唇向上齿靠近，常见的以擦音居多，如[f]、[v]。
3. **舌齿音**　舌尖处在上下齿之间，也可以只向上齿靠拢，一般只出现擦音和塞擦音，如[θ]、[tθ]。
4. **舌尖前音**　舌尖平伸接触或靠近齿背，一般也只出现擦音和塞擦音，如[s]、[ts]。
5. **舌尖中音**　舌尖接触上齿龈或齿龈边缘。这个部位一般不出现擦音和塞擦音，只出现塞音、鼻音、边音，如[t]、[n]、[l]。为简明起见，可以与舌尖前音合为一类，统称为"舌尖音"。如果出现舌尖前的塞音、鼻音可以用附加符号来表示，如[t̪]、[n̪]。
6. **舌尖后音**　舌尖翘起接触前硬腭，以擦音和塞擦音较为常见，如[ʂ]、[tʂ]。
7. **舌叶音**　紧接着舌尖之后的舌面边缘部分叫舌叶。由舌叶和上门齿部位发出来的音叫舌叶音，如[ʃ]、[tʃ]。
8. **舌面前音**　由舌面前部和前硬腭接触或靠近发出来的音，如[ɕ]、[tɕ]、[t̡]。
9. **舌面中音**　舌面中部接触或靠近硬腭后部，如[c]、[ç]。舌面中音和舌面前音也可以统称为"舌面音"，同时出现这两套音的语言很少。
10. **舌面后音**　舌面后部接触软腭发出来的音，又叫舌根音，如[k]、[x]。
11. **小舌音**　由舌面后部跟小舌构成阻碍形成的音，如小舌塞音[q]，小舌颤音[ʀ]。
12. **喉音**　由喉头某个部分形成阻碍而产生的音，最常见的有喉塞音[ʔ]、喉擦音[h]等。

下面是十二类常见的辅音发音部位示意图。

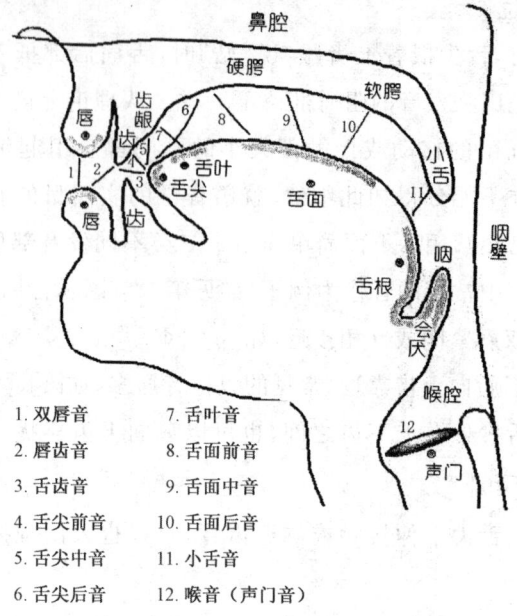

1. 双唇音　　7. 舌叶音
2. 唇齿音　　8. 舌面前音
3. 舌齿音　　9. 舌面中音
4. 舌尖前音　10. 舌面后音
5. 舌尖中音　11. 小舌音
6. 舌尖后音　12. 喉音（声门音）

图（六）　辅音发音部位示意图

四　普通话的辅音

普通话里一共有二十二个辅音,从发音部位和发音方法两个方面,逐个描述如下:

1. b[p]　双唇不送气清塞音

发音时,双唇紧闭,阻塞气流;软腭上升,堵塞鼻腔通路;声带不颤动,然后双唇突然打开,气流迸裂而出,爆发成声。例如"褒贬"bāobiǎn。

2. p[p']　双唇送气清塞音

发音状况同 b[p]大致相同,差别只在双唇打开时有一股显著的气流冲出来,形成送气音。例如"批评"pīpíng。

3. m[m]　双唇浊鼻音

发音时,双唇紧闭,阻塞气流;软腭下垂,打开鼻腔通路,气流振动声带,从鼻腔通过。例如"美妙"měimiào。

4. f[f]　唇齿清擦音

发音时,下唇轻轻接触上齿,形成窄缝;软腭上升,堵塞鼻腔通路;声带不颤动;气流从唇齿之间挤出,摩擦成声。例如"方法"fāngfǎ。

5. d[t] 舌尖不送气清塞音

发音时,舌尖抵住上齿龈,阻塞气流;软腭上升,堵塞鼻腔通路;声带不颤动;然后舌尖突然离开上齿龈,气流迸裂而出,爆发成声。例如"道德"dàodé。

6. t[t'] 舌尖送气清塞音

发音状况同 d[t] 大致相同,差别只在舌尖离开上齿龈时有一股显著的气流冲出来。例如"体贴"tǐtiē。

7. n[n] 舌尖浊鼻音

发音时,舌尖抵住上齿龈,阻塞气流;软腭下垂,打开鼻腔通路,气流振动声带,从鼻腔通过。例如"牛奶"niúnǎi。

8. l[l] 舌尖浊边音

发音时,舌尖抵住上齿龈,但并不把气流通路完全堵死;软腭上升,堵住鼻腔通路;气流振动声带,从舌头两边或一边通过。例如"理论"lǐlùn。

9. g[k] 舌面后不送气清塞音

发音时,舌面后部抬起,抵住软腭,阻塞气流;软腭上升,堵塞鼻腔通路;声带不颤动;然后舌根突然离开软腭,气流冲出,爆发成声。例如"巩固"gǒnggù。舌面后音也叫"舌根音"。

10. k[k'] 舌面后送气清塞音

发音状况同 g[k] 大致相同,差别只在舌面后部离开软腭时有一股显著的气流冲出。例如"刻苦"kèkǔ。

11. ng[ŋ] 舌根浊鼻音

发音时,舌头后缩,舌面后部隆起和软腭后部相贴,阻塞部位比 g、k 略后;软腭下垂,打开通向鼻腔的道路;气流振动声带,从鼻腔流出。例如"长江"chángjiāng。在普通话里,ng[ŋ]只出现在音节末尾。

12. h[x] 舌面后清擦音

发音时,舌面后部和软腭靠近;软腭上升,堵塞鼻腔通路;声带不颤动;气流从舌根和软腭之间挤出去,摩擦成声。例如"欢呼"huānhū。

13. j[tɕ] 舌面前不送气清塞擦音

发音时,舌面前抬起,抵住前硬腭,阻塞气流;软腭上升,堵塞鼻腔通路;声带不颤动;然后舌面前部稍微离开前硬腭,使气流出来,形成先塞后擦的塞擦音。例如"经济"jīngjì。

14. q [tɕ'] 舌面前送气清塞擦音

发音状况同 j[tɕ]大致相同，差别只在舌面前部离开硬腭时有一股显著气流冲出来。例如"亲切"qīnqiè。

15. x [ɕ] 舌面前清擦音

发音时，舌面前部接近前硬腭，部位比 j、q 略后；软腭上升，堵塞鼻腔通路；声带不颤动；气流从舌面前部和前硬腭之间挤出去，摩擦成声。例如"小心"xiǎoxīn。

16. zh [tʂ] 舌尖后不送气清塞擦音

发音时，舌尖翘起，抵住硬腭前部，阻塞气流；软腭上升，堵塞鼻腔通路；声带不颤动，然后舌尖稍微离开前硬腭，使气流出来，形成先塞后擦的塞擦音。例如"政治"zhèngzhì。

17. ch [tʂ'] 舌尖后送气清塞擦音

发音状况同 zh[tʂ]大致相同，差别只在舌尖离开前硬腭时有一股显著的气流冲出来。例如"长城"chángchéng。

18. sh [ʂ] 舌尖后清擦音

发音时，舌尖翘起和前硬腭靠近；软腭上升，堵塞鼻腔通路；声带不颤动；气流从窄缝中挤出来，摩擦成声。例如"生疏"shēngshū。

19. r [ʐ] 舌尖后浊擦音

发音状况同 sh[ʂ]大致相同，但摩擦性较弱；主要差别在于发[ʂ]时声带不颤动，发 r[ʐ]时声带颤动。例如"柔软"róuruǎn。

20. z [ts] 舌尖前不送气清塞擦音

发音时，舌尖抵住门齿背，阻塞气流；软腭上升，堵塞鼻腔通路；声带不颤动；然后舌尖稍微离开门齿背，让气流出来，形成先塞后擦的舌尖塞擦音。例如"自在"zìzài。

21. c [ts'] 舌尖前送气清塞擦音

发音状况同 z[ts]大致相同，差别只在舌尖离门齿背时有一股显著的气流冲出来，例如"粗糙"cūcāo。

22. s [s] 舌尖前清擦音

发音时，舌尖平伸和门齿背接近；软腭上升，堵住鼻腔通路；声带不颤动；气流从舌尖的窄缝中挤出，摩擦成声。例如"琐碎"suǒsuì。

五　元音和辅音的声学表现

前面从语音的生理属性,通过舌位和唇形在发音时的状态对元音加以分类和描写;通过发音过程中发音器官形成阻碍的部位和解除阻碍的方式,对辅音加以分类和描写,并分别介绍了与之对应的国际音标。但是,大脑感知、识别语声,不是依据发音器官的活动方式,而是通过空气传播人耳传导的言语声波的物理声学特性来感知语音、识别语音的。那么,各类元音和辅音在声学特性上都有什么不同?跟语音的生理属性又有什么联系?如果在这些方面略有一些基础知识,不仅可以加深对语音性质的了解,而且还可以获得许多从语音发音生理方面无法得到的新知识。

(一) 元音的声学表现

元音的声源来自喉头声带的活动。声带富有弹性的边缘在肺气流的激励下因急速的颤动而产生了声带波(嗓音),形成原始的音波。这种由声带复杂颤动而产生的复合波是由许多不同频率、不同振幅的纯音(简谐波,也叫陪音或分音)组成的,通过声门它就进入了由咽腔、鼻腔和口腔共同组成的声腔。声腔好比一个形状复杂的管道(声道),不同的部分各有自己的固有频率。当原始的声带音通过这个因唇、舌、软腭的活动而可以随时改变自己形状的声道时,它所包含的许多不同频率的陪音,在传输过程中随时会发生各种变化,其中与声道某处固有频率不相符的(陪音)频率会受到削弱或抑制,而与声道某处的固有频率相合或相近那些频率就会发生共振(共鸣),声波的能量因而激增,形成强共振峰。于是原本微弱的声带音就变成了人耳可闻的响亮的共鸣音,同时通过声道形状的改变,被调节成各种不同音色的元音。

声带波在通过形状不规则的声道传输过程中会形成多个不同频率的共振峰(Formant)。通常把决定元音音色的前三个共振峰自下而上分别称之为第一共振峰、第二共振峰、第三共振峰,并分别用 F_1、F_2、F_3 来代表。这三个共振峰是感知上区分不同元音的声学基础。

用于语音研究的语图仪(动态频谱仪),可以通过滤波器把因声道共鸣而能量(振幅)得到加强的共振峰,用图形显示出来。因声道形状不同而形成不同音色的元音,其共振峰的频率位置是不同的。下面一张语图用元音[ə]、[i]、[a]、[u]显示它们各自的声学特性及其与声道形状的关系。(本节所用的语图均转

引自《实验语音学概要》,中国社会科学院语言研究所,语音研究室)

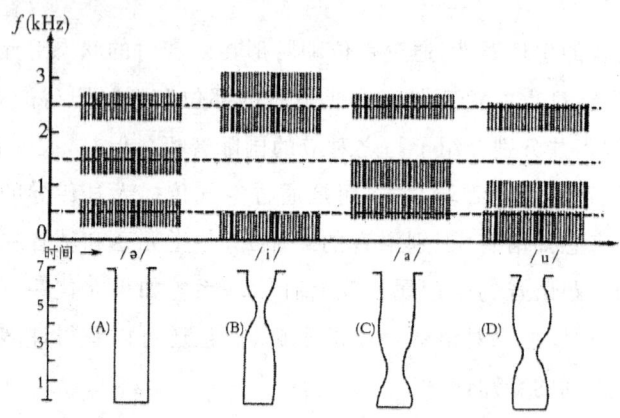

图(七) 元音[ə]、[i]、[a]、[u]的声道模型及其各自的共振峰模式

图(七)上部是经语图仪分析后显示的[ə]、[i]、[a]、[u]四个元音各自的共振峰频率位置。下部是发这几个元音时的各自的口腔声道模型,用以表明语音的声学特性是由语音的生理特性决定的,元辅音都如此。三维语图上纵向的坐标表示频率维,自下而上,频率由低到高;横向表示时间维,反映语音的时长及其频率在时间上的变化;语图上由细密短促的垂直线构成的宽横杠,表示强度维。宽横杠就是语音(简谐波)能量聚集区——共振峰的声学表现。反映频率、振幅和时间三维关系的语音图谱全面地反映了语音的声学特征。

不同音色的元音在语图频率轴上出现的位置各不相同,因此决定元音音色的前三个共振峰就会形成不同的模式(结构)。图(七)四个元音的共振峰模式显然各自不同。语图使只能耳听的语音变成可以用视觉识别的可见语言。

语音合成证实,元音前三个共振峰的频率值确定后,它的音色基本上也就决定了。但是,元音共振峰的频率和基音频率并无相互依存关系。基频是由声带颤动的频率(基频)决定的,而共振峰的频率是随声腔形状而发生变化的。音色是由声腔共振峰频率决定的。因此,一个元音可以用不同声调(音高)来发,而音色始终如一。

下面是普通话10个单元音的前三个共振峰分布图(图八)。从图上可以看到不同元音的共振峰频率位置和相对关系是各不相同的。

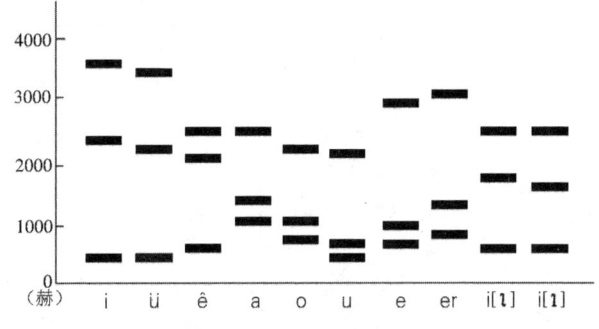

图(八)　普通话 10 个元音的共振峰分布图

(二) 声学元音图和元音舌位图

语音的声学特性是由语音的生理特性决定的,决定元音音色的共振峰频率和舌位的高低前后有密切联系。具体地说:

1. 第一共振峰 (F_1) 同舌位高低变化密切相关

舌位越高,F_1 的频率值就越低;舌位越低,F_1 的频率值就越高。二者成反比关系。

2. 第二共振峰 (F_2) 同舌位前后密切相关

舌位靠前,F_2 的频率值就升高;舌位靠后,F_2 的频率值就降低。二者成正比关系。

3. 元音的第二共振峰与唇形的圆展也有关系

双唇突出拢圆,实际上就是使声道延长了,其声学效果就表现为 F_2 频率下降。

根据共振峰频率与舌位之间的内在关系,声学语音学创制了一张声学元音图:把坐标的零点放在右上角,以 F_1 为轴,方向朝下使 F_1 的频率值由小到大,同舌位的高低对应起来,即自上而下频率小对应于舌位高,频率大对应于舌位低。同时,以 F_2 为横轴,方向朝左,使 F_2 的频率值对应于舌位前后,即自左而右,频率小对应于舌位靠后,频率大对应于舌位靠前。这样,以元音[i]、[u]、[a]三个元音 F_1 和 F_2 的频率为依据,把它们各自的坐标位置一一确定下来并用线连接起来,就可以得到一张三角形的元音频率图,也就是声学元音图。下面就是根据个人发音制作的一张普通话十个单元音的声学位置图。每个元音的位置都是根据各自的 F_1 和 F_2 的频率确定的:

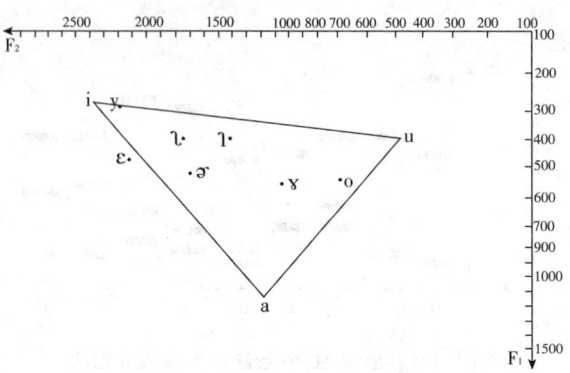

图(九)　普通话元音声学位置图

从图(九)可以看到普通话舌面元音在声学元音图里相互之间的前后高低位置,与它们在元音生理舌位图上的位置都是互相对应的。只有两个舌尖元音的前后位置似乎颠倒了。其实,这正好反映了舌尖元音[ɿ]的发音生理特性,由于[ʅ]发音时舌尖上翘,舌体隆起,形成两个舌高点。同时,舌尖后元音[ʅ]的 F_2 频率值(1820赫兹),比舌尖前元音[ɿ]的 F_2 频率值(1380赫兹)要大,所以在频率由小到大,反映舌位前后的横向频率轴上,[ʅ]的位置就应该在[ɿ]的后面。

元音舌位图为元音提供了一个发音的生理空间(音域),声学元音图为元音提供一个声学空间。两相对照,可以看到语音声学特性与生理特性之间的关系,尤其重要的是由此可以在声学元音图上考察元音音色的变化。例如,单元音组成复合元音后,音色往往会发生变化;韵母儿化后主要元音和韵尾也会发生变化。这在根据共振峰和舌位关系设计的声学元音图上,都是可以进行考察、分析的。发音生理上的变化,在声学元音图上的反映就是频率位置的改变。由此,就为合理的音质描写提供了客观的重要的参照和依据。

(三)辅音的声学表现

元音的声源来自喉头的声带活动;辅音中清辅音的声源来自发音器官某一部位的阻碍或摩擦,浊辅音的声源则兼有这两个方面。就语音的性质说,语音的声源可以分为三种:浊音、瞬音、紊音。它们的声学特性在语图上的表现为各不相同的纹样:

1. 宽横杠

这是浊音在语图上的表现,包括元音的基频和共振峰以及辅音的浊音声源。

2. 冲直条

这是塞音冲破阻碍,气流爆发成音的声学表现,在语图上则显示为陡然突起尖锋状的细窄线条(冲直条)。它反映声压突然释放的现象,也就是一个脉冲。因为声音瞬间即逝,不能延长,所以塞音又叫瞬音或暂音。

3. 乱紊

这是擦音通过细小的窄缝,摩擦成音的声学表现。因为气流运动变成了不规则的湍流,所以在语图上呈现为一片雨潲状的乱紊。紊音(即擦音)可以延长,所以相对于瞬音或暂音,也称之为久音。

一切语音都由浊音、瞬音和紊音这三种声源单独或结合在一起构成。如元音就是由浊音声源单独形成的;浊塞擦音就由浊音声源、瞬音源、紊音源一起形成的。

下面是普通话辅音语图模式(图十)。

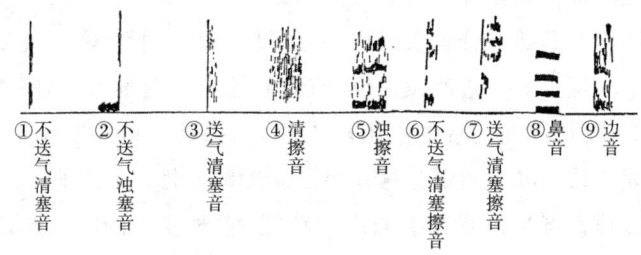

①不送气清塞音 ②不送气浊塞音 ③送气清塞音 ④清擦音 ⑤浊擦音 ⑥不送气清塞擦音 ⑦送气清塞擦音 ⑧鼻音 ⑨边音

图(十) 普通话辅音语图模式

从语图看塞音是典型的瞬音,擦音是典型的紊音,塞擦音是二者的结合。鼻音以声带音为声源有鼻腔共振,所以有好几个浊音横杠,与元音相连时,两种共振峰横杠之间会出现错开的"断层"现象。边音是带有较多噪音成分的乐音,所以有一些乱紊,共振峰也比较弱,与元音连接时,浊音横杠之间往往没有"断层"现象。

语图为辅音的发音方法提供了可以用肉眼看到的声学特征,同时还证实和揭示了一些单就发音生理方面很难确定的语音事实。例如,只有一个发音过程,听觉上浑然一体的塞擦音,实际上是两种语音成分紧密结合在一起的复辅音。浊塞音图样中宽横杠出现在冲直条之前,说明声带音(浊音源)的出现在时间上先于除阻时的爆发成音。这些在听觉上都是无法察觉的。

辅音的发音部位同样也可以从语图上辨认。因为元音共振峰实际上就是一组组能量集中,振幅较强的频率区,元音共振峰频率位置的不同决定于发音时声腔形状的变化。辅音也一样,发音部位的变化也就是声腔形状的变化,同样也能形成不同位置的能量集中区或强频区。但是辅音的摩擦噪声和瞬时噪声是一种非周期波,不能形成元音那样的共振峰,只是在一定的频率位置出现一簇强频区。声学上强频区的位置和强弱聚散反映了发音部位声腔形状的变化,据此也可以在语图上大致辨认辅音的发音部位。

(四) 过渡音征和音征互载

辅音的音值决定于它的发音部位和发音方法,元音的音色决定于舌位的高低和唇形的圆展。它们的声学特征也是各不相同的。但是当元音和辅音在语流中结合在一起时,它们各自的声学特征并不一定都是像堆积木那样简单地拼合在一起的,有时候是你中有我,我中有你,相互寄托的。

由语图仪给出的图谱清楚地表明:一个元音,例如[a],单独发音时,语图上表征元音音色的第一共振峰和第二共振峰是一个平头的宽横杠。当[a]前接辅音[p]时,共振峰的起始部分就会变成尖劈形的弯头。听觉实验证实,如果把共振峰的这一小段弯头——过渡段去掉,前面的辅音就会难以识别;相反,如果保留这一段弯头,而把前面辅音的除阻段去掉,却仍然可以在听觉上辨别这个辅音。这说明元音共振峰起始部分这一小段高度动态性的过渡段,实际上是辅音和元音结合时辅音寄生在元音上的声学特征,它对辅音的听辨起着征兆作用,因此称之为"音征"。

音征从生理上说反映了发音器官从辅音过渡到元音时的运动过程;从声学上说反映了辅音对邻接元音的影响,使共振峰起始部分的频率发生了变化。由于不同的辅音有不同的强频区,而元音又各有自己特定的共振峰频率,因此不同的辅元结合就会产生不同的过渡音征。下面图(十一)共振峰尖劈型弯头指向的变化,反映了辅音强频集中区位置的变化,也就是辅音发音部位的不同;图(十二)说明不同元音与同一个辅音结合时,共振峰尖劈型弯头的指向是相同的。

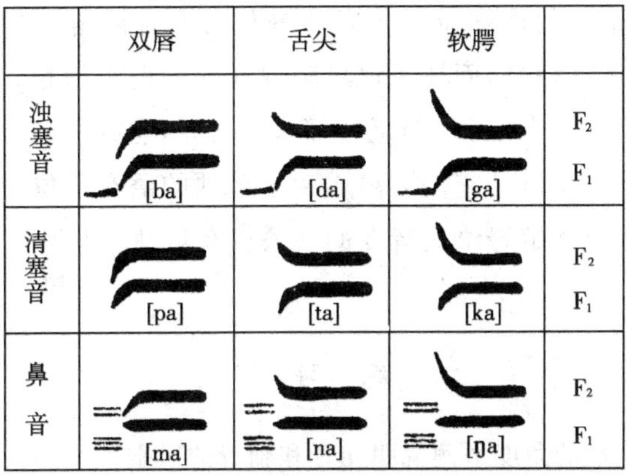

	双唇	舌尖	软腭	
浊塞音	[ba]	[da]	[ga]	F_2 F_1
清塞音	[pa]	[ta]	[ka]	F_2 F_1
鼻音	[ma]	[na]	[ŋa]	F_2 F_1

图(十一) 塞音和鼻音过渡音征的不同表现

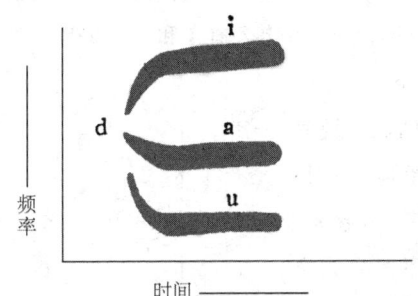

图(十二) 同一塞音与不同元音组合的辅音音征示意

语音的声学分析和合成实验证明,在辅元或元辅的结合中,元音共振峰的过渡段,即过渡音征,对辅音的发音部位,特别是塞音的发音部位在听辨上有决定性的作用。普通话塞音爆发成音的除阻阶段,一般只有 5 毫秒左右,实际上辨别这类时长极短的瞬音音色的关键信息是由元音共振峰的过渡段携带的。在元辅结合中,作为韵尾的塞辅音甚至没有除阻段(塞而不发),也就是在没有爆发成音的情况下,听觉上仍可以准确无误地辨别它们。例如,广州话里的"鸭"[ap]、"压"[at]、"轭"[ak],"湿"[sap]、"失"[sat]、"塞"[sak],作为韵尾的[p]、[t]、[k]都是塞而不发的唯闭音。但由于成阻时发音部位改变了声腔的形状,使元音过渡段的共振频率发生了变化,人耳正是据此辨别出不同的辅音韵尾。

过渡音征的发现扩大和加深了传统语音学对元音和辅音的认识。为了分析语音的方便,固然可以而且必须把音流分解为一个一个离散的语音单位,但是在自然语言中语音的声学特征未必总是包含在音段自身之内的。元音音段可以携带辅音的声学信息,而辅音也可附载元音的声学信息。例如"家"[tɕia]、"西"[ɕi]这类辅元结合的音段,与辅音邻接的元音,它的主要信息实际上是附载在辅音上的,甚至于难以把它们分离成两个单独的语音单位。这种"音征互载"的语音现象,对认识和解释语流音变的现象极有帮助。

练 习 三

一、从发音生理的角度举例说明元音和辅音的区别。

二、元音怎样分类?元音音色的不同是怎样形成的?

三、画一张元音舌位图,并把普通话里的舌面元音用国际音标标在图上。

四、怎样描写辅音的音色?为什么辅音和元音采取不同的分类标准?

五、用国际音标填空:

(1) 舌面前、半低、不圆唇元音　　[　　]

(2) 舌面后、半高、不圆唇元音　　[　　]

(3) 舌面前、高、圆唇元音　　　　[　　]

(4) 舌尖后、不圆唇元音　　　　　[　　]

(5) 双唇不送气清塞音　　　　　　[　　]

(6) 舌尖前不送气清塞擦音　　　　[　　]

(7) 舌面后不送气清塞音　　　　　[　　]

(8) 舌面前送气清塞擦音　　　　　[　　]

(9) 舌面后清擦音　　　　　　　　[　　]

(10) 舌面后(舌根)鼻音　　　　　 [　　]

六、描写下列辅音的发音部位和发音方法:

[ʐ]　[ɕ]　[m]　[tɕʻ]　[pʻ]　[tʂʻ]　[x]

七、从发音生理上说明元音的声源和辅音声源有何不同。

八、如何在语图上识别元音的声学表现?

九、辅音的发音方法和声源特性有什么关系?

十、元音的共振峰频率和舌位唇形有什么关系?

十一、过渡音征和音征互载的语音现象对语音研究有什么启示?

十二、用汉语拼音字母和国际音标分别标出下列词语的读音。例如:大气

dàqì [ta tɕ'i]。

主力	医术
肚子	巴黎
旅客	戏曲
基础	误差
诗歌	发达

第四节 声 母

元音和辅音是语音学分析的结果。听觉上、发音上自然的语音单位是由音素构成的音节。例如,"我有一本书"wǒ yǒu yī běn shū,无论从听觉或发音的角度都很容易把这句话分为五个音节。普通话里辅音一般不能单独构成音节,元音可以单独成音节,如"鱼"yú。但是绝大多数音节是由几个音素结合在一起构成的,如"我"wǒ,"书"shū,"本"běn。一般说,一个音节一定要有元音作为它的组成成分,但不一定要有辅音。同其他语言比较起来,汉语的音节更容易分辨出来,一个音节通常都用一个汉字来书写,一个汉字就是一个音节,只有极个别例外。在汉语里,音节和汉字基本上是一致的。

音节由音素组成,这种组合有一定的规则。根据汉语音节构造的特点,我国传统的音韵学早就创立了一套独特的分析汉语音节的方法。一个音节包括三个组成部分:声母、韵母和声调。声母指音节开头的辅音,韵母指声母后面的部分。例如,"八"bā 的声母是 b,韵母是 a;"海"hǎi 的声母是 h,韵母是 ai;"窗"chuāng 的声母是 ch,韵母是 uang。声母和韵母,元音和辅音是从不同角度分析音节的结果,前者是就汉语音节结构的特点来分析的,后者是就音素本身的性质来分析的。

一 声母的分类

普通话里一共有二十二个辅音,可以在音节里充当声母的只有二十一个,因为舌根(舌面后部)鼻辅音 ng 不能出现在音节的开头。全部声母按发音部位可分为三大类。

(一)唇音

包括双唇音 b[p]、p[p']、m[m]和唇齿音 f[f]两小类。

（二）舌尖音

包括舌尖前音 z[ts]、c[tsʻ]、s[s]，舌尖中音 d[t]、t[tʻ]、n[n]、l[l]，舌尖后音 zh[tʂ]、ch[tʂʻ]、sh[ʂ]、r[ʐ]，共三小类。

（三）舌面音

包括舌面前音 j[tɕ]、q[tɕʻ]、x[ɕ]，舌面后音 g[k]、k[kʻ]、h[x] 两小类，舌面后音在传统语音学中都沿用舌根音这一名称，与舌根音相对舌面前音则可简称为舌面音。根据发音方法，普通话的辅音可以分为塞音、擦音、塞擦音、鼻音、边音五大类。

为照顾传统语音学和汉语拼音方案声母表的排序习惯，下面的普通话声母表、发音部位排序，先列语音学上的单辅音，自前至后依次为双唇音、唇齿音、舌尖中音、舌面后音（舌根音），再列复辅音，从发音器官后部返回前部，依次为舌面前音、舌尖后音、舌尖前音：

发音方法 \ 发音部位		双唇音	唇齿音	舌尖中音	舌面后音（舌根音）	舌面前音	舌尖后音	舌尖前音
塞音	清 不送气	b[p]		d[t]	g[k]			
	送气	p[pʻ]		t[tʻ]	k[kʻ]			
塞擦音	清 不送气					j[tɕ]	zh[tʂ]	z[ts]
	送气					q[tɕʻ]	ch[tʂʻ]	c[tsʻ]
擦音	清		f[f]		h[x]	x[ɕ]	sh[ʂ]	s[s]
	浊						r[ʐ]	
鼻音	浊	m[m]		n[n]				
边音	浊			l[l]				

普通话的音节大多数以辅音开头，但也有一小部分是以元音开头的（在四百多个基本音中只有 35 个）[①]。例如，"衣"yī[i]，"歪"wāi[uai]，"安"ān[an] 等。有辅音声母的音节和没有辅音声母的音节可以区别不同的意义，如"斑"bān 和"安"ān。韵母前面的空位，其作用相当于一个声母，叫作"零声母"，需要时可以用符号 Ø 表示。在现代语言学里，表示空位的"零"，如零形态、零音节、零形冠词等，都是指在语流中不含任何语音材料，但为了在某种分析中保持系统上的均衡性或对称性而设定的抽象单位。有了零声母这个概念，以元音 [a]、[o]、[ɤ]、[i]、[u]、[y] 起头的各类音节都可以归成一类，叫"零声母音节"。这样，汉

---

① 《现代汉语词典》所列音节总数，按分四声计算共 1327 个，其中以辅音开头的有 1193 个，以元音开头的有 134 个。

语的音节结构就可以简括地说明如下:每个音节都由两部分组成,一声一韵,前声后韵,声韵结合就组成一个音节。

普通话的声母在发音上有以下几点值得注意。

(一) 不送气清塞音[p]、[t]、[k],发音时肌肉并不十分紧张,气流也不十分强

从肌肉紧张程度和气流强弱来看,接近于浊塞音[b]、[d]、[g]。严格地说,应该用表示浊音清化的音标[b̥]、[d̥]、[g̥]来标写,也就是说,普通话里的不送气清塞音,除声带不颤动以外,其他特征都更接近于浊塞音。不送气清塞擦音[tɕ]、[tʂ]、[ts],也是如此。

(二) 送气的清塞音、塞擦音,送气成分都比较强

按国际音标的使用方法,弱送气成分用附加符号'表示,强送气成分应该用 h 表示。严格地说,普通话里的送气音应该这样标写:"怕"[pha]、"枯"[khu]、"唱"[tʂhɑŋ]。普通话里,送气的塞音、塞擦音都是强辅音、不送气的塞音、塞擦音都是弱辅音。

(三) 零声母音节的读音,严格地说并不是以纯元音开头的

以高元音[i]、[u]、[y]起头的音节,在实际发音中由于发音生理的作用开头往往带一个同部位的轻微的摩擦音,也就是相应的半元音。例如"移"[ji]、"吴"[wu]、"鱼"[ɥy]。以[a]、[o]、[ɤ]起头的零声母音节,往往带一个轻微的喉塞音[ʔ]。例如,"安"[ʔan]、"藕"[ʔou]、"恶"[ʔɤ]。零声母音节开头所带的语音成分不起区别意义的作用,同时性质也不很稳定,都是音节起始元音发音时附带的伴随音,不宜于作为虚拟的单位——零声母的音值看待。在宽式的音位标音中这类元音的伴随音通常都不标写出来。

(四) 浊擦音[ʐ]并不是与[ʂ]严格对应的浊音

比较起来,[ʐ]的摩擦程度没有那么强烈,与开元音结合时,摩擦尤其轻微,读音也比 sh[ʂ]略短,听起来更像舌尖后无擦通音[ɻ]。从这个音的一般发音和声学特性以及它在普通话声母系统中的地位来看确实更宜于作为通音来看待。因为,这样就可以把它跟也具有通音性质的边音[l]归为一类,从而更清晰地体现了普通话声母系统中无清浊对立的语音特点。

二 普通话声母与方言声母的比较

同汉语其他方言比较起来,普通话的声母有以下几方面的特点:

(一) 有舌尖后音[tʂ、tʂʻ、ʂ、ʐ]

普通话的舌尖塞擦音和擦音分为[tʂ、tʂʻ、ʂ、ʐ]和[ts、tsʻ、s]两套,其中的舌尖后音在汉语其他方言里并不多见。西南方言、吴方言、粤方言都只有舌尖前音(粤方言里实际是舌位略后的舌叶音[tʃ]、[tʃʻ]、[ʃ])。例如,成都话里"资"和"知"的声母都是[ts],"丝"和"诗"的声母都是[s]。在赣方言、客家话等方言里,普通话读舌尖后音的字,大部分读成舌尖前音,另一部分读成舌尖塞音[t]、[tʻ],如江西临川话"知"[ti]、"池"[tʻi],湖南双峰话"诸"[ty]、"昌"[tʻaŋ]。即使在有舌尖后音的北方话里,这两套声母分合的情况和普通话也不完全相同。例如,天津、西安以及东北的不少地方,把普通话里有一部分念舌尖后音的字念成了舌尖前音,把普通话里有些念舌尖前音的字念成了舌尖后音,如长春读"水"为[suei]、"资"为[tʂʅ]。

普通话里的舌尖后浊擦音[ʐ],也是许多方言里没有的,最常见的情形是把[ʐ]读成零声母,也有些地区的人读成[n]或[l]。例如,"肉"沈阳读[iou],"然"汉口读[lan]或[nan],"如"扬州读[lu]。

试比较下列词语声母读音的不同:

资源	zīyuán	支援	zhīyuán
阻力	zǔlì	主力	zhǔlì
桑叶	sāngyè	商业	shāngyè
从来	cónglái	重来	chónglái
私人	sīrén	诗人	shīrén

(二) 能分别[n]和[l]

普通话里舌尖鼻音[n]和边音[l]的分别十分清楚,北方方言中的华北东北地区、吴方言、客家话、粤方言也都如此。但是,从汉语方言的全局来看,n、l混读的地区,几乎占整个汉语区的一半,西南方言的大部分,江淮方言、西北方言中的一部分,还有南方的湘、赣、闽等地,都有大片[n]、[l]混读的地区。这些方言中,有的全读成[n],有的全读成[l],有的[n]和[l]随便读,也有的只在一定条件下才有区别(例如在[i]、[y]的前面),情况相当复杂。

下列几对词语里下加黑点的字在普通话里声母读音不同。试用自己的家乡话读一读,进行比较:

河南	hénán	荷兰	hélán
小牛	xiǎoniú	小刘	xiǎoliú

大怒　dànù　　　　　大路　dàlù
女客　nǔkè　　　　　旅客　lǔkè

（三）[f]和[x]不相混

[f]和[x]都是擦音,阻碍部位不同。普通话和北方方言区的华北方言、西北方言、吴方言大都能分别这两个声母。但是不少地区,如湘、赣、粤、客家等方言,舌根擦音[x]同后高元音[u]是互相排斥的,[xu-]都读成[f-]。例如,"花生"和"发生","工会"和"公费",都是同音词。闽南话和闽北话更为特殊,根本没有唇齿音[f],普通话里声母是[f]的字,闽方言多数读成[p]、[p']或[x]。

[f-]、[xu-]相混的地区,学习普通话时一定要注意把它们区别开。例如：

开发　kāifā　　　　　开花　kāihuā
开方　kāifāng　　　　开荒　kāihuāng
分期　fēnqī　　　　　婚期　hūnqī
废话　fèihuà　　　　　会话　huìhuà

（四）浊音声母少

普通话里浊音声母很少,只有[m、n、l、ʐ]四个,除此以外,塞音、塞擦音都没有浊音,大多数汉语方言也是这样。但是,北方方言以外的第二大方言——吴方言,还有一部分湘方言,有成套的配对的浊音声母。例如：[p]、[t]、[k]——[b]、[d]、[g];[f]、[s]、[ɕ]——[v]、[z]、[ʑ];[tɕ]、[ts]——[dʑ]、[dz]。这些古汉语里的浊音声母在语言的历史发展中,普通话里以声调的不同为条件分别变成相应的送气的清声母(平声送气)和不送气的清声母(仄声不送气)。例如：

吴湘方言	[b]		[d]		[dʑ][ʑ][z]		[dz][z]	
普通话	p	b	t	d	q	j	ch	zh
例 字	爬 牌 袍 陪 皮 瓶 盘 盆	罢 稗 抱 倍 避 病 办 笨	抬 谈 堂 桃 提 田 亭 同	怠 淡 荡 稻 递 电 定 洞	奇 捐 墙 侨 芹 晴 球 拳	技 健 匠 轿 近 静 舅 倦	馋 常 潮 陈 城 锄 床 垂	站 丈 赵 阵 郑 助 撞 坠

吴方言、湘方言区的人在学习普通话时,应该避免[b]、[d]、[g]、[dʑ]、[dz]、[z]

等浊音声母。

下列成对词语中打黑点的字在吴方言里声母一清（左）一浊（右），例如第一行的"冻"和"洞"。但在普通话里声母的读音是相同的：

  冰冻 bīngdòng 冰洞 bīngdòng
  豹子 bàozi   刨子 bàozi
  敬重 jìngzhòng 净重 jìngzhòng
  药方 yàofāng   药房 yàofáng
  狮子 shīzi   柿子 shìzi

（五）送气声母和不送气声母相配

普通话和许多汉语方言一样，塞音声母和塞擦音声母中送气和不送气系统整齐相配，这是汉语非常突出的特点。但是，在有些方言里，送气声母和不送气声母在字音中的分配与普通话并不完全相同。例如，江西和客家的一些方言，读成送气声母的字比普通话要多，例如南昌话"代"读成[t'ai]，湖南一些方言正好相反，读成送气声母的字比普通话要少，例如长沙话"皮"读成[pi]，完全缺少送气声母的方言是很少的。据目前所知，只有海南省的一些方言是这样的。

读下列词语，注意声母送气和不送气的区别：

  鼻炎 bíyán   皮炎 píyán
  肚子 dùzi   兔子 tùzi
  古代 gǔdài   裤带 kùdài
  尖子 jiānzi   钳子 qiánzi
  工长 gōngzhǎng 工厂 gōngchǎng

练 习 四

一、声母和辅音在概念上有何不同？

二、用国际音标和汉语拼音字母分别标写普通话声母，哪些符号是不一样的？请一一列举对照？

三、普通话里哪些声母是送气和不送气相配的？请根据辅音的分类方法列表对比。

四、什么叫零声母？零声母音节包括哪几类？零声母音节起始的元音读音有什么特点？

五、普通话里一共有几个擦音声母?请用音标一一列举,每个声母要举出五个韵母不同的例字。

六、为什么说浊擦音[ʐ]在普通话声母系统中的地位很特殊?

七、根据声母的异同给下列汉字分类:

(1) 资 者 季 江 招 最 正 阻 究
(2) 速 束 死 史 山 三 晒 赛 事
(3) 流 牛 脑 老 兰 难 女 旅 宁
(4) 发 花 飞 灰 欢 罚 昏 分 淮

八、用汉语拼音字母给下列词语注音:

布匹　　　姑妈
笔墨　　　居住
喝茶　　　法律
初步　　　朴素
饥饿　　　日历

九、用国际音标标音:

扶植　　　突击
租车　　　资格
树枝　　　预习
奢侈　　　酷热
替补　　　区域

十、与普通话相比,你家乡话的声母有什么特点?试举一二例说明。

第五节　韵　母

一　韵母的分类

根据韵母组成成分的性质,普通话的韵母可以分成三大类。

(一) 单韵母

由单元音充当的韵母,单元音韵母一共有九个:

a [a]　例字:阿　发　搭　大妈　发达
o [o]　　　　　波　摸　佛　薄膜　默默
e [ɤ]　　　　　俄　德　革　合格　特色

i [i]	医	笔	米	集体	记忆	
u [u]	乌	布	富	父母	鼓舞	
ü [y]	迂	旅	区	语句	序曲	
-i [ɿ]	资	磁	丝	自私	字词	
-i [ʅ]	知	吃	诗	支持	事实	
er [ər]	儿	而	尔	耳	饵	二

其中六个是舌面元音单韵母，但要注意"波、摸"这一类字的实际读音，其韵母按严式记音应该是一个[uo]，其中的[u]因受唇音声母和圆唇元音[o]的同化作用的影响而弱化了。《汉语拼音方案》为求书写简便，在字音拼写设计中就写成了o。这六个单韵母既可以单独成为零声母音节，也可以和声母一起构成音节，两个舌尖元音韵母则都不能自成音节，而卷舌元音韵母恰恰相反，只能自成音节，不和任何声母结合在一起。[ər]韵母国际音标也可以用[ɚ]表示。

单韵母并不等于单元音，因为有的单元音不能单独充当韵母。例如，前、半低、不圆唇元音 ê[ɛ] 只有作为叹词时才能单独出现，叹词和拟声词在语言里往往有超出一般语音系统以外的读音，在普通话的叹词里，个别辅音就可以跟单纯的双唇鼻音或舌根鼻音组成音节，如"噷"hm，"哼"hng。ê[ɛ]只能用于叹词"欸"，还可以读成[ei]，在其他场合都不能单独出现，也不能与声母相拼。因此单元音 ê[ɛ] 不宜作为单韵母看待。

（二）复韵母

由复合元音充当的韵母。复合元音是两个或两个以上的元音在一个音节内结合在一起构成的，如"拍"pai 的韵母 ai 就是一个复合元音。复合元音的各个组成成分处在一个音节的发音过程中，从一个元音到另一个元音是逐渐过渡的，各个元音的响度也不相等，通常只有一个比较清晰、响亮。

普通话的复元音韵母共有十三个，可以分成三小类：

1. 前响复韵母

ai [ai]	例字：哀	来	该	白菜	爱戴	
ei [ei]	杯	雷	黑	北美	配备	
ao [ɑu]	熬	老	豪	早操	报告	
ou [ou]	藕	斗	钩	欧洲	口头	

这四个复合韵母都是前一个元音比后一个响。在 ai[ai]和 ao[ɑu]里，[i]和[u]只表示发音的方向，舌位一般都没有达到[i]和[u]那样的高度，严式记音分别可

以用[ɪ]和[ʊ]([o])来表示。ai里的a舌位靠前,舌位比[a]要略高一些,接近于国际音标的[æ]。ao里的a是舌位靠后的[ɑ]。ei里的e是前、半高、不圆唇元音[e],并不读成单韵母e[ɤ]。ou里的o,圆唇程度没有后面的u大,从[o]到[u]要逐步加大圆唇的程度。就严式记音说,这个[o],实际上是一个舌位略偏后的央元音[ə]。

2. 后响复韵母

		例字:					
ia	[ia]		压	家	夏	假牙	恰恰
ie	[iɛ]		夜	街	铁	结业	贴切
ua	[ua]		蛙	瓜	刷	挂花	娃娃
uo	[uo]		窝	多	锁	过错	懦弱
üe	[yɛ]		月	学	缺	约略	乐阕

这五个复合韵母都是后一个比前一个响。ia和ua里的a,舌位接近于中[ʌ],ua里的a舌位比ia里的a要略后一点。在ie[iɛ]和üe[yɛ]里,e要读成前、半低、不圆唇元音[ɛ],比ei[ei]里的[e]舌位略低一些,开口度略大点。

3. 中响复韵母

		例字:					
iao	[iɑu]		腰	飘	小	巧妙	要求
iou	[iou]		优	丢	柳	悠久	优秀
uai	[uai]		歪	怀	快	摔坏	乖乖
uei	[uei]		威	堆	会	水位	摧毁

这四个韵母都是中间的元音最响,两头的比较弱。按严式记音说,iou的韵腹是一个舌位稍微偏后的央元音[ə]。iou和uei的主要元音o和e响亮程度要受声调的影响,读阴平和阳平时没有读上声和去声时响亮清晰,[o]和[e]实际上已经弱化为一个过渡音。《汉语拼音方案》据此为前拼辅音声母的iou、uei设计了省写形式-iu,-ui。但在上声和去声中,韵腹的读音仍然是比较明显的。

(三) 鼻音尾韵母

由元音和鼻辅音一起构成的带鼻音韵尾的韵母。普通话里可以出现在元音后面的鼻辅音只有两个:舌尖鼻辅音[-n]和舌根鼻辅音[-ŋ]。同作为声母的鼻辅音相比,音节末尾的鼻辅音在发音上很不相同,都是塞而不破的"唯闭音",在发音过程中并无除阻阶段。

根据鼻辅音的不同,普通话里十六个韵母可以分成两小类:

1. 舌尖鼻音韵母

		例字：					
an	[an]		安	班	汉	谈判	灿烂
ian	[ian]		烟	边	天	鲜艳	简便
uan	[uan]		弯	端	官	转换	贯穿
üan	[yan]		冤	捐	选	圆圈	全权
en	[ən]		恩	门	盆	认真	根本
in	[in]		音	艮	今	亲信	拼音
uen	[uən]		温	准	春	伦敦	温顺
ün	[yn]		晕	群	军	均匀	军训

an、ian、üan、uan 四个韵母里 a 发音并不完全相同，an、uan 里的 a 是前、低、不圆唇元音[a]，ian 里的 a 舌位比较高，接近于前、半低、不圆唇元音[ɛ]，üan 里的 a 比 ian 略低一些，严式记音可以用[æ]。为了简化音标，音位标音中的舌尖鼻音韵母里的 a，一律用音标[a]来标写。uen[uən]在 g、k、h 和零声母之后，主要元音[ə]读音较为响亮，在其他声母之后和阴平和阳平的条件下，[ə]听起来不太响亮、清晰，也已经弱化为一个过渡音。为实用方便起见，《汉语拼音方案》规定前拼辅音声母的 uen[uən]，都用省写形式-un 拼写。

韵母[in]和[yn]在北京话的实际发音中，[i]、[y]和[n]之间还有一个短弱的过渡音[ə]，所以细致的严式记音应该标注为[iᵊn]和[yᵊn]，宽式音位标音则都省去中间的过渡音。

2. 舌根鼻音韵母

		例字：					
ang	[aŋ]		昂	党	钢	厂长	帮忙
iang	[iaŋ]		央	江	想	良乡	响亮
uang	[uaŋ]		汪	双	窗	状况	状况
eng	[əŋ]		丰	生	灯	冷风	更正
ing	[iŋ]		英	病	杏	命令	评定
ueng	[uəŋ]		翁	瓮	嗡		
ong	[uŋ]		东	龙	中	工农	洞孔
iong	[iuŋ]		拥	雄	穷	汹涌	熊熊

ang、iang、uang 三个韵母的 a 都是后、低、不圆唇元音[ɑ]。eng、ueng 里的 e 实际读音比国际音标里的[ə]舌位略后、略低一些，严式记音可用音标[ʌ]（后、半低、不圆唇元音）表示。ing 在实际发音中[i]和[ŋ]之间明显有一个舌位偏后的过渡音[ə]，严式标音可以用[iᵊŋ]或[iᵊŋ]来标注。ong、iong 里的 o 比国际音

标里的[o]略高一些,接近于[u];iong 里的[i]略带圆唇,接近于[y]。从四呼的音韵系统考虑,iong 也可标作[yŋ](或[yuŋ]),但以采用[iuŋ]的居多,因为最接近实际读音。

为便于学习使用,本节附录中把普通话韵母的宽式标音、严式标音及其拼音形式和注音符号,按韵尾分类列表对照。

二 四呼

普通话里最复杂的韵母,组成成分不超过三个音素,传统音韵学根据这个特点把韵母分成三个组成部分,韵母的核心成分,即开口度最大、听起来最响亮的元音叫作韵腹;韵腹前的成分叫作韵头;韵腹后面的成分叫作韵尾。例如,uai 这个韵母,u 是韵头,a 是韵腹,i 是韵尾;ie 这个韵母,韵头是 i,韵腹是 e;u 这个韵母,只有韵腹。能出现在韵头和韵尾这两个位置上的音素,数量较少,汉语里能做韵头的一般只能是高元音[i]、[u]、[y],做韵头时发音轻而短,很快就向后面的韵腹过渡,由于它介于声母和韵腹之间,又称为"介音"。在韵腹之后可以充当韵尾的音,数量也比较少,普通话的元音韵尾只有两个:[i]和[u];辅音韵尾也只有两个:前鼻音[n]和后鼻音[ŋ]。

普通话的全部韵母根据有没有韵头以及韵头的性质又可以按"四呼"分类。四呼的分类如下:

(一)开口呼

没有韵头,而韵腹又不是[i]、[u]、[y]的韵母。例如 a[a]、ou[ou]、en[ən]、-i[ɿ]、-i[ʅ]等。

(二)齐齿呼

韵头或韵腹是[i]的韵母。例如 i[i]、ie[iɛ]、iou[iou]、iang[iaŋ]。

(三)合口呼

韵头或韵腹是[u]的韵母。例如 u[u]、ua[ua]、uen[uən]、uang[uaŋ]。

(四)撮口呼

韵头或韵腹是[y]的韵母。例如 ü[y]、üe[yɛ]、ün[yn]、üan[yan]。

四呼的分类方法对于说明汉语语音的系统性有重要的意义,普通话全部韵母按四呼分类形成了相当整齐的局面,可以列表如下:

	开口呼	齐齿呼	合口呼	撮口呼
单韵母	-i[ɿ] a[a] o[o] e[ɤ] er[ər]	i[i] ia[ia] ie[iɛ]	u[u] ua[ua] uo[uo]	ü[y] üe[yɛ]
复韵母	ai[ai] ei[ei] ao[au] ou[ou]	iao[iau] iou[iou]	uai[uai] uei[uei]	
鼻韵母	an[an] en[ən] ang[aŋ] eng[əŋ]	ian[ian] in[in] iang[iaŋ] ing[iŋ]	uan[uan] uen[uən] uang[uaŋ] ueng[uəŋ] ong[uŋ]	üan[yan] ün[yn] iong[iuŋ] ([yŋ]/[yuŋ])

　　《汉语拼音方案》韵母表大体上也是按四呼排列的,但 ong、iong 两个韵母在表中的地位和上表不同,ong[uŋ]和 ueng[uəŋ]本来是一个韵母的不同表现形式,ong 前面一定有声母,ueng 则永远自成音节,读音因此略有差异。《汉语拼音方案》根据字母形式把 ong 分配到开口呼,把 ueng 分配到合口呼。但是,从汉语历来的四呼音韵系统来说,ong 和 ueng 只是出现在不同的条件下的同一个韵母,应该都归入合口呼,《汉语拼音方案》用拉丁字母 o 来表示元音[u],是为了使拼写形式清楚醒目。iong 的实际读音开头往往带有圆唇成分,归入齐齿或撮口是两可的。《汉语拼音方案》根据字母形式归入齐齿呼,但如果从音韵系统的整齐性考虑,就应该归入撮口呼,国际音标可以标写成[yŋ](或[yuŋ]),[əŋ]、[iŋ]、[uəŋ]、[yŋ]本来就是四呼相配的一套韵母(中东韵)。《汉语拼音方案》韵母表下面的国语注音符号,韵母 ong 的拼音是ㄨㄥ,iong 的拼音是ㄩㄥ,就说明这两个韵母在四呼分类系统中,分别是属于合口呼和撮口呼的。

　　四呼的分类有很大的实践意义,因为汉语方言里某些字有无某种韵头,有很强的系统性,并不是零星孤立的现象。举例来说,昆明人把"约"yuē 念成[io],把"鱼"yú 念成[i],"云"念成[in],正反映了昆明话的韵母系统里没有撮口呼韵母,学习普通话时,就应该把一部分齐齿呼的韵母,系统地改读成撮口呼。在客家梅县话中,"余"和"云"也分别念成[i]和[in];闽南厦门话中则分别念成[u]和[un]。这些也都不是个别字的读音不同,而是反映了不同方言字音四呼分类系统的不同。此外,韵母的四呼分类是韵母内部聚合关系的反映,对说明声母和韵母的配合关系也十分重要,它体现了普通话语音系统的特点。

三 以韵尾为标准的韵母分类

韵母的四呼分类是以韵头为标准的,韵母也可以根据韵尾的不同来分类,不同的分类有各自的意义。单元音韵母、复元音韵母、鼻音尾韵母的分类有助于了解各类韵母组成成分的性质;韵母的四呼分类则可以使声韵配合关系类化、规则化。而以韵尾作标准的韵母分类则在显示儿化、轻声等语流音变方面,以及诗歌押韵、方言对应关系等音系规则的描写方面价值更高。

普通话的全部韵母,根据韵尾的有无、韵尾的性质可以分为开尾韵母、元音尾韵母以及鼻音尾韵母三大类。元音尾韵母再分为 i 尾韵和 u 尾韵;鼻尾韵母再分为 n 尾韵和 ŋ 尾韵,各两小类。以四呼为纵轴,以韵尾为横轴,普通话的全部韵母分类又可以列表如下(表内为国际音标宽式标音):

四呼 \ 韵尾	开尾韵母 -∅	元音尾韵母 -i	元音尾韵母 -u	鼻音尾韵母 -n	鼻音尾韵母 -ŋ
开 齐 合 撮	a o ɤ ɛ ɿ ʅ i ia iɛ u ua uo y yɛ	ai ei uai uei 	au ou iau iou 	an ən ian in uan uən yan yn	aŋ əŋ iaŋ iŋ uaŋ uŋ/uəŋ yŋ/yuŋ

开尾韵母中的[ɚ]([ər])在有的语音学著作中让它自成一类,包括自成音节的儿韵母("而"[ɚ])和由基本韵母派生而来的儿化韵母(如"丝儿"[sər])。但一般都把儿韵母和儿化韵母分开,并且把儿韵母列入单韵母这一大类中。

按韵尾标准的韵母分类,对显示语音系统的内在联系和组合规则的描写很有价值。例如,在儿化音变中,凡前韵尾韵母(i 尾韵和 n 尾韵)的儿化,都是韵尾脱落,韵腹儿化。而后韵尾韵母(u 尾韵和 ŋ 尾韵)则都是保留韵尾或保留韵尾的发音特征,韵腹儿化的。此外,话语中的语流音变又往往会出现韵母弱化、央化、单化等语音现象,按韵尾为标准的韵母分类,在描写这类语音变化时也便于规则化。如开尾韵央化:[a ia ua]→[ɐu ɐi a]→[ə ei eu]("芝·麻","妈·妈"等);i 尾韵单化为前元音:如[ai uai]→[ɛ uɛ]("明·白","痛·快"等);u 尾韵单化为后元音,如[au iau]→[ɔ iɔ]("热·闹","犄·角"等)。在方言与普通话之间对应性差异的描写方面也是如此。例如通常所说的吴方言缺乏复韵母,其实可以在更高的层次上概括为：吴方言缺乏有尾韵。例如［ai uai］——［ɛ uɛ］,［ei uei］——［e ue］,［an ian］——［ɛ̃ iɛ̃］,等等。也就是确切地说吴方言并不是缺乏只带韵头不带韵尾的后响复韵母,同样也缺乏带鼻韵尾的鼻尾韵母。

以韵尾为标准的韵母分类,在描写和说明历史音变和诗歌押韵规则方面也是十分有用的。

四 押韵和韵辙

在韵母的结构分析中,韵母分为韵头、韵腹、韵尾三个组成部分。其中韵腹和韵尾紧密结合在一起可以称之为韵基（基本韵母）。在汉语诗歌押韵中,通常只考虑韵腹和韵尾的和谐,不受韵头（四呼）的限制。a、ia、ua,韵头不同,韵腹相同,属于同一韵部（发花韵）,可以互相押韵。汉语诗歌韵文的押韵就是以"韵基"为单位的。为求语言和谐动听的音乐美、回环的美,诗、词、歌、曲、赋这一类韵文,要求在相同的位置上（最常见的是句末）用韵腹和韵尾相同的同韵字。例如,李白《早发白帝城》："朝辞白帝彩云间（ian）,千里江陵一日还（uan）。两岸猿声啼不住,轻舟已过万重山（an）。"按诗律,一、二、四句末用的"间、还、山"都是可以互相押韵的同韵字（言前韵）。汉语传统音韵学不但把全部韵母分成了开齐合撮四大类,而且归在一个韵部的不同韵母也往往形成四呼相配的局面,从纵横两个方面显示了汉语语音系统的整齐性。

押韵在戏曲中也叫"合辙",所以"韵"和"辙"合称"韵辙"。由于时代、地域的不同,语音系统可能不同,归纳出来的韵部也可能不同。明清以来北方民间通俗文艺中广泛流传沿用的分韵系统是"十三辙",也就是把全部韵母分为十三个韵部,其中还包括由儿化韵归并成的两道"小辙儿"——小人辰儿辙和小言前儿辙。十三辙分韵较宽,有的韵辙韵腹在语音上都只是相近而不是相同。现代诗歌押韵一般依据按现代北京音系归纳的"十八韵",正式名称是《中华新韵》(1940年制定)。这是第一部以现代汉民族共同语语音系统编订的官颁诗韵。"十三辙"和"十八韵"在语音系统上并无差别,只是前者分韵较宽,后者分韵较细。

古代旧诗的押韵格律比较严格,现代新诗、说唱文学,押韵格式比较自由,一般是句末押韵,但也可以句中押韵;可以隔句押韵,也可以句句押韵;可以隔几句一换韵,也可以通篇一韵到底。合辙押韵还要根据表达思想感情的需要选用不同的韵辙。如抒发昂扬豪放的情怀往往选用鼻音尾韵的"言前"韵、"江阳"

韵;表现忧伤、思念、凄凉的感情多选用主要元音是[i]、[y]、[ɿ]、[ʅ]的"一七"韵。

下面将十三辙和十八韵与普通话韵母列表对照:

十三辙、十八韵与普通话韵母对照表

十三辙	十八韵	普通话韵母	例字	十三辙	十八韵	普通话韵母	例字
(1)发花	(1)麻	a ia ua	麻家挂	(8)遥条	(13)豪	ao iao	高校
(2)坡梭	(2)波 (3)歌	o uo e	坡国科	(9)油求	(12)侯	ou iou	沟柳
(3)叠雪	(4)皆	ê ie üe	欸街月	(10)言前	(14)寒	an ian uan üan	班坚弯冤
(4)姑苏	(10)模	u	古	(11)人辰	(15)痕	en in uen ün	恩音温晕
(5)一七	(5)支 (6)儿 (7)齐 (11)鱼	-i[ɿ] -i[ʅ] er i ü	资知而衣居	(12)江阳	(16)唐	ang iang uang	钢江光
(6)怀来	(9)开	ai uai	派外	(13)中东	(17)庚 (18)东	eng ing ueng ong iong	灯京翁东拥
(7)灰堆	(8)微	ei uei	杯伟				

五 普通话韵母与方言韵母的比较

同汉语其他方言比较起来,普通话的韵母有以下几方面的特点:

(一) 复合韵母多

普通话的复韵母比较丰富,共有十三个,占全部韵母的三分之一。有些方言复韵母就没有这么多,不少方言缺乏元音韵尾,普通话里 ai、ei、ao、ou 等复韵母往往被读成单韵母。例如,"开"普通话读[kʻai],济南、西安、昆明、扬州、苏州、上海等地都读成[kʻɛ];"刀"普通话读[tau],济南、合肥、扬州、上海等地都读[tɔ],苏州读[tæ]。与此相应,普通话里由三个元音成分组成的中响复韵母,在某些方言里也是没有的。例如,"怪"、"规"普通话分别读[kuai]、[kuei],上海话读成[kua]、[kue]。此外,普通话里有一些带韵头的复韵母在一些方言里是不带韵头的。例如,广州话把"辽"[liɑu]读成[lɛu];汉口话把"对"[tuei]读成[tei]、上海话把"春"[tṣʻuən]读成[tsʻən]。这些方言区的人在说普通话时,要注意复韵母的读法,防止丢失韵头和韵尾。试用自己的家乡话同下列普通话词语的读音进行比较:

  青菜 qīngcài   青翠 qīngcuì
  读报 dúbào   上楼 shànglóu
  败坏 bàihuài   西瓜 xīguā
  大街 dàjiē   村庄 cūnzhuāng

(二) 鼻音韵母分-n、-ng 两套

普通话里带鼻音韵尾-n 和-ng 的韵母共有七对,分别十分严格,音≠英,根≠耕,翻≠方,关≠光。但是在许多方言里存在着-n、-ng混读的现象。有的方言只有一个鼻音韵尾,如上海(老派)、福州、潮州等地,大都是只有-ng,没有-n。-n、-ng混读的现象最突出地表现在 in、ing 和 en、eng 这两对韵母上,例如:

    斤 京   陈 程
  北京 tɕin≠tɕiŋ   tṣʻən≠tṣʻəŋ
  兰州 tɕin=tɕin   tṣʻən=tṣʻən
  苏州 tɕin=tɕin   zən=zən
  南京 tɕiŋ=tɕiŋ   tṣʻəŋ=tṣʻəŋ
  上海 tɕiŋ=tɕiŋ   zəŋ=zəŋ
  福州 kyŋ≠kiŋ   tiŋ≠tiaŋ

-n、-ng混读地区的人,一定要注意把普通话里读鼻音韵母的字分成两套。

此外,还有一些方言的一些鼻音韵尾弱化为鼻化韵,甚至进一步完全丢失。例如,济南、兰州、昆明、南京等地把普通话里的[an]读成鼻化韵[ã];太原、西安、扬州、杭州等地读成[æ];而上海、苏州等地干脆读成单元音[ɛ]。这些方言区的人说普通话时一定要注意把鼻音韵尾读出来。

试比较下列各对词在普通话里读音的分别:

  辛勤 xīnqín   心情 xīnqíng
  陈旧 chénjiù   成就 chéngjiù
  人民 rénmín   人名 rénmíng

存钱　cúnqián　　　从前　cóngqián

（三）有撮口呼

普通话的韵母分为开、齐、合、撮四类，在一些方言里没有撮口呼韵母，如闽南、客家以及西南的一些方言就是如此。普通话里读撮口呼的韵母，在这些方言里有的与齐齿呼合流，有的则与合口呼或开口呼合流。例如：

	雨	云
北京	y	yn
昆明	i	ĩ
梅县	i	iun
厦门	u(文)/hɔ(白)	un(文)/hun(白)
潮州	u(文)/hou(白)	huŋ

这些方言区的人说普通话时，要注意把撮口呼的韵母从其他韵母里分出来。试比较下列各对词语在普通话里读音的分别：

名誉　míngyù　　　名义　míngyì
日月　rìyuè　　　　日夜　rìyè
运行　yùnxíng　　　印行　yìnxíng
缘故　yuángù　　　顽固　wángù

（四）有卷舌韵母 er

普通话和北方许多地区一样，有卷舌韵母 er，但是其他各方言区多半都没有这个韵母，这些方言大都把普通话的 er 读成 i 或 -i[ɿ]（西南、西北地区也有读成 e 的）。

比较下列各对词语：

耳前　ěrqián　　　以前　yǐqián
儿子　érzi　　　　胰子　yízi
不二　bú'èr　　　不义　búyì
而后　érhòu　　　日后　rìhòu

四　汉字对学习普通话声母韵母的帮助

学习普通话的最大困难在于不知道哪些字应该读什么音。例如看到"城"字，既不知道它的声母是 c 还是 ch，又不知道它的韵母是 en 还是 eng。在这方面，汉字可以给我们很大的帮助。汉字绝大部分都是形声字，由声符和意符两部分组成,例如"城"字,"扌"是它的意符,"成"是它的声符。同声符的字,它们的声母的发音部位和韵尾往往是相同的,这就为我们学习普通话带来很大的方便。例如,只要记住"成"的声母是 ch,韵母是 eng,就可以类推出"宬、诚、盛、铖"等字的声母发音部位也一定是舌尖后音,韵尾也一定是舌根鼻音。用这个办法,只要记住一个汉字的读音,就可以类推出许多同声符字的声母或韵尾。例如:

   主 zhǔ——注、柱、住、驻、蛀、拄、炷

   艮 gèn——根、跟、痕、很、狠、恨、艰、限、眼、银

有些声符既能帮助我们记声母,又能帮助我们记韵尾。例如:

   令 lìng——零、龄、铃、玲、蛉、翎、领、伶、囹、瓴、聆、羚

记住"令"的声母是 l-,韵尾是-ng,就类推出同声符的十几个字的声母和韵尾来。

  用汉字声符类推的办法学习普通话时,要注意两点:第一,有少数汉字不符合类推规律,主要集中在声母是否卷舌上,其他声母和韵母也有个别的例外。例如,"叟"sǒu——搜馊飕嫂。例外:"瘦"shòu。第二,汉字简化后,有些字看不出它原来的声符了。例如"層"简化为"层",声符就不再是"曾"了。这样的字并不多,可以对比繁体字来决定。还有少数字简化后声符改变就成为类推的例外字。例如,"宾(賓)、邻(鄰)、进(進)、钻(鑽)"等。

  用汉字声符类推的办法去学习普通话,分辨字音,是一种以简驭繁的办法。利用汉字的这个特点,许多教材针对方言区人学习普通话的难点,专门编制了有关声母和韵母的各类"偏旁类推字表",可供分辨字音时参考、使用。

练 习 五

一、复韵母和单韵母的组成有什么不同?同一个元音充当单韵母与充当复韵母组成成分时发音上有什么特点?举例说明。

二、鼻音韵母 an、ian、uan、üan 里的韵腹,读音有何不同?用国际音标加以描写。

三、韵母的四呼分类有什么意义?

四、按四呼音韵系统给下列韵母分类:

   yin wai yan yuan

   e (zh)i yong (g)ong

   yu yang er weng

五、以韵尾为标准的韵母分类与韵母的四呼分类有什么不同？这两种不同的分类，有什么不同的价值？

六、押韵的"韵"与"韵母"是同一个概念吗？

七、用拼音字母给下列词语注音：

　　声势　　幸福

　　屡次　　戏剧

　　进行　　队伍

　　庆贺　　文章

　　热烈　　本能

八、用国际音标给下列词语标音：

　　规律　　真正

　　猜想　　矛盾

　　专政　　红灯

　　诗词　　商业

　　模范　　奶酪

九、声符相同的形声字，声母的发音部位大都相同。试根据声符辨别下列汉字的发音部位，相同的归为一类。

　　付　胡　令　宁　争　曾　符　湖　玲　咛

　　睁　增　府　蝴　蛉　拧　狰　憎　俯　葫

　　零　狞　赠　腐　糊　铃　柠　挣　蹭　咐

　　猢　龄　泞　诤　僧　附　领

十、根据声符辨别下列汉字的韵尾，韵尾相同的归为一类。

　　分　风　申　生　斤　茎　林　凌　纷　枫

　　伸　牲　近　经　淋　陵　芬　疯　呻　笙

　　芹　颈　琳　菱　粉　讽　绅　甥　忻　径

　　霖　峻　份　神　胜　新　痉　彬　绫　盆

　　审　欣

十一、举例说明利用汉字声符类推的办法对学习普通话有什么帮助。

附 录

普通话韵母宽式标音和严式标音对照表

四呼	韵尾 韵母 字	开尾韵母 -∅					元音尾韵母			鼻音尾韵母		
							-i	-u		-n	-ŋ	
开	例字 拼音字母 宽式标音 严式标音 注音符号	啊 a [a] [A] ㄚ	喔 o [o] [o̞] ㄛ	鹅 e [ɤ] [ɤˋ] ㄜ	欸 ê [ɛ] [E] ㄝ	二 er [ər] [əʴ] ㄦ	哀 ai [ai] [aɪ] ㄞ	诶 ei [ei] [e̞ɪ] ㄟ	熬 ao [au] [aʊ] ㄠ	欧 ou [ou] [o̞ʊ] ㄡ	安 an [an] [an] ㄢ	恩 en [ən] [ən] ㄣ	昂 ang [aŋ] [ɑŋ] ㄤ	鞥 eng [əŋ] [əŋ] ㄥ
齐	例字 拼音字母 宽式标音 严式标音 注音符号	一 i [i] [i] ㄧ	呀 ia [ia] [iA] ㄧㄚ		耶 ie [iɛ] [iE] ㄧㄝ				腰 iao [iau] [iɑʊ] ㄧㄠ	优 iou [iou] [io̞ʊ] ㄧㄡ	烟 ian [ian] [iɛn] ㄧㄢ	音 in [in] [iˀn] ㄧㄣ	央 iang [iaŋ] [iɑŋ] ㄧㄤ	英 ing [iŋ] [iˀŋ] ㄧㄥ
合	例字 拼音字母 宽式标音 严式标音 注音符号	乌 u [u] [u] ㄨ	蛙 ua [ua] [uA] ㄨㄚ	窝 uo [uo] [uo] ㄨㄛ				歪 uai [uai] [uaɪ] ㄨㄞ	威 uei [uei] [ue̞ɪ] ㄨㄟ			弯 uan [uan] [uan] ㄨㄢ	温 uen [uən] [uən] ㄨㄣ	汪 uang [uaŋ] [uɑŋ] ㄨㄤ	翁 -ong ueng -ong [uəŋ] [uəŋ] ㄨㄥ
撮	例字 拼音字母 宽式标音 严式标音 注音符号	迂 ü [y] [y] ㄩ			约 üe [yɛ] [yE̞] ㄩㄝ						冤 üan [yan] [yæn] ㄩㄢ	晕 ün [yn] [yn] ㄩㄣ		拥 iong [yŋ]/[iuŋ] [yʊŋ]/[iʊŋ] ㄩㄥ

（另有 -i 资 [ɿ] / [ɿ]、-i 之 [ʅ] / [ʅ]、帀 ㄓ）

第六节 声　调

一　声调的性质

汉语的音节除了声母和韵母这两部分以外，还有一个不可缺少的组成部分，就是声调。声调的重要性一点也不次于声母和韵母，因为它同样被用来区别意义。例如，"烟"yān 和"盐"yán 的不同就是靠声调来区别的。即便是极少数永远念轻声的字，单念时仍有自己一定的声调，试对比"们"和"吗"。所以，在汉语里向来就有"无调不成字"的说法。由于一个音节基本上就是一个汉字，所以声调又叫字调。声调的语音负荷量比元音和辅音更重，因为它是字音组成中不可或缺的成分，而调类的数目却远比辅音和元音要少。

声调的性质主要由音高的基频决定。音的高低决定于一定时间内音波颤动的频率（基频）的高低。发音时，频率的高低靠调节声带的松紧来控制。声带紧，颤动得快，听觉上就感到声音高；声带松，颤动得慢，声音听起来就低。在发音过程中，声带先松后紧，声调就先低后高；声带先紧后松，声调就先高后低。声调就是由音节的高低，升降，曲直等各种音高变化形成的。当然，声调和语音的强弱甚至音质也有一定的联系，但是这些都不是构成声调的主要因素。

二　调值和调类

声调的音高并不是绝对的，例如，同样的字，成年男性字调的绝对音高一般都比女性或小孩低一些，即使同一个人，情绪激动时说话的绝对音高也会比平时要高。但是这种绝对音高对于区别言语的意义没有什么作用。声调的音高是一种相对音高。不同性别、不同年龄的人，都念一个"大"字，绝对音高的起点和终点，一定是不相同的。但是在字音系统中的相对音高的变化是相同的，都是由高音降为低音。下降的幅度大体上也一样。正因为这样，大家可以毫无困难地互相交谈，彼此了解。

音乐中的音阶也是由音高决定的，所以用音乐中的乐谱也可以把声调的高低升降大致表示出来。例如，普通话的四个声调在单独念时，用乐谱把它们的高低升降写出来大致是下面这样：

四声	例字	乐谱
阴平	妈 mā	$\dot{1}\ 7$
阳平	麻 má	$5\ \dot{1}$
上声	马 mǎ	$3\ 2\ 6$
去声	骂 mà	$\dot{1}\ 3\ 2$

如果我们用胡琴之类的乐器把上列乐谱拉出来，各音阶之间不要跳跃，用按弦的手从一个音阶滑到另一个音阶，声音不要间断，就可以得出和普通话四声近似的调子来。

但是，声调究竟和乐谱里的音阶不同，没有必要这样细致地用音阶来表示。声调的高低升降，在语音学中一般都用"五度标记法"来表示，也就是把言语中音高的变化幅度即调幅分成五度：最高音是 5 度，半高音 4 度，中音 3 度，半低音 2 度，最低音是 1 度，如图(十三)。图中的竖标是音高的尺度，声调的高低升降的变化在竖标的左边用自左至右的线条来表示，左边是开头，右边是收尾。线条所表现的高低升降的类型叫作调型；线条起讫点和转折点的度数可以用数字[55][15][313]等来表示，叫作调值。五度制标记法为确定调值和描写音节音高变化的调型提供了一个调域，也就是声调音域，相当于元音舌位图为确定元音音值和描写元音变化所提供的音域。这样，普通话的四种声调就可以画成如图(十四)。

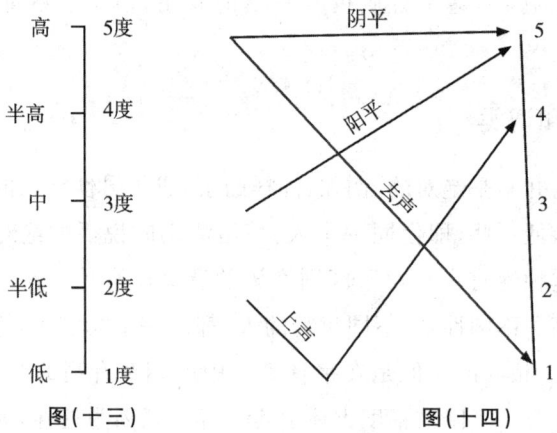

图(十三)　　　　　　图(十四)

如果把四个声调分开来就成为：

调类	例字	调值	调型	调号
阴平	妈 mā	[55]	高平	ˉ

阳平	麻 má	[35]	高升	╱
上声	马 mǎ	[214]	降升	╲╱
去声	骂 mà	[51]	高降（全降）	╲

为了书写和印刷的方便，一般就用[55]、[35]、[214]、[51]等表示调值，不必把每个声调的调型都画出来。《汉语拼音方案》就更简化一步，只是在韵母的主要元音上标出ˉ ˊ ˇ ˋ四种调号来表示声调大致的调型。如"盐"[ian35]，汉语拼音 yán。

普通话四声的音节音高曲线（音高频率变化）在简便直观的可见音高仪上可以显示出来，如图（十五）。

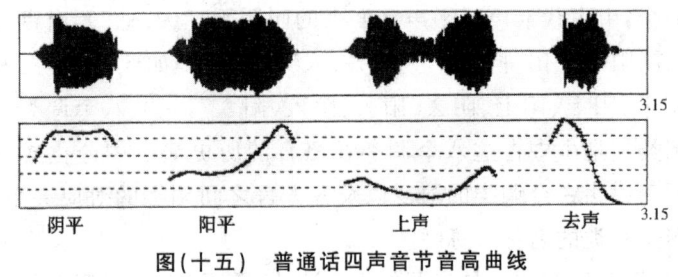

图（十五） 普通话四声音节音高曲线

通常把音节音高曲线分为三部分：弯头段、调型段和降尾段。调型段与五度制标调法中的调值和调型（音高变化模式）相对应，声调的音高信息只跟调型段有关。在图谱上见到的起始部分的上升弯头段和末尾的下降段，都是声带开始振动和振动将结束时运动惯性原因造成的。弯头段和调尾由于时长极短，所以在听觉感知上往往是察觉不到的。在这张图上最值得注意的是上声的音高曲线，调型的主要部分在调域的低音区，上升部分是次要的、不稳定的，在连读变调中就会失落，变成半个上声（半上 ˩211）。所以话语中，上声更多的是以"低平"的面貌出现的。五度制标调是根据听觉感知标写的，语图仪或可见音高仪则根据声波和基音频率变化，测量、计算声调的音高曲线，后者自然要精细得多，但在总体上与五度制记法所显示的调型是基本一致的。就听觉感知说，普通话第三声单字调中的"曲"（降升）仍是它区别于其他三个声调的主要特征。所以对四声"一平二升三曲四降"的描述大体上是符合实际的。

总体来说，字调音高的变化方式不外是平、升、降、升降、降升五种类型，每一种都可以有高低的不同。如果只分为"高、中、低"三度，就已经可以变化出十五种调值。但是，就某一种方言说，调值数目总是有限的，通常把一种方言里的全部字音的单字调按不同的调值加以归纳分类，这种类别就叫"调类"。汉语方言的调类以四个、五个或六个的居多,低于四个或多到七八个的比较少。普通话共有四个调类,名称是"阴平、阳平、上声、去声"。汉语方言调类多少的不同决定于该方言有多少种单字调调值,但是调类的名称不是由调值决定的。这种名称是和中古汉语声调系统的调类名称直接联系的。中古汉语共有"平、上、去、入"四个调类,现代汉语各方言的调类都是由中古这四个调类演变分化而来的,分化条件和声母的清浊有密切的关系。例如,"天"和"田"或"通"和"同",中古都属于平声调类,它们在中古读音的不同,在于声母不同,"天"和"通"是清声母,"田"和"同"是浊声母。从中古音演变到普通话时,许多浊声母变成了清音,这两对字的声母变成相同了,但是声调的读法却产生了分化,一个"平声"调类分化成了两个:由古代清声母平声字变来的叫阴平("天、通"),由古代浊声母平声字变来的叫阳平("田、同")。"上、去、入"三声也是如此,这样古四声就被分为"阴平、阳平、阴上、阳上、阴去、阳去、阴入、阳入",一共八个调类。现代汉语各方言的调类都是由中古这八个调类在语言的历史演变中分化或合并而形成的。为了便于说明古今调类的演变以及各方言之间调类的对应关系,各方言的调类就都用这八类的名称来称呼。

总之,我们要注意调值是声调的实际读法,阴平、阳平等调类的名称不是由调值决定的。例如,普通话和济南话都有四个调类,调类的名称都叫阴平、阳平、上声、去声。但是,同一个调类的调值却完全不同:

调值 调类 例字 地名	阴平	阳平	上声	去声
	诗	时	使	事
北京	55	35	214	51
济南	213	42	55	21

古四声的调类演变在北京话和济南话里是一样的,只是调值不同。济南人说普通话只要把自己方言里读某类调值的字全部改成相应的北京话的调值就可以了。但是大部分方言的调类分合和普通话并不相同,例如南昌话古四声演变的情况就很不相同,除像大多数方言那样平声分为两类以外,南昌话去声也分为阴去、阳去两类,另外还保留了入声,所以有六个调类:阴平、阳平、上声、阴去、阳去、入声。南昌人说普通话就要把入声字按照普通话的读法分别归入其他调类,另外还要把两个去声归并为一个。

下面把七大方言区的几个主要方言的声调列成一个对照表,以供参考。(见77页)

主要方言声调对照表

方言区	地名	平 (诗通天风/阴平)	平 (时同田蓬/阳平)	上 (使古草短)	上 (老五米有)	去 (试放盖到)	去 (事饭共盗)	入 (识竹笔百)	入 (各)	入 (六麦物)	入 (食药白服)	声调数
北方言	北京	阴平55	阳平35	上声214		去声51		分别归入阴阳上去				4
	南京	阴平31	阳平13	上声22		去声44				入声5		5
	汉口	阴平55	阳平213	上声42		去声35				归入阳平		4
	济南	阴平213	阳平42	上声55		去声21				分别归入阴阳去		4
	沈阳	阴平33	阳平35	上声213		去声41				归入阳平		4
	成都	阴平44	阳平31	上声53		去声13				分别归入阴阳上去		4
	兰州	阴平31	阳平53	上声33		去声24				归入阳平		4
	太原	平声11		上声53		去声45			阴入次浊入归入去声;全浊入归阳平	阴入2	阳入54	5
	溧县	平声11		上声213		去声55			分别归入阴平上去			3
吴方言	苏州	阴平44	阳平24	上声52		阴去412	阳去31	阴入4			阳入23	7
	绍兴	阴平51	阳平231	阴上335	阳上113	阴去33	阳去11	阴入45			阳入23	8
	上海	阴平53	阳平23	上声34		归入上声	归入阳平	阴入5			阳入12	5
湘方言	长沙	阴平33	阳平13	上声41		阴去55	阳去21			入声24		6
赣方言	南昌	阴平42	阳平24	上声213		阴去45	阳去21	阴入5			阳入21	7
客家话	梅县	阴平44	阳平11	上声31		去声52		阴入1			阳入5	6
闽方言	厦门	阴平55	阳平24	上声51		阴去11	阳去33	阴入32			阳入5	7
	福州	阴平44	阳平52	上声31		阴去213	阳去242	阴入23			阳入4	7
粤方言	广州	阴平53/55	阳平21	阴上35	阳上13	阴去33	阳去22	上阴入5	下阴入33		阳入22/2	9
	阳江	阴平33	阳平43	上声21		阴去24	阳去54	上阴入24	下阴入21	上阳入54	下阳入43	9

*本表因受编排的限制,例字不够多,不能全面反映各地方言全部单字的实际读法,只能提供一个大体上的了解。
*南昌阴入只有十几个没有书写形式的口语词。
*阳江下阴入归平阴去,次清去归上声。

三 普通话的声调

普通话的调类系统来自古代汉语的调类系统。在我国南朝齐梁之间(公元479—557),就有沈约首先发现汉语的"四声",撰写了《四声谱》。他首创了按四声分韵,并定下了"平、上、去、入"的四声命名。后来语音发展变化,又按声母的清浊各分为阴调和阳调两类,清声母字归阴调,浊声母字归阳调(例字可见下面的《古今调类对照表》)。现在普通话里属于阴平调类的字,大致跟古清声母的平声字相当;阳平声字,也大致跟古浊声母的平声字相当;上声字包括古清声母上声字和一部分浊声母上声字(指声母是边音、鼻音和今读零声母的古阳上字,统称次浊);去声字包括了古去声和另一部分古全浊声母上声字。古代入声调类在普通话里已经消失了,古清声母入声字在普通话里分别读成阴平、阳平、上声或去声,古浊声母入声字在普通话里读成阳平或去声。

古声调同普通话声调的关系,可以从下面的《古今调类对照表》中看出来。

古今调类对照表

古调类	古清浊声母	例字\普通话调类	阴 平	阳 平	上 声	去 声
平声	清声母		诗天开飞			
	浊声母	次浊		门难来羊		
		全浊		时糖齐陪		
上声	清声母				使草古短	
	浊声母	次浊			米老藕有	
		全浊				是稻旱近
去声	清声母					试富对去
	浊声母	次浊				慢浪岸用
		全浊				事盗汗步
入声	清声母		哭桌说瞎	革国博节	尺铁北百	客阔必式
	浊声母	次浊				木绿日叶
		全浊		白敌读食		

从上表可以看出,除入声外,古代平、上、去三声同普通话四个调类的对应关系是很有规律的,只是古代读全浊声母的上声字分化出来,合并到去声里去了,而读清声母的上声字以及读鼻音、边音和零声母的字(统称次浊声母)则仍然留在上声类里。入声字在普通话里分合情况比较复杂,我们留在

后面专门讨论。

现代方言的调类和普通话的调类的对应也都是很有规律的,这对我们学习普通话有很大的帮助。但是,调值往往存在差别。例如,各方言几乎都有阴平这个调类,而调值则五花八门,很不相同,甚至北京郊区各县阴平调的调值也有和普通话不一样的。因此,方言区的人学习普通话的声调,一方面必须读准普通话四声的调值,另一方面还要弄清方言和普通话之间的调类关系。下面进一步分别做一些简单的叙述。

(一) 阴平[55]

普通话的阴平,调型的主要特点是高而平,在实际发音里也可以不到[55]。阴平是由古代清声母平声字变来的,还包括少数入声字,如"郭、桌、黑、出、击"等。

(二) 阳平[35]

普通话里阳平的主要特点是必须保持一个升的调型。阳平是由古代浊声母平声字变化来的,还包括不少入声字,如"白、决、国、服、节"等。古平声分为阴阳两类(平分阴阳),绝大多数方言都如此。所以平声一般不存在各方言调类分合问题,只要把自己方言的阴平调值改为[55],阳平的调值改为[35]就可以了。平声不分阴阳,同属一个调类的方言为数很少,如山西太原、河北滦县、张家口、甘肃康乐等地。这些方言"汪、王"同音,"青天"和"晴天"不分,因此,学习普通话时要注意下面两类字普通话里分为两个调类。

  阴平: 飞机 参观 增加 丰收 公司
  阳平: 黄河 红旗 和平 学习 人才

(三) 上声[214]

普通话的上声,实际上并不是一个简单的降升调,而是一个降平升的三折调([2114]),音高的主要部分在中间较低较平的那一段,起头的降和结尾的升都比较次要。因此,上声的主要特点可以说是低平而略有曲折。普通话的上声字最少,因为古代的阳上字除鼻音、边音和零声母字外,在普通话里都归入去声了(全浊上归去),大多数方言也是如此。少数方言如广州、绍兴、温州等地古上声分化为阴上、阳上两个调类。这些方言区的人要特别注意自己方言里的阳上字,在普通话里只有一部分(鼻音声母、边音声母和零声母)归入上声,其余全并入去声。如果把所有的上声字都读成去声就不对了。另外,还要注意,普通话上声有两个特点:一是音高最低,一是音长最长。一般分为阴上和阳上的方言,多半把阴上读成一个较高的调子,例如,绍兴话的阴上读[55],广州话阴上读[35]。因此,要改成低调,往往感到不习惯。这种情形和阴平念得不够高恰恰相反。学习普通话时要记住:阴平要高,上声要低。但是,普通话阴平和上声这两个调类的调值并不是只靠高和低的不同相互区别的。上声的单字调是一个略带降升的低平调,结尾的升在实际语言里,一般也总是停留在低音区的。

(四) 去声[51]

普通话的去声是一个全降调,只要保持降的调型,就不会和其他三声相混。普通话里去声字比较多,因为除了包括古代的全部去声字以外,还包括古代一部分上声字和入声字。除北方方言和客家方言以外,闽、粤、吴、湘等方言,去声多半分成阴去和阳去两个调类,"报"和"暴","试"和"示"都不同音,分属阴去和阳去。这些方言区的人学习普通话时要把这两个调类合并起来。此外还要注意,普通话的去声,降得比较快,音长比较短,读时避免降得不够低,不够快的毛病。

下列三类字,普通话都读成去声,如果自己方言里这三类字的调类不相同,就得把它们合并成为一个类。

古阴去:　世界　贡献　报告　变化　战胜
古阳去:　现代　定论　大步　暂用　电镀
古阳上:　动荡　抱负　部件　静坐　近似

四　入声

普通话没有入声,古代的入声字在普通话里分别归入阴平、阳平、上声和去声四类(入声派入平上去三声)。整个北方方言除江淮方言以及西北、西南少数地区保存入声外,大部分地区也都没有入声,但是北方方言以外的六大方言都保留古入声。

有入声的方言分为两种情况:一种是入声读音短促,音节末尾有塞音韵尾。如广州话"物"读[mat],"急"读[kap],"得"读[tak];吴方言的入声字都以喉塞音[ʔ]收尾。另一种是凡入声音节读音不短促,后面也没有塞音韵尾,只是古入声字仍然独立自成一个调类,有自己特定的调值。如长沙话里,古入声字都读[24]的调值,和其他调类的界限很清楚。

没有入声的方言大体上也可以分为两种情况。一种是古入声字全部归入某一个调类,如西南方言绝大部分地区,古入声字全归阳平,而陕西咸阳全归入阴平。另一种是古入声字分别归入其他几个调类。例如,西安、开封、郑州、洛阳,古全浊入归阳平,其他全归入阴平;浙江永康话,古阴入一律归入阴上,古阳入全归入阳上;兰州:古全浊入归阳平,其他全归入去声;济南:古全浊入归阳平,古次浊入归去声,其他归阴平。

普通话属于后一种情况。阳入的分派有规律可寻:

(一)古阳入字在普通话中而声母为鼻音声母、边音声母、r声母和零声母的一般读去声(次浊入归去)

例如"麦、灭、木、逆、匿、力、列、陆、肉、若、入、业、月、越"等。例外的只有"压、鸭、押、挖、摸、勒、约、曰、屋、揖、壹、噎、一"(阴平),"膜、额"(阳平),"乙、辱、恶"(上声)等十来个字。

(二)其他的阳入字在普通话里一般读成阳平(全浊入归阳平)

例如"杂、学、及、达、拔、别、滑、绝、直、席、敌、读、服、俗"等。这一类也有例外的,但也只有十一二个,其中绝大部分读作去声,如"洽、涉、秩、术、述、特、剧、获、续"(去声),"跌"(阴平),"属"(上声)。

古阴入字在普通话里的分派没有明显的规律可寻,如"出、职、笔、各"都是阴入声,现在分别读作阴平、阳平、上声、去声。

由于古入声在普通话里的分派情况与其他方言不完全一致,特别是阴入的分派没有明显的规律可寻,这就给方言区的人学习普通话时带来了困难。对有入声方言的人说,要想知道古代哪些入声字应该归入普通话的哪一类,有一部分字(阴入)必须下一番死记的工夫。好在常用的入声字共有六百个左右,其中将近一半归入去声,三分之一以上归入阳平,二者合计占入声字总数的六分之五以上,剩下少数入声字才归入阴平和上声,其中归入上声的实际上非常之少。

对没有入声的方言区人来说,古入声字在普通话里的归属也成为他们学普通话的一个难点,因为古入声字在各方言里分派情况不完全一致。例如,西南方言区的人学习普通话的通病就是没有注意普通话的入声分别归入四种声调,还是按照自己方言那样把全部入声字都按照普通话的阳平来读,结果有一大半入声字的声调全读错了。同有入声的方言相反,西南方言区的人首先应该记住自己方言里读成阳平的字里哪些在普通话读成去声,这些字十九都是入声字,记住这些字,入声字的问题解决一大半了。

没有入声方言区的人,想要知道哪些字是古入声字,也是比较难的。但是,有相当一部分入声字是可以根据普通话的读音来辨别的。下面举几条主要规律供参考。

（一）哪些字肯定不是入声

1. 属于鼻音韵母的字肯定不是入声字

如"安、寻、景、红、城、帮"等。

2. 读 zi、ci、si 和 er 的字肯定不是入声

如"资、此、四、而、二"等。

（二）哪些字肯定是入声

1. 读 zhuo、chuo、shuo、ruo 和 fa、fo 的字肯定是入声

如"卓、绰、说、若、法、佛"等。

2. üe 韵的字，除"瘸 qué、靴 xuē"两个字以外都是入声字

如"虐、略、决、确、学、月"等。

属于以上两类的常用入声字有五十个左右。

3. 声母是 b、d、g、j、zh、z 的阳平字都是入声字

如"别、敌、革、急、竹、择"等。属于这类的常用入声字比较多，共有一百个左右。

以上三类共有常用入声字一百五十多个。了解这三条规律就可以掌握不少常用入声字了。（参看本节附录《古入声字普通话读音表》）

练　习　六

一、什么是声调？声调的高低升降是怎样形成的？

二、什么是调值？什么是调类？举例说明两者的关系。

三、举例说明普通话四声和古代四声的关系。并把普通话的古今调类发展规律简约地概括为三句话。

四、用普通话读下列汉字，调值相同的归为一类：

　　懈　行　国　味　体　玷　棘　绌　畸　题
　　印　影　倦　拙　撖　形　荡　瓮

五、怎样确定某种方言是有入声的？

六、用国际音标给下列入声字标音，并说明入声字在普通话里分化的部分规律：

　　（1）落　录　六　纳　麦　木　弱　月

(2) 白 读 笛 杰 熟 习 食 直

七、试根据普通话的读音把下列汉字中的古入声字圈出来：

卖 麦 次 策 色 思 灰 铁
捏 忙 直 制 夺 草 节 哲
拔 巴 学 耳 说 锁 多 勃

八、下列词语中的字都是古入声字，用国际音标标出它们在普通话里的读音：

克服	食物	隔壁
答复	合适	肃穆
博学	实质	策划
毕业	剧烈	鹿角
出席	压缩	法律
活跃	束缚	确凿

九、用拼音字母给下列两首古体诗注音，并把入声字圈出来：

(1) 登鹳雀楼　王之涣

　　白日依山尽，黄河入海流。
　　欲穷千里目，更上一层楼。

(2) 塞下曲　李白

　　五月天山雪，无花只有寒。
　　笛中闻折柳，春色未曾看。
　　晓战随金鼓，宵眠抱玉鞍。
　　愿将腰下剑，直为斩楼兰。

十、为什么普通话里的上声字最少，而去声字却比较多？

附　　录

古入声字普通话读音表

声韵＼例字	声　　　调			
	阴平	阳平	上声	去声
a	阿			
ba	八 捌	拔 跋		
bai		白	百 佰 栢 伯（大伯子）	
bao	剥（剥皮）	薄 雹		

(续表)

声\韵\字	声调			
	阴平	阳平	上声	去声
bei			北	
bi	逼	鼻荸	笔	必弼毕哔碧壁璧辟
bie	憋鳖瘪(瘪三)	别蹩	瘪(干瘪)	别(别扭)
bo	拨剥(剥削)钵	勃渤博搏膊帛薄(薄暮)泊驳伯箔舶		
bu			卜(占卜)	不
ca	擦			
ce				策侧测厕恻册
cha	插	察		
chai	拆			
che				彻澈撤
chi	吃		尺	叱斥赤饬
chu	出			绌黜畜(牲畜)触矗
chuo	戳			啜辍绰龊
cu				促猝簇蹙蹴
cuo	撮			错
da	答(答应)搭	达答(回答)		
de		得德		
di	滴	狄荻迪的(的确)涤敌嫡笛籴		的(目的)
die	跌	迭谍堞牒碟蝶叠		
du	督	毒独读渎犊黩	笃	
duo	咄	夺度(忖度)踱铎		
e		额	恶(恶心)	厄扼呃谔鄂愕萼腭锷鳄遏恶(善恶)噩
fa	发	乏伐筏罚阀	法砝	发(理发)珐
fo		佛		
fu		弗佛(仿佛)怫拂伏袱服幅福辐蝠		复腹蝮鳆覆馥
ga	夹(夹肢窝)	轧(轧账)		

第六节 声调

(续表)

声韵\例字	声调			
	阴平	阳平	上声	去声
ge	疙胳(胳臂)鸽搁(搁浅)割	阁格蛤(蛤蜊)革隔嗝膈葛胳(胳肢)	葛(姓)	个各
gei			给(交给)	
gu	骨(骨碌)		谷骨(骨肉)鹄	梏
gua	刮鸹			
guo	郭聒蝈	国掴帼		
hao			郝	
he	喝	合盒颌核涸阂阖貉		吓(恐吓)褐赫鹤壑
hei	黑嘿			
hu	忽惚淴唿	囫斛		
hua		滑猾搳划(划拳)		划(计划)
huo	豁(豁口)	活		或惑获霍豁(豁免)
ji	击唧屐缉(侦缉)激	及汲级极吉即亟急疾嫉棘集瘠藉籍	给(供给)脊戟	寂鲫稷迹绩
jia	夹浃	荚颊	甲胛钾	
jiao		嚼	角脚	
jie	孑结(结实)接揭	子节杰劫诘洁结捷竭截睫		
ju	掬鞠	局菊		剧
jue	撅	决诀抉觉珏绝倔(倔强)掘崛厥獗镢蹶爵嚼(咀嚼)攫孓		倔(倔头倔脑)
ke	磕瞌	壳咳	渴	克刻客嗑
ku	哭窟			酷
kuo				扩括阔廓
la	邋			腊蜡辣瘌剌
lao				烙酪
le				乐勒
lei	勒(勒紧)			肋
li				力历沥雳立粒笠砾栗溧傈

(续表)

例字 声韵	声调			
	阴平	阳平	上声	去声
lie				列冽烈裂劣猎
liu				六
lu				陆录禄碌鹿漉簏戮
lü				律率(效率)绿氯
lüe				掠略
luo	捋(捋起袖子)			洛落骆络
ma	抹(抹布)			
mai				麦脉(脉络)
mei		没(没有)		
mi				觅宓密蜜
mie				灭蔑篾
mo	摸	膜	抹(抹煞)	末沫抹(转弯抹角)茉没(埋没)陌莫漠寞墨默秣殁
mu				木沐目睦牧穆幕
na				呐(呐喊)纳捺衲
ni				逆匿溺昵
nie	捏			聂嗫蹑镍孽
nüe				虐疟(疟疾)
nuo				诺
pai	拍			
pi	劈霹	枇	匹癖	僻辟(开辟)
pie	撇(撇开)瞥		撇(撇捺)	
po	朴(朴刀)泼泊(湖泊)			迫珀粕魄朴(厚朴)
pu	扑仆(前仆后继)	仆(仆从)濮璞	蹼朴(朴素)	瀑(瀑布)
qi	七戚嘁槭缉(缉鞋口)漆		乞	讫迄泣
qia	掐			洽恰
qiao				壳(地壳)
qie	切(切削)			切窃怯妾锲挈惬箧

(续表)

声韵＼例字	声调			
	阴平	阳平	上声	去声
qu	曲(弯曲)蛐屈		曲(歌曲)	
que	缺阙			却雀确鹊阕
re				热
ri				日
rou				肉
ru			辱	褥入
ruo				弱若
sa	撒(撒手)		撒(撒种)	卅萨飒
sai	塞(瓶塞儿)			
se				色(颜色)涩瑟啬穑塞(闭塞)
sha	杀刹(刹车)			煞霎
shai			色(套色)	
shao		勺芍		
she		舌折(折耗)		设涉慑摄
shi	失虱湿	十什石识实食拾蚀		式拭弑饰室适释
shu	叔淑	孰塾熟赎	属蜀	术述束
shua	刷(刷墙)			刷(刷白)
shuai				率(率领)蟀
shuo	说			烁铄朔硕
su		俗		速肃宿(住宿)夙粟欷
suo	缩嗦		索	
ta	塌		塔獭	沓踏挞榻踢
te				忑忒特
ti	剔踢			逖惕
tie	帖(服帖)贴		帖(请帖)铁	帖(字帖)
tu	凸秃突			
tuo	托脱			拓(开拓)柝

(续表)

声韵＼例字	声调			
	阴平	阳平	上声	去声
wa	挖			袜
wo				沃握龌
wu	屋			勿物
xi	夕汐矽吸昔惜析淅晰息螅悉蟋锡膝蜥	习席袭媳檄		隙
xia	瞎	匣侠峡狭硖辖		吓(吓一跳)
xiao	削(切削)			
xie	歇蝎楔	协胁挟	血(流血)	泄屑亵燮
xu				旭恤畜(畜牧)蓄续
xue	削(剥削)	穴学噱(噱头)	雪	血(血液)
ya	压押鸭			轧(轧棉花)
yao				药钥(钥匙)
ye	噎			叶业页液掖腋谒靥
yi	一壹揖		乙	亦弈译驿抑邑浥悒佚轶役疫易益溢逸翼亿臆译屹蜴
yu				玉育郁狱浴欲域鬻毓
yue	约曰			月乐(音乐)岳钥(锁钥)悦阅跃钺越粤
za	匝咂扎	杂砸		
zao		凿		
ze		责则泽择		仄
zei		贼		
zha	扎(扎针)	扎(挣扎)轧(轧钢)闸铡	眨	栅(栅栏)
zhai	摘	宅翟	窄	

(续表)

声韵＼例字＼声调	阴平	阳平	上声	去声
zhao		着(着急)		
zhe		折哲蜇蛰辄辙	褶	这浙
zhi	汁只(一只)织	执直值植殖侄职	只(只有)	帜质炙秩窒掷
zhou	粥	妯轴		
zhu		竹竺烛逐	嘱	祝筑
zhuo	拙桌涿捉	灼酌茁镯啄琢着(衣着)卓		
zu		卒族足		
zuo	作(作坊)	昨		作(作用)

第七节　普通话的音节结构

一　普通话的音节
——语音感知的基本单位

音节是话语中在听觉上最容易分辨的音段。它是在发音器官肌肉一次紧张松弛中发出来的,所以是说话时自然感觉到的最小语音单位。同时音节也是最小的语音结构单位。各种语言的音节结构都有自己的特点,这可以从音节组成成分的性质来考察,也可以从音节组成成分在音节中的位置及其相互关系来考察。下面就从这两个方面来考察一下普通话音节结构的特点。

普通话的元音和辅音组合在一起构成的音节类型可以归纳为十二种格式①(见下页):

从该表可以看到普通话的音节结构有以下一些特点:

(一)声调和韵腹是普通话音节实际读音中必不可少的成分,在其他位置上——声母、韵头、韵尾都可以空缺。例如:

---

① 不包括口语里个别特殊音节,如叹词"哼"hng、"噷"hm,等等。

结构方式 例字	声母	韵母			声调
		韵头	韵腹	韵尾	
	辅音	元音	元音	元音或辅音	调类
零声母 鹅 é			e		阳平
零声母 藕 ǒu			o	u	上声
零声母 叶 yè		i	e		去声
零声母 歪 wāi		u	a	i	阴平
零声母 昂 áng			a	ng	阳平
零声母 远 yuǎn		ü	a	n	上声
辅音声母 笛 dí	d		i		阳平
辅音声母 手 shǒu	sh		o	u	上声
辅音声母 节 jié	j	i	e		阳平
辅音声母 快 kuài	k	u	a	i	去声
辅音声母 钢 gāng	g		a	ng	阴平
辅音声母 宣 xuān	x	u	a	n	阴平

声母	韵母			声调	例字
	头	腹	尾		
+	+	+	+	+	快 kuài
	+	+	+	+	歪 wāi
		+	+	+	哀 āi
+		+		+	蛙 wā
		+		+	阿 ā

（二）普通话里最复杂的音节包含四个音素和一个声调,它的结构模式如下：

声调			
声母	韵母		
	韵头	韵	
		腹	尾

这个模式不仅告诉我们一个音节内可以有哪些成分,而且可以帮助我们认识音节内部的构造层次;声调是贯串在整个音节中的;一个音节应该首先分为声母和韵母两部分;韵母部分应该首先分为韵头和韵（押韵的韵）,然后再分为韵腹和韵尾。语流音变也证实声母的变化往往跟韵头（介音）有关;而韵腹的变化却跟韵尾关系十分密切。

(三) 辅音不能单独出现,而且在音节里的位置非常固定,绝大多数只能出现在音节的开头,即声母的位置上。可以出现在音节末尾的辅音限制极严,一共只有两个鼻辅音,鼻音是乐音成分很强的响音,性质接近于元音。

(四) 元音在音节里可以连续排列,必须连读,因此普通话的复合元音比较丰富,共有九个二合元音(即前响和后响复合韵母),四个三合元音(即中响复合韵母)。

(五) 韵母内部元音可以出现的位置及其组合关系有一定的规律。各元音都能充当韵腹,如果韵母不止一个元音,一般总是开口度较大,舌位较低的元音充当韵腹。在韵头的位置上只能出现高元音 i、u、ü,在韵尾的位置上只能有 i 或 u。但是,i 韵头和 i 韵尾,u 韵头和 u 韵尾不会同时出现,它们在同一个音节里是互相排斥的。

从上面的分析中还可以看到,普通话的音节结构(现代汉语方言也一样)包含两大层次:由声调构成的超音段(非音质单位)层次和由元辅音(音质单位)构成的音段层次。两大层次紧密结合,各自都有区别意义的功能。就汉语说,音节的各组成成分是由声调整合在一起的一个音块,而且由于音节内部辅音不能连用,元音必须连读,组成成分数量又限于四个以内,所以音节内部结合十分紧密,发音时习惯上是合读直呼,而不是单音拼读的。同时,由于音节结构和它总是一个带调音节的特点,话语中音节之间边界清楚,起讫分明。前一个音的尾音与后一音节的首音,不会有像英语那样的连读。即使后一音节是零声母音节,也因为充当韵头的元音往往带有辅音性质的伴随音(如[ʔ]、[ɣ]、[j]、[w]等),且又有作为超音段成分的声调的分隔,所以"饥饿"jī'è 与"街"jiē,"西安"Xī'ān 与"线"xiàn,"胡阿姨"hú'āyí 与"坏"huài,"五阿姨"wǔ'āyí 与"外"wài 之类的词语,在口语中也决不会相混的。唯一的例外是语气助词,两个语气助词连用,后一个如果是元音起头,有可能会并合成一个音节,如"了+啊"——"啦"(le+a——la)。但也可能在连读时衍生(增音)一个新的音素而仍然自成音节,如"天+啊"——"天哪"(tiān'a——tiānna)。这类音变现象,与语气助词都读轻声有密切关系。

汉语由于"以单音节为基本单位"的这一最本质的语言特点,所以,音节的重要性显得十分突出。汉语的音节不仅是一个语音感知的基本单位,而且又是一个最小的有意义的语法单位,也就是说汉语的音节总是一个有表义功能的音节。汉语里绝大多数的语素都是单音节的,而在文字系统里,一个字通常又总是一个音节。这样,汉语在总体上就形成"音节—语素—汉字"三位一体的格局。这一被认为是汉语最具本质意义的特点,曾被概括为"一字一音,单音成义"(王力先生语)。这里的"音",指的就是既是一个音韵单位,又是一个构词单位的音节。在使用拉丁文字的语言中,单个拼音字母是独立于语言之外的,它不是一个语言单位,仅仅学会二十来个字母,仍然是不会造句说话的。而汉字由于既是自然话语中一个发音单位(音节),又是语言中的一个表义单位,因此如果学会经过精心撰择的二十来个汉字,那就可以让一个初学汉语的人,自己生成许多话语了。所以,学习汉字-音节,就是学习汉语。

二 声母和韵母的配合关系

在发音生理层面上普通话有二十一个辅音声母,在音系层面上,包括零声母在内,普通话有二十二个声母,三十八个韵母(不包括ê韵母)。声韵组合可能构成的基本音节不计声调应该将近八百个。但是,实际上出现的只有四百多个,可见声母和韵母的配合是有限制的,这种限制就体现了声母和韵母之间的配合规律。

同汉语其他方言一样,普通话声母和韵母的配合规律主要表现在声母的发音部位和韵母四呼的关系上:声母的发音部位如果相同,和韵母的配合关系一般也相同;反过来说,属于同一呼的韵母,和声母的配合关系一般也相同。根据声母的发音部位和韵母的四呼,普通话声韵的配合关系可以列成下表:

声母＼四呼	开	齐	合	撮
b　p　m	＋	＋	(u)	
f	＋		(u)	
d　t	＋	＋	＋	
n　l　Ø	＋	＋	＋	＋
g　k　h	＋		＋	
zh　ch　sh　r	＋		＋	
z　c　s	＋		＋	
j　q　x		＋		＋

从上表可以看到普通话声母和韵母的配合有以下几条重要的规律:

（一）双唇音 b、p、m 基本上只能和开口呼、齐齿呼的韵母配合，和合口呼韵母配合只限于单韵母 u，不和撮口呼韵母配合。

（二）唇齿音 f 基本上只能和开口呼韵母配合，和合口呼韵母配合也只限于单韵母 u。在全部声母中，f 能配合的韵母，范围最窄。

（三）舌尖音 d、t 和 n、l，虽然发音部位相同，但配合关系却有差别。d、t 不能和撮口呼韵母配合，n、l 则可以。

（四）舌根音 g、k、h；舌尖后音 zh、ch、sh、r；舌尖前音 z、c、s 这三套声母的配合关系是相同的，只能和开、合二呼的韵母配合，不能和齐、撮二呼的韵母配合。

（五）舌面音 j、q、x 这一套声母和上面三套声母正好相反，只能和齐、撮二呼的韵母配合，不能和开、合二呼的韵母配合。

（六）能和开口呼韵母配合的声母最多；能和撮口呼配合的声母最少；能和全部四呼韵母配合的只限于 n、l 以及零声母 Ø。

普通话声韵配合规律不仅可以帮助我们深入地了解普通话音节结构的特点，而且对方言区的人学习普通话有很大的实践意义。例如，知道 f 不能和齐齿呼韵母相配合，上海人就可以避免把"飞"读成 fi（在上海话里这是许可的）；知道 d、t 不能和撮口呼韵母相拼，广州人就可以避免把"团"读成 tün。但是，根据发音部位和四呼列成的配合表并不能把每个声母和每个韵母的配合关系完全反映出来。例如，n 和 l 能和合口呼韵母配合，可以有 nú（奴）、nuó（挪）、nuǎn（暖）；lú（炉）、luó（锣）、luán（滦）、lún（轮）等，但是却没有 *nui、*nuang 或 *lui、*luai 这样的音节。各个声母和韵母之间的配合情况可以参看本节附录《普通话声韵配合总表》，在这个表里声母和韵母的全部配合关系都清楚地反映出来，能更具体地帮助我们学习普通话。例如，从表上可以看到 zh、ch、sh 可以和 ua、uai、uang 这几个韵母配合，但是 z、c、s 却不能和它们配合。因此，像"刷、揣、窗、庄"这些字，声母一定是舌尖后音。掌握这些声韵配合规律，对学习普通话显然是有帮助的。

从《普通话声韵配合总表》上还可以发现三种比较重要的配合规律：

1.

韵母＼声母	b p m	f	非唇音声母
o	+	+	○
uo	○	○	+
e	○	○	+

从上表可以看出韵母 o 专同唇音声母 b、p、m、f 配合,不同其他声母配合;而 uo、e 则专同非唇音声母配合,不同唇音声母配合。

2.

韵母＼声母	舌尖前音	舌尖后音	其他声母
-i[ɿ]	＋	○	○
-i[ʅ]	○	＋	○
i[i]	○	○	＋

从上表可以看出-i[ɿ]、-i[ʅ]和 i[i]这三个韵母和声母的配合也是相互补充的:-i[ɿ]只和舌尖前音声母 z、c、s 配合,-i[ʅ]只和舌尖后音声母 zh、ch、sh、r 配合,i[i]只和这两类声母以外的声母配合。

3.

韵母＼声母	零声母	其他声母
ong	○	＋
ueng	＋	○

ong 和 ueng 读音十分相近,从上表可以看出这两个韵母各有自己使用的条件:ueng 只和零声母配合,ong 只和零声母以外的声母配合。

三 声调和声母、韵母的配合关系

普通话声调和声母、韵母的配合关系比较复杂,较为明显的有以下两个方面:

(一)普通话 m、n、l、r 四个浊音声母的字很少有读阴平调的

以韵母 u 为例:

	m	n	l	r	其他声母
阴平	○	○	○	○	夫、初
阳平	模	奴	卢	如	扶、除
上声	母	努	鲁	汝	府、楚
去声	木	怒	路	入	富、处

少数读 m、n、l、r 浊声母的字也有读阴平调的,但只限于几个口语常用字,如"妈、猫、妞、拉、扔"。

(二)普通话里 b、d、g、j、zh、z 这六个不送气塞音和塞擦音声母同鼻音韵母配合时没有阳平调的字

以鼻音韵母 an、ian、uan 为例:

	b	d	g	j	zh	z	其他声母
阴平	般	单	甘	坚	专	钻	番、先
阳平	○	○	○	○	○	○	凡、贤
上声	板	胆	敢	减	转	纂	反、显
去声	办	旦	干	见	赚	钻	饭、现
	an	an	an	ian	uan	uan	an、ian

不符合这条规律的字只有三个:"甭"béng,"哏"gén,"咱"zán,这三个字都是北京土语成分。

以上这六个声母同非鼻音韵母配合时则可以有阳平调字。例如:

	b	d	g	j	zh	z
阴平	巴	多	哥	街	招	作
阳平	拔	夺	革	洁	着	昨
上声	把	朵	葛	姐	找	左
去声	罢	惰	个	借	罩	坐
	a	uo	e	ie	ao	uo

这些阳平字都来源于古代入声字(参看第六节声调之四,八声)。概括起来说:b、d、g、j、zh、z 这六个不送气塞音和塞擦音声母同鼻音韵母配合时一般不出现阳平字,同非鼻音韵母配合时可以出现阳平调字,这些阳平调字原来都是入声字。

上面简要地说明了普通话声韵调的配合规律,详细情况参看本节附录《普通话声韵配合总表》。

练 习 七

一、举例说明普通话里最复杂的音节结构包含哪些组成成分?最简单的音节必须包含哪些成分?

二、根据韵母表举几个例子说明韵母内部语音成分之间的组合关系。

三、举例说明普通话声母和韵母的配合关系主要是由什么决定的。

四、为什么说"以单音节为基本单位",是汉语最重要的本质特点?

五、根据声母和韵母的配合关系说明:为什么汉语拼音方案在 n 和 l 后边 ü 上两点不能省略,在 j、q、x 后边 ü 上两点就能省略?

六、结合方言,举例说明掌握普通话声、韵、调的配合关系对学习普通话有什么帮助。

七、根据普通话声、韵、调的配合关系,说明下列音节拼写上的错误,并加以改正:

先 xān　　闯 cuǎng　　象 siàng　　播 buō
风 fōng　　红 huéng　　交 giāo　　泪 luì
冷 lěn　　 书 shū　　　割 gō　　　嫩 nùn

八、用拼音字母给下列词语注音,注意拼写规则和标调位置:

超额　　义务　　外语
无畏　　微笑　　论文
西安　　渔业　　水位
推求　　喜悦　　邮局
婴儿　　急剧　　屈原

九、用国际音标给下列词语标音:

月夜　　委员　　威武
对流　　水准　　拥护
演员　　冰球　　先锋
贡献　　年月　　冠军

十、想一想为什么汉语拼音的音节连读法采用元音连读法,辅音分读法?

附 录
普通话声韵配合总表

声母\韵母	开口呼 -i	a	o	e	ê	ai	ei	ao	ou	an	en	ang	eng	er	齐齿呼 i	ia	ie	iao	iu	ian	in	iang	ing	合口呼 u	ua	uo	uai	ui	uan	un	uang	ueng	ong	撮口呼 ü	üe	üan	ün	iong
b		ba 巴	bo 玻			bai 白	bei 杯	bao 包		ban 般	ben 奔	bang 帮	beng 崩		bi 逼		bie 别	biao 标		bian 边	bin 滨		bing 冰	bu 不														
p		pa 趴	po 坡			pai 拍	pei 胚	pao 抛	pou 剖	pan 潘	pen 喷	pang 旁	peng 烹		pi 批		pie 撇	piao 飘		pian 篇	pin 拼		ping 乒	pu 铺														
m		ma 妈	mo 摸	me 么		mai 埋	mei 眉	mao 猫	mou 谋	man 蛮	men 闷	mang 忙	meng 盟		mi 迷		mie 灭	miao 苗	miu 谬	mian 棉	min 民		ming 明	mu 木														
f		fa 发	fo 佛				fei 飞		fou 否	fan 翻	fen 分	fang 方	feng 风											fu 夫														
d		da 搭		de 得		dai 呆	dei 得	dao 刀	dou 兜	dan 单		dang 当	deng 登		di 低		die 爹	diao 雕	diu 丢	dian 颠			ding 丁	du 都		duo 多		dui 堆	duan 端	dun 蹲			dong 东					
t		ta 他		te 特		tai 胎		tao 滔	tou 偷	tan 摊		tang 汤	teng 疼		ti 梯		tie 贴	tiao 挑		tian 天			ting 听	tu 秃		tuo 脱		tui 推	tuan 团	tun 吞			tong 通					
n		na 拿		ne 讷		nai 奶	nei 内	nao 恼	nou 耨	nan 南	nen 嫩	nang 囊	neng 能		ni 泥		nie 捏	niao 鸟	niu 妞	nian 年	nin 您	niang 娘	ning 宁	nu 奴		nuo 挪			nuan 暖				nong 农	nü 女	nüe 虐			
l		la 拉		le 勒		lai 来	lei 雷	lao 劳	lou 楼	lan 兰		lang 郎	leng 冷		li 利	lia 俩	lie 列	liao 了	liu 流	lian 连	lin 林	liang 凉	ling 零	lu 炉		luo 锣			luan 滦	lun 轮			long 龙	lü 驴	lüe 略			
g		ga 嘎		ge 哥		gai 该	gei 给	gao 高	gou 沟	gan 干	gen 根	gang 刚	geng 更											gu 姑	gua 瓜	guo 锅	guai 拐	gui 规	guan 关	gun 滚	guang 光		gong 工					
k		ka 咖		ke 科		kai 开		kao 考	kou 口	kan 看	ken 肯	kang 康	keng 坑											ku 枯	kua 夸	kuo 阔	kuai 快	kui 亏	kuan 宽	kun 昆	kuang 筐		kong 空					
h		ha 哈		he 喝		hai 海	hei 黑	hao 好	hou 猴	han 寒	hen 痕	hang 杭	heng 哼											hu 呼	hua 花	huo 火	huai 怀	hui 灰	huan 欢	hun 婚	huang 荒		hong 轰					
j															ji 基	jia 家	jie 街	jiao 交	jiu 究	jian 坚	jin 今	jiang 江	jing 京											ju 居	jue 决	juan 捐	jun 军	jiong 窘
q															qi 欺	qia 恰	qie 切	qiao 敲	qiu 秋	qian 千	qin 亲	qiang 腔	qing 清											qu 区	que 缺	quan 圈	qun 群	qiong 穷
x															xi 希	xia 瞎	xie 些	xiao 消	xiu 休	xian 先	xin 新	xiang 香	xing 兴											xu 虚	xue 靴	xuan 轩	xun 勋	xiong 兄
zh	zhi 知	zha 渣		zhe 遮		zhai 窄	zhei 这	zhao 招	zhou 周	zhan 毡	zhen 真	zhang 张	zheng 争											zhu 珠	zhua 抓	zhuo 桌	zhuai 拽	zhui 追	zhuan 专	zhun 准	zhuang 庄		zhong 中					
ch	chi 吃	cha 插		che 车		chai 拆		chao 超	chou 抽	chan 搀	chen 陈	chang 昌	cheng 称											chu 初	chua 欻	chuo 戳	chuai 揣	chui 吹	chuan 川	chun 春	chuang 窗		chong 充					
sh	shi 诗	sha 沙		she 奢		shai 筛	shei 谁	shao 烧	shou 收	shan 山	shen 伸	shang 伤	sheng 生											shu 书	shua 刷	shuo 说	shuai 衰	shui 水	shuan 栓	shun 顺	shuang 双							
r	ri 日			re 热				rao 绕	rou 柔	ran 然	ren 人	rang 让	reng 扔											ru 如		ruo 若		rui 瑞	ruan 软	run 润			rong 荣					
z	zi 资	za 杂		ze 则		zai 灾	zei 贼	zao 遭	zou 邹	zan 咱	zen 怎	zang 脏	zeng 增											zu 租		zuo 昨		zui 最	zuan 钻	zun 尊			zong 宗					
c	ci 雌	ca 擦		ce 策		cai 猜		cao 曹	cou 凑	can 参	cen 岑	cang 仓	ceng 层											cu 粗		cuo 错		cui 催	cuan 蹿	cun 村			cong 聪					
s	si 私	sa 撒		se 色		sai 腮		sao 搔	sou 搜	san 三	sen 森	sang 桑	seng 僧											su 苏		suo 索		sui 虽	suan 酸	sun 孙			song 松					
∅		a 啊	o 喔	e 鹅	ê 诶	ai 哀	ei 欸	ao 熬	ou 欧	an 安	en 恩	ang 昂	eng 鞥	er 儿	yi 衣	ya 呀	ye 耶	yao 腰	you 忧	yan 烟	yin 因	yang 央	ying 英	wu 乌	wa 蛙	wo 窝	wai 歪	wei 威	wan 弯	wen 温	wang 汪	weng 翁		yu 迂	yue 约	yuan 冤	yun 晕	yong 用

注：表中的汉字没有适当阴平声可用的，选用了其他声调的字。

第八节 儿化音变和连读变调

一 普通话的儿化韵

普通话除了由单韵母、复韵母和鼻音韵母构成的基本韵母之外，还有一套儿化韵母，也就是儿化韵。这套韵母是由作为后缀的"儿"，同前一音节并合在一起，使前一音节的韵母发生卷舌作用而产生的。例如"花"＋"儿"——"花儿"[xuar]，"盆"＋"儿"——"盆儿"[pʻər]。这样的词叫儿化词，其韵母叫儿化韵。

后缀"儿"是由实语素，即词根语素虚化而来的，它是普通话里唯一不能独立成音节的汉字。"花儿"虽然写成两个字，实际上已经合读为一个音节，后缀"儿"只代表儿化韵的卷舌成分，本身不能独立发音。所以儿化韵（母）与自成音节的卷舌韵母 er[ər]，如"婴儿、小儿科"的"儿"性质是完全不同的。

普通话里的儿化韵也有一些与后缀"儿"并无语源上的关系。例如，北京话的"今儿、明儿"等，其中的"-儿"是"日"的儿化音变；"这儿、那儿"是"里"的儿化音变。但作为一种语音现象并不妨碍把它们放在一起讨论，都以后缀"儿"为代表。另外，后缀"儿"大多出现在词末，但也可以出现在词的中间，如"猫儿眼、巴儿狗、坎儿井、馅儿饼、片儿警"，这些也是儿化词。

儿化韵是由于词根语素和后缀"儿"并合为一个音节而产生的，在儿化过程中由于要调整音节结构，就会产生脱落、弱化、央化、鼻化等许多语流音变现象，使一些原来不同的韵母，儿化后读音变得相同了。例如：

  [i]、[in] ⟶ [iər]   鸡儿＝今儿

  [a]、[ai]、[an] ⟶ [ar]   耙儿＝牌儿＝盘儿

  [ɿ]、[ʅ]、[ei]、[ən] ⟶ [ər]   丝儿、事儿、辈儿、根儿

普通话的韵母除了自成音节的卷舌韵母 er，其余的都可以同后缀"儿"构成儿化韵。但由于儿化音变的原因，韵母的数量减少了一些，所以只有二十六个儿化韵。下面把基本韵母和儿化韵母的对应关系列表如下：

原韵母	儿化韵	例词
a,ai,an→	[ar]	把儿、盖儿、伴儿
ia,ian→	[iar]	芽儿、烟儿
ua,uai,uan→	[uar]	花儿、块儿、玩儿
üan→	[yar]	圈儿
o→	[or]	沫儿
uo→	[uor]	活儿
ao→	[ɑur]	号儿
iao→	[iɑur]	票儿
-i[ɿ,ʅ],ei,en→	[ər]	丝儿、汁儿、辈儿、根儿
i,in→	[iər]	鸡儿、今儿
uei,uen→	[uər]	穗儿、棍儿
ü,ün→	[yər]	毛驴儿、合群儿
e→	[ɤr]	歌儿
ie→	[iɛr]	街儿
üe→	[yɛr]	靴儿
u→	[ur]	珠儿
ou→	[our]	钩儿
iou→	[iour]	球儿
ang→	[ãr]	缸儿
iang→	[iãr]	亮儿
uang→	[uãr]	筐儿
eng→	[ə̃r]	灯儿
ing→	[iə̃r]	钉儿
ueng→	[uə̃r]	瓮儿
ong→	[ũr]	空儿
iong→	[iũr]	小熊儿

二 儿化音变的规律及其语言功能

韵母儿化音变的规律大体上可以归纳为以下四类：

（一）-i 尾韵和-n 尾韵，儿化时韵尾脱落，韵腹卷舌（＋r）。人辰韵中的 in、ün 两韵，本来就是与 en、uen 四呼相配的一套韵母，按实际读音记音的严式标音就分别是[iᵊn]和[yᵊn]，韵腹也是[ə]，所以儿化音变的规律也与 en、uen 相同。例如：

  书本儿 shūběnr [ən→ər]

  脚印儿 jiǎoyìnr [iᵊn→iər]

  合群儿 héqúnr [yᵊn→yər]

  晚辈儿 wǎnbèir [ei→ər]

一会儿 yīhuìr [uei→uər]

小孩儿 xiǎoháir [ai→ar]

花篮儿 huālánr [an→ar]

韵母儿化时,因协同发音的影响,儿化的元音音色往往会发生一些变化,[ei]、[uei]中的[e]因央化而变成了央元音[ə],也因此分别与 en、uen 变成了同一个儿化韵。

(二) -ŋ 尾韵儿化时,韵尾脱落,韵腹鼻化并卷舌。例如:

信封儿 xìnfēngr [əŋ→ə̃r]

电影儿 diànyǐngr [iᵊŋ→iə̃r]

小虫儿 xiǎochóngr [uŋ→ũr]

小熊儿 xiǎoxióngr [iuŋ→iũr]

小缸儿 xiǎogāngr [ɑŋ→ɑ̃r]

小筐儿 xiǎokuāngr [uɑŋ→uɑ̃r]

中东韵 eng、ing、ong、ueng、iong 在音韵系统中原本是四呼相配同属一个韵部的一套韵母,韵基的主要元音都是一个舌位偏后的[ə]。宽式标音和拼音方案都把齐齿呼的[iᵊŋ],分别用[iŋ]和 ing 来标记。《方案》为拼写形式清晰醒目起见,又把合口呼和撮口呼的这两个韵分别用 ong 和 iong 来标写,但就四呼音韵系统而论,中东韵的各个韵母,韵腹是相同的,它们的儿化音变规律也是相同的。

(三) -u 尾韵和开尾韵中以 ɑ、o、e、ê、u 充当韵腹的各个韵母,儿化时都是卷舌作用贯串全韵(不包括韵头),变成了卷舌韵母。例如:

小鸟儿 xiǎoniǎor [iɑu→iɑur]

打钩儿 dǎgōur [ou→our]

豆芽儿 dòuyár [ia→iar]

小坡儿 xiǎopōr [o→or]

唱歌儿 chànggēr [ɤ→ɤr]

枣核儿 zǎohúr [u→ur]

台阶儿 táijiēr [iɛ→iɛr]

开尾韵中的发花韵,儿化后韵腹都有央化的趋向,由[a ia ua]变为[ɐ iɐ uɐ];梭坡韵也如此,[ɤ]/[o]→[ə],以至于"歌儿"和"根儿"、"果儿"和"(打)滚儿",在有一部分北京人的口语里也常常混读不分。

(四)开尾韵里的舌尖元音[ɿ]和[ʅ]，以及单元音韵母[i]和[y]，由于发音特征与卷舌动作互不相容，不能共存共现。所以儿化时，前者由原韵母变为[ər]，后者则在原韵母后加上一个卷舌元音[ər]，原韵母由韵腹变为韵头，由此形成了[ər]、[iər]、[yər]一套儿化韵。例如：

  瓜子儿 guāzǐr [ɿ→ər]
  有事儿 yǒushìr [ʅ→ər]
  米粒儿 mǐlìr [i→iər]
  小曲儿 xiǎoqǔr [y→yər]

由词根语素和后缀"儿"并合为一个音节而产生的儿化音变，从词汇语法的角度看是一种构词音变，因为(1)儿化可以使有一些词产生新义成为另一个词，例如"方儿(药方)、眼儿(小洞)、天儿(气候)、信儿(口信)、大气儿(粗气)、白面儿(海洛因)"等。(2)儿化可以使不成词语素成为一个可以独立使用的词，如"味儿、馅儿、柜儿、栏儿、瓣儿、楔儿、秆儿"等。(3)儿化可以通过词性转换派生新词，如"火儿(发怒)、挑儿(担子)、个儿、样儿、黄儿、尖儿、活儿、滚儿、零碎儿、破烂儿"等。

从词汇和语用的角度看，儿化词也有表达词义的感情色彩和语言风格色彩的功能。后缀"儿"是从本义为"婴儿、孩童"的实语素"儿"虚化派生出来的，所以"儿化"也成为表达小称的一种手段，并由此还用来表达喜爱、亲切、轻松等感情色彩。这类"表小儿化"，前面不能加修饰语"大"，与"大"不能共现。例如："小鸟儿—大鸟、小车儿—大车、小刀儿—大刀、小树儿—大树、小亏儿—大亏、小买卖儿—大买卖"，等等。而没有指小表爱意义的儿化和上述列举的构词儿化，则不受"大、小"的限制，不限于名词，也不受表情色彩的限制。例如："大院儿—小院、大圈儿—小圈儿、大个儿—小个儿"；甚至根本不能加"大"或"小"，例如："纳闷儿、对劲儿、调门儿、老伴儿、拌嘴儿"；还有可以表达与小称爱称相反的憎恶、嫌弃的意味，如"小偷儿、傻劲儿、土老帽儿、下三滥儿、病包儿"等。

由于受一个音节一个汉字书写习惯的影响，后缀"-儿"什么时候写出来，什么时候不写，目前处于漫无标准的状态。口语里有些一定要儿化的词，"-儿"也可以不写出来，如"冰棍(儿)、小辫(儿)、馅(儿)饼、份(儿)饭、片(儿)汤、玩(儿)完、馅(儿)味(儿)、沫(儿)"，等等。而常写出来的，口语里却不一定是必须儿化的，如"花儿、歌儿、(挑)担儿、(打)滚儿、(干)活儿、小刀儿、小吃儿、小命儿"，等等。书面语上的这种混乱状况，对方言区人学习普通话和对外汉语教学都有一些影响，是词汇规范化中亟待解决的重大问题。

儿化音变并非北京话特有的语音现象,许多汉语方言都有这样"小称音变"的语言现象。但是"儿"的读音并不相同,儿化的方式各有特点,儿化后韵母归并的程度也各有不同。例如,河南洛阳话"儿"读[ɯ](后、高、不圆唇元音),韵母儿化以[ɯ]作为韵尾,如"花儿"[xuɐɯ],三十几个基本韵母儿化后,合并成八个[ɯ]尾儿化韵。吴方言很多方言"儿"读鼻音[n]或[ŋ],儿化时[n]成为前面音节的韵尾,如浙江义乌话,"兔儿"[tʻuːn]。山西平定话"儿"读卷舌边音[ɭ],儿化时韵母本身不卷舌,只是在韵母之前声母之后插入一个边音[ɭ],如"豆儿"[tɭu]、"今儿"[tsɭɤŋ]。在有的方言里,儿化音变甚至影响整个音节,如山东金乡话:"子儿"[tʂɚ],卷舌作用使原本是舌尖前音的声母[ts],变成了卷舌声母[tʂ](舌尖后音)。尽管各地儿化韵的语音形式各不相同,但各种儿化音变往往都有改变词性、区别词义、指小表爱(即小称爱称)的语言功能。

三　连读变调

普通话的调类只有四个,单字调的基本调值是[55]、[35]、[214]、[51]。在语流里,由于字字相连相互发生影响,基本调值会发生变化。通常把一个字单念时的调值叫本调,字字相连时本调发生了变化就叫变调。

变调的现象在普通话的四个调类里都是存在的,但是以上声的变调最为突出。因为阴平、阳平、去声的变调,调型并未发生很大变化,与本调相比,只是高低度的差别,变化并不明显。例如:

阴平相连:飞机　　[fei$_{44}^{55}$ tɕi^{55}]

阳平相连:学习　　[ɕyɛ$_{34}^{35}$ ɕi^{35}]

去声相连:汉字　　[xan$_{53}^{51}$ tsʅ^{51}]

上声的变化与此不同,不仅调型改变了,而且在实际语言里经常出现的就是变调形式,本调反而不常出现。

下面是普通话二字连读的基本调型(图十六):

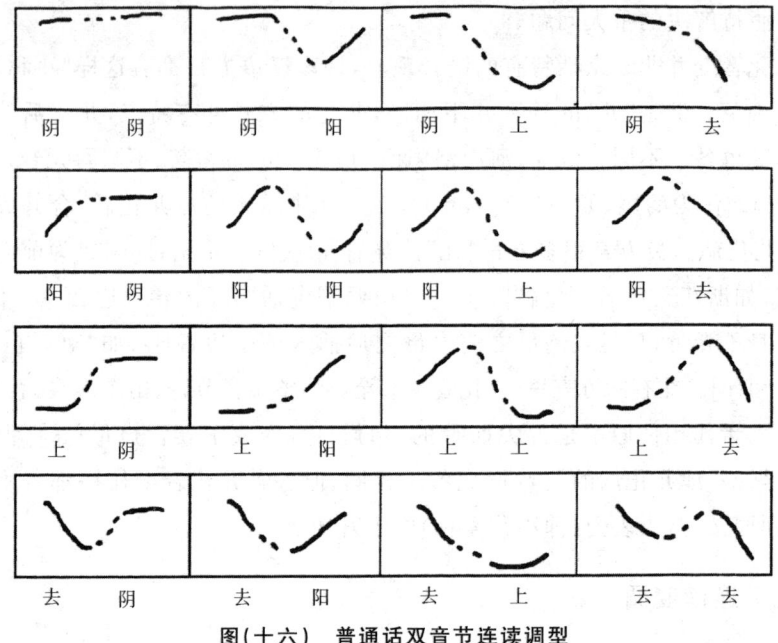

图(十六)　普通话双音节连读调型

(一) 上声的变调

上声除了在句尾、句中停顿或单念时念本调外,其他场合都不按本调[214]来念,它的变调有三种:

1. 上声 + 上声 → 阳平 + 上声

两个上声相连,第一个上声字由[214]变为[35],和阳平调值相同。例如:

单念		连读
雨 yǔ ≠	鱼 yú	雨水＝鱼水
土 tǔ ≠	涂 tú	土改＝涂改
有 yǒu ≠	油 yóu	有井＝油井
粉 fěn ≠	坟 fén	粉厂＝坟场

两个上声相连,前一个上声字受后一个上声字的声调的影响变成了升调,可以看成阳平。下面再举一些上声相连变调的例子:

海水(海→孩)　　　野草(野→爷)

友好(友→油)　　　演讲(演→盐)

领导(领→零)　　　选举(选→玄)

2. 上声＋非上声→半上＋非上声

试比较下列三组词语里同一个上声字的声调变化：

a.	b.	c.
允许[214]	许久[35]	许多[211]
发起	起草	起初
真假	假使	假如
深浅	浅显	浅薄
大海	海水	海燕
拦阻	阻止	阻力

c 里的上声字"许、起、假"等，显然不同于 a，也不同于 b，它后面紧跟着非上声（阴平、阳平、去声）字，这些例词里的上声字只读原调值的前一半，先略降，然后读成低平调，成为[211]。为简便起见，通常就标为[21]，管它叫"半上"（半三声）。下面再举一些"半上"的例词：

阴平前： 北京　首都　统一　老师
阳平前： 祖国　主席　海洋　语言
去声前： 土地　解放　巩固　讨论

3. 上声＋轻声→半上＋轻声

上声字后面也可能是一个失去原有调值的轻声字（参看下一节的轻音），如"老·实"。这时，前面的上声字一般仍要根据它后面轻声字的本调来变。例如：

(1) 上声＋轻声(←非上声)→半上＋轻声

　　打·听　眼·睛　喜·欢　讲·究　（轻声字本调为阴平）
　　打·量　暖·和　老·实　起·来　（轻声字本调为阳平）
　　打·扮　买·卖　本·事　管·教　（轻声字本调为去声）

(2) 上声＋轻声(←上声)→阳平＋轻声

　　打·扫　小·姐　老·虎　想·想　（轻声字本调为上声）

(1)类的上声都变为半上，因为后面的轻声字，本调都是非上声字；(2)类的上声字全读为阳平，因为后面的轻声字的本调是上声。但是，(2)类中的轻声字，如果是后缀"子"或是名词亲属称谓中上声字的重叠，那么，它们前一个字不读阳平，而读半上。例如：

a. 上声＋"子"(轻声)→半上＋"子"(轻声)

椅·子　　斧·子　　本·子　　铲·子
剪·子　　小·子　　傻·子　　板·子

b. 亲属称谓中上声字的重叠→半上＋轻声

奶·奶　姥·姥　婶·婶　嫂·嫂　姐·姐

"子"(轻声)前的上声字变为半上,有很强的规律性,只有一个"法子",比较特殊,可以读作阳平。此外,还有极为有限的几个口语轻声词,前一个上声字也是按半上读的,如"耳·朵"、"马·虎"、"宝·宝"、"痒·痒"[①]等。

上声字的本调[214],在比较随意的话语中其实是很少出现的,即使在停顿前,升的部分也常常是不到位的。所以有些词,例如"允许—许多","发起—起初",其中的"许"和"起",在日常随意读时听起来调值往往并无明显的区别。

上声变调也可以出现在两个字以上的组合中,例如:

(1) 展览馆　虎骨酒　小组长　洗脸水
(2) 土产品　纸雨伞　党小组　我也有

三个上声字连在一起按词的内部结构和语义关系一般有两种变调形式:(1)双单格——按"(阳平＋阳平)＋上声"读,如(1)组各例;(2)单双格——按"半上＋(阳平＋上声)"读,如(2)组。采用哪一种读法,跟说话的速度、着重点以及字和字之间结合松紧都有关系。有时还会产生其他的变调情况,例如"展览馆",说得较为快速时,第二个上声字也可以读为阴平。而像"纸雨伞、买手表"这一类单双格三字组,说快了,第一个上声字也有念成阳平的。像"甲乙丙"之类构词上属于并列式的三字组,变调的规律也并不是完全固定的。三字组的变调,可以看作一种自由变调,不必强求一律。

如果连着念的上声字有四个或四个以上,如"我也买五百把小雨伞"。这时因为语音停顿、语义重点、语法结构、语调变化等各种因素交织在一起就会形成比较复杂的变调局面,很难概括。大体上说往往是按语音停顿确定音节段,再按两字格或三字格的变调规律读。例如:

我也买/五百把/小雨伞。

(二) "一"和"不"的变调

除了上声变调以外,"一"和"不"的特殊变调也很重要。

---

① "痒痒"不是单音动词的重叠式,因为不能说"痒一痒"。

1. "一"的变调

"一"在单念或在词句的末尾,读阴平本调。例如:

    一、二、三   统一   划一   天下第一

"一"有两种变调

(1)在阴平、阳平、上声之前读去声。例如:

    一天 yītiān→yìtiān   一根 yīgēn→yìgēn

    一年 yīnián→yìnián   一条 yītiáo→yìtiáo

    一本 yīběn→yìběn   一碗 yīwǎn→yìwǎn

(2)在去声之前读阳平。例如:

    一夜 yīyè→yíyè   一万 yīwàn→yíwàn

    一队 yīduì→yíduì   一件 yījiàn→yíjiàn

    一样 yīyàng→yíyàng 一向 yīxiàng→yíxiàng

也就是"一"单念或在停顿之前读阴平,在去声前读阳平,在非去声前读去声。

2. "不"的变调

"不"单念或在词、句的末尾,以及阴平、阳平、上声之前都读去声,只有在去声前才变为阳平。例如:

    不坏 búhuài   不去 búqù   不要 búyào

    不干 búgàn   不会 búhuì   不对 búduì

    不是 búshì   不怕 búpà   不论 búlùn

"一"和"不"原来都是古入声字,西南地区的人学说普通话时常常把它们一律读成阳平,没有考虑到变调,应该注意改正。

除了以上两种变调外,还有一种变调是比较自由的,虽然有比较强的规律性,但变调或不变调是两可的,这种变调可以看作是北京方言现象。

1. 单音节形容词或副词重叠时,第二个音节可以读成阴平,也可以不变

如"短短的"可以变调读成 duǎnduānde,也可以不变;"渐渐地"可以变调读成 jiànjiānde,也可以不变。有些词第二个音节往往还会儿化,如"好好儿(说)"hǎohāor,"慢慢儿(走)"mànmānr。

2. "七"和"八"本调是阴平,在去声之前可以读成阳平

如"七月、八万"可以读成 qíyuè、báwàn,但也可以不变。"七"和"八"属于自由音变,而"一"和"不"则是强制性的不自由音变。

四 其他音变现象

音节和音节连读时,不仅声调会发生变化,元音和辅音也会产生各种不同的语音变化,比较显著的有以下两类:

(一) 语气词"啊"的音变

普通话里以元音起头的零声母音节实际上前头都伴随着一个微弱的辅音成分(参看第四节声母之一,声母的分类)。因此一般不会和前面音节的韵尾发生连音的现象。但是,普通话里也并不是完全没有连音现象,最显著就是语气词"啊","啊"的读音由于受到它前面音节尾音的影响,在话语中产生了各种不同的语音变化。

前字尾音	"啊"的音变	汉字写法	例子
-i[ɿ]	[a]或[za]	啊	字啊
-i[ʅ],-r	[a]或[ʐa]	啊	吃啊
-a,-i,-ü	[ia]	呀	去呀
-u	[ua]	哇	走哇
-n	[na]	哪	看哪
-ng	[ŋa]	啊	听啊
-o,-e	[a]或[ia]	啊(或呀)	说啊(呀)

这些读音变化涉及"同化""增音"等音变现象,有时用不同的汉字来表示(如"呀、哇、哪"),如果不能很好地掌握"啊"的连音变读的规律,在书面上也就无法正确地运用"哇、呀、哪"这些语气词。

(二) 语流中的-m 韵尾

在单音节里,普通话没有收-m 的韵尾。但是,两个音节相连快读时会出现-m韵尾。例如:

    电报 diànbào [tiampɑu]
    难免 nánmiǎn [nammian]
    关门 guānmén [kuammən]
    乱跑 luànpǎo [luamp'ɑu]

前一音节的-n 韵尾紧接下字的唇音声母,由于同化作用改变了发音部位,变成了-m 韵尾。

除了上面的两类语音变化以外,元辅音的其他音变现象在轻声中表现得最为突出、集中。我们将在下一节里讨论。

练 习 八

一、什么叫"儿化"和"儿化韵"？

二、儿化韵中四呼俱全的有哪几类？[uar]、[ər]、[iər]、[iūr]这四个儿化韵分别是由哪几个基本韵母变来的？

三、为什么普通话韵母儿化后总数减少了？试举例加以说明。

四、为什么说儿化不是一种单纯的语流音变？

五、方言区人学习儿化韵儿化词的主要困难在哪里？

六、用国际音标给下列词语标音，并把属于同一个儿化韵的归为一类。

  老伴儿　　　　宝贝儿

  脚印儿　　　　肉丝儿

  鸡汁儿　　　　树根儿

  铃盖儿　　　　书皮儿

七、用国际音标给下列词语标音,调值要标出本调和变调（例如,"粉笔"[fən$_{35}^{214}$ pi^{214}]）,然后指出普通话上声的变调规则。

  写作　　　　写·写　　　　小说

  几何　　　　子弹　　　　抵抗

  喜·欢　　　　首都　　　　火柴

  水手　　　　改良　　　　雨伞

  早操　　　　展览　　　　姐·姐

八、给下列词语注音,注意"一"和"不"的声调要按变调标：

  一左一右　　　　一尘不染

  一窍不通　　　　不骄不躁

  不屈不挠　　　　不亢不卑

九、根据实际读音用国际音标给下列儿化词标音：

  刀背儿　　　　毛驴儿

  小钉儿　　　　小线儿

  棋子儿　　　　门缝儿

  蛋黄儿　　　　香味儿

宝贝儿　　　　冰块儿

十、语气词"啊"[a]如果碰到前字的尾音是[i]、[u]、[n]、[ŋ]、[ɿ]的时候,读音会发生什么变化?在书面上文字的写法有什么相应的变化?

第九节　轻重音和语调

音节和音节相连组成词或句的时候,读音的轻重强弱是不相等的。轻重音在语言里也是一种构词别义的手段,如英语'object(物体;目的)——ob'ject(反对;异议)重读的位置不同,就是两个词。汉语则利用轻读构成不同的词,如"东西"dōngxī(方向)——"东·西"dōngxi(物品)。汉语里的轻声,最早国语发音学称之为"轻音",并认为它就是一种最弱的重音,即弱重音。因为在汉语传统音韵学里历来只有声调、字调的概念,没有重音的概念。所以,后来就改称为轻声,并把它作为一种变调现象看待。轻声的学习和研究对汉语来说有重要的意义。

一　轻音

一个词或一句话里的音节(字音)念得短而弱,失去了原有的声调,叫作轻音(或轻声)。例如,"玻·璃、房·子、舌·头、聪·明、喜·欢、看·了、说·说、我·的",第二音节都要读轻声,用汉字前打黑点的办法来表示。

轻音听起来短而弱是因为发音用力比较小,时长特别短。语音实验证实,轻声字的时长变化最大,与非轻声字相比,时长缩短将近一半。由于时长较短,因而音高的变化幅度大大压缩,原有的声调也就无法保持。轻音本身并没有固定的音高,它的调值决定于前一个音节的声调:在阴平、阳平和去声之后都是一个短促降调,在上声之后则是一个较高的短促的平调。由于调值变化幅度较小,通常只记一个高低度作为轻声字的调值。普通话轻声的音高如下:

阴平之后,半低 ·|₂,如"珠子"[tʂu˥tsɿ·|]

阳平之后,中 ·|₃,如"竹子"[tʂu˧tsɿ·|]

上声之后,半高 ·|₄,如"主子"[tʂu˨˩˦tsɿ·|]

去声之后,低 ·|₁,如"柱子"[tʂu˥˩tsɿ·|]

简略地说,轻音在上声之后调值最高,在阴平、阳平之后稍低,在去声之后最低。

一个音节读成轻音之后,由于发音时用力小,音长短,声母和韵母也会随之发生变化。轻音对韵母的影响主要表现在充当韵腹的元音变得比较含混,一般的倾向是弱化,甚至变得接近于央元音[ə],这种倾向在元音[a]上表现得最为明显。例如:

  妈·妈 māma [mamə] 办·法 bànfa [panfə]
  大·方 dàfang [tafəŋ] 麻·烦 máfan [mafən]
  哥·哥 gēge [kɤkə] 玻·璃 bōli [polɿ]
  椅·子 yǐzi [itsɿ] 棉·花 miánhua [miɛnxuə]

复元音在读轻声时一般的倾向是变成单元音,但只限于前响复韵母。例如:

  回·来 huílai [xueilɛ] 木·头 mùtou [mutʻo]
  热·闹 rènao [ʐɤnɛ] 宝·贝 bǎobei [pɑupe]

个别的轻音音节甚至可能失去元音只剩下辅音,这种音节的声母往往是摩擦音或塞擦音,充当韵母的元音同辅音在发音部位上有相近的地方。例如:

  豆·腐 dòufu [touf] 意·思 yìsi [is]
  东·西 dōngxi [tuŋɕ] 天·气 tiānqi [tʻiantɕʻ]

轻音还可以使不送气的清塞音声母和不送气的清塞擦音声母浊音化,如:

  好·吧 [pa→ba] 你·的 [tə→də]
  五·个 [kə→gə] 站·着 [tʂə→dʐə]
  日·子 [tsɿ→dzɿ] 姐·姐 [tɕiɛ→dʑiɛ]

声母由清变浊的这一类辅音,它们的发音特征原本就是接近于浊塞音的弱辅音[b̥]、[d̥]、[g̊]等,由于轻读又夹在浊音中间,自然就同化为浊声母了。

轻音同语法和词义有密切关系。有些轻音可以从语法上加以确定,有很强的规律性。下列各类语法成分在普通话里都应该读成轻音:

(一)语气词"吧、吗、呢、啊"等

 例如:

  走·吧 是·吗 说·啊 好·了

(二)助词"的、地、得、了、着、过、们"

 例如:

  我·的 轻轻·地 唱·得好 同学·们
  写·了 想·着 去·过

（三）动词重叠式的第二个音节

例如：

看·看　写·写　说·说　走·走　等·等　逛·逛

商·量商·量　拾·掇拾·掇　考·虑考·虑　讨·论讨·论

（四）单音节动词后表示趋向的词

例如：

回·来　出·去　走·出·来　跑·进·去

（五）名词后面表示方位的"上、下、里"

例如：

天·上　乡·下　屋·里

（六）名词后面的"子、儿、头"

例如：

桌·子　这·儿　甜·头

（七）代词"我、你、他"放在动词后面做宾语

例如：

找·你　请·他　叫·我

除了以上这些有较强规律性的语法成分要读成轻音以外，还有一小部分复音词，轻读与否，意义不同或词性不同。例如：

对头——对·头　　买卖——买·卖　　莲子——帘·子

利害——利·害　　东西——东·西　　老子——老·子

鸭头——丫·头　　狼头——锒·头　　大爷——大·爷

报仇——报·酬　　地道——地·道　　大方——大·方

普通话里，靠轻声区别词义的词数量并不很多，绝大多数复音词只是按习惯把第二个音节读成轻音，很难找到规律。大致说来，这些词大都是口头上应用很久，资格比较老的词。新词语、科学术语或文言词语的第二个音节一般就不读轻音。试比较：

衣·服　yīfu　　　　制服　zhìfú

干·净　gānjing　　洁净　jiéjìng

道·理　dàoli　　　定理　dìnglǐ

窗·户　chuānghu　门户　ménhù

口·音　kǒuyin　　元音　yuányīn

轻声因为失去了原调,固然可以作为一种变调现象看待。但在学理上则不能认为是四声之外的另一个独立的调类,它们之间是本调和变调的关系。同时,轻声字也没有自己单独的固定调值,它的调值是随前字的调值而变的。但是因为语言教学和词典编纂的需要,作为一种权宜的办法,也可以另立一类,单独处理。

二 词重音

重音可分为词重音和句重音两大类。这里先谈词重音。

普通话里的词重音一般可以分为三类:重音、次重音、弱重音。次重音也被称之为"中重",弱重音就是轻音(轻声)。汉语是一种有声调的语言,普通话里的轻重音,都是一种"音高重音",它们的轻重强弱都是通过音高和时长的变化来传达不同的听觉效应。"在弱重音(轻声)中,声调幅度差不多压缩到零,其持续时间也相对地缩短"(赵元任语)。而重音、次重音这一类正常重音,性质正好和轻音相反,它有较长的时长和较为完整的音高模式(调型),音强的加强则是次要的。例如,"看·看"的后一个音节是轻音,前一个音节相对而言就管它叫重音。轻音一般都出现在后附的音节上,但也有少数轻声词是单音节的,如"我·的书·呢?"。助词"的"、语气词"呢"都是独立但不能独用的单音节词,永远轻读,在词典里都以无调音节出现。重音则一定出现在多音节词里,单音节词在词层面上无所谓重音。

普通话多音节词以双音节为主,双音节词的轻重音模式(格式)主要有两种:

重 轻	中 重
蚊·子	文 字
玻·璃	绿 茶
芝·麻	剑 麻
老·实	高 尚
试·试	参 观
东·西	东 西
地·道	地 道
报·酬	报 仇

左行例词前重后轻,对比鲜明,很容易辨别出来。这种重轻型的双音节词是大

家一致公认的轻声词。右行例词与左行例词相比,显然后一个音节较重,而前一个音节既然不是轻音,又不是跟后一个音节等重的重音,那么就得承认有一个次重音,也就是通常所说的中重或中音。

普通话里不含轻声的双音节词以"后重"型的居多。但也有"前重"型的,如"散布、攻击、报道、技术、程度、固执、计较"等,但这一类"重中"型的双音节词,远不如"中重"型的多,且读法也不甚稳定。在语流中除了必读轻声词(如"芝·麻"等)之外,其他词的轻重模式,随韵律特征的影响都有可能发生变动。

普通话里三音节词比双音节词要少。三音节词的轻重音模式主要有两种。一种是"中重轻",一种是"中轻重":

中 重 轻	中 轻 重
麻豆·腐	豆·腐皮
糖葫·芦	芝·麻酱
毛玻·璃	玻·璃丝
老狐·狸	喇·嘛教
姑奶·奶	买·卖人
大舌·头	格·子布

比较起来,"中轻重"型的三音节词数量较多。下列不含轻声的三音节词也都属于这一类:

图书馆	红小豆
打字机	校医院
参考书	炸酱面
展览会	农产品
邮递员	花生米
自行车	女高音
飞机场	单季稻
潜水艇	男子汉

前两类读"中轻重"格式的三音节词都是轻声词,而最后一类都是非轻声词。"果·子酱"和"男子汉"就词读音的轻重模式说,都属于"中轻重"这一类,但其中的"轻",含义并不相同。一个是不能恢复原调的"轻声",一个只是比重读音节读得要轻的"轻读"。从这一点上说,也可以让它们各自独立成类。

如果把三音节词扩大为三音节短语,那么还可以出现像"重轻轻"等其他的轻重音模式,例如"说·下·去""笑·起·来""走·出·来"等。

三 语调

在一个句子里,有的音节要读得重一些,有的音节后面要有一个小的停顿,有的句子音高逐渐上升,有的句子音高逐渐下降。这些现象都同全句的意思或说话人的感情有直接的关系。比如,同是"他来了"这句话,音高逐渐上升就是问话,音高逐渐下降就是一般的叙述。这种帮助表达说话人的意思和感情的全句的抑扬顿挫就是语调。

语调的变化主要靠音高、音强以及音长的变化来表示。音质的变化有时也可起一些辅助的作用。例如,"这个人"里的"这"[tʂei],读成[tʂ'ei],用送气音表示轻蔑或不满。"胖子"[p'ɑŋtsɿ]读成[p'ɑŋtsa],也会带上一种比较亲昵的感情色彩。

构成语调的因素很复杂,因为它包括整句话声音的高低、快慢、长短、轻重的变化。下面仅从停顿、重音和升降三个主要方面做一些简单的介绍。

(一) 停顿

停顿就是句子内部、句子之间语音上的间歇。一段语流在什么地方有停顿是由表达上的需要决定的。在一句话里,关系非常密切的词群必须一口气说出来中间一般就没有停顿,只有关系不太密切的词之间,才可以停顿。下面这句话中间可以有两个停顿的地方:

中华民族/是一个/勤劳勇敢的民族∥。

句中的停顿把一句话分成几个段落,每个段落叫作一个"节拍群"。一句话里的节拍群并不是固定不变的,快读时,节拍群就少一些;慢读时,节拍群就多一些。上面的例子在快读时,中间可以只有一个停顿,分成两个节拍群:

中华民族/是一个勤劳勇敢的民族∥。

慢读时可以有四个停顿,分成五个节拍群:

中华民族/是一个/勤劳/勇敢的/民族∥。

只在慢读时出现的停顿,间歇时间一般都很短,构成一个个小节拍群。

说话的时候,总是要求各节拍群所用的时间不要相差太多,音节多的节拍群说得快一些,音节少的节拍群说得慢一些,这样一句话的各个节拍群有快有慢,听起来就不那么单调了。

停顿划分了语流段落,段落长短的不同不仅和语言的节奏有关,而且有时会引起意义甚至语法结构的变化。例如,"我不去叫他去"。如果第一个"去"之后没有停顿,"他"和第二个"去"都轻读,全句是一个单句;如果第一个"去"之后有一个较大的停顿,"他"和第二个"去"都不轻读,全句是由两个分句组成的一个复句。

(二) 语句重音

重音可分为词重音和句重音两大类。词重音(包括作为轻声的弱重音),属于词的语音结构的组成部分,"月·亮""东·西"里的弱重音(轻声)就是该词的语音结构的固定成分,不能任意变动。句重音则是说话时句子里某些词语或句子读得重而形成的重音。语句重音出现在句子里,它不涉及词的意义,只和全句的意义有关。

前面说过,一段较长的语流可以分成几个节拍群。一个节拍群是由几个意义密切相关的词连在一起组成的,其中有的词语相对地要比其他词语读得略重一些,成为这个节拍群的中心。例如:

我们的祖国/是一个/伟大的国家。

例句中加黑点的词就是各个节拍群中读得比较重的音节,这样的重音叫语句重音,也叫"意群重音"或"节拍重音"。

语句重音是构成语调的要素之一,汉语语句重音的声学表现主要是音高的提升和调域的加宽。它在句中出现的位置与句法结构,语义焦点都有关系,通常又分为语法重音和逻辑重音两类。语法重音是说话时自然就有的,所以又被称之为自然重音或正常重音。语法重音往往与句法结构有关,常念语法重音的一般是短句的谓语,名词、动词、形容词的修饰语,动词后的宾语和由形容词或其他动词充当的补语,表示询问、指代或任指的代词,等等。例如:

今天星期天,校园里很安静。
黑头发,大眼睛,长得可爱极了。
你慢慢儿地,好好儿地跟孩子说。
她爱听古典音乐。
你最喜欢哪种运动?
谁也回答不了。

语法重音是说话时自然就有的,出现在什么地方一般是有规律的。

语法重音的变化,会使句子意义发生变化,试比较:

(1)这件衣服洗得干净吗? (问可能)

这件衣服洗得干净吗？　（问状态）
(2) 我想起来了，是这么一回事。
　　我想起来了，已经八点了。
(3) 风太大了，大树都刮倒了。
　　风太大了，大树都刮倒了。

逻辑重音是说话人根据表达需要而特别加重了句中某些词语、短句的读音而形成的重音。这类重音，有人称之为"强调重音"或"对比重音"。逻辑重音出现在什么地方没有固定的规则，随说话人的表达需要而变化，它可以和一般的语法重音重合，但也可以落在通常是不重读的音节上。例如：

想不到是他来了。
花堆成山，人汇成海。
敬爱的周总理和傣家人一起过泼水节来了。
他学的是钢琴，不是提琴。

逻辑重音比语法重音更强，一般只起强调、突出作用，并不改变句子的基本意义。

（三）升降

全句声音的高低升降是语调的主干，它最能表达出说话人的态度和感情。句调基本上分为降调和升调两种：

1. 降调

句尾降低的调子，一般用于话已经说完的句子。常用来表示陈述、感叹、请求等语气。例如：

我们一定要实现四个现代化↘。
天安门多么雄伟壮丽↘！

2. 升调

句尾升起的调子，一般用于意思还没有完全说完的句子，让听的人注意下面还有话。此外，还用来表示疑问、惊异、号召等语气。例如：

任务完成了↗？
我们的目的一定要达到↗！
不管是工人、农民，还是战士↗，都迫切要求掌握文化↘。
大家都迫切要求掌握文化↗，不管是工人、农民，还是战士↘。

比较起来，问句的升调比分句的升调要更高一些。升调还可以用来表示反问语

气,以强调实际上是肯定的意思。例如:

这菜还不新鲜↗?

难道不是你↗?

句尾调子的高低和升降可以用来表示分句之间、句子之间不同的关系。例如:

(1)你上哪儿↗? 他上哪儿↗?(并列关系)

你上哪儿↘,他上哪儿↘。(承接关系)

(2)你去↘,他也去↘。(并列关系)

你去↗,他也去↘。(假设关系)

总之,语调对表达说话人的各种思想感情,例如,坚决、果断、欢乐、犹豫、紧张、惊惧、急迫、讽刺等,有重要的作用。说话时,利用停顿、重音和音高的升降变化,可以把这些情感细致地表达出来。例如,"这篇文章很好"这样一句话,在一般的叙述中语调大致是这样:

这篇/文章/很好↘。

如果说话的人带有特殊的感情色彩,语调就发生种种不同的变化。下面举几个例子来说明:

这篇文章——很好↘。 (沉吟)

这篇文章很——好↘。 (感叹)

这篇文章很好↘。 (那篇文章不好)

这篇文章很好↘。 (非常之好)

这篇文章很好↗? (一般问句)

这篇文章很好↘! (好得出乎意料)

这篇文章很好↗? (升得快而高,表示不太相信)

这篇文章很好↘。 (降得快而低,表示极端肯定)

表达感情的语调内容非常复杂,以上只是举些例子说明大致情况。

从语法的角度说,语调可以分为带有语气助词、疑问代词、语气副词等的"有标记语调"和不带这类词的"无标记语调"。无标记语调只凭全句音高的高低升降的语势走向,区分和表达陈述疑问、命令、感叹等各种口气。据此,同为表达强烈感情的感叹句,也可分为有标记类感叹句和无标记类感叹句,如此等等。

练 习 九

一、什么叫轻音？轻读的字在声调方面有什么变化？

二、举例说明轻音对声母韵母的读音有什么影响？

三、轻音同语法和词义有什么关系？

四、什么是语调？语调和字调有什么区别？

五、举例说明停顿在言语表达中的作用。

六、语法重音和逻辑重音有什么区别？试举例说明。

七、下列词语轻读与否，意义上有什么不同？（可翻阅《现代汉语词典》）

xiāzǐ——xiāzi

zhuāntóu——zhuāntou

shízài——shízai

lěngzhàn——lěngzhan

lìhài——lìhai

méimù——méimu

八、用国际音标给下列词语标音（注意轻音、儿化和变调）：

葡萄　　　　　聪明

痛快　　　　　清楚

枣核　　　　　冰棍

肉馅　　　　　眼镜

保险　　　　　赶快

咱们　　　　　礼品

九、试以汉语的轻声（弱重音）和英语的重音为例，说明词重音是词的语音结构的组成部分。

十、简单说说句重音与词重音有什么不同？二者又有什么关系？

第十节　《汉语拼音方案》和普通话音位

一　字母和音位

《汉语拼音方案》是汉民族共同语国家通用语普通话的拉丁化拼音方案。

给普通话制定拼音方案的先决条件就是要弄清楚普通话的语音系统。从纯粹的物理和生理角度来说，普通话语音里的音素千差万别，数目繁多。我们显然不需要也不可能给每个不同的音素都制定一个字母。《汉语拼音方案》用以拼写普通话的字母，一共是25个单字母，4个双字母，1个加符字母。字母所代表的语音，有的听起来差别并不很大，《方案》却分别为之制定了不同的字母，如[ts]z和[tʂ]zh；有的听起来差别相当大，如[ɤ]和[ɛ]，《方案》却用一个字母e去表示。《方案》是根据什么原则来确定的呢？就是通常所说的音位分析原则。音位是语言里能起区别意义作用的语音单位，一个音位可以只包括一个音素，也可以包含几个音素。属于同一个音位的几个音素可以用一个字母去表示。[ts]和[tʂ]是不同的音位，就需要分别为它们制定不同的字母；[ɤ]和[ɛ]是不同的音素，但属于同一音位，所以可以用同一个字母去表示。不弄清一种语言的音位系统，就不可能为它设计和制定一套切实可行的拼音字母。确切地说，作为文字系统的拼音字母一般表示的都是语音系统中包括一类音的音位，而不是从音质角度划分出来的单个音素。

二　音位的归纳

音位和音素既然是不同的概念，在分析语音时就必须确定哪些音素是能起区别意义作用的，应该各自独立成音位；哪些音素是没有区别意义作用的，可以归并在一起，包含在一个音位里。

看一个音素是否有区别意义的作用，最简单的办法是把不同的音素放在相同的语音环境里加以对比，检验是否会产生不同的意义。例如，我们想知道普通话辅音[n]和[l]是不是两个音位，可以把它们分别放入[＿＿an³⁵]这样一个环境里去进行对比——[nan³⁵]：[lan³⁵]。这两个辅音的语音环境是相同的，但是把[n]替换成[l]以后，就产生了不同的意义："南"和"蓝"。这就说明[n]和[l]是对立的，有区别意义的作用。凡是彼此有对立关系的音素就应该分属于不同的音位。音位是语音中能起区别意义作用的语音单位，音素则是从物理、生理角度划分出来的语音单位，性质完全不同。

有一些音素永远不在相同的语音环境里出现。例如，从普通话韵母表里考察一下[ɛ]、[ɤ]、[e]这三个元音的出现环境，可以发现它们各自分布在不同的环境里，形成互相补充的局面。凡是彼此有互补关系的音素就可以把它们归成一类，作为一个音位的不同变体（即"音位变体"）看待，用同一个音位符号（或字母)去标写。一个音位符号所代表的各个不同的语音变体,可以根据不同的语音环境去识别。例如,根据有无韵头、韵尾或不同的韵头、韵尾,我们就可以知道 ge(歌)里的 e 代表元音[ɤ],ye(椰)里的 e 代表元音[ɛ],bei(悲)里的 e 代表元音[e]。可见,"音位"是一个虚体,概括在音位中的语音变体则是实体。音位依靠音位变体,才能体现自身的实际内容。所以音位和音位变体之间是类别和成员的关系,类别由成员组成。同一个音位内部的音位变体,彼此只能是互补关系,音位之间则一般都是对立关系。书面上在需要区别音位和音素的时候,就用双斜线/ /表示音位标音,方括号[ ]表示音素标音。

从上例可以看出,在普通话的/e/音位里,[e]、[ɛ]、[ɤ]的出现是有条件的:[e]只出现在[i]之前,[ɛ]出现在[i]之后,[ɤ]不出现在[i]的前后。这种受语音环境制约的音位变体,叫作"条件变体"(或"语境变体")。还有一些音位变体,不受环境的制约,可以自由替换而又不影响意义,叫作"自由变体"。例如,兰州话和其他一些方言话里声母[n]不受条件限制,可以任意读作[l],但并不改变词义,[n]和[l]就是一种自由变体。

凡是构成音位对立的音素必须把它们分开,但是,构成互补关系的音素并不一定都要归并在一起。音素之间的互补有时是错综复杂的,是否应该归并在同一个音位里,还要参考其他各方面的因素。例如,属于同一个音位的音位变体应该在语音上比较相近;归纳出来的全部音位应该有较强的系统性,等等。

语言的韵律特征也可以构成音位,如声调音位(调位)、重音音位等。从音质(元辅音)角度划分出来的音位,叫音质音位或音段音位。由音高、音长、音强等语音成分构成的音位叫"非音质音位",也就是"超音段音位"(或"超音质音位")。

音位的归纳和划分具有多种可能性。音位单位有时也可以大于或小于一个最小的音段(音素)。例如,语音学上的复合元音如[ai][ei]等也可以作为一个音位单位看待。国语注音符号里的复合韵母ㄠ[ɑu]、ㄡ[ou]、ㄞ[ai]、ㄟ[ei],就是这种大于一个最小音段的音位单位,可以称之为"韵位"。声母系统中的复辅音塞擦音如 zh[tʂ],也是这样的音位单位,可以称之为"声位"。这类在语音学上作为复辅音看待的塞擦音,比如[ts],在有些语言的音位分析中,也有把它们拆开,分析为由单音位/t/和/s/组成的复合音位。卷舌元音[ɚ]语音学上都作为一个单元音看待,但在音位分析中,如美国描写语言学就把它分析为由一个央元音/ə/和一个小于最小音段的卷舌成分/r/,一起组成的复合音位,也就是单元音[ɚ]被解析为[ə]和[r]两个语音成分。把一个结合在一起的塞擦音、复合元音划分为一个音位，在音位分析中叫"不充分分析法"；把一个最小的发音单位，如一个单辅音或一个单元音分解两个甚至更多的音位组合，这叫"过度分析法"。音位甚至可以是没有任何语音内容的"零音位"。在归纳和划分音位时，采用哪一种方法，这要根据这种语言的语音特点和整个音位系统的格局，以及音位分析的目的和需要来确定。比如，为普通话设计一个拉丁化拼音方案，元音音位分析为五个或六个就比较适宜。如果多到八九个就会在字母和语音的配置上遇到很大的麻烦，因为拉丁字母中一共只有五个元音字母。由于音位分析的方法不同，目的不同，所以任何一种语言的音位归纳，其结果都可以是多答案性的。在后面我们将结合普通话元音音位的分析和讨论，具体展现音位分析的多答案性。

三 《汉语拼音方案》与普通话的元音音位

《汉语拼音方案》的设计是以普通话的音位分析和归纳为根据的。但是，拟定《方案》的目的是为了给汉字注音和拼写普通话，要考虑容易认、容易学，还要照顾拉丁字母与语音配合的国际通用习惯，此外，还必须考虑字音拼写形式书写方便省力，阅读上清楚醒目，彼此不易相混，连写时音节起讫分明，等等。这些都不是语音学中的问题，但对作为一种书写系统的拉丁化拼音方案却是首要的问题。因此，《方案》的设计和制订不可能完全符合音位归纳各方面的要求。下面根据《汉语拼音方案》对普通话音位的处理做一些简括的叙述，《方案》设计和音位归纳不完全一致的地方也做一些必要的说明。

《汉语拼音方案》把普通话的元音归纳为六个音位，用六个字母表示：

/a/ɑ　　　/o/o　　　/e/e
/i/i　　　/u/u　　　/y/ü

这六个元音音位大都不止一个音位变体。根据第五节韵母部分的严式标音，《方案》中每个音位所包含的音位变体分别简要说明如下（双斜线内为音位标音，方括号为音素标音）：

（一）/a/ɑ

包括五个音位变体。

[A] 出现在零韵尾之前，如"家"[tɕiA]，/tɕia/；

[ɑ] 出现在/-u/和/-ŋ/之前，如"刀"[tɑʊ]，/tau/；

[ɛ] 出现在/i-/和/-n/之间，如"边"[piɛn]，/pian/；

[æ] 出现在 /y-/ 和 /-n/ 之间，如"劝"[tɕ'yæn]，/tɕ'yan/；

[a] 出现在其他语音环境，如"快"[k'uai]，/k'uai/。

/a/ 音位在不同的语音环境中，实际读音分别为 [A]、[ɑ]、[ɛ]、[æ]、[a]，音位标音都用同一个语音符号标写，《方案》则都用同一个拉丁字母 a 来代表。

（二）/o/ o

主要的音位变体只有一个 [o]，出现在唇音声母之后，韵头 /u-/ 之后，以及韵尾 /-u/ 之前。例如，"波"[po]，/po/；"国"[kuo]，/kuo/；"钩"[kou]，/kou/。韵母 ou，从字音（如"欧"）的实际读音说韵腹更接近于一个舌位偏后，唇形略圆的央元音 [ə]（参看第五节附录《普通话韵母宽式标音和严式标音对照表》），但从拼写形式上考虑，ou 在字形的区别度上显然高于 eu[əu]，后者与 en 的拼写形式，在视觉上很容易相混。所以韵母 [əu] 的字母拼写形式以设计为 ou 为宜。

（三）/e/ e

包括四个音位变体。

[ɤ] 出现在单独作韵母时，如"革"[kɤ]，/ke/；

[e] 出现在 /-i/ 之前，如"北"[peɪ]，/pei/；

[ɛ] 出现在 /i-/ 和 /y-/ 之后、零韵尾之前，如"街"[tɕiɛ]，/tɕie/；"学"[ɕyɛ]，/ɕye/；

[ə] 出现条件：①在 /-n/ 和 /-ŋ/ 之前，如"根"[kən]，/ken/gen，"灯"[təŋ]，/teŋ/deng；②在轻音音节里，如"的"[tə]，/te/de；③在表示卷舌作用的 [-r] 之前，如"耳"[ər]，/er/；"今儿"[tɕiər]，/tɕier/。

以上 [ɤ]、[e]、[ɛ]、[ə] 是互补的四个音位变体，属于同一个音位，《方案》用字母 e 表示。卷舌元音 [ər]，《方案》写作 er，从音位上说就是把它分解为央元音 [ə] 和卷舌成分 [-r]。[ə] 是 /e/ 的音位变体；[-r] 是辅音音位 /r/ 的音位变体（参看本节之五，普通话的辅音音位）。

（四）/i/ i

包括四个音位变体。

[ɿ] 出现在声母舌尖前音之后做单韵母，如"丝"[sɿ]，/si/；

[ʅ] 出现在声母舌尖后音之后做单韵母，如"诗"[ʂʅ]，/ṣi/；

[ɪ] 韵尾，如"开"[k'aɪ]，/k'ai/；

[i] 出现在其他语音环境，如"金"[tɕin]，/tɕin/。

/i/ 音位的各个音位变体，《方案》都用字母 i 来代表，如"丝"si，"诗"shi，"鸡"ji。

在零声母音节中,充当韵头元音[i],《方案》出于分隔音节的要求,另用隔音字母 y 表示,如"夜"/ie/ye。

(五) /u/ u

包括三个音位变体。

[u] 做韵母,如"布"[pu],/pu/;

[ʊ] 做韵尾,如"好"[xɑʊ],/xau/;

[ʋ] 唇齿半元音,出现条件:①韵头 u 的自由变体,文[ʋən],/uen/wen;②唇齿擦音[f]之后,如"富"[fʋ],/fu/。

严格地说,/u/和舌根鼻音韵尾/ŋ/组成鼻韵尾韵母/uŋ/、/iuŋ/时,韵腹念得较松,较开,实际读音跟做韵尾的[u]一样,都是一个比[u]舌位要低的[ʊ],甚至于接近[o]。方案把/uŋ/、/iuŋ/、/au/、/iau/写成 ong、iong、ao、iao,主要是为了容易分辨字形(例如,au 和 an 字形容易相混),并不是出于音位归纳的考虑。

(六) /y/ ü

主要音位变体只有一个。

[y] 做韵母,如"去"[tɕ'y],/tɕ'y/。

以上是《汉语拼音方案》为设计拉丁化拼音而对普通话语音所做的音位分析,用六个元音字母 ɑ、o、e、i、u、ü 代表六个元音音位。每个音位都包含若干从实际语言中归纳出来的音位变体。其中有的读音差异比较明显,有的就比较细微,没有经过专业的语音学习,甚至是察觉不到的。为避免烦琐,也有一些语音变体没有一一罗列在每个音位中。例如,当 ɑ、o、e、i、u、ü 处于音节起始位置时,由于发音器官生理活动的影响,这些元音有时都会带有一些辅音性的伴随音,如"昂贵"[ʔɑŋkueɪ]、"天鹅"[t'iɛnˀɤ]、"偶尔"[ʔəuˀɚ]、"噢唷"[ʔoio],等等。这一类零声母字,很少有人用纯元音起头,往往用喉塞音[ʔ]或者舌根鼻音[ŋ]、舌根浊擦音[ɣ]起头,但都是比较轻微的附带在元音上的伴随音。由高元音 i、u、ü 起头的零声母字也往往会带有同部位摩擦成分,阳平字较为明显。这类摩擦成分通常用同部位半元音(通音)[j]、[w]、[ɥ]来表示。如果全韵是由高元音充当单韵母的字,那么严式标音就前加表示摩擦的半元音,如"移"[ji]、"吴"[wu]、鱼[ɥy];如果这三个高元音处于韵头的位置就单独使用带摩擦的同部位的半元音,如"延安"[jɛnˀan]、"语言"[ɥyjɛn]、"昂扬"[ʔɑnjɑŋ]、"厌恶"[jɛnˀu]。这些附带的辅音性成分的语音,都是元音在音节起始位置上形成的音位变体,而且是一种也可以不出现的自由变体。这些元音的伴随音并不是音节结构中零声母的语音变体(参看第四节声母之一,声母的分类)。在第五节的附录《普通话韵母宽式标音和严式标音对照表》中,我们没有记录这一类细致的语音变体,所以这里也不一一分别列入相应的元音音位变体中。

从以上的叙述可以看到,《汉语拼音方案》的拟定总体上是符合音位分析原则的。但是,为语言拟定一套拼音字母,跟单纯的音位分析毕竟不是一回事,它另有一些特殊的问题必须加以考虑。例如,为了避免字形容易发生混淆,在有些韵母中要把语音中的[u]、[ə]在拼写形式上采用字母 o;为了分隔音节,零声母音节中起头的 i、u、ü 要用字母 y、w 来改写;为了书写方便,使拼写形式简短,iou、uei、uen 这三个韵母在前面有声母时,要省写成 -iu、-ui、-un。这些规定也都有一定的语音根据,但和音位分析并无直接关系。

四 音位分析的多答案性
——普通话元音音位分析的讨论

普通话元音音位的分析和归纳,如果脱离《汉语拼音方案》的范围来讨论,那么就会呈现音位归纳方法的不同及其答案的多样性。就语音分析的程序来说,音位的归纳总是以语言的严式音素记音为基础的(参看第一节语音概述之三,宽式记音和严式记音)。根据韵母的严式记音,普通话韵母因音节内的协同发音而出现的语音变体,至少有二十来个之多(参看第五节韵母之附录,《普通话韵母宽式标音和严式标音对照表》)。现在择其常见的主要的集中标记在元音舌位图上(为图表简明清晰起见,音标的附加符号从略,不常见的变体,另在行文中补充):

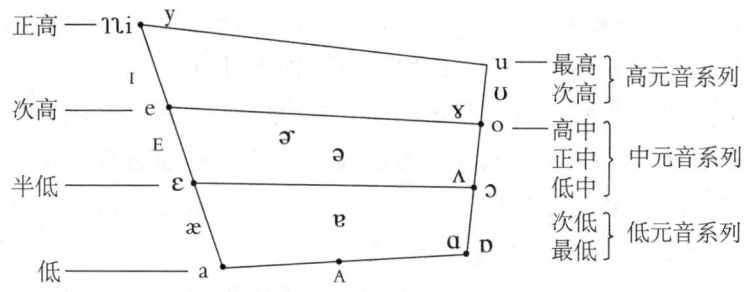

图(十七) 普通话韵母严式记音中的元音分布图

根据舌位的高低,图上的元音可以横向细分为三个系列:高元音系列,中元音系列,低元音系列。高元音之间的音位归并一般不涉及中元音和低元音。而中元音和低元音的音位归并也是分别在各自的音区里进行的。下面分组讨论。

(一) 高元音系列中共有[ɿʅiɪuʊy]等七个元音

其中/u/音位和/y/音位的归纳，以及做韵头的半元音[j]（参看上一小节）和做韵尾的[ɪ]归入/i/音位，历来均无意见分歧。只有两个舌尖元音和/i/音位的归纳有三种不同的方案：(1)两个舌尖元音与/i/音位，各自独立，分为三个元音音位，/ɿ/、/ʅ/、/i/；(2)两个舌尖元音作为音位变体，并入/i/音位，即[ɿʅi]等归纳为一个音位；(3)两个舌尖元音归并为一个音位，以音位音标/ï/表示，与/i/音位并列为两个音位。

由于这里所涉及的元音，各有自己出现的语音环境，在分布上是互补的，因此这三种音位归纳在音位理论上都是可以成立的。《汉语拼音方案》选择了第(2)种，因为这在拉丁字母的使用上符合字母使用的经济原则。但是从音韵理论的角度看，这影响了韵母的四呼分类系统。由此，有人赞同第(3)种归纳方案，理由有二。一是可以保持韵母四呼分类的音韵系统；二是从本音与变音的角度看，作为基本韵母的舌尖元音[ɿ]和[ʅ]，以及舌面元音[i]，它们的儿化音变规律是不同的。前者是原韵母转化为卷舌元音[ər]，后者则是在原韵母之后加上一个卷舌元音[ər]。从音位归纳要求系统性的角度看，第(3)种音位归并的优点，那是显而易见的。

(二) 中元音系列中共有[eɛ(ɐ)əoʌɤɚ]等七个元音

其中的[ʌ]就是出现在[-ŋ]韵尾前舌位偏后偏低的央元音[ə]。前六个是舌面元音，后一个是卷舌元音，分开讨论。

出现在高中、正中、低中这一音区里的六个舌面元音各自分布在不同的语境里，根据音位分析的互补原则，只需要一个中元音音位就可以全部包括进去了。但是常见的音位归纳方案大多为中元音拟定两个或三个元音音位：

1. [o]单独成为一个音位，[eɛəɤʌ]五个中元音归并为一个音位/e/

《汉语拼音方案》里字母 o 和 e 与语音的配置关系，就体现了这种音位分析。普通话拉丁化拼音方案的制订受二十六个拉丁字母数量的限制，从字母使用和拼写设计的角度说，这无疑是最佳选择。

2. [o]单独成为一个音位，[eɛ]归并为一个音位，[əɤʌ]归并为一个音位

过去国语注音符号分别为之设计了ㄛ、ㄝ、ㄜ三个字母。三个中元音音位的归纳方案，符合音位变体要求语音近似的原则，但从音位总数"以少为贵"的角度看，则不符合音位归纳中的"简明经济"原则。

3. [ə e ʌ]归并为一个音位，以/ə/作为音位符号

如"威"/uəi/、"温"/uən/、"翁"/uəŋ/("翁"、"登"这一类字的严式记音，韵腹可用后、半低、不圆唇元音[ʌ]标注。参看第五节韵母）。其他[ɛ ɤ o]三个中元音，作为音位变体一起归纳为一个音位，以/ɤ/为音位符号，如"鹅"/ɤ/、"椰"/iɤ/、"窝"/uɤ/、"约"/yɤ/。从音位归纳要求模式匀整、系统性强的角度说，这一归纳方案则独具优势。因为这使韵母系统中[ɤ iɛ uo yɛ]形成了/ɤ iɤ uɤ yɤ/四呼相配的格局，而且使音位变体的归纳与儿化音变的规律取得了内在联系。[ə e ʌ](/ə/)在韵母儿化时都是失落韵尾（如[ən]、[ei]、[ʌŋ]等），再与卷舌成分[-r]融合而成为儿化韵；[ɛ ɤ o](/ɤ/)在儿化韵母中，如"（台）阶ʟ、（唱）歌ʟ、（泡）沫ʟ、（鸟）窝ʟ"等，儿化音变规律都是由原韵母与卷舌成分[-r]直接结合在一起而形成儿化韵。

中元音系列中的卷舌元音[ɚ]，可以与其他元音构成最小对立体，如"而"[ɚ]——"鹅"[ɤ]——"鱼"[y]——"姨"[i]等，完全有资格成为一个独立的音位。但在音位分析中也允许采用过度分析法把它分解为两个组成成分，[ɚ]＝[ə]＋[-r]，也就是[ə]跟其他中元音一样看待，[-r]则作为辅音音位/r/的一个音位变体。《汉语拼音方案》拼写设计中字母 r 的使用，就是建立在这一音位分析基础上的，如"软"[ʐuan]字音拼写形式为 ruan，"饵"[ɚ]的拼写形式是 er。这一音位分析方法，倘若一直贯彻到整套儿化韵的音位分析中去，则可以减少一连串卷舌元音音位。例如："牌ʟ"/(p)ar/＝/a/＋/r/，"沫ʟ"/(m)or/＝/o/＋/r/，"（小）屋ʟ"＝/u/＋/r/。倘若采用让卷舌元音自成音位的办法，则要增加/ar/、/or/、/ur/等一连串卷舌元音音位。

（三）低元音系列中有[a ᴀ ɑ ɒ ɐ æ ɛ]等七八个元音

其中圆唇的后[ɒ]，是[u]韵尾前的语音变体，央[ɐ]是儿化韵中的语音变体。出现在齐齿呼"烟"韵中的[ɛ]在"高、半高、半低、低"的音区划分中属"前、半低、不圆唇元音"，同时"烟"的严式标音也有人标为[iæn]，所以也放在低元音系列中。

低元音的音位归纳比较简单，其中没有可以构成对立关系的元音，所以把各个元音归并在一个低元音/ɑ/中并无争议。在音位符号的选择中以国际音标的后[ɑ]为宜，因为就普通话语音系统的协同音变规律说，通常总是逆同化胜过顺同化的。低元音音位中前[a]、中[ᴀ]（央[ɐ]）、后[ɑ]、央[ɐ]的出现条件，就说明了这一点。

上面对普通话元音音位系统的全面论述,以及对各种音位归纳方案的讨论,都是为了说明音位分析的方法,音位归纳的答案(无论元音或辅音),根据不同的需要和各自的目的,可以形成独具一格各有长处的音位系统。但是,音位分析的最终目标不会改变,那就是把言语中的纷繁复杂、数目众多的音素,整理归纳为简明经济体现自己语音特点的音位系统。

五 普通话的辅音音位

《汉语拼音方案》为普通话的辅音系统配置了二十二个字母(其中有四个双字母),如果用[-u]这样一个典型的语音环境来进行替换和对比,就可以确定其中 b p m f,d t n l,g k h,zh ch sh r,z c s 等十八个字母,代表的都是必须独立的音位,因为它们都有区别意义的功能:

/p/b	bù(布)	/tʂ/zh	zhù(住)
/pʻ/p	pù(铺)	/tʂʻ/ch	chù(触)
/m/m	mù(目)	/ʂ/sh	shù(树)
/f/f	fù(富)	/r/r	rù(入)
/t/d	dù(度)	/ts/z	zū(租)
/tʻ/t	tù(吐)	/tsʻ/c	cū(粗)
/n/n	nù(怒)	/s/s	sū(苏)
/l/l	lù(路)		
/k/g	gù(顾)		
/kʻ/k	kù(裤)		
/x/h	hù(护)		

普通话的辅音也可以出现在音节末尾,因此也必须在韵尾的位置上鉴定辅音音位。这样就可以根据诸如"京"[tɕiŋ]——"津"[tɕin]、"陈"[tʂʻən]——"程"[tʂʻəŋ]这一类最小对立体(最小辨义词对),分析出一个/ŋ/音位,这是普通话中唯一不能充当声母的辅音音位。

在根据语音环境进行音素的替换对比中可以发现普通话里有三组辅音与[tɕ tɕʻ ɕ]这一套舌面音在分布上都是互补的。从音位分析的角度看,《方案》里 j、q、x 这三个字母在舌尖元音[ɿ]、[ʅ]与舌面元音[i]不归并的情况下,是可以与其他辅音合用同一套字母的,因为它们所代表的辅音与舌根音、舌尖后音、舌尖前音都是互补的:

声母＼四呼			开	齐	合	撮
[tɕ]	[tɕ']	[ɕ]		＋		＋
[k]	[k']	[x]	＋		＋	
[tʂ]	[tʂ']	[ʂ]	＋		＋	
[ts]	[ts']	[s]	＋		＋	

[tɕ tɕ' ɕ]这一组辅音只出现在齐齿呼和撮口呼韵母之前,而[k k' x]、[tʂ tʂ' ʂ]、[ts ts' s]这三组音只出现在开口呼和合口呼韵母之前。根据互补原则,[tɕ]组辅音可以和其他三组中的任何一组辅音合并为一组音位,分别共用同一套字母。举例来说,[tɕ]和[k]可以归并成一个音位/k/,都用字母 g 来表示:

音位变体　出现条件　例字　音素标音　音位归并　字母拼写形式

[k]　　　开、合之前　高　[kɑʊ]　　/kau/　　gao

[tɕ]　　齐、撮之前　交　[tɕiɑʊ]　　/kiau/　　giao

根据韵头就可以识别/k/的不同读音,这同拼音方案根据声母识别字母 i 的实际读音道理是一样的。同理,据此就可以把[tɕ']作为一个音位变体归入/k'/音位,把[ɕ]归入/x/音位,分别用字母 k 和 x 表示。但是,《方案》并没有把[tɕ]组辅音和另外三组辅音中的任何一组合并为一组音位。这是因为[tɕ]组辅音同时跟三组辅音形成多重互补的局面,很不容易确定究竟应该同哪一组并合,不如仍让这组辅音独立自成音位,单独用三个字母去表示。这样处理,可以提高《方案》对 26 个拉丁字母的利用率,对方言区的人学习普通话也是有好处的。另外,这也照顾了国内通行了几十年的国语注音符号的拼写传统。在国语注音符号中,舌面音[tɕ]、[tɕ']、[ɕ]都是作为独立的音位处理,并分别为之设计ㄐㄑㄒ三个字母。

根据上面的讨论,普通话里共有二十二个辅音音位(包括二十一个辅音声母,一个辅音韵尾),拼音方案分别用二十二个字母(包括双字母)来代表。辅音音位的变体,差别都比较细微,为避免烦琐,不准备一个一个地加以描述,下面只选择较为常见的变体做一些概括性的介绍。

(一) /f/和/ŋ/以外辅音的变体

除/f/和/ŋ/以外,所有的辅音音位在圆唇元音之前,由于同化作用的影响,都会因为唇化作用产生一个圆唇的音位变体(圆唇化声母)。试比较:[t'iɛn](天)和[t'ʷuan](团);[li](利)和[lʷy](律);[ɕiɛn](鲜)和[ɕʷyæn](宣)。

（二）不送气清塞音和不送气清塞擦音的变体

普通话里的不送气清塞音和不送气清塞擦音，在轻音音节里，由于前后浊音的影响，往往产生相应的浊辅音变体。试比较，"哑·巴"[iAbA]和"巴黎"[pAli]；"五个"[ugə]和"个别"[kɤpiɛ]；"看·着"[kʻandʐə]和"着火（了）"[tʂɑuhuo]。这些浊辅音都是相应的清辅音位的语音变体。

（三）舌尖音的变体

舌尖音与齐齿呼或撮口呼韵母相拼时，由于受后接元音[i]或[y]的逆同化作用的影响，舌面接触部位向硬腭靠拢，因腭化而产生相应的音位变体。国际音标用[j]表示辅音腭化。如"抵[tʲi]、女[nʲy]、吕[lʲy]"。

（四）舌根音的变体

舌根音往往因为后接的是前元音，因而产生发音部位前移的变体，试比较"搞"[kɑu]和"给"[kei]，"给"的声母就是一个舌面靠前的[k̟]。

（五）/r/的变体

/r/有两个音位变体：

[ʐ]　在音节开首充当声母，如"软"[ʐuan]，/ruan/；

[-r]　出现在卷舌韵和儿化韵的音节末尾，如"二"[ər]，/er/；"沫儿"[mor]，/mor/。卷舌成分[-r]就是小于一个音素的音位变体。

（六）/n/的变体

普通话里辅音音位变体最多的是/n/音位，因为它在声韵配合关系上四呼俱全，而且是唯一既可以出现在音节开首充当声母，又可以出现在音节末尾，充当韵尾的辅音音位。/n/音位常见音位变体列举如下：

[n]　舌尖齿龈音，如"拿"[nA]，音位标音/na/；

[n˺]　不除阻舌尖齿龈音，做韵尾，如"班"[pan˺]，/pan/；

[ɳ]　舌尖后鼻音，如"闹"[ɳɑʊ]，/nau/；

[ȵ]　舌面前鼻音，即腭化的[nʲ]，如"泥"[ȵi]，/ni/；

[n̫]　圆唇化的[n]，如"暖"[n̫uan]，/nuan/。

上面的音位变体都是音节内因协同发音而产生的音位变体，这是一种受发音生理制约的不自由音变。在话语和语词中，音节和音节相连也可能因音节之间的协同发音而产生各种"连读音变"。最常见的是后一个音节的辅音，对前一个音节辅音韵尾的逆同化影响造成的语音变体。有时这类逆同化的音变现象，也可以是语流音变中的隔离同化，甚至产生音节合并的现象，如下面的最后两个例子：

关门[kuan ◡ mən→kuaṃmən']

电报[tiɛn ◡ pɑʊ→tiɛṃpɑʊ]

辛苦[ɕin ◡ ku→ɕiŋku]

赶快[kan ◡ kʻuai→kaŋkʻuai]

木樨肉[mu ɕi ʐou→mu ɕyʐou]

不知道[pu ʈʂʅ tɑʊ → puɻ tɑʊ]

这一类语音变体是一种非强制性的自由音体，变和不变是两可的，随语言环境、语速和个人习惯而异，而音变现象又很复杂，往往涉及音位交叉的问题。所以应该与音节内的音位变体分开，通常作为音节与音节之间的语流音变处理。如果拉凑在一起，势必造成语言音位系统（声母和韵母）的复杂化。

六 普通话的调位

根据音质区分出来的音位叫"音质音位"（或"音段音位"），元音音位和辅音音位都是音质音位；根据音高、音强、音长区分的音位叫"非音质音位"（或"超音段音位"）。在汉语里，由音高区分的非音质音位极其重要，这就是在音节组成中同元音和辅音鼎足而三的声调。从音位的角度说，声调可以叫作"调位"。

普通话共有四个调位，调位符号可以分别用数码来表示：/1/，/2/，/3/，/4/，代表阴平，阳平，上声和去声，其中只有上声的调位变体最明显，共有三个。

/3/ 包括三个调位变体：

[214] 出现在音节后面有停顿时，如"大海"/ta⁴ xai³/；

[211] 出现在调位/1/，/2/，/4/之前，如"海军"/xai³ tɕyn¹/；

[35]　出现在调位/3/之前，如"海水"/xai³ ʂuei³/。

普通话能读轻音的字一般都有它原来的声调，即使少数几个只能读轻音的字单念时也总会有它自己的声调。例如，"们"men 通常轻读，但单念时就读成阳平。语气词"吗"单念则一般都读成阴平。由此可见，轻音（轻声）和声调是两回事，不能把它当成普通话的第五个独立的调类或调位。轻音（轻声）是一种弱重音，是重音系统中的一个音位成员（参看第九节轻重音和语调）。

练 习 十

一、以普通话为例说明音素和音位的区别。

二、以普通话为例说明音位和音位变体的关系。

三、用严式音标标写下列汉字的读音,然后考察主要元音的分布状况,并进行音位归纳:

  歌   饿   梅

  切   雪   等

  本   们   而

四、为什么说从音位分析的角度看,在汉语拼音的字母设计中也可以不需要 j、q、x 这三个字母?从《汉语拼音方案》的角度看,保留这三个字母有什么好处?

五、以舌面音[tɕ]、[tɕ‘]、[ɕ]为例说明语言的音位归纳可以是多答案性的。

六、用严式音标给下列词语标音:

  安全   矛尖

  雪花   奇怪

  跳高   服务

  丝绸   永远

  等待   宣传

  柔软   哑巴

七、举例说明元音音位/a/和辅音音位/n/各有哪些音位变体。

八、辅音音位/ŋ/在儿化韵中有一个小于音素的音位变体,请举例说明。

第十一节 汉语拼音教学的基本观念

一 区别不同性质的语音层面

语音的社会功能是多方面的,可以从不同的角度去研究和应用。学习现代汉语语音,用《汉语拼音方案》注音识字和推广普通话,应该分清不同性质的语音层面:(1)语音和拼音——前者指的是客观的言语系统中的语音本体;后者指的是作为书面符号主观设计的语音拼写系统。(2)《汉语拼音方案》法定文本中的拼音设计和为了教学需要而设定的语音讲授系统(例如中小学汉语拼音教学参考书)。(3)从发音生理属性和物理属性层面去讲授的语音学和从社会功能角度去讲授的音位学(即音位系统学——音系学)。

语音是语言的物质外壳,是自然的客体。用什么样的书面符号把可闻而不可见的语音体现出来,那可以有各种不同的主观设计。代表一个音节的方块汉字,汉字笔画式的注音符号,几何图形的拉丁字母,都可以用来记录语音。所以,语音和代表语音的书面符号,语音和拼音不属于同一个层面。《汉语拼音方案》是拼写汉语普通话的拼音方案,除了表示声韵调语音单位外,还包括一整套拼写规则。用《方案》来教学普通话,针对不同的教学对象,例如,是本民族的学生还是外国留学生,是成人还是儿童,教学上就可以有不同的方式、方法,在教学体系上可以对《汉语拼音方案》设定的语音系统做更适合教学对象的调整。可见,拼音方案与拼音教学也属于不同的层面。至于从发音生理角度去讲授的语音和从音义关系出发去研究语音的音位系统的归纳,在学科分界上那也早已被划分为虽有联系但又有不同的两个层面了。

不分清这些不同性质层面上所说的语音,有些问题就会纠缠不清。例如,普通话究竟有多少个声母?就拼音方案说,声母表上写明是 21 个。y、w 就不能算,它只是隔音字母。当声母教,那是教学上的权宜处理,变通创新。这可以使刚接受启蒙教育,年方六七岁的儿童避免去学那一套有点繁琐复杂的 y、w 使用规则。但不能因此就把 y、w 计入声母单位。而从单纯的音位学角度说,普通话有多少个声母,也可以有不同的回答。因为如果采用把舌面音和舌根音归并为一套音位单位的话,那么普通话就只有 18 个声母。零声母又该怎么办?描写语言学中用于"零形态、零语素、零冠词、零音位、零音节"中的"零"(借自数学)都是指在语流中没有任何有形的物质表现,只是语言分析中为了使语言系统在结构上更为整齐均衡而虚拟的单位,也就是说它是一个音系学上构拟的单位。所以在按发音部位、发音方法确定音值的声母表中是不会也不能出现零声母的,但是在普通话声韵配合表上就应该有零声母,因为这类表显示的是语音系统中声韵之间的聚合关系、组合关系。在音节结构和声韵配合关系的分析中,零声母就是不可或缺的语音单位,而在拼音方案或拼音教学中就不一定需要它。如果把 y、w 和零声母,跟 21 个辅音声母放在一起,说普通话一共有 24 个声母,那显然是把不同层面的概念混合在一起了。

二 透过字母学语音

《汉语拼音方案》中字母和语音的关系不是简单的对应关系,在厘清了上述不同语音层面的关系后,拼音教学中必须牢固地建立两个基本观念:字母代表语音,但不等于语音,它们之间不是简单的一对一的对应关系;字音的拼写形式是根据实际语音确定的,但是也不能简单地等同起来,拼写形式与实际发音并不总是完全紧密吻合。这两点可以说是使用拼音字母的国际通例。

拉丁字母不同于专用于语音学领域中一音一符的国际音标,受字母数量的限制,拉丁字母的使用往往会采用字母变读法,让一个字母兼表几个读音。字母名称的读音(或呼读音)代表的只是被归在一个音位内的某一个音位变体的读音(如字母 a 读[A]),并不包括该音位内其他音位变体的读音,所以出现在不同拼写形式中的同一个字母,未必总是代表相同的读音(如字母 a 在 tian(天)里就要读[ε])。

《汉语拼音方案》在根据北京音系确定了字母与语音的配置关系后,就要进一步设定音节的拼写形式。这对音节和语素结合为一体的汉语来说是至关重要的,音节也就是字音的拼写形式,拼音设计有误,就不能用于拼读普通话。音节拼写形式的设定,在不背离语音事实和音位分析的前提下,通常都是根据阅读上清楚醒目,彼此不易相混,连写时音节界限明确,不会引起歧义,以及节省字母,方便书写等要求来确定的。由此,字母与语音,拼写形式与实际发音的关系也就更复杂了。

举几个在前面韵母部分讲授语音时说过的例子来说,"欧"韵和"忧"韵的韵腹,"熬"韵和"腰"韵的韵尾,就语音而论前者韵腹的实际读音更接近于[ə],后者韵尾的实际读音更接近于[u],但拼音方案却分别为之设定了 ou、iou 和 ao、iao 的拼写形式,那是为了提高它们与 en、an、ian 这几个韵母彼此的区别度。不能由此认定"欧、忧"的韵腹,语音上就是[o],"熬、腰"的韵尾也是[o],这是把语音和拼写混同了。"播"的拼写形式是 bo,就拼写规范而言韵母当然不能写成 uo,但就实际读音而言,其中确实是有一个 u 介音,不过为节省字母,书写方便,在拼写设计中省略了这个因唇音声母和圆唇元音的同化作用而变得不太清晰的过渡音。韵母 in(因)和 ing(英)的拼写设计也是如此,在实际发音中韵腹和鼻韵尾之间也都是有过渡音的。-iou、-uei、-uen 的省写形式更是如此,就实际语音而论韵腹的弱化、脱落都是有条件的,不能把-iu、-ui、-un 拼写形式中字母的省略,一概而论都当成实际语音的完全阙如。此外,在 ong、iong 的拼写设计中用字母 o 去代替 u,也完全是从拼写形式清楚醒目,书写方便着眼。但诸如此类,都没有违反音位分析的原则,因为拼写形式上的这种设定,并不会在韵母系统中产生最小对立体,在这个前提下,设定音节拼写的首要原则不是字音拼写形式与实际读音天衣无缝的紧密吻合,而是字音拼写形式的清楚醒目,彼此不易相混；拼式简短，便于使用，节省书面空间。因为，任何一种作为书面符号的拼写系统，它的主要用途是阅读。

总之，由于拼音设计中各方面的考虑，字母和语音，拼写形式和实际发音之间并不是像照镜子那样简单的反射关系，所以要透过字母教语音，透过字母学语音。其中，至关重要的一点，在汉语拼音中韵母和音节的学习更有效的方式是合读，而不是按单个字母去拼读。

三 汉语拼音中字母与语音的对应关系

字母与语音之间复杂的对应关系，主要表现在元音字母上：有时字母相同，读音未必相同（gei-gen），字母不同读音却可以相同（ou-en,ie-ian）；有时可以有字无音（"武艺"wǔyì），甚至无字有音（"柳"liǔ，"锐"ruì，"滚"gǔn）。字母的读音变化与字母的组合关系是联系在一起的，因此可以用字母组合时的不同"语境"去锁定字母的不同读音。

下面把字母 a o e 在不同语境条件中的读音变化，用音系学的表达公式，分别列表展示如下，并在解读中说明该字母的读音规则（表中斜线"/"后的短横"＿＿"表示该字母所处的位置，花括号"{ }"表示括号内任何一项均可，井号"♯"表示音节终端。斜线"/"前外加方括号的国际音标是该字母处于斜线后语境位置上的实际读音）。

《汉语拼音方案》元音字母 a o e 与语音的对应关系：

1. 字母 a ⇒
$$\begin{cases} [a]/\underline{\quad}\begin{Bmatrix}i\\n\end{Bmatrix} & 例字：爱 ai \quad 快 kuai \\ & \qquad\;\, 安 an \quad 关 guan \\ [\Lambda]/\underline{\quad}\,\sharp & 例字：家 jia \quad 瓜 gua \\ [\alpha]/\underline{\quad}\begin{Bmatrix}o(u)\\ng\end{Bmatrix} & 例字：刀 dao \quad 挑 tiao \\ & \qquad\;\, 长 chang \quad 江 jiang \\ [\varepsilon]/i\underline{\quad}n & 例字：烟 yan \quad 天 tian \\ [æ]/ü\underline{\quad}n & 例字：冤 yuan \quad 宣 xuan \end{cases}$$

解读：字母 a 在 i 韵尾和 n 韵尾前读前[a]；在零韵尾前读央[ʌ]；在 o(u) 韵尾和 ng 韵尾前读后[ɑ]；在 i 韵头和 n 韵尾之间读[ɛ]；在 ü 韵头和 n 韵尾之间读[æ]。

2. 字母 o ⇨ $\begin{cases} [o]/u\_\_\_\# \\ [uo]/B\_\_\_\# \\ [ə]/\_\_\_u \\ [u]/\_\_\_ng \end{cases}$ 例字：我 wo　　国 guo
例字：波 bo　　摸 mo
例字：欧 ou　　钩 gou
例字：空 kong　拥 yong

解读：字母 o 在 u 韵头之后读圆唇元音[o]；在唇音声母（表中以大写字母 B 表示）之后读[uo]；在 u 韵尾之前读央元音[ə]；在 ng 韵尾之前读[u]（yong＝[iuŋ]）。

3. 字母 e ⇨ $\begin{cases} [e]/\_\_\_i \\ [ɛ]/\begin{Bmatrix}i\\ü\end{Bmatrix}\_\_\_\# \\ [ə]/\_\_\_\begin{Bmatrix}r\\n\\ng\end{Bmatrix} \\ [ɤ]/\begin{Bmatrix}\emptyset\\v\end{Bmatrix}\_\_\_\# \end{cases}$

例字：北 bei　　伟 wei
例字：街 jie　　椰 ye
例字：雪 xue　　月 yue
例字：而 er　　耳 er
例字：根 gen　　恩 en
例字：灯 deng　耕 geng
例字：鹅 e　　饿 e
例字：德 de　　哲 zhe

解读：字母 e 在 i 韵尾前读前半高不圆唇[e]；在 i 韵头和 ü 韵头之后读前半低不圆唇元音[ɛ]；在卷舌韵尾-r、前鼻音韵尾-n、后鼻音韵尾-ng 之前读央元音[ə]；在零声母（以 ∅ 表示），以及非唇音声母（表中以字母 v 表示）之后零韵尾之前，读后半高不圆唇元音[ɤ]。

《汉语拼音方案》用 a o e i u ü 六个元音字母，代表普通话六个元音音位。i u ü 三个字母与语音的对应关系也可以用上述公式化的规则来表述。

练 习 十 一

一、说说你对拼音教学和语音学习中是否需要分清不同性质语音层面的看法。

二、作为文字系统的拉丁字母，通常都说它是音素化的字母。这里所说的"音素"，指的是不是从音质角度划分出来的一音一符的"音素"？

三、为什么说字母代表语音，但不等于语音；在语音教学和语音学习中为什么应该透过字母教语音，透过字母学语音。

四、字音的拼写形式是根据字音的实际读音拟定的，但是为什么二者并不总是紧密吻合的？试举例说明。

五、iou、uei、uen 前拼声母时,写成 iu、ui、un 的语音根据是什么?试从语音学习的角度对此略作评述。

六、试以音系学公式化的表达方式表述汉语拼音字母 i 的读音规则。

七、为什么说普通话里有多少个声母,多少个韵母,从不同的角度(层面)可以有不同的答案?

第十二节 语音的规范化问题

普通话以北京语音为标准音。这是指北京音系而说的,并不是说北京话里的一切语音现象都是民族共同语的标准音。北京话不等于普通话,作为一种自然语言,它也是一种地方方言。由于各方面的原因,北京语音内部还存在着一些分歧现象。例如,有一小部分汉字存在一字两读的现象:"飞跃"可以读成 fēiyuè,也可以读成 fēiyào;"理发"的"发"有去声和上声两种声调;"明天"的"天"轻读与否,也是两可的。各方言区的人学习普通话,遇到这些读音不固定的字,应该以哪一个作为标准,就是一个问题。我们必须加以明确的规范,各方言区的人才有可以遵循的标准。下面分别谈谈语音规范化中异读词和轻声、儿化的规范问题。

一 异读词的规范问题

汉字一字多音的现象要区别几种不同的情形:

(一)异义异读

例如:

  音乐 yīnyuè   快乐 kuàilè
  率领 shuàilǐng 效率 xiàolǜ
  播种 bōzhòng 品种 pǐnzhǒng
  畜牧 xùmù   牲畜 shēngchù
  难受 nánshòu 灾难 zāinàn
  调和 tiáohé   唱和 chànghè

(二)同义异读

例如:

  遍 biàn piàn   颤 chàn zhàn

呆	dāi	ái		刽	guì	kuài
学	xué	xiáo		俊	jùn	zùn
舀	yǎo	kuǎi		含	hán	hén
俄	é	è		脓	nóng	néng

（三）部分同义异读

例如，"订"字在"预订、订单"里只有一种读法 dìng，但在"装订"这个词里有 dìng 和 dīng 两种读法；"应"字在"应该、应当"里只读平声 yīng，在"适应"里只读去声 yìng，但是在"应许"里，既可读 yīng，又可读 yìng。

第一类字不同的读音代表不同的意义，并不是异读字，就整个词说也不是异读词，不属于语音规范的范围。第二类是同一个汉字在所有不同的词里都可以有几种不同的读法，如"波浪、波涛、波动、音波、光波、电波"等，其中的"波"都有 bō 和 pō 两种读法，"波"就是异读字，这些词也都是异读词。第三类里的"预订、订单"，就词说只有一种读法，不是异读词，但就字说，"订"却是异读字，因为在"装订"这个词里，"订"有 dìng 和 dīng 两种读法，同时这也使"装订"成了异读词。二、三两类对于汉语语音规范化和汉语语音教学显然都是不利的。这种现象是学习普通话的障碍，不加以规范，大家就会无所适从。

北京话的异读字有 300 多个，构成的异读词，常用的大约有 1200 多个。从语音的角度来分析，可以分为下列四类（例词中前一个读音是普通话审音委员会《普通话异读词审音表初稿》审订的规范读音）：

1. 声母不同的异读词

波浪	bō	pō		荒谬	miù	niù
缔结	dì	tì		玩弄	nòng	lòng
包括	kuò	guò		步骤	zhòu	zòu
接触	chù	zhù		森林	sēn	shēn
秘密	mì	bì		机械	xiè	jiè
商埠	bù	fù		溃烂	kuì	huì
包庇	bì	pì		乒乓	pīngpāng	bīngbāng
普遍	biàn	piàn		接洽	qià	xià
发酵	jiào	xiào		暂时	zàn	zhàn
蜕化	tuì	shuì		赏赐	cì	sì

2. 韵母不同的异读词

熟练	shú	shóu	娇嫩	nèn	nùn
琴弦	xián	xuán	降落	luò	lè
跳跃	yuè	yào	恶劣	liè	lüè
露头	lòu	lù	收获	huò	hù
淡薄	bó	báo	剥削	bōxuē	bāoxiāo
学习	xué	xiáo	惊蛰	zhé	zhí
烙印	lào	luò	飘浮	fú	fóu

3. 声调不同的异读词

字迹	jì	jī	疾病	jí	jī
比较	jiào	jiǎo	指导	dǎo	dào
特殊	shū	shú	危险	wēi	wéi
帆船	fān	fán	亚洲	yà	yǎ
门诊	zhěn	zhēn	拥护	yōng	yǒng
侵略	qīn	qǐn	质量	zhì	zhí
复习	fù	fú	日期	qī	qí
教室	shì	shǐ	不惜	xī	xí
召集	zhào	zhāo	号召	zhào	zhāo
答复	dá	dā	答理	dā	dá

4. 其他

确凿	záo	zuò	颜色	sè	shǎi
住宅	zhái	zhè	矛盾	dùn	shǔn
麻雀	què	qiǎo	傍晚	bàng	páng
沸腾	fèi	fú	芍药	sháo	shuó
畸形	jī	qí	暴露	bào	pù
供给	jǐ	gěi	巷道	hàng	xiàng
恪守	kè	què	贝壳	ké	qiào
鲜血	xuè	xiě	血淋淋	xiě	xuè

产生异读的原因很复杂。有些是由于读书音(文读)和口语音(白读)的分歧造成的,如"暴露"的"暴"读书音是 pù,口语音是 bào,又如"熟"shú(文)、shóu(白),"血"xuè(文)、xiě(白),"剥"bō(文)、bāo(白);有的异读是受方言读音的

影响,例如北京话吸收吴方言的词"揩油",使"揩"产生了 kāi、kā 两种读音,此外如"咖啡"的"咖"有 kā 和 qiā 两种读法,"卡片"的"卡",也有 kǎ 和 qiǎ 两种读音;有些异读是误读造成的,例如"械"读 jiè,"畸"读 qí,"酵"读 xiào,都是照半边字读错了字音,但是长期通行,习非成是,形成异读;还有一些异读是北京语音自己特殊的发展,如"危"读 wéi,"含"读 hén。异读的来源既然如此复杂,审音的标准就不能定得太简单。

为了解决异读词的问题,1956 年专门成立了普通话审音委员会,拟定了异读词读音的审订原则:

(一)审音以词为对象,不以字为对象

如果有异读的字在所有的词里都有几种读法,那就只举一两个词为例,其余的都可以类推,如"波"一律读 bō,不读 pō,"复"一律读去声,不读阳平。有的字只在某个词里发生异读,在别的词里没有异读,审音的时候,只审订有异读的词,如只审订"装订"这个词,不涉及"预订、订单"等词。有的字在不同的词里有不同的读法,审音也要以词为对象,分别对待,如"大厦"的"厦"读 shà,而"厦门"的"厦"读 xià;"分泌"的"泌"读 mì,而"泌阳"的"泌"读 bì。

(二)审音的标准,根据北京音系,但这不等于是每一个字都以北京话的读法为规范

一个字的读音在北京话里非常通行而不符合北京语音的一般发展规律,这个音还是可以采用,但同时也要考虑这个音在北方方言里用得是否广泛。例如,"危、帆"在北京话里有阴平和阳平两种读法,阳平的读法是符合一般发展规律的,但是阴平的读法不但在北京话里比阳平的读法通行,就是在北方方言里用得也比较广泛,那就应该采用阴平的读法,因为北方语是民族共同语的基础方言。

但是,如果既不符合一般发展规律,又没有在北方方言里广泛通行,那就宁可放弃北京话的读法。例如,"暂"读 zhàn,"诊"读 zhēn,这些不符合发展规律的音就不采用,而把"暂"订为 zàn,"诊"订为 zhěn,因为这是符合一般发展规律并在北方方言里用得比较广泛的读音。

(三)四呼不同的异读字,原则上以符合语音发展规律的为准

例如,"淋"采用 lín,不采用 lún 或 lún。

(四)古代清声母的入声字在北京话里声调如果有异读,而其中有一个是阴平,原则上就采用阴平的读法

例如,"息 xī、击 jī",不采用 xí 和 jí。否则就逐字考虑,采用比较通行的读法。

根据以上原则,普通话审音委员会审订了北京话常用异读词的读音,于 1957 年到 1962 年分三次发表了《普通话异读词审音表初稿》,一共审订了一千多条异读词的读音,并于 1963 年辑录成《普通话异读词三次审音总表初稿》。《初稿》公布后,对现代汉语的语音规范和普通话的推广起了积极作用。

1985 年 12 月,根据《初稿》推行的实际情况,普通话审音委员会重新审订了《初稿》中原审的一些词语的读音,修订了原表 41 条词语的读音,增补了 36 条词语,删除了原表中的部分词条。例如:

(一)修订原表读音

词条	《初稿》读音	修订读音	说明
指甲	zhī	zhǐ	取消 zhī、zhí 二音,统读 zhǐ。
骨头	gú	gǔ	取消 gú 音,除"骨朵、骨碌"读 gū 外,统读 gǔ。
盟誓	míng	méng	取消 míng 音,统读 méng。
从容	cōng	cóng	取消 cōng 音,统读 cóng。
荨麻	qián	文读 qián,口语读 xún。	

(二)增补词条

词条	字典注音	新订	附注
曝光	pù	bào	"日晒"义读 pù,如"一曝(pù)十寒"。
往	wǎng,wàng(二音辨义)	wǎng	取消 wàng 音,统读 wǎng。
沿	yán,yàn(二音辨义)	yán	取消 yàn 音,统读 yán 音。
螫	shì		文读 shì,口语读 zhé。

(三)删除词条

吵吵 忒 瘆三 显摆 雀盲眼 翘辫子 夹肢窝 归里包堆 睥睨 不訾 采撷 肯綮

修订稿对《初稿》原订读音的改动以符合普通话语音发展规律为原则,以便利广大群众学习普通话为着眼点,采取约定俗成、承认现实的态度。修订稿经有关各部门审核通过后已正式公布,此后凡涉及普通话异读词的读音或标音,都应该以普通话审音委员会审定的语音作为规范的读音。

目前,在教育部和国家语言文字工作委员会的领导下,已经成立了新的普通话审音委员会(2011年10月)并且启动了新世纪的普通话审音工作。

二 轻音和儿化的规范问题

普通话虽然以北京语音为标准音,但并不是把北京话里的一切语音现象都当作普通话的标准,轻音和儿化就是如此。轻音和儿化是北京话口语中比较突出的语音现象,在语言表达上有一定的作用,普通话语音和词汇中必须有它们的地位。但这并不是说北京话里所有的轻声词和儿化词,普通话都应该吸收。哪些应该吸收,哪些不应该吸收。这既是语音规范化,也是词汇规范化要密切注意的问题。

北京话的轻音可以分为四种情况:

(一)有比较强的规律性的语法成分。例如"我们、桌子、走了"中的"们、子、了"。

(二)有区别意义的作用的。例如"眉目"和"眉·目","多少"和"多·少"(疑问代词),"报仇"和"报·酬","东西"和"东·西"。

(三)按照习惯第二个音必须轻读的双音词。例如"豆·腐、月·亮、耳·朵、芝·麻"等。

(四)第二音节可轻读可不轻读的词。例如"明天、纪念、措施、顽固"等。

第一、二两种普通话应该作为规范的读音,加以吸收。第三种如果已经被普遍采用的,普通话也应该吸收,否则就逐个考虑。至于第四种应作为北京话的方言土语成分看待,普通话不必吸收。

"儿化"从语法角度说,是一种语音构词手段;从词汇和语用的角度说,它对丰富语言的表现力,语体风格色彩的多样化也有十分重要作用。所以它是民族共同语的重要组成部分。但是儿化韵和儿化词是两个不同的概念,儿化韵依附儿化词而存在,但这并不等于北京话里所有的儿化词都要进入普通话,作为标准语看待。

北京话的儿化词可以分为三种情形:

(一)儿化与否,意义不同。例如"白面"和"白面儿","水牛"和"水牛儿"(蜗牛),"信"和"信儿","眼"和"眼儿","个"和"个儿"。

（二）按习惯一定要儿化的词。例如"小孩儿、冰棍儿、玩儿、桃儿、核儿、巴儿狗、坎儿井"等。

（三）儿化不儿化两可的词。例如"没事（儿）、作文（儿）、嘴唇（儿）、写字（儿）、（唱）歌儿、（开）会儿"等。

第三种儿化与否本就是两可的，这些儿化词应该看作北京话的方言土语成分，不必作为普通话语词的规范读音。第一种和第二种儿化词，应该联系词汇规范加以审订，如果是只在北京话里通行的方言词，普通话不应该吸收，也就无所谓该不该儿化的问题。例如，"今儿、天儿"在普通话里通常都说"今天、天气"。但是，也有一些儿化词是普通话应该吸收的，一般就应该儿化，否则听起来不仅非常不自然，而且有时还会涉及词汇和语法规范问题。例如"馅儿、味儿、竿儿、影儿、火儿、个儿、亮儿、小辫儿、小孩儿、玩意儿、冰棍儿、玩儿"等。普通话应该吸收哪些儿化词，也是词汇和语法的规范课题。

轻音和儿化的规范问题是比较复杂的，因为这并不是单纯的语音现象，同词汇语法都有密切联系，所以必须结合几个方面，深入进行调查分析。

目前，国家语言文字工作正处于全面加快推进规范化、标准化的阶段，有关轻声、儿化等规范问题也正在进行专项研究。规范化、标准化将推动民族共同语、国家通用语——普通话更加健康、更为精密，并且更为生动活泼、丰富多彩地向前发展。

练 习 十 二

一、普通话既然"以北京语音为标准音"，为什么还有语音规范问题？

二、举例说明产生异读字的原因。

三、1985年普通话审音委员会对《普通话异读词三次审音总表初稿》做了哪些重要的修订？目前还存在着哪些问题？

四、轻声词、儿化词存在哪些必须加以规范的问题？

五、用汉语拼音字母给下列词语注音，并说明例词中加黑点的字是否存在语音规范问题：

生长——长短　　　　　处理——处所
凶恶——厌恶　　　　　数学——数不清
畜牧——牲畜　　　　　省会——反省

难受——灾难　　　　　少年——多少
参加——人参　　　　　大夫——巨大
方便——便宜　　　　　油炸——爆炸

六、下列成对的词语中,哪一个是应该轻读的轻声词?

香菇——蘑菇　　　　　窗户——门户
汗毛——眉毛　　　　　丸药——膏药
道理——情理　　　　　学生——医生
苦瓜——南瓜　　　　　衣服——西服
果子酱——男子汉　　　士大夫——大丈夫

七、有一种意见认为儿化、轻声都是北京话里的方言土语现象,不能作为民族共同语的组成部分看待,不应该作为一种语言规范形式列入普通话范围。你对此有什么看法?

第三章 文　字

第一节　汉字的性质和特点

一　汉字的性质

　　文字是记录语言的符号体系,这是世界上一切文字的共性。某种具体文字的性质,比如说汉字的性质,指的是这种文字与其他文字不同的本质属性。正确地认识一种文字的性质,是正确地解决有关这种文字种种问题的基础。

　　文字是用来记录语言的,所以要联系语言来研究文字的性质。确定文字性质的标准,就是看这种文字的基本单位记录的是什么样的语言单位。语言是个层级体系,分为上下两层。下层是语音层,分为音素和音节两级。上层是音义结合的语言符号层,分为四级:第一级是语素,第二级是词,第三级是词组,第四级是句子。世界上的文字有几千种,从文字的基本单位记录的语言单位看,主要有三类:记录音素的是音素文字,如英文;记录音节的是音节文字,如日文里的假名;记录语素的是语素文字,如汉字。音素文字和音节文字合起来叫作表音文字,也叫拼音文字。表音文字的基本单位是字母,语素文字的基本单位是字。

　　一种语言的音素数目是有限的,不过几十个,因此音素文字的字母数量也是有限的,只有几十个。例如,英文字母有 26 个,德文字母有 27 个,俄文字母有 33 个。字母所代表的音素就是这个字母的音值。书写时用字母把词的读音记下来,语言里的词就变成了书面上的词;阅读时按照字母的音值把字母拼合起来,就知道这几个字母记录的是什么词。

　　语素文字的代表是汉字,汉字记录的语言单位是汉语的语素。语素是最小的语音语义结合体,例如"国、走、大、很、吗"就是现代汉语的语素。而"国、走、大、很、吗"这几个汉字记录的就分别是汉语里"国、走、大、很、吗"这几个语素。作为语素文字的汉字,它用不同的字形表示不同的语素。它不但能区分读音不同的语素,例如"国"和"走",而且还能区分读音相同的语素,例如"衣、医、依"。有少数汉字单独不表示语素,如"徘、徊、琵、琶、葡、萄",要组合成"徘徊、琵琶、葡萄"才能表示语素。这样的字在全部汉字中只占少数,不反映汉字的本质。这样一些字的存在,不妨碍汉字是语素文字的论断。

汉字是语素文字,这是许多学者经过多年的探索得出来的结论。赵元任把汉字叫作词素文字,他的词素文字就是我们说的语素文字。"词素"和"语素"都是英语 morpheme 的意译。赵元任说:"世界上通行的能写全部语言的文字当中,所用的单位最大的文字,不是写句、写短语的,是拿文字的一个单位,写一个词素,例如我们单独写一个'毒'的字形,来写'毒'这个词素。""用一个文字单位写一个词素,中国文字是一个典型的最重要的例子。""它跟世界多数其他文字的不同,不是标义标音的不同,乃是所标的语言单位的尺寸不同。"赵元任说的"所标的语言单位的尺寸不同",也就是所记录的语言单位的大小不同。① 朱德熙说:"文字是记录语言的。就汉字跟它所要记录的对象汉语之间的关系来看,汉字代表的是汉语里的语素。例如[tànkāu]的[kāu]、[kāuiàu]的[kāu]和[tʻiàukāu]的[kāu]读音相同,意思不一样,是 3 个不同的语素,分别由 3 个不同的汉字'糕、膏、高'(蛋糕、膏药、跳高)来表示。从这个角度看,汉字可以说是一种语素文字。"②

汉字作为语素文字,大多数的字都有意义。例如汉字"人"的意义是指能制造工具并能使用工具进行劳动的高等动物,汉字"红"的意义是像鲜血那样的颜色。而拼音文字的字母只有读音、没有意义。例如英文字母 b,它的音值是双唇浊塞音,但是没有意义。有人着眼于这个特点,认为汉字是表意文字,这种说法不够明确,容易产生误解。汉字记录的是汉语语素,语素有音又有义,汉字的音和义实际是汉语语素的音和义。如果抛开了语素,在语言这个层级体系里,并没有单独的意义层或意义级可以由汉字去记录。把汉字说成是表意文字,容易使人误解为汉字可以脱离语言直接和思维联系,直接表示意义,而这种情况是不存在的,所以我们不采取汉字是表意文字的说法。

二 汉字的特点

文字的性质和特点有密切的关系,文字的性质是根本,而特点是由性质派

---

① 赵元任《语言问题》,商务印书馆 1980 年版第 142、144 页。
② 朱德熙《汉语》,载《朱德熙文集》第三册,商务印书馆 1999 年版第 211 页。

生出来的。汉字作为语素文字,有以下几个特点。

(一) 汉字和汉语基本适应

汉字是单音节的文字,汉语语素是以单音节为主的语素,用单音节的汉字来记录单音节的汉语语素,二者基本适应。印欧语里的形态变化,有的是用音素表示。英语名词的复数一般是在单数名词的后面加-s,例如 book→books, pupil→pupils。这种变化用字母来表示很方便,如果用单音节的汉字来表示就很困难。因为汉字和汉语基本适应,所以汉字延续使用了几千年,至今仍旧充满了活力,仍然能够为社会的生产和生活服务。相反,如果汉字和汉语的特点不适应,使用非常困难,汉族的祖先就不会死抱住一套不适应汉语的文字体系不放。

(二) 汉字是形音义的统一体

拼音文字的字母只有形和音,没有义;汉字的单字不但有形和音,而且还有义。用汉字来记录汉语语素,语素的音和义就变成了汉字的音和义。"衣、医、依"普通话都读 yī,但是意义不同。"衣"是衣服的衣,"医"是医生的医,"依"是依靠的依,一目了然。因为汉字具有表意性,它的形体可以负载较多的文化信息,这也是和拼音文字不同的地方。

(三) 汉字具有一定的超时空性

现代英国人读 600 多年前诗人乔叟(Geoffrey Chaucer)的诗就比较困难,而汉族人读两千多年前的《论语》的"学而时习之,不亦说(悦)乎?"稍加指点就容易读懂。这是因为汉语语素意义的变化比语音的变化慢,也就是用字的变化比字音的变化慢。这就是汉字的超时代性。北京人、上海人、福州人、广州人坐到一起,要是不会普通话,用各自的方言就难以沟通,但是可以看同一份《人民日报》,可以书信往来。这是因为方言间语素意义的差别小,语音差别大,也就是说这些人对汉字的字义有相同或相似的了解。这就是汉字的超方言性。

(四) 汉字数量繁多,结构复杂

一种语言的语素有几千个,甚至多达上万,因此语素文字的字数也要有几千甚至上万。如果再加上异体和古体,字数就会更多。现代汉语通用字的字数有 7000 个,《中华字海》所收的古今汉字总字数竟多达 86000 多字,而音素文字的字母一般只有几十个,比汉字的数量少得多。从形体说,汉字是由笔画组成部件,再由部件组成整字。笔画的种类有 30 多种,基础部件就有 560 个。由笔画组成部件和由部件组成整字的方式也是多种多样。这就使得汉字的结构十分复杂,比音素文字的字母复杂得多。数量繁多,结构复杂,使汉字的学习和使用都比较困难。

（五）汉字缺少完备的表音系统

按照六书的理论,象形字、指事字、会意字没有表音成分,形声字有表音成分,它的音符(声旁)就是表音成分。没有表音成分的字,看到字形无法知道读音,如象形字的"日、月",指事字的"上、下",会意字的"苗、看"。就是有表音成分的形声字,它的音符也很难给人们提示正确的读音。"江、河"是形声字,字里的"工、可"是音符,可是现代的"江、河"并不能读为"工、可"。从传统的分析看,5990个形声字有音符1090个。从现状看,这1090个音符里去掉半表音的692个,不表音的154个,剩下表音的只有244个。用这244个音符能够准确表音的形声字只有425个,占5990个形声字的7.1%,其余的92.9%形声字的音符都不能准确表音。① 例如音符"皇",在所有由"皇"作音符的形声字里都能表音,"蝗煌惶凰徨隍湟篁遑鳇"都读"皇";而音符"者"只在"赭锗"里能表音,而在"奢诸著猪煮渚褚潴耆箸櫫屠绪都睹赌堵署暑薯曙储"里都不能表音。因为汉字没有完备的表音系统,所以学习汉字的读音十分困难,多数要靠死记。古人说:"秀才识字读半边。"这对准确地掌握汉字的读音来说,是很不可靠的。

汉字和世界上的许多事物一样也是既有利又有弊,既有优点又有缺点。上面说的汉字的五个特点,前三个是优点,后两个是缺点。我们要发扬汉字的优点,克服汉字的缺点,使汉字更好地为国家建设和民众的生活服务。

三 现代汉字

自古至今,汉语书面语有两大类,就是文言文和白话文。白话文又分为古代白话文和现代白话文。文言文记录的是古代汉语,古代白话文记录的是近代汉语,现代白话文记录的是现代汉语。我们这里不谈近代汉语,只谈古代汉语和现代汉语。古代汉语和现代汉语有许多不同,它们的书面语在用字上也有许多不同。文言文和现代白话文用到的相同的字,大约只占用字的40%左右,另外有50%多是不同的。例如"人手山龟行出美明自而"是文言文和现代白话文都要用的,而"僦垌缧继粆俎訾赇憬颡"只用在文言文,"卡坝馊喀毡锂泵癌啤甩"只用在现代白话文。此外还有一些字虽然在文言文和现代白话文里都要用到,但是意义不同,有的读音也不同。例如,"脚"在文言文里指小腿,在现代白

---

① 范可育、高家莺、敖小平《论方块汉字和拼音文字的读音规律问题》,载《文字改革》1984年第3期。

话文里指足;"走"在文言文里指跑,在现代白话文里指行。又如"听"在文言文里读 yǐn,指笑的样子;在现代白话文里读 tīng,是"聽"的简化字。

既然文言文和现代白话文在用字上有许多不同,在研究时有必要把这两类字加以区分。立足于现代,我们把古今通用的字和现代白话文专用的字合为一类,叫作"现代汉字",把文言文专用的字单独作为一类,叫作"文言古语用字"。现代汉字就是现代汉语用字,也就是现代白话文用字;文言古语用字也就是古代汉语专用字,也就是文言文专用字。我们把古代汉语专用字叫作文言古语用字,而不叫古代汉字,是因为人们习惯上把甲骨文、金文、小篆等古代的文字叫作古代汉字。文言古语用字是从记录的语言来说的,古代汉字是从字体使用的时代说的。两者有所不同。现代汉语课的文字部分只研究现代汉字,不研究文言古语用字。

练 习 一

一、为什么说汉字是语素文字?
二、你对汉字是表意文字的说法有什么看法?
三、汉字有什么特点?
四、什么是现代汉字?有人说现代汉字指现代的汉字,也就是"五四"以来的汉字。你认为这种说法是否有道理。

第二节 汉字的结构(上)

汉字研究的重点是字体和结构,研究汉字的结构就要对汉字进行拆分。汉字的拆分有两种思路:一种是拆分时只考虑字形,不联系字音和字义,这种拆分叫作无理据拆分;另一种是拆分时不只考虑字形,而且要联系字音和字义,这种拆分叫作有理据拆分。这两种拆分各有各的用途,都是必不可少的。无理据拆分适用于汉字编码和初级汉字教学,有理据拆分适用于汉字研究和中高级汉字教学。本节研究汉字的无理据拆分,下一节研究汉字的有理据拆分。

进行无理据拆分的时候,汉字由小到大有三个层次,就是:笔画、部件和整字。

一 笔画

书写汉字时,从落笔到提笔,笔尖在书写材料上移动所留下的痕迹叫作笔画。笔画是汉字构形的最小单位。研究汉字的笔画,要解决下面四个问题:

（一）笔画数

笔画数指的是每个汉字有几个笔画。学习汉字时要能够准确地计算出每个汉字的笔画数。计算时要根据规范字形，不能根据不规范字形。例如"骨"的规范字形是9画，而它的旧字形作"骨"，是10画；"象"的规范字形是11画，而它的旧字形作"象"，是12画。《现代汉语通用字表》规定了7000个通用汉字每个字的笔画数，是汉字笔画数的标准。

（二）笔形

笔形指笔画的形状，现代汉字的基本笔形有五种，就是横（一）、竖（丨）、撇（丿）、点（丶）、折（一）。横包括提（㇀），点包括捺（㇏），竖钩（亅）归竖。在五种基本笔形里，横和竖出现的次数最多。汉字的折笔笔形有25种，见教育部、国家语言文字工作委员会于2001年12月19日发布的《GB13000.1字符集汉字折笔规范》。

GB13000.1字符集汉字折笔笔形表

折数	序号	名称		笔形	例字
		全称	简称（或俗称）		
1折	5.1	横折竖	横折	㇕(¬)	口见达舆己罗马丑贯/敢为
	5.2	横折撇	横撇	㇇(¬)	又祭之社登卯/令了
	5.3	横钩		㇇	买宝皮饭
	5.4	竖折横	竖折	㇄(㇄、㇐)	山世岖/母互乐/发牙降
	5.5	竖弯横	竖弯	㇄	四西尢
	5.6	竖折提	竖提	㇂	长瓜鼠以瓦叫收
	5.7	撇折横	撇折	㇁(㇁)	公离云红乡亥/车东
	5.8	撇折点	撇点	㇀	女巡
	5.9	撇钩		㇃	乂
	5.10	弯竖钩	弯钩（俗称）	㇁	犹家
	5.11	捺钩	斜钩（俗称）	㇂	代戈

（续表）

折数	序号	名称		笔形	例字
		全称	简称(或俗称)		
2折	5.12	横折竖折横	横折折	㇉	凹卍
	5.13	横折竖弯横	横折弯	㇍	朵
	5.14	横折竖折提	横折提	㇌	计颃鸠
	5.15	横折竖钩	横折钩	𠃌(㇆)	同门却永耍万母仓/也
	5.16	横折捺钩	横斜钩(俗称)	㇈	飞风执
	5.17	竖折横折竖	竖折折	㇗	鼎卍亞吳
	5.18	竖折横折撇	竖折撇	ㄣ(ㄥ,丂)	专/叟/矣
	5.19	竖弯横钩	竖弯钩	㇉	己匕电心
3折	5.20	横折竖折横折竖	横折折折	㇎	凸
	5.21	横折竖折横折撇	横折折撇	㇋	及延
	5.22	横折竖弯横钩	横折弯钩	㇈(乙)	几丸/艺亿
	5.23	横折撇折弯竖钩	横撇弯钩（俗称）	㇌	阳部
	5.24	竖折横折竖钩	竖折折钩	ㄅ(ㄣ)	马与钙/号弓
4折	5.25	横折竖折横折竖钩	横折折折钩	㇋(㇉)	乃/杨

（三）笔画的组合

笔画的组合有三种类型：

1. 相离

笔画彼此分离，如：三川小六刁习。

2. 相接

笔画和笔画相接触,如:厂了口上工乍。

3. 相交

笔画和笔画相交叉,如:十丈中车丰事。

"刀"和"力"都是由横折钩和撇组成的,但组合关系不同,"刀"是相接的,"力"是相交的。"八、人、乂"都是由撇和捺组成的,"八"是相离的,"人"是相接的,"乂"是相交的。"史"字五画,前三画是相接的,组成扁口形;第四画是撇,和扁口相交;第五画是捺和撇相交。

(四)笔顺

笔顺就是书写汉字时笔画先后的顺序。笔顺的基本规则是:

先横后竖,如:十干丰。

先撇后捺,如:人八乂。

先上后下,如:三呆高。

先左后右,如:川衍做。

先外后内,如:月同匀。

先中间后两边,如:小水办。

先进去后关门,如:回目国。

以上规则并不能概括所有汉字的笔顺。为了实现汉字笔顺规范化,1997 年 4 月 7 日,国家语言文字工作委员会和新闻出版署联合公布了《现代汉语通用字笔顺规范》,语文出版社 1997 年 8 月出版了单行本。这个规范规定了 7000 个通用汉字的规范笔顺。《现代汉语通用字笔顺规范》对每个汉字的笔顺用三种形式表示。例如:

火,4画, 跟随式:丶 丶 ⺌ 火

笔画式:丶 丿 丿 丶

序号式:4 3 3 4

脊,10画,跟随式:丶 丷 ⺀ ⺮ 氺 氺 氺 脊 脊 脊

笔画式:丶 一 丿 丶 丿 丶 丨 ㄱ 一 一

序号式:4 1 3 4 3 4 2 5 1 1

1999 年 10 月 1 日,国家语言文字工作委员会公布《GB13000.1 字符集汉字笔顺规范》(GF3002-1999),上海教育出版社 1999 年出版单行本。这个规范规

定了 GB13000.1 字符集里 20902 个汉字的规范笔顺(序号式)。其中的 7000 个通用字的笔顺沿用《现代汉语通用字笔顺规范》。

二 部件

部件也叫字根、字元、字素、码元或结构块，它是由笔画组成的具有组配汉字功能的构字单位，一般大于笔画小于整字。

(一) 汉字的部件拆分

把汉字拆分为部件叫作汉字的部件拆分。汉字的部件拆分主要用于中文信息处理领域汉字编码的设计、管理、科研、教学和出版等方面，也可以用于初级汉字教学。

(二) 汉字的部件拆分规则

1. 相离的组合沿着分隔沟拆分

只有一条分隔沟的，沿分隔沟拆分为两个部件。例如：

  私——禾、厶　　　兵——丘、八
  固——囗、古　　　趟——走、尚

多于一条分隔沟的，先拆长的后拆短的。例如：

  想——相、心　　　垛——土、朵
  相——木、目　　　朵——几、木
  闾——门、昌　　　遄——辶、耑
  昌——日、日　　　耑——山、而
  殴——区、殳
  区——匸、乂
  殳——几、又

几条分隔沟长度相等时，沿着分隔沟多分。例如：

  鸿——氵、工、鸟　　　莒——艹、日、日

2. 相接的组合要看相接的是否紧密

只有一两个接点的，表示相接不十分紧密，从接点处拆分。例如：

  古——十、口　　　兄——口、儿

接点有多有少时，先拆接点少的后拆接点多的。例如：

  充——亠、允（只有一个接点）
  允——厶、儿（有两个接点）

有四个或四个以上接点,表示相接十分紧密,不拆。例如:田、臣、隹、用、甩。

3. 相交的组合不拆

例如:

  东,不能拆分为"七"和"小"。

  重,不能拆分为"千"和"里"。

4. 相接的单笔画不拆

"人"不能拆分为"丿"和"乀","厂"不能拆分为"一"和"丿"。"五"的上下两个横不拆。

5. 相离的几个单笔画组合在一起的,不拆

例如:二、刂、儿、亠、冫、氵、刁、三、忄、小、氵、心。

6. 相离的单笔画和笔画组合,其中的单笔画成为部件的,要拆

例如:

  旦:拆分为"日"和"一"。两者的组合关系与"昌"字里面的"曰"和"曰"的关系相同。

  乱:拆分为"舌"和"乚"。两者的组合关系与"刮"里的"舌"和"刂"的关系相同。

  幻:拆分为"幺"和"丁"。两者的组合关系与"幼"里的"幺"和"力"的关系相同。

其中的单笔画不能成为部件的,不拆。例如:"广、戈、犬、玉"里的点,"武"里的"一"。

7. 有的部件包含着小的部件,成为多层次部件

对于多层次部件,要按照结构层次从大到小逐层拆分,得到的部件依次叫作一级部件、二级部件、三级部件等。最小的不再拆分的部件叫作基础部件,也叫末级部件。例如"戆"字的分层拆分可以列成下面的图:

一级部件 二级部件 三级部件 四级部件 五级部件

8. 利用部件进行汉字编码时,不一定要拆到基础部件

有的编码方案把传统部首看作整体,不再拆分,也是可以的。

（三）成字部件和不成字部件

可以独立成字的部件叫作成字部件。例如："口"和"木"。成字部件也可以和别的部件组合成字。例如：由"口"组合成"另、吉、唱、向"，由"木"组合成"村、杏、呆、困"。成字部件有读音和意义，成字部件的读音也就是它的名称。不能独立成字的部件叫作不成字部件。例如："简、刚、网、铜"里的"冂"，"疾、病、疼、嫉"里的"疒"。不成字部件没有读音和意义。为了便于称说，可以给不成字部件起个名称。例如"氵"叫三点水，"宀"叫秃宝盖。

（四）基础部件的数目

由于字集的大小不同，拆分的字数不同，得到的基础部件的数目也就不同。1997 年 12 月 1 日国家语言文字工作委员会发布的《信息处理用 GB13000.1 字符集汉字部件规范》有汉字 20902 个，拆分得到 560 个基础部件。

三　整字

整字就是一个个的方块汉字，它是汉字的使用单位。

（一）独体字与合体字

从构成说，整字分为独体字与合体字两类。一个部件构成的字是独体字，两个或两个以上部件构成的字是合体字。合体字多数是由两个部件或三个部件构成的。例如：

独体字：一、人、及、册、事
合体字：倍、街、衷、国、麟

（二）合体字的组合模式

按照第一级部件的组合模式，合体字可以分为十三类：

1. 左右结构

例如：性语河磕鹂

2. 左中右结构

例如：辙班浙嫩挪

3. 上下结构

例如：台是要竟患

4. 上中下结构

例如：高菩簟煎鼻

5. 全包围结构

例如：回囚困国圆

6. 上三包围结构

例如：问向同风夙

7. 左三包围结构

例如：匡匣匿匡區

8. 下三包围结构

例如：凶击函幽凼

9. 上左包围结构

例如：厄压病考居

10. 上右包围结构

例如：句匀可习氧

11. 下左包围结构

例如：这建毯翘勉

12. 下右包围结构

例如：头斗

13. 框架结构

例如：巫坐乖噩爽

练 习 二

一、什么是汉字的无理据拆分？什么是汉字的有理据拆分？

二、什么是笔画？

三、指出下列各字的笔画数和笔顺：

  (1)凹　(2)凸　(3)鼎　(4)象　(5)级　(6)凿

四、举例说明汉字笔画的组合类型。

五、什么是部件？说明部件拆分的主要规则。

六、拆分下列汉字，拆到基础部件：

  (1)陪　(2)霜　(3)园　(4)蒋　(5)庭　(6)虞

七、举例说明什么是独体字？什么是合体字？

八、说明下列各字的组合模式：

(1)展 (2)建 (3)婪 (4)图 (5)爽 (6)街

第三节 汉字的结构(下)

一 字符和字符的分类

我们在前面说过,拆分汉字可以有两种思路:一种是无理据拆分,另一种是有理据拆分。两种拆分得到的结果,有的相同,有的不同。相同的,例如"汲、汀"都是左右结构,"想、盒"都是上下结构。不同的,例如"旗、徒",进行无理据拆分时,以中间的分隔沟为标志,拆分为左右结构;而进行有理据拆分时,就不是左右结构:"旗"拆分为左上的"㫃"和右下的"其","徒"拆分为左下的"辵"和右上的"土"。对汉字进行无理据拆分时,得到的构字单位是部件;对汉字进行有理据拆分时,得到的构字单位是字符。字符和部件的含义不同,字符和传统汉字学的偏旁相当。字符用于汉字的有理据拆分,字符本身不再拆分;部件用于汉字的无理据拆分,部件可以拆分为笔画。研究汉字的构字理据,要采用有理据拆分。例如"腾"字要拆分为右下的"马"和左上的"朕"。汉字形体自古至今发生了许多变化,有许多字在隶书楷书里已经失去构字理据,有理据拆分无法贯彻到底,只得采用无理据拆分。例如"贼"小篆作𣂗,是从戈则声。根据现行的楷书,只能拆分为"贝"和"戎"。又如"亦"小篆作𠅃,像人腋下,是指事字。根据现行的楷书,只能拆分为"亠"和"小"。尽管如此,我们还是尽量利用现行汉字的构形理据,说明汉字的结构类型。

字符根据它和整字的音义关系可以分为三类,就是:意符、音符和记号。凡是和整字在意义上有联系的是意符,和整字在读音上有联系的是音符,和整字在意义和读音上都没有联系的是记号。对汉字进行有理据拆分时,整字的意义指的是现代意义而不是古义,当然有些字的意义古今没有大的变化,现代意义和古代意义基本相同;整字的读音指的是现代的读音而不是古音。在读音上有联系,既包括声韵调完全相同的,也包括声韵同而调不同的。

意符举例:"打、扔、推、拉"里的扌,"艾、蒿、茂、茅"里的艹,"吼、嚎、吟、唱"里的口,"岛、屿、岖、岚"里的山,"竿、笋、筷、篁"里的⺮。

音符举例:"暧、媛、暖、瑗"里的爰,"苞、雹、饱、抱"里的包,"芭、疤、把、爸"里的巴,"鞍、氨、按、案"里的安,"熬、遨、鳌、傲"里的敖。

记号举例:"汀、厅、灯、打"里的丁,"蜕、锐、脱、阅"里的兑,"爹、侈、眵、移"里的多,"悲、辈、裴、罪"里的非,"盆、盼、贫、扮"里的"分"。

二 现代汉字的新六书

分析汉字的结构有时要区分溯源分析和现状分析。溯源分析是以这个字在产生时候的字形为对象所做的分析。如果这个字是汉代以前产生的,溯源分析就要追溯到它的古文字字形。现状分析是以当前楷书规范字形为对象所做的分析。现代使用的汉字,其中的大多数是由古代的汉字发展变化来的,不过有些字变化得大些,有些字变化得小些。一个字不管它在造字时遵循的是什么字理,也不管它是怎么样从古代变化到现代的,只从当前楷书规范字形出发分析它的结构,就属于现状分析。对许多字来说,溯源分析和现状分析的结果是一致的。例如"从、休、库、吠"都是会意字,"裘、洲、枫、纨"都是形声字。可是也有不少字两种分析的结果并不一致。例如"人、手、山、水",溯源分析是象形字,现状分析是独体表意字;"江、河、培、攀",溯源分析是形声字,现状分析是半意符半记号字。

现代汉字从有理据拆分说,是由意符、音符和记号构成的。这三类字符搭配使用,构成了现代汉字的六种类型。为了和传统六书相联系,我们叫作现代汉字的新六书。

(一) 独体表意字

独体表意字是由一个意符构成的。它主要有两个来源,一个是古代象形字,一个是古代指事字。古代象形字和古代指事字中,字形没有经过讹变,古今字形的联系比较明显的,属于独体表意字。来自古代象形字的,例如:

人:甲骨文作 𠂉,像人侧立的样子,只有躯干和臂膀。
目:甲骨文作 𠃌,像人眼。
山:甲骨文作 ⛰,像山峰并立。
瓜:小篆作 瓜,像果实及茎蔓。
户:甲骨文作 戸,像单扇门。

来自古代指事字的,例如:

一:甲骨文作 一,用一个横画表示一。
刃:小篆作 刃,用一短横标明刀的刃部。

本：小篆作 ᴁ，将一短横置于木的下部标明树根。

　　末：小篆作 ᴁ，将一短横置于木的上部标明树梢。

　　甘：甲骨文作 ᴁ，象口中含物之形。

(二) 会意字

会意字是由两个或两个以上的意符构成的。例如：

　　从：表示一个人跟随另一个人。

　　伐：表示用戈砍人头，泛指砍。

　　戒：表示两手持戈有所戒备。廾读 gǒng，像两手捧物。

　　库：车在广下，本指收藏兵车的地方，引申指收藏钱粮物品的地方。

　　删：从刀从册，用刀删削简牍上的文字，引申指除去。

　　析：用斤剖木，引申指分开。斤：砍木的工具，类似锛。

　　劣：从少从力，表示力量弱小，引申为恶、不好。

　　吠：从犬和口，表示狗叫。

　　雀：从小从隹，指小鸟。

　　嵩：从山从高，指山高大。

有的会意字是重叠同一个意符构成的。例如：

　　矗：三个直重叠在一起，表示高耸。

　　磊：三石表示石头多。

　　林：二木表示树木丛生。

有的会意字是由三个意符构成的。例如：

　　楞：有四、方、木三个意符。

简化字中有些是会意字。例如：

　　宝：从宀从玉，表示房子里有玉。

　　笔：古代用毛笔。竹表示笔杆，毛表示笔毛。

　　尘：小的土粒，表示尘埃。

　　粜：读 tiào。从出从米，指卖出粮食。

　　籴：读 dí。从入从米，指买进粮食。

　　灶：从土从火，用土坯、砖等砌成的烧火器具。

(三) 形声字

形声字是由意符和音符构成的。其中的意符表示字义的类别，音符表示字

的读音。现代汉字中的形声字,有的音符和整字读音相同。例如:

懊:从心奥声,指烦恼、悔恨。

枫:从木风声,指枫树。

陲:从阝垂声,指边疆。

浮:从水孚声,指飘浮。

荷:读 hé。从艹何声,指莲荷。

谓:从言胃声,指称谓。

铜:从金同声,指金属铜。

洲:从水州声,指大陆,水中的陆地。

有的音符和整字声韵相同而调不同。例如:

襻:读 pàn。从衣攀(pān)声,指扣住纽扣的套。

巍:读 wēi。从山魏(wèi)声,指高大。

窨:读 yìn。从穴音(yīn)声,指地下室。

拥:读 yōng。从手用(yòng)声,指抱。

有些古代形声字到了现代音符已经不能准确表音。汉字简化时改用可以表音的音符。例如:

肤:从肉夫声,指皮肤。繁体作膚。

护:从手户声,指保护。繁体作護。

态:从心太声,指状态。繁体作態。

钟:从金中声,指钟表的钟,钟情的钟。繁体前者作鐘,后者作鍾。

桩:读 zhuāng,从木庄声,指木桩。繁体作樁,春读 chōng。

有的形声字古今字义不同,但是因为意符表意具有模糊性,有的意符可以兼通古今。例如:

油:从水由声,本指水名。现指油脂。油脂古称膏。

涝:从水劳声,本指水名。现指雨水过多,水淹。

有的形声字的音符兼表意。例如:

娶:从女取声,取兼表取得,指嫁娶。

驷:从马四声,四兼表意,指一车套的四匹马。

苞:从艹包声,包兼表意,指花苞。

有的形声字音符有所省略,传统汉字学把这样的形声字叫作省声字。例如:

畿：指国都附近的地区。意符是田，音符是幾省声。

珊：珊瑚的珊。意符是王(玉)，音符是删省声。

氮：气体元素。意符是气，音符是淡省声。

形声字意符和音符的组合方式主要有以下六种：

左形右声：肝、惊、肼、瑚、护

右形左声：鹉、雌、刚、飘、甥

上形下声：霖、茅、毫、竿、崮

下形上声：盂、岱、悠、鲨、腐

外形内声：园、衷、痼、座、麝

内形外声：辩、辫、闷、辟、载

(四) 半意符半记号字

半意符半记号字是由意符和记号构成的。这类字中有不少本来是古代的形声字，由于音符变形，或是音符不能准确表音，变成了记号，而字义古今没有很大的变化，就变成了半意符半记号字。例如：

布：从巾父声，音符父已经不易识别，成为记号。

急：从心及声，音符及已经变为刍，成为记号。

刻：从刀亥声，刻镂要用刀，刀是意符。现在亥不表音，成为记号。

蛇：从虫它声，指蛇蝎的蛇。它是古蛇字。现在蛇不读它，它是记号。

霜：从雨相声，表示天象的字多从雨。现在霜不读相，相是记号。

逃：从辶兆声，指奔逃。现在逃不读兆，兆是记号。

有些是由于汉字简化，使得音符不再表音。例如：

灿：繁体作燦，从火粲声。简化字中粲变成了山，山是记号。

鸡：繁体作鷄，从鸟奚声。简化字中奚变成了又，又是记号。

灯：繁体作燈，从火登声。简化字中登变成了丁，丁是记号。

炉：繁体作爐，从火盧声。简化字中盧(卢)变成了户，户是记号。

有些是从古代的象形字变化而成，一半是意符，一半是记号。例如：

栗：甲骨文作🌰，上部像栗树上的栗子，后讹变为覀，覀是记号。

泉：甲骨文作🌊，像流出泉水的泉穴。楷书变为从白从水，白是记号。

桑：甲骨文作🌳，上部像繁茂的枝叶。楷书上部变为三个又，叒(ruò)是记号。

（五）半音符半记号字

半音符半记号字是由音符和记号构成的。这一类主要来自古代的形声字，音符还能表音，而意符因为不能表意而变成了记号。例如：

球：本指一种美玉，从王（玉）求声。后假借为毬，引申为圆形的立体物，玉变为记号。

荀：《说文新附》："荀，艸也。从艸旬声。"这个意义现在不用，现在只用作姓氏。

笨：本指竹子的内层，从竹本声。后假借表示愚拙，竹变为记号。

纪：本指丝缕的头绪，从糸己声。现主要用于纪律、记载义，糸变为记号。

袅：指细长柔弱。鸟是音符（省去了一），衣是记号。

华：化是音符，十是记号。

巩：工是音符，凡是记号。

（六）记号字

记号字是由记号构成的，又可以分为两类。一类是独体记号字，是由一个记号构成的。古代的许多象形字由于形体发生了讹变，到了现在已经不再象形，成为了记号。例如：

牙：小篆作𠄔，指槽牙。本像上下牙相互交错的样子。

玉：小篆作王，像串玉。后为了和王字相区别，在字的右下部加一个点。

犬：甲骨文作𤝆，瘦腹，长尾卷曲，像犬的样子。

有些独体记号字属于古代的假借字。这样的字经溯源也不能说明字形和字义的关系。例如：

我：甲骨文作𢦏，像刃部有齿的兵器。假借为第一人称代词。

而：甲骨文作𦥔，像颊毛。假借为连词。

又：甲骨文作𠂇，像右手。假借为副词"再"。

有些合体字经简化后成为独体记号字。例如：

樂：简化为乐。

龍：简化为龙。

書：简化为书。

專：简化为专。

记号字的第二类是合体记号字。合体记号字是由两个或两个以上的记号构成的。这类字有些来自古代象形字。例如：

鼎：甲骨文鼎作 🛎，像鼎形。

龟：甲骨文龟作 🐢，像龟的侧面。楷书繁体作龜。

爵：甲骨文爵作 🍶，像爵形。

蜀：甲骨文蜀作 🐛，桑木中形状像蚕的害虫，现用作朝代名、地名。

有的来自古代的形声字，当这些字的意符和音符都失去了作用，就成为合体记号字。例如：

骗：从马扁声，本指跃上马，后表示欺骗。

特：从牛寺声，本指公牛，后表示特殊，不同于一般。

龛：从龙合声，本指"龙貌"，后指供奉神位的小阁子。

其中有的是简化字。例如：

头：繁体作"頭"，从页豆声。简化字从大从两点。

杂：繁体作"雜"，从衣集声。简化字从九从木。

有的来自古代的会意字。例如：

射：甲骨文"射"像用手拉弓射发，后讹变为从身从寸。

至：甲骨文"至"像箭射至地。形体变为"至"已经看不出原意。

三　现代汉字的理据性

文字是记录语言的符号，语言是音义结合的词汇语法体系。用文字来记录语言，就是使文字符号和语言成分建立固定的联系。这种联系可以是任意的，就是无理据的；也可以有道理可说的，就是有理据的。文字的理据就是字理，真正实用的文字都是有一定的理据的。

不同类型的文字，它的理据性表现的方式不同。原始文字采用的构字方法主要是表形和表意，表音是偶尔的例外，所以叫作形意文字。像我国境内尔苏族的沙巴文和纳西族的东巴文就是形意文字。这种文字的理据性表现为用形符来表形，用意符来表意。汉字是成熟的文字，采用的构字方法主要是表意和表音，表形是原始文字的孑遗，所以叫作意音文字。这种文字的理据性表现为用意符来表意，用音符来表音。例如古代汉字里面的"江"和"河"，其中氵（水）能够表意，"工、可"能够表音。到了现在，氵（水）还能够表意，是意符，而"工、可"已经不能表音，变成了记号。表音文字也叫字母文字，这种文字用字母表示音素或音节,字母按照一定的规则拼合起来就能表示出相应的词的读音。在这种文字里,凡是能表音的字母就是有理据,不能表音的字母就是没有理据。例如英文的 book,其中的 b 读[b],oo 读[u],k 读[k]。用这几个字母组合成了 book,看到了这个组合,人们就读出[buk]来。又如英文的 light,其中的 l 读[l],i 读[ai],t 读[t],这几个字母有理据,而其中的 g、h 不表音,就是没有理据。一般地说,理据性高的文字,学习和使用比较方便;理据性低的文字,学习和使用比较困难,因为许多成分要靠死记。

现代汉字是个包含成千上万个汉字的大字符集,要求其中的每个字都有理据,是不实际的。事实是在现代汉字这个大字符集中,有的字有理据,有的字没有理据,有的字有部分理据。有的字本来有理据,在发展的过程中失去理据。有些常用字因为常用,人们对它非常熟悉,可以没有理据,如现代汉字中的"我"和"是"。但是,汉字作为一个大字符集,从总体说总要保持相当程度的理据。当它的理据受到削弱变得过低时,还要设法增强。例如,狮子的"狮"本来借用师众的"师",后来加注犬旁分化出形声字"狮"。"狮"比"师"理据性强。

组成现代汉字的三类字符是意符、音符和记号,其中的意符、音符和整字的字义、字音有联系,是有理据的;记号和整字的字义、字音没有联系,是没有理据的。因此在由意符、音符、记号组合成的六类字中,独体表意字、会意字、形声字是有理据字,半意符半记号字、半音符半记号字是半理据字,记号字是无理据字。

一个字在古代汉字中所属的类,和在现代汉字中所属的类,有时并不相同。例如,"日、月"在古代汉字中是象形字,在现代汉字中是独体表意字。"江、河"在古代汉字中是形声字,在现代汉字中是半意符半记号字。我们常听人说,形声字占汉字 90% 以上,其实这是依据古代汉字得出的结论。如果从现代汉字着眼,形声字并没有这么多。据统计,在 7000 个通用字中,形声字有 3975 个,只占 56.7%。[①]

练 习 三

一、举例说明现代汉字的意符、音符和记号。

二、现代汉字的"新六书",指的是哪六种?每种举出两个例字来。

[①] 李燕等著《现代汉语形声字研究》,《语言文字应用》1992 年第 1 期。

三、同一个"日"字,有人说是象形字,有人说是独体表意字,哪种说法有道理?

四、从现代汉字的角度,指明下列各字所属的构字类型:

　　(1)说　(2)手　(3)论　(4)走　(5)蚊　(6)渔

五、怎么理解文字的理据性?表音文字的理据性和汉字的理据性,有什么不同?

第四节　汉字的简化和整理

汉字是辅助汉语的重要交际工具,具有社会性。为了使汉字在交际中能很好地发挥作用,汉字必须有统一、明确的规范。汉字规范包括定量、定形、定音、定序四个方面,简称"四定"。本节谈定形,下一节谈定量、定音和定序。

一　汉字的简化

汉字从殷商时代的甲骨文算起,至今已有3300多年。在这3300多年里,形体的演变有繁化和简化两种趋势,但是总趋势是简化。20世纪50年代,中国政府对汉字进行了简化,符合汉字演变的总趋势。简体字是繁体字的对称。同一个汉字,简体比繁体笔画少。简化字特指《汉字简化方案》《简化字总表》中规定的简体字。汉字的简化,在古代是汉字形体的自然演变,到了现代是人们有意识的改革。

早在甲骨文和金文中,汉字就有了简体。甲骨文、金文中的许多字脱胎于图画,象形意味浓厚,结构繁复,书写不便。为了便于书写,于是就出现了简体,结果就形成了繁简并存的局面。下面是甲骨文中的两个字例:

〖甲骨文字形〗(车)　〖甲骨文字形〗(渔)

小篆中也有些字繁简并存。例如:

〖小篆字形〗(星)　〖小篆字形〗(宾)

小篆变为隶书,许多字得到了简化。例如:

〖篆〗——寒　〖篆〗——塞

汉字进入楷书阶段以后,字体没有发生多大的变化,字形则仍在继续简化。在汉魏六朝的碑刻中,在唐代的写经里,都出现不少简体字。宋代以后,简体字由碑刻和手写转到雕版印刷的书籍上,扩大了流通的范围,简体字的数量也有所增加。此外,魏晋以后行书盛行,行书中有很多写法实际也是繁体的简化。

"五四"以后,一些先进知识分子认识到简化是汉字发展的必然趋势,提出了简化汉字的要求。1909年教育家陆费逵首先提出了"普通教育当采用俗体字"的主张。他说:"余素主张此议,以为有利无害,不惟省学者之脑力,添识字之人数,即写字刻字,亦较便也。"1922年钱玄同在国语统一筹备会上提出了一项《减省现行汉字的笔画案》,主张把过去只通行于平民社会的简体字,正式应用于一切正规的书面上。1932年商务印书馆出版国民政府教育部公布的《国音常用字汇》,其中就收入不少简体字。1935年8月,国民政府教育部公布了《第一批简体字表》,共收简体字324个。后来因为遭到国民党领导层一些人的强烈反对,于1936年2月通令收回。抗日战争时期,简体字主要在当时的解放区流行,解放区的油印报刊就使用了不少简体字。

新中国建立后不久,就在党和政府领导下进行了汉字简化工作。当时确定的方针和步骤是"约定俗成,稳步前进"。"约定俗成"指的是简化工作要在社会习惯的基础上因势利导,简化字的字形尽可能采用社会已经流行的写法。"稳步前进"指的是全部简化工作不是一次完成,而是分期分批进行。汉字简化主要是减少笔画,同时也要适当减少字数。

1956年1月,国务院公布了《汉字简化方案》,并且规定"除翻印古籍和有其他特殊原因以外,原来的繁体字应该在印刷上停止使用"。《方案》共包括515个简化字和54个简化偏旁,自公布之后分四批陆续推行,到1959年7月基本推行完毕。为了解决在推行中发现的问题,便于群众正确使用简化字,经国务院批准,1964年中国文字改革委员会编印了《简化字总表》,《简化字总表》是《汉字简化方案》的具体化和完善化。1986年重新发表时,对表内的个别简化字做了调整。调整后的《简化字总表》共收简化字2235个。

汉字的简化方式主要有以下八种:

(一)部分省略

如:声(聲)虽(雖)际(際)开(開)与(與)垦(墾)

(二)改换音符

如:优(優)种(種)洁(潔)灯(燈)础(礎)据(據)

(三)草书楷化

如:东(東)长(長)专(專)乐(樂)书(書)发(發)

（四）符号代替

如：难（難）戏（戲）赵（趙）风（風）枣（棗）伞（傘）

（五）同音代替

如：谷（穀）丑（醜）姜（薑）板（闆）郁（鬱）干（幹）

（六）整字改换

如：灭（滅）尘（塵）千（韆）体（體）灶（竈）丛（叢）

（七）改用本字

如：从（從）云（雲）舍（捨）气（氣）电（電）胡（鬍）

（八）偏旁类推

如：暧（曖）贡（貢）渗（滲）轧（軋）诌（謅）坠（墜）

20世纪50年代推行的简化字有较好的群众基础，其中的大多数简化字早在群众中广泛流行。采用分批推行的办法，减少了群众学习简化字的困难，推行工作进行得比较顺利，这批简化字已为大多数群众所接受，简化的效果比较明显。《简化字总表》中的2235个简化字，平均每字10.3画；被简化的2264个繁体字，平均每字15.6画。简化字比繁体字平均每字减少5.3画。1952年教育部曾公布2000个常用字，简化后合并为1967个字。这些常用字在简化前超过10画的占多数，简化后只有10画和不到10画的字占多数。具体数字如下：

	1—10画	11—20画	21—27画	合计
简化前	917字	1030字	53字	2000字
简化后	1395字	570字	2字	1967字

根据2004年公布的中国语言文字使用情况调查得到的数据（不包括港澳台），平时主要写简化字和繁体字的比例是[①]：

地区	简化字	繁体字	两种都写
全国	95.25％	0.92％	3.84％

上面的数据，有力地说明简化字已经成为汉字的主体，汉字已经进入了简化字时代。

汉字简化工作从整体看是很成功的，对普及教育、提高群众的文化水平、促进社会主义建设事业的发展，都起到了积极作用。但是今天看起来，当时在字

[①] 《中国语言文字使用情况调查资料》第14页，语文出版社2006年版。

形的选用上也还存在一些考虑不够周密的地方。例如,简化以后增加了一批容易混淆的形近字。繁体字"擾"和"攏"、"侖"和"倉",区别很明显,简化为"扰"和"拢"、"仑"和"仓",形体过于相似,不易区别。"設"简化为"设",和"没"相似。"设有食堂"和"没有食堂"意思相反,稍不注意就会读错。简化后还增加了一些不便分解、不便称说的部件。繁体的"書"可以分解说成"聿日書",繁体的"農"可以分解说成"曲辰農",而简体的"书"和"农"就很难用一句话说清,不便教学和辨认。同音代替的简化字,有时也会造成歧义。例如,以"干"代"乾"和"幹","不干"既可以指不干燥,也可以指不干活。另外,汉字简化还打乱了一些字的构形系统。例如,"盧"字旁简化为"卢","瀘壚櫨轤"偏旁类推简化为"泸垆栌驴",而"廬蘆爐驢"却简化为"庐芦炉驴"。这些问题在今后的汉字整理中可以用适当的方式加以解决。

1977年12月20日,中国文字改革委员会曾经公布了《第二次汉字简化方案(草案)》征求意见,并从中选出248个简化字在报刊上试用。试用结果表明,这个"草案"不够成熟,1986年6月24日经国务院批准废止。

从历史看,汉字始终是繁简并存的,直到今天仍然如此,不管是在中国大陆,还是在港、澳、台,以至国外华人社区。问题在于以哪一种写法作为规范。旧中国和现在的港、澳、台,以繁体为规范体,但是在一般书写中简体字也相当流行。在中国大陆,以简化字为规范体,繁体字主要用于文物古迹、翻印古书和对外宣传。至于一般场合,就不应该任意使用繁体字。

目前,新加坡、马来西亚和泰国都已采用我国公布的简化字;日本采用简化字的时间比我国还要早;韩国的《朝鲜日报》于1983年4月26日公布的90个简化字已在该报使用。汉字简化在全世界使用汉字的国家和地区已成为不可逆转的趋势。

二 汉字的整理

整理汉字的字形,就是要做到字有定形。要做到一个字只有一种规范形体,而没有其他形体;这种形体要比较合理,易学便用。我国有悠久的整理汉字的历史,秦始皇统一文字是我国第一次对汉字进行全面的整理,历代编纂的字书和韵书也都具有整理汉字的性质。1913年,读音统一会逐字审定"国音",1919年出版了《国音字典》。这部字典于1921年经校订后再次出版,定名为《教育部公布校改国音字典》,收13000多字。这是20世纪中国政府第一次正式公布的现代汉字表。1932年5月,教育部公布了《国音常用字汇》,收正字9920个,异体字1179个,异读字1120个,共计12219个字,按注音字母音序排列,并再次确认以北京语音为标准音,从而在字量、字形、字音、字序几方面建立了明确的规范。新中国建立以来,在汉字整理方面做了许多工作,取得了积极的成果。

(一)整理异体字

异体字指的是音义相同而形体不同的一组字,如:够夠、床牀、窑窰窯。异体字的存在只会增加学习和使用的负担,没有什么积极作用。历史上出现过的异体字有不少在使用中已被淘汰,但是自然淘汰比较缓慢,不能满足应用的需要。为了促进汉字规范化必须对异体字进行人为整理。整理异体字就是从每组字中选择一个作为规范字加以保留,其余的停止使用。取舍的标准不完全根据文字学的传统,要选择使用面广、笔画较少而又便于书写的形体。1955年12月22日,文化部和中国文字改革委员会联合公布了《第一批异体字整理表》。表内收异体字810组,共1865字。经过整理,保留810字,停止使用1055字。例如(括号内是停止使用的异体字):

布(佈)	杰(傑)	笋(筍)
痴(癡)	巨(鉅)	它(牠)
唇(脣)	泪(淚)	席(蓆)
雇(僱)	脉(脈衇䘑)	韵(韻)
挂(掛罫)	猫(貓)	周(週)
迹(跡蹟)	升(陞昇)	注(註)

在《第一批异体字整理表》推行过程中,国家主管语文工作的部门,根据语文生活的实际变化,从淘汰的异体字中先后恢复了30字为规范字。目前的《第一批异体字整理表》实有异体字795组,淘汰异体字1025字。

(二)整理印刷铅字字形

汉字的印刷体主要有宋体、仿宋体、楷体和黑体四种。宋体字多保留篆书或隶书的痕迹,和仿宋体、楷体不尽相同,如:

敎 逾 盆 眞 內 靑 爲 縣 鄉

即使同一种字体,也有一些同字异形的,如:敘敍叙、別别、片片、羨羡等。为了克服这种分歧现象,文化部和中国文字改革委员会于1965年1月30日联合公布《印刷通用汉字字形表》,并发出《关于统一汉字铅字字形的联合通知》。

《通知》指出整理印刷铅字字形的目的是"为了使汉字印刷体的字形趋于统一,笔画结构力求与手写楷书一致,以减少初学者阅读和书写的困难"。《字形表》规定了6196个通用汉字的字形、笔画数和笔顺,确定了铅字字形的规范。人们习惯上把《字形表》中的字形叫新字形,《字形表》公布以前使用的与《字形表》不同的字形叫旧字形。下面是《现代汉语词典》中的《新旧字形对照表》(字形后圆圈内的数字表示字形的笔画数):

新旧字形对照表

(字形后圆圈内的数字表示字形的笔画数)

旧字形	新字形	新字举例	旧字形	新字形	新字举例
【艹④】	【艹③】	花/草	【直⑧】	【直⑧】	值/植
【辶④】	【辶③】	连/速	【黾⑧】	【黾⑧】	绳/鼋
【幵⑥】	【开④】	型/形	【咼⑨】	【咼⑧】	過/蝸
【丰⑤】	【丰④】	艳/沣	【垂⑨】	【垂⑧】	睡/郵
【巨⑤】	【巨④】	苣/渠	【食⑨】	【食⑧】	飲/飽
【屯④】	【屯④】	纯/顿	【郎⑨】	【郎⑧】	廊/螂
【瓦⑤】	【瓦④】	瓶/瓷	【彔⑧】	【录⑧】	渌/箓
【反④】	【反④】	板/饭	【昷⑩】	【昷⑨】	温/瘟
【丑④】	【丑④】	纽/杻	【骨⑩】	【骨⑨】	滑/骼
【犮⑤】	【犮⑤】	拔/茇	【鬼⑩】	【鬼⑨】	槐/嵬
【印⑥】	【印⑤】	茚	【俞⑨】	【俞⑨】	偷/渝
【耒⑥】	【耒⑥】	耕/耘	【既⑪】	【既⑨】	溉/厩
【吕⑦】	【吕⑥】	侣/营	【蚤⑩】	【蚤⑨】	搔/骚
【忄⑦】	【忄⑥】	修/倏	【敖⑪】	【敖⑩】	傲/遨
【争⑧】	【争⑥】	净/静	【茻⑫】	【茻⑩】	漭/蟒
【产⑥】	【产⑥】	彦/产	【真⑩】	【真⑩】	慎/填
【羊⑦】	【羊⑥】	差/养	【备⑩】	【备⑩】	摇/遥
【并⑧】	【并⑥】	屏/拼	【殺⑪】	【殺⑩】	搬/镘
【吴⑦】	【吴⑦】	蜈/虞	【黄⑫】	【黄⑪】	廣/横
【角⑦】	【角⑦】	解/确	【虚⑫】	【虚⑪】	墟/歔
【奂⑨】	【奂⑦】	换/痪	【異⑫】	【異⑪】	冀/戴
【舟⑧】	【舟⑦】	敝/弊	【象⑫】	【象⑪】	像/橡
【耳⑧】	【耳⑦】	敢/嚴	【奥⑬】	【奥⑫】	澳/襖
【者⑨】	【者⑧】	都/著	【普⑬】	【普⑫】	谱/镨

(三) 改换部分生僻地名用字

1955年3月到1964年8月,经国务院批准,将黑龙江、青海、江西、四川、贵州、陕西、新疆、广西八个省、区所辖的 35 个县级以上地名中的生僻字改为同音的常用字。例如（括号内是改换前的写法）：

  铁力县（铁骊县） 和田县（和阗县）

  于都县（雩都县） 习水县（鳛水县）

  户县（鄠县）   周至县（盩厔县）

  彬县（邠县）   千阳县（汧阳县）

  勉县（沔县）   佳县（葭县）

（四）统一部分计量单位用字

1977 年 7 月 20 日，中国文字改革委员会和国家标准计量局联合发出《关于部分计量单位名称统一用字的通知》。《通知》淘汰了一部分计量单位的旧译名，旧译名中使用的复音字和生僻字也随之淘汰。例如（括号内是旧译名）：

  千瓦（瓩）   海里（浬、海浬）

  英尺（呎）   英寸（吋）

  盎司（唡、英两、温司）

1984 年 1 月 20 日，国务院第 21 次常务会议讨论并通过了《中华人民共和国法定计量单位》，该文件是我国法定计量单位的规范。《现代汉语词典》的附录里载有该文件。

汉字经过简化和整理，字数有所减少。减少的情况如下：

1. 《简化字总表》中采用同音代替的方法精简了 102 个字

如：閩謦葡衝醜齣澱鬥範後。

2. 生僻的地名用字精简了 15 个字

如：瑷嬛厔部雩邠鄜。

3. 不合理的计量单位名称用字精简了 20 个字

如：浬哩唡䏝瓩。

4. 《第一批异体字整理表》淘汰了异体字 1025 个

如：佈廹疌氷畧。

以上四项合计共减少了 1162 个字。但是"閣（楼阁）"字在《第一批异体字整理表》中作为"阁"的异体被淘汰，在《简化字总表》中"閤"字又被简化字"合"

所代替,出现两次只是一个字,应从总数中减去一个字,所以实际精简掉的汉字字数是 1161 个。

练 习 四

一、怎么理解汉字简化中的"约定俗成,稳步前进"?
二、试说明《简化字总表》和《汉字简化方案》的关系。
三、举例说明什么是异体字? 整理异体字根据什么原则?
四、写出与下列简化字相对应的繁体字。
　　(1)纤　(2)坛　(3)复　(4)发　(5)历
五、写出与下列繁体字相对应的简化字。
　　(1)蔣鏘漿槳獎醬
　　(2)揚陽楊場瘍腸暢傷殤觴
　　(3)盧廬蘆爐驢瀘壚櫨轤臚鱸艫
六、有些谈汉字规范的字表将下列四组字处理为正体和异体的关系,请研究一下这样处理是否得当。
　　(1)券[劵]　(2)诣[詣]　(3)粳[秔]　(4)烟[菸]
七、下列简化字的形体都不合乎规范,请加以改正。
　　厅(廳)　绕(繞)　缠(纏)　写(寫)　丽(麗)
　　临(臨)　尝(賞)　长(長)　坊(場)　沧(渝)
八、根据《第一批异体字整理表》指出下列各组字中哪个是规范字?
　　(1)迹跡蹟　(2)韵韻　(3)煙烟菸　(4)敕勅勑　(5)綵彩
　　(6)尸屍　(7)耻恥　(8)効傚效　(9)奸姦　(10)劫刦刼刧

第五节　定量、定音、定序

一　定量

定量就是确定现代汉字的规范字量,重点是常用字和通用字的字量,还要确定常用字、通用字都有哪些字。

(一) 汉字的总字数

自古至今,汉字的总字数一共有多少? 很难做出精确的回答。下面列出几部有影响的字典和韵书所收的字数：

年代	书名	收字数
公元 100 年	说文解字	9353
1008 年	广韵	26194
1716 年	康熙字典	47043
1915 年	中华大字典	48000 多
1968 年	中文大辞典	49905
2010 年	汉语大字典(第二版)	60370

从上表可以看出,汉字的数量越来越多,《汉语大字典》收字已逾六万。字典和韵书中的字数是历代积累的总字数,其中还包括相当多的异体字,如果单就现代汉语用字来说,远没有这么多,估计在一万字左右。

(二) 常用字

常用字指记录现代汉语经常要用到的字,也就是基础教育要学习的字。下面这个简表说明了这个特点。

汉字序号 （按降频排列）	10	40	160	950	2400	3800	5200
累计频度	11%	25%	50%	90%	99%	99.9%	99.99%

以上统计表明,掌握了频率最高的前 950 字,就可以读懂一般文章的 90%;掌握了前 2400 字,就可以读懂 99%;掌握了前 3800 字,就可以读懂 99.9%。

选定常用字,对于语文教学、辞书编纂以及汉字机械处理和信息处理等方面都有重要作用。常用字的选定应该考虑以下四方面的因素:第一,使用频率高的;第二,学科分布广的;第三,构词能力和构字能力强的;第四,日常生活中常用的。这四方面的因素要综合运用,不能单独依据某一方面决定取舍。

1988 年 1 月 26 日,国家教育委员会和国家语言文字工作委员会联合公布的《现代汉语常用字表》,包括常用字 2500 个,次常用字 1000 个,共 3500 个。经过检测证明,这 3500 字的覆盖率达 99.48%。

(三) 通用字

通用字指记录现代汉语一般要用到的字,也就是出版印刷的一般用字。它除了 3500 个常用字外,还包括一定数量的非常用字。确定通用字对汉字信息处理、字典编纂、汉字教学等都具有重要意义。

1965 年 1 月 30 日文化部和中国文字改革委员会联合公布的《印刷通用汉

字字形表》，收字 6196 个。它是根据全国几家大型印刷厂的用字情况制订的，反映了印刷上通常使用的字数。1988 年 3 月 25 日，国家语言文字工作委员会和新闻出版署联合公布的《现代汉语通用字表》，收字 7000 个。这个字表吸收了以往各种通用字表的成果，并用计算机对 200 万字的语料进行了统计，所得的结果具有比较高的科学性。7000 个通用字包括常用字和非常用字各 3500 个，非常用字主要是以下几类字：

1. 文言用字

如：兮叵匦哉贲枥哂曷矧

2. 口语用字

如：夯仨预拽氽哕纾哏炝

3. 专业用字

如：卟氕毴茌钚钛氦氟胨

4. 地名用字

如：圳邗邛邯荥郓郾羑朐

5. 姓氏用字

如：邝亓仉伋郜郗逄邮尉

6. 方言用字

如：垟畈爿圩夼囝囡甂

7. 拟声用字

如：咿咩哞哟咣嗨嗯嘾咳

8. 译音用字

如：哔镑咔咖啡哩戛啤耶

二 定音

定音就是确定现代汉字的规范读音，实现汉字字有定音。

（一）汉字字音是怎样确定的

汉字字音是根据北京话的语音系统来确定的。一个个现代汉字的读音可以通过语音调查来确定；有些文言用字在北京话里不出现，就只能根据古代字书、韵书里的注音来确定。例如，"祃"指在军队驻扎地举行的祭礼，《广韵》莫驾切，折合成今音应该读 mà。"眮"指眼皮跳动，《广韵》如匀切，折合成今音应该读 rún。现在北京音系里没有 rún 这个字音，为了安排"眮"字（还有和它同音的

"犉、雖"等），就只好在字典词典中增加一个 rún 的读音。

方言字的读音，一般要根据方言和北京话的语音对应规律折合成北京语音来确定字音。例如，"圳"广州话读[tsɐn³³]，和"真"的声韵母相同。在确定"圳"的字音时，就要根据语音对应规律读成 zhèn，而不能按照广州话读成[tsɐn³³]。"囡"字是吴语区的方言字，根据语音对应规律应该读成 nān，现在北京音系并没有这个字音，也就要在字典词典中增加一个 nān 音。

（二）多音字

只有一个读音的字是单音字，多于一个读音的字是多音字。《新华字典》中共有多音字 828 个，包含着 1857 个读音，占字典总字数的 10%。1979 年版《辞海》有多音字 2641 个，占总字数的 22%。其中一字二音的有 2112 个，一字三音的有 422 个，一字四音的有 81 个，一字五音的有 18 个，一字六音的有 7 个，一字八音的有 1 个。从上述两项统计可以看出，文言古语中的多音字比现代汉语中的多音字要多。

多音字根据音义之间的联系分为三种类型。

1. 不同的读音，表示不同的意义

例如：

降：①jiàng 落下。

②xiáng 投降，降伏。

处：①chù 处所。

②chǔ 居住，处理。

参：①cān 参加，参观。

②shēn 人参。

③cēn 参差的"参"。

和：①hé 相安，谐调。

②hè 声音相应。

③huó 在粉状物中加液体搅拌。

④huò 洗东西换水的次数。

⑤hú 赌博用语，表示赢了。

2. 不同的读音，表示的意义基本相同，但语体色彩不同，习惯用法不同

例如：

钥：①yuè（文）锁钥。

②yào（语）钥匙。

血：①xuè（文）贫血，呕心沥血。

②xiě（语）流了点血，鸡血。

迫：①pò 压迫，强迫。

②pǎi 迫击炮的"迫"。

排：①pái 排列，安排。

②pǎi 排子车的"排"。

3. 不同的读音，表示的意义、色彩、习惯用法都相同

例如：

谬：①miù。②niù。

室：①shì。②shǐ。

前两类叫多音多义字，第三类叫多音同义字，也叫异读字。

文章中遇到了多音多义字，先要弄清它的意义和用法，然后才能确定它的读音，这叫作"音随意转"。读错多音多义字的现象，是很容易见到的。

对异读字的读音应该加以规范，确定其中一个读音为标准音，淘汰其他读音。中国科学院语言研究所于 1956 年 1 月组成了普通话审音委员会负责审定异读字的读音。普通话审音委员会于 1957 年到 1962 年分三次发表《普通话异读词审音表初稿》，并于 1963 年辑录成《普通话异读词三次审音总表初稿》。1982 年 6 月国家语言文字工作委员会重建普通话审音委员会，进行修订工作。经过多次讨论研究，形成了修订稿。于 1985 年 12 月 27 日由国家语言文字工作委员会等三部门联合公布了《普通话异读词审音表》，确定了异读字的标准读音，如"谬"应读 miù，"室"应读 shì。

（三）同音字

同音字指的是读音完全相同而形体和意义不同的一组字，如"盾顿钝囤遁沌炖""贯惯掼灌瓘罐鹳"。

普通话共有 1300 多个音节，汉字字数如果按 1 万字计算，平均每个音节要负载 7.5 个字。这说明同音字是无法避免的。同音字在音节的分布上很不均匀，有的音节有很多同音字，有的音节一个也没有。同音字音节包括的同音字多少也很不相等。例如："白"bái、"短"duǎn、"改"gǎi、"冷"lěng、"猫"māo 等音节没有同音字；"鼻"bí、"梦"mèng、"操"cāo、"衰"shuāi、"烫"tàng 等音节只有一个同音字（分别是"荸、孟、糙、摔、趟"）；可是"力"lì 有 40 多个同音字，"必"bì

有 60 多个同音字。

同一组的各个同音字使用的频率不一样,有的组只有一个使用频率高的最常用字,有的组可以有好几个。例如(竖线左侧的是高频字):

产|铲阐谄浐
床|幢
金今斤|津筋巾襟矜
力利立历|例粒

有的组没有高频字。例如:

憨酣蚶
蒿薅

就多数情况来说,同音字是不会影响交际的。因为语言的基本单位是词,不是字。同音字中有的是词可以单用,有的不是词不能单用。例如,读 mǎ 的有"马玛码吗蚂犸",其中"马"能单用,"码"有时能单用,"玛吗蚂犸"不单用。使用时出现的环境也不一样。例如:

玛:玛瑙、玛钢
吗:吗啡
蚂:蚂蟥、蚂蚁、蚂蜂
犸:猛犸

同音字如果出现的环境相同,就有可能造成混淆。在混淆可能引起严重歧义时,往往改换一下读音。例如,"癌"原来读 yán,"肺癌"和"肺炎"同音,于是把"癌"改读为 ái。有时可以改换一下说法。例如,"期终"和"期中"同音,可以把"期终"改为"期末"。

三　定序

定序就是确定现代汉字的规范排列顺序。现代社会生活中许多方面都要用到字序。字典词典的编纂,目录索引的编制,汉字的信息处理都和字序密切相关。理想的字序应该是每个字在序列中都只有一个固定的位置,而且还要易于检索。

汉字具有形音义三个方面的属性,根据其中的任何一个方面都可以建立起字序来,不过字义很难确立分类的标准,因此使用义序的较少,经常用到的是形序和音序。汉字的字序法主要有四种,就是:部首法、笔画法、四角法和音序法。

前三种都属于形序法。

（一）部首法

部首是东汉许慎创立的，对后世影响很大。许慎著《说文解字》时，把9353个字头（主要是小篆）分为540部，每部的代表字就是部首。凡具有相同表意偏旁的字就归为同一部，如"羊羔美羌羯羸"等字归为羊部，部首是"羊"；"足踝跳跌蹲跛"等字归为足部，部首是"足"。同部字再按意义关系的远近排列先后。汉字由小篆经过隶书变为楷书，许多字的形体发生了变化。后世的字典词典在部首的设立和具体字的归部上，不能再拘守《说文》，而是根据楷书的形体做了许多改动。明代梅膺祚于1615年编成《字汇》一书，将部首合并为214部，其后的《康熙字典》、《中华大字典》、《辞源》(1915年)、《辞海》(1936年)等都沿用了《字汇》的214部，成为近现代最通用的部首分类方法。

由于汉字本身的结构特点，部首在字中的位置很不固定，有的部首在上（如"令"里的人），有的部首在下（如"婆"里的女），有的部首在左（如"妹"里的女），有的部首在右（如"斯"里的斤），有的部首在外（如"闲"里的门），有的部首在内（如"闷"里的心）。此外，还有一些字由于古今字形的演变，很难确定它们的部首（如"更、事"等）。这些都给查检带来了困难。

为了解决部首法存在的问题，最近几十年来不断有人提出新的部首系统来。《新华字典》(1971年版)把部首数减少到189个，《现代汉语词典》采用了《新华字典》的189个，1979年版《辞海》则完全依据字形定部的办法，把部首增加到250个。

1983年，在中国文字改革委员会和文化部出版局的领导下，成立了统一部首查字法工作组。工作组依据字形定部、"以大包小"、"口径一致"等原则，参照《康熙字典》、《辞海》(1979年版)、《新华字典》的部首，制定了《统一汉字部首表》（征求意见稿），共设部首201个。2009年1月12日，教育部和国家语言文字工作委员会发布了《汉字部首表》(GF0011—2009)和《GB13000.1字符集汉字部首归部规范》(GF0012—2009)，作为部首法立部和归部的规范。《汉字部首表》采用《统一汉字部首表》（征求意见稿）的201个部首。

（二）笔画法（笔画笔形法）

笔画法是按照笔画的多少来排定字序，笔画少的在前，笔画多的在后。如果字数不多，这种方法确实简便易行；如果字数较多，同笔画的字太多，只用这种方法还不便查检，需要第二次排序，使用笔形法。先用笔画法，后用笔形法，两者结合起来就是笔画笔形法。

笔形法是根据笔画的形状来排定字序的。分出的笔形少则四五类,多则七八类,甚至还有的多到十几类。当前应用最多的是五类。五类笔形排列的先后次序也不一致,常见的有：

札字法：一丨丿、㇀

丙字法：一丨㇀丿、

江天日月红法：、一丨丿㇀

"札"字法和"丙"字法是按"札"字和"丙"字的笔顺排列先后次序,"江天日月红"法则是按各字起笔笔形排列。1964年汉字查字法工作组推荐了"札"字法,目前这种序列法已被许多工具书所采用。

应用笔画笔形法排序,第一次排序按笔画多少,第二次排序按起笔笔形,起笔笔形相同的再按第二笔笔形,如此依次比下去。例如,同属三画的字可以按笔形排列如下：

一：三干于亏工士土才下寸大丈与万

丨：上小口巾山

丿：千乞川亿彳个勺丸凡夕么及久

、：广亡门丫义之

㇀：尸弓己已巳卫子也女飞刃习叉马乡

使用部首法排列字序时,同部首的字也往往按笔画笔形法做第二次排序。使用笔画法,必须对笔画和笔顺非常熟悉,有些字的笔画不好确定(如"凸、乐"),有些笔顺写法不一致(如"必、长"),这都给使用笔画法带来一定的困难。

(三) 四角法

四角法是一种笔形代码法。先把笔形转化为号码,把号码连成代码,然后依代码的大小给字排序,小的在前,大的在后。号码和笔形的关系是：

号码	0	1	2	3	4	5	6	7	8	9
笔形	头	横	垂	点	叉	串	方	角	八	小

取角的顺序是左上、右上、左下、右下。例如,"端"的四角号码是0212,"烙"的四角号码是9786。

四角法的优点是看到字形就能知道代码,既不需要查部首,也不需要数笔画,使用比较方便。但是号码和笔形的关系是人为规定的,没有理据,只能死记,如果不常用,很容易忘掉。而且重码字比较多,例如在收字 10000 多的中型字典中,代码是 4422 的就有 50 多个字。此外,有些字的代码不易确定。

(四) 音序法

音序法是根据字的读音来排定字序。使用拼音文字的语言按照字母的顺序安排词条的次序,我国古代的韵书根据四声和韵部编排字序,都属于音序法。

音序法中当前使用最广的是按照汉字的汉语拼音安排字序。同音的字再按照笔画数和笔形来排序。如《现代汉语词典》(第 5 版)中读 chéng 的字 22 个,它们的顺序是:

  6 画:成　丞

  7 画:呈

  8 画:枨　郕　诚　承

  9 画:城　宬

  10 画:埕　晟　乘

  11 画:盛　铖

  12 画:程　惩　棽　裎

  13 画:塍

  14 画:酲

  15 画:澄

  16 画:橙

音序法简明、严谨,不会出现模棱两可的现象,使用起来很方便,不过也有很大的局限性,最根本的一条是在不能读准字音时就无从查检,在大型字典词典中这个问题就比较突出。《辞源》《汉语大字典》《汉语大词典》等大型的字典词典,正文编排都没有采用音序法,而是采用部首法。

上面我们简要地介绍了四种主要的字序法,由于汉字本身的种种复杂情况,每种方法各有优点和缺点,人们对它们的熟悉程度也不相同。许多字典词典在采用某种字序法编排正文外,还附有几种不同的检字索引,以补充正文使用的字序法的不足。

练 习 五

一、什么是通用字?什么是常用字?

二、汉字中的同音字很多,但是在应用中一般不会造成混淆,这是为什么?

三、多音字有哪几种类型?有什么办法可以减少多音字。

四、你在使用部首法查字时,曾经遇到过哪些问题?部首法的主要优缺点是什么?

五、什么是音序法?这种方法的主要优缺点是什么?

六、用汉语拼音字母注出下列词语的规范读音:

庇护　玷污　水獭　鼎鼐　星宿　酗酒　鬼蜮　解数　干涸　陡变
好逸恶劳　海市蜃楼　铿锵有力　沆瀣一气　咄咄逼人　瞠目结舌

第六节　汉字的正字法

一　规范字和不规范字

语言文字是社会的交际工具,具有很强的社会性。人们使用时必须遵守统一、明确的标准。只有这样,社会交际才能顺利实现,社会生产和生活才能有条不紊的进行。标准就是规范,标准化也就是规范化。汉字的规范涉及字量、字形、字音、字序几个方面。因为文字是视觉符号,所以汉字的规范首先是字形的规范。正字法的内容主要有两部分,就是确定字形规范和推广字形规范。新中国建立以来,国家对汉字进行了大规模的简化和整理,建立了新的汉字正字规范,这种规范首先要区分规范字和不规范字。

现代汉字规范字指的是《第一批异体字整理表》里的选用字,《简化字总表》里的简化字和《印刷通用汉字字形表》规定的新字形。上述这些规定都体现在《现代汉语通用字表》里,《现代汉语通用字表》里的 7000 字都是规范字。《现代汉语通用字表》以外的现代汉字,它的字形也要符合上述三个字表的规定。

和规范字相对的是不规范字。它包括《简化字总表》里被简化了的繁体字,国家已经宣布废止的《第二次汉字简化方案(草案)》里的简化字,《第一批异体字整理表》里淘汰的异体字,《印刷通用汉字字形表》里的旧字形,此外还有社会上流行的自造简体字和错别字。

汉字规范的标准是发展的,不是永远不变的。繁体字本来是和简体字相对而言的,没有简体字自然也谈不上繁体字。在实行汉字简化以前,自古流传下来的传承汉字是规范字;推行简化字以后,被简化了的繁体字,就成为不规范字。根据规定可以使用繁体字的地方，繁体字就是规范字；根据规定不能使用繁体字的地方使用了繁体字，繁体字就是不规范字。文字的规范必须统一、明确，政府推行简化字后，简化字就是规范字，不能繁简两体都是规范。如果繁简并用或繁简混用，势必造成汉字使用的混乱，增加学习和使用的负担。把被简化了的繁体字归入不规范字，不涉及对汉字的评价，不存在对自古流传下来的汉字的贬损，因为简化字同样是汉字。

二 正字法的基本要求

汉字正字法的基本要求就是：要使用规范字，不使用不规范字，首先要消灭错别字。

文字的使用范围十分广泛，可以大别为两类，就是个人用字和社会用字。个人用字指的是只供个人使用、个人阅读的文字，它只面向写字的本人，如日记用字、私人账目用字等。社会用字指的是在社会上流通、用于社会交际的文字。它面向公众，面向他人。例如，国家法律法令用字、政府公文用字、出版印刷用字、商业用字等。从我国目前的情况看，社会用字大致包括四个方面，就是：出版印刷用字、影视用字、计算机用字和城镇街头用字。影响大、在社会用字中起主导作用的是前三个方面，但是城镇街头用字具有很强的直观性，在感官上给人的印象往往更强烈更深刻。

对汉字的使用，国家规定了明确的政策。关于异体字，文化部和中国文字改革委员会1955年12月22日《关于发布〈第一批异体字整理表〉的联合通知》规定：《第一批异体字整理表》"从1956年2月1日起在全国实施。从实施日起，全国出版的报纸、杂志、图书一律停止使用表中括弧内的异体字。但翻印古书须用原文原字的，可作例外。一般图书已经制成版的或全部中分册尚未出完的可不再修改，等重排再版时改正。机关、团体、企业、学校用的打字机字盘中的异体字应当逐步改正。商店原有牌号不受限制。停止使用的异体字中，有用作姓氏的，在报刊图书中可以保留原字，不加变更，但只限于作为姓用。"关于简化字，国家语言文字工作委员会1986年10月10日《关于重新发表〈简化字总表〉的说明》中指出："社会用字以《简化字总表》为标准：凡是在《简化字总表》中已经被简化了的繁体字，应该用简化字而不用繁体字；凡是不符合《简化字总表》规定的简化字和社会上流行的各种简体字，都是不规范的简化字，应当停止使用。"关于印刷铅字的新字形，文化部和中国文字改革委员会1965年1月30

日《关于统一汉字铅字字形的联合通知》规定:"各地字模制造单位,应即大力组织力量,以该表(指《印刷通用汉字字形表》)为范本,有计划、有步骤地尽早刻制各种印刷字体的新的铅字字模,供应各地需要。报纸、杂志、图书出版、印刷方面可视需要和字模供应情况逐步加以采用。""翻印古籍和有其他特殊需要者,可以不受范本限制。"

2000年10月31日第九届全国人大常务委员会第十八次会议通过的《中华人民共和国国家通用语言文字法》规定:"国家推广普通话,推行规范汉字。"该法还规定了对有关部门和行业使用规范汉字的要求:"国家机关以普通话和规范汉字为公务用语用字。""学校及其他教育机构以普通话和规范汉字为基本的教育教学用语用字。""汉语文出版物应当符合国家通用语言文字的规范和标准。""公共服务行业以规范汉字为基本的服务用字。"另外,该法还对保留或使用繁体字、异体字的条件做了规定,就是:"(一)文物古迹;(二)姓氏中的异体字;(三)书法、篆刻等艺术作品;(四)题词和招牌的手书字;(五)出版、教学、研究中需要使用的;(六)经国务院有关部门批准的特殊情况。"上述的各种规定丰富了汉字正字法的内涵,我们应该切实掌握并认真贯彻执行。

三 纠正社会用字的混乱现象

正确使用汉字,认真贯彻执行汉字正字法,对提高社会语文水平和交际的效率、促进精神文明建设,具有重要意义。多年来,在这方面我们做了许多工作,取得了成效,但是我们也应该清醒地看到,当前在社会用字方面还存在许多问题,具体表现为滥用繁体字、乱造简化字和随便写错别字。

滥用繁体字的问题比较严重,也比较复杂。据一些省市抽样调查统计,在几类不规范字中,滥用繁体字占50%—60%。情况最为严重的是工厂、企业、商店、事业单位的牌匾用字,报刊的名称用字,影视片片名用字和书名用字。另外,当前错用繁体字和繁简混用的现象也相当严重,加剧了社会用字的混乱。有一家鞋店,牌匾写的是"光嶽鞵店",其中的"嶽"是"岳"的异体,"鞵"是"鞋"的异体。有一本图书叫《皇後淚》,规范的写法是《皇后泪》。"皇后"的"后"没有简化,不能写作"皇後","淚"是"泪"的异体。

乱造简化字的现象在有的地方也比较普遍。"街道"写成"丁道","零售"写成"另售","修鞋"写成"修迕","韭菜"写成"艽菜"。这些都是《简化字总表》里没有的简化字。

错别字包括错字和别字,错字是汉字中根本没有的字,别字是汉字中虽然有但是不能这样用的字。在现今的文字生活中,错别字时常见到。"蒸汽"的"蒸"少了中间的一横。"喜迎回归"的"迎",错成了走之旁加个"卯"。"宫廷桃酥"错成了"宫廷狣酥",而"狣"读zhào,意思是体大力壮的猛犬。"苹果店"错成了"萍果店",不知道卖的是什么果品。"欢度元旦"错成了"欢渡圆旦",不知道"圆旦"如何能"欢渡"。川味调料"南泉豆瓣"写成"南泉豆办",调料一下子变成了行政机关。

推行正字法首先要消灭错别字。常见的错字有三类:(1)增笔。如"武"错成了"武","展"错成了"展"。(2)减笔。如"拜"错成"拜","文具"错成"文具"。(3)写错结构。如"范"错成"茫","默"错成"默"。常见的别字有:(1)同音别字。如"捍卫"错成"撼卫","大快人心"错成"大块人心","国计民生"错成"国际民生","水火不容"错成"水火不融","情有独钟"错成"情有独衷","蝇营狗苟"错成"蝇蝇狗狗"。(2)形近别字。如"床笫"错成"床第","大杂烩"错成"大杂脍","春风和煦"错成"春风和熙","肆无忌惮"错成"肆无忌弹","相形见绌"错成"相形见拙"。(3)同音形近别字,如"竞赛"错成"竟赛","沧桑"错成"苍桑","通宵"错成"通霄","嬉笑打闹"错成"嘻笑打闹","皇皇巨著"错成"煌煌巨著"。

消灭错别字首先要增强文字规范意识,提高使用规范汉字的自觉性。其次要加强对从业人员的语文教育,提高正确使用汉字的能力。编辑出版、影视制作等文字应用部门要订出切实有效的检查、纠正办法。

练 习 六

一、举例说明什么是规范字?什么是不规范字?
二、为什么说繁体字是不规范字?
三、现代汉字正字法的基本要求是什么?
四、当前社会用字存在的主要问题有哪些?
五、试分析繁体字和简化字混用的危害。
六、下列各字什么情况下要简化?什么情况下不简化?
    (1)乾 (2)夥 (3)徵 (4)瞭 (5)藉
七、指出下列各字用法上的主要区别:
    (1)竿、杆 (2)既、即 (3)颂、诵 (4)辩、辨 (5)竟、竞

(6)象、像 (7)气、汽 (8)度、渡 (9)坐、座 (10)做、作

八、指出下列各组字内哪个是规范字：

(1)稗粺 (2)霸覇 (3)遍徧 (4)瞅瞧 (5)厨廚

(6)瘩瘩 (7)笋筍 (8)妒妬 (9)雇僱 (10)罚罸

九、改正下列成语里的不规范字：

(1)变本加利 (2)黄梁美梦 (3)病入膏盲 (4)再接再励 (5)趋言附势

(6)向偶而泣 (7)甘败下风 (8)世外桃园 (9)承上起下 (10)委屈求全

附录　容易写错的字

下面列出一些容易写错的词语，请注意其中那些容易写错的字。括号外的字是正确的，括号内的字是错误的。

按部(步)就班	班(搬)门弄斧	变本加厉(利)	标新立异(意)
别出心(新)裁	病入膏肓(盲)	不耻(齿)下问	不计(记)其数
不假(加)思索	不胫(径)而走	不咎(纠)既往	不刊(堪)之论
不落窠(巢)臼	草菅(管)人命	层峦叠(迭)嶂	陈词滥(烂)调
称(趁)心如意	出类拔萃(粹)	出奇制(致)胜	川(穿)流不息
唇枪舌剑(箭)	寸草春晖(辉)	到处传诵(颂)	得不偿(尝)失
豆蔻(寇)年华	短小精悍(干)	发号施(司)令	飞扬跋(拔)扈
纷至沓(踏)来	丰功伟绩(迹)	风尘仆仆(扑扑)	凤毛麟(鳞)角
负隅(偶)顽抗	甘拜(败)下风	各行其是(事)	鬼鬼祟祟(崇崇)
含辛茹(如)苦	汗流浃(夹)背	哄(轰)堂大笑	虎视眈眈(耽耽)
哗(华)众取宠	荒诞(旦)不经	激(急)流勇进	集思广益(议)
记忆犹(尤)新	嘉(佳)宾满座	精神焕(换)发	精神可嘉(佳)
狙(阻)击敌人	开诚(成)布公	开天辟(劈)地	滥(烂)竽充数
老态龙钟(肿)	雷厉(励)风行	礼尚(上)往来	寥(瞭)若晨星
流言蜚(非)语	名列前茅(矛)	明辨(辩)是非	明火执仗(杖)
摩(磨)拳擦掌	磨杵(杆)成针	牟(谋)取暴利	能屈(曲)能伸
宁死不屈(曲)	旁征(证)博引	披星戴(代)月	迫不及(急)待
气冲霄(消)汉	千锤百炼(练)	千钧(斤)一发	轻歌曼(慢)舞
穷兵黩(读)武	惹是(事)生非	任(忍)劳任怨	如法炮(泡)制
如火如荼(茶)	如愿以偿(尝)	入不敷(付)出	三番(翻)五次

声名狼藉（籍）	食不果（裹）腹	史无前例（列）	势（试）在必行
拭（试）目以待	首（手）屈一指	受益匪（非）浅	肆无忌惮（弹）
提（题）纲挈领	天涯海角（脚）	铤（挺）而走险	完璧（壁）归赵
万马齐喑（暗）	委曲（屈）求全	无耻谰（滥）言	无稽（计）之谈
无精打采（彩）	无可非议（意）	无所事（是）事	无妄（忘）之灾
瑕不掩瑜（玉）	心旷神怡（移）	兴高采（彩）烈	凶相毕（必）露
徇（殉）私舞弊	言简意赅（该）	偃（掩）旗息鼓	一笔勾销（消）
一筹（愁）莫展	一如既（继）往	依山傍（旁）水	以逸待（代）劳
义不容辞（词）	因噎（咽）废食	阴谋诡（鬼）计	饮鸩（鸠）止渴
英雄辈（倍）出	勇（永）往直前	有恃（持）无恐	怨天尤（由）人
再接再厉（励）	责无旁贷（代）	张冠李戴（带）	仗义执（直）言
振聋发聩（愧）	置若罔（网）闻	中流砥（抵）柱	珠联璧（壁）合
专心致（至）志	自力（立）更生	走投（头）无路	

第七节　汉字的前途

早在三百多年以前，我国已经有人思考拼音文字问题。例如明朝方以智在《通雅》中说："字之纷也，即缘通与借耳；若事属一字，字各一义，如远西因事乃合音，因音而成字，不重不共，不尤愈乎。"这种认识到了19世纪的90年代才开始产生广泛的影响。那时民族危机日益严重，一些有识之士把中国跟西方国家以及日本相比，感到处处落后。他们看到这些国家富强的一个重要原因在教育普及，而教育普及又得益于文字简易。于是他们纷纷创制中国的拼音文字，称之为"切音字"，用来辅助汉字和普及教育。他们并不要求废除汉字，只是主张切音字与汉字并存。切音字运动的代表人物有卢戆章、王照、劳乃宣、朱文熊等。

"五四"时期，随着民族民主革命的深入展开，在提出"文学革命"的口号之后紧接着又提出了"汉字革命"的口号。当时的《新青年》《新潮》及其他杂志都热烈地讨论汉字改革问题。一些思想激进的人认为"汉字革命、改用拼音，是绝对可能的事"。1925年至1926年，国语统一筹备会所属的罗马字母拼音研究委员会研究制订了"国语罗马字拼音法式"，简称"国语罗马字"或"国罗"，于1928年由南京政府大学院公布，这是中国用来推行国语和供注音用的第一个法定的罗马字母拼音方案。国语罗马字的主要制订者是赵元任、林语堂、汪怡、钱玄同、黎锦熙、刘复等。

20世纪30年代初,在苏联拉丁化高潮中,留苏的中国共产党党员和苏联语言学者设计了一套拼写北方话的拉丁化拼音方案,叫作"北方话拉丁化新文字",简称"北拉"。在苏联的华工中用来扫盲,取得了很好的效果。拉丁化新文字的制订者是瞿秋白、吴玉章、林伯渠、萧三等。1933年传到上海,受到了进步文化界的热烈欢迎。当时,上海进步文化界针对"文言复兴运动"提出了"大众语运动",主张建立"大众说得出、听得懂、看得明白、写得顺手"的大众语。许多人认为,要彻底改革文体就必须同时改革文字。这样,大众语运动和拉丁化运动就很自然地合流了。鲁迅、瞿秋白等进步文化人士都积极推行拉丁化运动,他们激烈地抨击汉字,认为汉字"是劳动大众身上的一个结核,病菌都潜伏在里面,倘不首先除去它,结果只有自己死"。鲁迅甚至提出了"汉字不灭,中国必亡"。

综上所述,可见汉字改革的先驱者们是把汉字的存废和国家的兴衰联系在一起的。他们提出了几十种拼音方案,有的方案还在相当广阔的范围内做了推行,积累了许多宝贵的经验。他们的历史功绩是不能抹杀的。但是,由于受到当时历史条件的限制,他们的认识带有明显的主观性和片面性。历史已经证明,国家的兴衰和采取哪种文字制度并没有直接的联系,日本并没有废除汉字,却依旧能够发展成为世界上的经济大国。此外,在比较汉字和拼音文字的时候,固然要看学习和应用上的难易,同时也要看和汉语的适应程度。对汉字的功过得失要做实事求是的科学分析,这方面的工作过去做得是很不够的。

中华人民共和国建立后不久,就成立了文字改革机构,并提出了文字改革的方针。1951年毛泽东指示:"文字必须改革,要走世界文字共同的拼音方向。"毛泽东又指示,汉字的拼音化需要做许多准备工作;在实行拼音化以前,必须简化汉字,以利目前的应用,同时积极进行各项准备。毛泽东的这些意见在"文革"结束前的历次政治运动中不断被强调,但是因为不具备实现的条件,始终未能付诸实施。1986年1月举行全国语言文字工作会议,会议没有重申毛泽东"走世界文字共同的拼音方向"的主张。1958年,周恩来总理做了《当前文字改革的任务》的报告,从当时需要解决的实际语文问题出发,提出了文字改革的三项任务,就是简化汉字、推广普通话、制订和推行《汉语拼音方案》。在谈到《汉语拼音方案》时,他明确指出"《汉语拼音方案》是用来为汉字注音和推广普通话的,它并不是用来代替汉字的拼音文字"。关于汉字的前途,他说:"汉字在历史上有过不可磨灭的功绩,在这一点上我们大家的意见都是一致的。至于汉字的前途,它是不是千秋万岁永远不变呢？还是要变呢？它是向着汉字自己的形体变化呢？还是被拼音文字代替呢？它是为拉丁字母式的拼音文字所代替,还是为另一种形式的拼音文字所代替呢？这个问题我们现在还不忙作出结论。但是文字总是要变化的,拿汉字过去的变化就可以证明。""关于汉字的前途问题,大家有不同的意见,可以争鸣。"这里讲可以争鸣,但在当时的政治条件下,是不可能真正进行争鸣的,对这方面的问题也不可能进行客观的有系统的研究。

改革开放以来,汉字研究引起了国内外各方面广泛的注意,成为热门话题。信息时代的到来,古老的汉字遇到了新的考验。作为信息载体的语言文字,特别是表达语言信息的文字书写系统,究竟怎样改进,才能适应社会发展的需要,已经成了必须考虑的问题。汉字系统能不能很好地担负起这项任务来呢？有人说能,有人说不能。有人认为,古老的文字和硅世界的奇特结合,将给亚洲的经济和文化生活结构带来巨大的变化;有人则认为,如果不尽快采用拼音书写系统,炎黄子孙后代将会因为无法迎头赶上飞速发展的信息时代而埋怨我们这一代人。人们的认识如此不一致,是意料中的事。我们相信,通过深入的研究、热烈的讨论、广泛的实践,对汉字的认识,对汉字前途的估计,必定会逐渐趋于一致。

近年来,汉字的研究取得了很大的进展,主要表现在以下几个方面。

第一,汉字的定量分析得到了许多重要的数据,这些数据大部分是用信息科学的方法和电子计算机的计算得到的。在字频和词频方面,获得了非常有用的数据。在汉字的多余度、信息量、构词能力、结构成分等方面也做了很多计算和测量,分别获得了一些成果。所有这些,对汉字的理论研究和应用研究都是很有用的。

第二,计算机处理汉字的研究取得了很大成绩。20世纪70年代末微型计算机进入市场以后,计算机汉字处理系统的研制受到了极大的重视。多种编码软件投入市场,满足了用户的不同需要。输入拼音由软件转换为汉字的拼音转换法已经成为输入法的主流。用计算机处理汉字,简单地说,就是先把汉字贮存在计算机内,利用屏幕把需要的汉字显示出来,对用汉字打成的文章可以直接在计算机上增删修改,定稿后再正式打印。汉字处理系统是办公室自动化系统的核心与基础。把这种技术与印刷技术结合起来,可以制成计算机排版、照排系统,大大便利了编辑、排版、校对甚至印刷。在这方面我们已经取得了突破性进展,激光照排汉字技术已经进入市场,有的系统达到国际领先的地位。当前,国内印制的报刊书籍全都采用这种技术来编辑和排版。

第三,从神经心理学的方面对汉字进行研究,提出了许多值得深入探讨的问题。一些神经心理学的实验已经证明,文字的性质不同,在大脑里处理的部位也不同。处理拼音文字主要靠左脑,处理汉字则是左右脑并用。在使用拼音文字的国家里,有一种所谓"失读症",有的儿童说话正常,可是丧失了拼读文字的能力,不能正常阅读,成为这些国家的一个严重的教育问题。这种问题在使用汉字的国家是很少见的,有些学者认为这和认识汉字时左右脑并用有关。过去不少人认为,汉字并不通过语音,而是由字形直接达到意义,近年来一些实验的结果证明,人脑处理汉字时,和拼音文字一样也是要通过语音的,并不是由字形直接达到意义。这方面的研究虽然还是初步的,但是能给我们很多启发,纠正过去那种对汉字和拼音文字关系的简单化看法。

第四,汉字和拼音文字的比较研究正在深入,人们逐渐认识到,汉字和拼音文字各有优点和缺点。

汉字是形音义的统一体,便于独立使用,也便于辨别同音字,而且具有一定的超时空性,便于继承古代文化遗产,也便于方言区的人们用来进行交际。但是,汉字字数繁多,结构复杂,表音系统很不完备,因此不便学习不便应用。认读汉字并不十分困难,因为许多汉字的特点很明显,只要抓住某一方面的特征就容易认识。书写汉字就困难得多,写的时候要求掌握每个汉字的全部细节,还要注意笔顺和间架结构。例如繁体字的"龜"和"龍",并不难认,可是非常难写。至于用汉字,就更困难了,因为要学会区分每个同音字,否则就很容易写错。在文字检索、文字机械化和信息处理上也遇到了许多困难。

拼音文字字母数量有限,拼音规则简易有规律,便于学习便于应用,特别是在文字检索、文字机械化和信息处理上比较方便。拼音文字适合用来推广普通话,而且可以以词为单位分词连写,同音词大大少于汉字里边的同音字。但是,它不便于继承古代文化遗产;没有学会普通话的人,应用起来有一定困难;此外,单独的一个音节往往不能表示明确的意义,阅读时要依靠前后的音节才能掌握它的实际意义。

从上面的粗略比较中我们可以看出,汉字的优点往往就是拼音文字的缺点,汉字的缺点往往也就是拼音文字的优点。我们还要看到,汉语存在着严重的方言分歧,推广普通话的工作将是相当长时期的历史任务,在没有取得广泛切实的成效以前,是没有可能考虑改用拼音文字的。此外,由于汉字历史悠久,从古至今汉民族的各种文献都是用汉字记录的,一旦改换文字,在文化传承上会遇到困难,在社会心理和民族感情上可能引起波动。因此,对待汉字改革就更应该十分慎重。

我们认为,研究汉语拼音化问题,重要的是看社会有没有这个需求。如果社会没有这个需求,不管谁讲了什么话,也很难推动;如果社会有这个需求,谁要阻拦也阻拦不住。我们说过,汉字既有优点也有缺点,而且优点多于缺点。汉字的优点首先是它和汉语基本适应。如果汉字不具备这个优点,它不会连续使用几千年,至今依旧生气勃勃。汉字也有缺点,它的最大缺点是字数繁多、结构复杂,学习和使用都比较困难。新中国建立以来,我们对汉字进行了简化和整理,再加上有了辅助汉字的汉语拼音,汉字难学难用的程度有所降低,所以到现在社会没有把汉字改为拼音文字的需求。我们设想,如果将来有一天,用汉字来记录汉语遇到了重大困难,汉字和汉语的关系变得基本不适应,必须把汉字改为拼音文字才能解决问题。只有到了那个时候,汉语拼音化问题才真正提上了日程。

练 习 七

一、现代的汉字改革运动是在什么样的历史条件下产生的?

二、你对"汉字不灭,中国必亡"的说法怎么看?

三、1958年周恩来总理提出的当前文字改革的三项任务是什么?

四、关于汉字的前途,周恩来总理是怎么讲的?你对他的讲话有什么看法?

五、近年来,汉字的研究取得了哪些进展?

六、汉字和拼音文字各有哪些优点和缺点?

七、为什么我们目前应当坚持使用汉字?

第四章 词 汇

第一节 词和词汇

词汇是一种语言词语的总和。词是词汇最主要的组成部分。词汇不仅包括词,还包括"语","语"指由词或由词和语素构成的、性质作用相当于词的固定语,如熟语、专门用语、习用词组等。

一 词

（一）什么是词

一般认为,词是最小的有意义的独立运用的语言单位。

词都代表一定的意义。例如"山"的意义是"地面形成的高耸部分","耸立"的意义是"高高地直立","险峻"的意义是"(山势)高而险"。这些词的意义比较实在,是实词。"的、和、虽然、但是"等词的意义比较抽象,它们在句中表示一定的语法意义,是虚词。

词能独立运用,实词和虚词有不同情况。实词能同别的词结合起来,组成词组、句子,充当词组和句子的成分。例如"山"能同别的词结合起来组成"高山、山高、山和海、尖形的山"等词组,组成"我们爬山吧！""山陡极了！"等句子。有许多实词在对话的时候能够单说。"山、险峻"都是能单说的(如："远处高高的东西是什么？""山。""那座山险峻吗？""险峻。"),能单说的词可以看作在一定条件下单独成了句子。虚词运用的情况同实词不一样。有的虚词表示词组成分或句子成分之间的关系。如"山和海"中的"和",表示"山""海"的并列关系。有的虚词表示句子与句子的关系。例如"虽然困难大,但是他们还是按期完成了任务"这句话中,"虽然……但是……"表示句子间存在让步转折关系。有的虚词表示一种语气。例如"我们爬山吧！"中的"吧",表示一种祈求的语气。虚词的这些作用,就是它表示的语法意义。这也说明,虚词是独立运用的语言单位。

词是独立运用的语言单位,要加上"最小的"这一限制。因为词组也可以独立运用。如"山和海"是个词组,可以用它组成更大的词组"山和海的历史",甚至可以组成句子"我们喜爱山和海"。把词组或句子加以分割,得到最小的、独立运用的有意义的语言单位,才是词。把上面的词组、句子分割成"山/和/海/的/历史""我们/喜爱/山/和/海",隔开的单位才是词。

组成词的音节一般是固定的,各个音节有固定的声、韵、调。有些词在运用中受连读音变的影响会略微改变语音形式,不过这种变化都是有规律的。词的前后能停顿,如"我们——建设——祖国";词的中间一般不能有停顿,上面这句话就不能说成"我——们建——设祖——国"。

从词的音节多少来看,可以分为:

单音节词:人 树 跳 走 短 红 十 斤 和 给 不 都 呢 吗

双音节词:人民 树林 益鸟 跳高 竞走 短跑 大红 纯洁 繁荣
对于 尽管 应该 尤其 来着

现代汉语中双音节词占70%以上。双音节是现代汉语的词的主要语音形式。

三音节的词:图书馆 大前提 生产力 办公室 照相机 人造丝

四音节的词:花花绿绿 慢条斯理 有轨电车

五音节以上的词:卡萨布兰卡 调制解调器 布宜诺斯艾利斯

(二)语素和词

"耸立、险峻"这些词,还可以再分割成"耸、立、险、峻"等单位。这些单位也有意义。例如"耸"的意义在这里是"高高直立","立"的意义在这里是"竖立","险"的意义在这里是"(山势)险恶,不容易通过","峻"的意义在这里是"(山)高大",等等。它们是语言中有意义的最小单位,叫语素。语素有单音节的,如"耸、立、险、峻"等,有多音节的,如"徘徊、雷达、尼古丁、盘尼西林"等。多音节语素里的各个音节并没有意义,它们结合起来才表示一个意义。语素是构词的基本单位。

语素和词的关系可以从两个角度来考察。

从语素本身的性质来看,有两种语素。一种是不成词语素,如"耸、峻"等,它们只能和别的语素结合成词。如"耸"和"立"构成"耸立","险"和"峻"构成"险峻",等等。另一种是成词语素,语素本身能成为一个词。如"立"(把梯子立起来),"险"(山路真险),"欢"(火烧得很欢)等。同时它也能和别的语素结合成别的词,如"立"可以和别的语素构成"立场、立脚、立刻、并立、创立、孤立"等词,"险"可以和别的语素构成"险恶、险峻、险诈、危险、惊险、阴险"等词。

从词由几个语素构成的角度看,可以分为两种情况。一种情况是一个词由一个语素构成,如"人、树、鸟、跳、飞、长、好、咖啡、维也纳"等;另一种情况是一个词由两个以上的语素构成,如"耸立、建设、立脚点、建筑学、生产关系"等。

两个语素组成的语言单位,有几种情况:

不成词语素加不成词语素的是词,如"具体、特殊、思索、介绍、感性"等;

不成词语素加成词语素的也是词,如"普通、习惯、考虑、阅读、报刊"等;

成词语素加成词语素的,有的是词组,如"白马、小树、红笔、好米"等,有的是词,如"钢笔、火车、小米、马路"等。

(三) 字和词

汉字是书写的单位,它和词的关系比较复杂。有一个字表示一个词的,如"山、水、挖、深",这样的字,同时也代表一个语素。有两个以上的字表示一个词的,如"人民、人民币、建设、建设者"。这些词里的字,个个都有意思,也各代表一个语素。"玻璃、巧克力、歇斯底里"这些词也是用两个以上的字表示的,但各个字没有意思,只表示一个音节,各个字也不代表语素,合起来才表示一个语素。还有一个字表示不同的词的。如:

米$_1$("生米做成熟饭"的"米")

米$_2$("线有一米长"的"米")

打$_1$("打碎了一块玻璃"的"打")

打$_2$("你打哪儿来"的"打")

帮$_1$("帮人做工"的"帮")

帮$_2$("来了一帮人"的"帮")

刚$_1$("他性情太刚"的"刚")

刚$_2$("不大不小,刚合适"的"刚")

这样的字同时也就代表不同的语素。这些字所表示的不同的词既同形又同音。还有同一个字表示不同的词,但形同音不同的。如:

传,一音 chuán,意为传递。

　　一音 zhuàn,意为传记。

还,一音 hái,意为仍旧。

　　一音 huán,意为归还。

弹，一音 dàn，指弹子。
　　　　一音 tán，指由于一物的弹性作用，使另一物射出去。
　　重，一音 zhòng，指重量大。
　　　　一音 chóng，指重复。

这种字不同的读法也代表不同的语素。此外还有不同的字实际表示同一个词的。如吃——喫，玩——翫，冤——寃，钩——鉤，咱——喒、偺，仿佛——彷彿，枝丫——枝桠，肢解——支解，辗转——展转等。

二　固定语

这里说的固定语指语言中既可以把语素也可以把词作为构成成分的，同词一样作为一个整体来运用的语言单位。它在结构、意义、作用上同词有不同。固定语一般包括：

（一）熟语

熟语包括成语，如"望梅止渴、愚公移山"；谚语，如"路遥知马力，日久见人心""磨刀不误砍柴工"；歇后语，如"哑巴吃饺子，心里有数""茶壶里煮饺子，倒（道）不出来"；惯用语，如"碰钉子、泼冷水"。熟语的性质特点本书后面的章节有详细说明。

（二）专门用语

专门用语指各学科各部门短语式的用语，包括一些专名词语，如"云贵高原、北京大学"，一些术语，如"能量守恒定律、万有引力"，一些行业语，如"曝光量、转账结算"。

专门用语的构成成分多数是词，也可以是语素、语素组[①]。"北京大学"由"北京""大学"两个词构成，"曝光量"由词"曝光"、语素"量"构成，"云贵高原"由语素组"云贵"、词"高原"构成。专门用语作为一个整体来用，结构上中间不能加入其他语言成分，如"曝光量"不能说成"曝光的量"。

（三）习用词组

习用词组是不属于上面任何一类的固定语。习用词组不同于自由组合的词语，它们的构成成分组合次序固定，一般整体使用，如"综上所述、由此可见、绕不过弯来"等等。

---

① 语素组由两个语素组成，它是合成词或固定语的组成部分，不能独立运用。

三 词汇

词汇是语言中词语的总和。词汇首先可以指一种语言词语的总和(如汉语词汇、英语词汇),在运用中又可以指在某种范围、某个方面词语的总和(如书面语词汇、口语词汇、方言词汇、老舍的词汇、《红楼梦》的词汇)。词汇不能用来指单个的词。

汉语词汇非常丰富,从数量上来说,目前收词量较大的《汉语大词典》收的现代和历史词语达到 37 万,我们经常使用的《现代汉语词典》(2005 年第 5 版)收 65000 余条词语。

汉语词汇数量巨大,但词汇中的各个词并不是像沙子那样各不相干,而是有联系有关系的,词汇具有很强的系统性。词汇系统不是单一平面的,而是多平面的,可以从多角度、多层面上进行分析。在共时的坐标上,词的组织结构、词汇成员的意义关系是两个重要的平面。现时来说,词汇的系统性主要表现在以下三个方面:

(一) 词的结构的系统性

现代汉语合成词主要的结构类型有:

并列——朋友　买卖　反正　增加
陈述——地震　眼花　性急　面熟
偏正——白菜　黑板　牧民　飞快
支配——埋头　提议　担心　开幕
补充——说明　认清　推翻　扭转
附加——老师　桌子　阿姨　短儿
重叠——爸爸　星星　常常　刚刚

汉语绝大多数词都可以归入少数几个结构类型中。由此可以看出,词在结构上是很有规则地联系在一起的,表现出词的组织结构的系统性。

(二) 词义关系的系统性

一般认为,从词的意义关系来说,词可以构成层次关系词群和非层次关系词群。

1. 层次关系词群　层次关系词群的成员呈现层级关系,因层次关系内容的不同,又可以分为:

(1) 上下位关系词群,如:

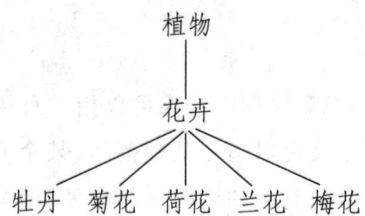

"植物"是"花卉"的上位词,"花卉"是"植物"的下位词。同样,"花卉"是"牡丹、菊花、荷花、兰花、梅花"的上位词,"牡丹"等几个词是"花卉"的下位词。它们之间的关系是大类和小类的关系。上位词在相对关系上是大类,下位词在相对关系上是小类。

(2)整体部分关系词群,如:

词指示的内容有整体、部分之分的词组成整体部分关系词群。"人体"由"头、颈、胳膊、手"等组成,"人体"表示整体,"头"等表示部分,它们之间是整体部分关系。

(3)亲属关系词群,如:

祖父、祖母——父亲、母亲——儿子、女儿

亲属关系词群反映的是作为生物的人在血缘关系上的先后层次和亲疏关系,其中"代"的先后次序就是一种层次关系。

(4)等级关系词群,如:

省长——市长——县长——区长——乡长——镇长

等级关系词群是社会组织上下级职位名称组成的词群。它们的层次反映的是社会形成的地位的层次。

2. 非层次关系词群　意义上有共同的关系对象、关系范围的词可以组成词群。这样的词汇集起来叫主题词群。主题词群可以存在层次关系,如上述的"植物——花卉——牡丹、菊花、荷花、兰花、梅花"组成的词群。也可以不存在层次关系,如:

表口部动作的词群:

吃　嚼　咀嚼　咽　吞　吞咽　吮　吸吮

吮吸　喝　叼　舔　咬　嗑　啃　吸　喷

非层次关系词群的成员一般都是同位关系,如表示口部动作的词"吃、嚼、喝、吞、咽、吐"等,同位关系中词义叠合或大部叠合的词就是同义词,如表示口部动作的"吮"和"吮吸"。

(三) 同族词的系统性

同族词是指包含同一语素的一组词。汉语的同族词体现出词汇的多层次的系统性。下面通过对"篮"的同族词的简要分析来说明这个问题。

现代汉语中以"篮"作为语素构成的合成词有"篮板、篮板球、篮球、篮圈、篮坛、篮子、菜篮、烘篮、花篮、笸篮、男篮、女篮、提篮、投篮、网篮、摇篮"等十六个词。我们根据合成词中"篮"的意义、合成词的构造方式将"篮"的同族词分类排列如下:

①义　篮子。

构成的词:偏正式　篮圈　烘篮　菜篮　花篮　提篮　网篮　摇篮

　　　　　并列式　笸篮

　　　　　附加式　篮子

②义　篮圈。

构成的词:偏正式　篮板　篮板球　篮球

　　　　　支配式　投篮

③义　指篮球运动。

构成的词:偏正式　篮坛　男篮　女篮

我们可以看到:在意义层面上,以上同族词中各个合成词的意义看似零散,其实它们是以"篮"为基点,以"篮"的不同意义作为线索构成联系。"篮"的三个意义都有构词能力,同别的语素结合,可以构成不同数量的合成词。在结构平面上,语素"篮"按照语言中原有的构词方式,与不同语素结合,可以组成不同结构的合成词。这体现了现代汉语词汇结构层面的规律性、系统性。这些同族词共有"篮"这一构词成分,"篮"成为联系这些同族词形式上的标志。

练 习 一

一、以词为单位把下列一段文章分隔开:

　　语言,也就是说话,好像是极其稀松平常的事儿。可是仔细想想,实在是一件了不起的大事。正是因为说话跟吃饭、走路一样的平常,人们才不去想它究竟是怎么回事儿。其实这三件事儿都是极不平常的,都是使人类不同于别的高等动物的特征。

二、下列各词各由几个语素组成?

　　购置　探戈　蛐蛐　哥哥　蜘蛛　唠叨　小偷儿　驾驶员

三、说明下列各个字代表的是词,是语素,还是音节?

　　撕　琉　鹂　盟　牺　苗

四、"圈""降"各代表几个语素?它们的读音、意义是什么?

五、在下列语言单位中划出词(用"/")、语素(用"—")、字(用△)(如:逻辑/经济/建设):
　△△　△△　△△

　　辩证法　吉他　道德高尚　运输

六、借助工具书,找出"学"的同族词,按其中"学"的不同意义和词的结构,列表整理。

第二节　词的构造

　　对词构造的分析可以有不同层面。分析构词成分的性质、构词成分之间的结构关系,这是对词的结构的静态描写,一般称之为构词法。分析词是如何创造出来的,用的是什么材料、什么手段,这是对词的创造方法的分析,一般称之为造词法。这两方面的研究角度不同,有交叉,可相互补充。

　　词的构成成分是语素,语素组成了词。只含有一个语素的词是单纯词,一部分单纯词可以分析它的造词法。由两个以上的语素组成的词是合成词,合成词既可以分析它的构词法,也可以分析它的造词法。

一　单纯词

　　单纯词不管有多少音节,各个音节本身都没有意义,合起来才表示意义。最简单的单纯词是单音节的,如"人、鸟、挑、美、三、百、你、那、吧"等等。多音节的单纯词中有一部分是联绵词,这些词由两个音节组成,联在一起才有意义,不能分开解释各个音节的意义,如"枇杷、参差、吩咐"等双声词,"蜻蜓、馄饨、膀胱"等叠韵词,还有非双声叠韵的联绵词,如"玛瑙、垃圾、蜈蚣、蟋蟀"等。单纯词中也有叠音词,如"饽饽、姥姥、奶奶、太太",这些词同"哥哥、姐姐"等语素重叠构成的词不同。"饽、姥"等单说没有意义,必得重叠起来才成为一个词。单个"奶、太"的意义和它重叠后的意义毫不相干。在单纯词中还有一些取声命名的词,如"布谷、知了、乒乓";也有一些拟声词,如"叭、刺溜、扑通、轰隆隆、叽叽喳喳";此外还有相当多的译音词,如"佛、磅、沙发、吉普、幽默、加仑、蒙太奇、巧克力、多伦多、阿司匹林"等等。一部分单纯词可以分析它的造词法,下面有说明。

二 合成词的构造

合成词由两个或两个以上的语素构成,有内部构造问题。构成合成词的语素的构词情况并不相同。一种语素有实在意义,能出现在合成词中的不同位置上。这样的语素叫"词根"。

例如:

人:人才 人道 人民 人家 人品 主人公 仙人掌 小人书
　　万人坑 爱人 仇人 病人 黑人 超人
击:击败 击毁 击剑 游击队 搏击 目击 押击
勇:勇敢 勇猛 勇气 勇士 义勇军 英勇 奋勇 神勇

另外还有一种语素,意义不像充当词根的语素那么实在,不能自由出现在合成词的各个位置上,它们或者只附在词根的前面,或者只附在词根的后面。这样的语素叫"词缀",如"阿姨"中的"阿","老鼠"中的"老","桌子"中的"子","盖儿"中的"儿"等。有的词缀和词根同形,例如"老式"的"老"是旧的意思,"老人"的"老"是年岁大的意思,都是词根,和"老鼠"中的词缀"老"不一样。同样,"子孙""幼儿"里的"子"和"儿"也都是词根,和"桌子""盖儿"里的词缀"子、儿"不一样。

(一)词根+词根　由词根加词根构成的合成词有下列几种构造类型:

1. 并列式　在意义上前一个语素和后一个语素地位平等。如:

　　道路 头绪 攻击 生产 英明 孤独
构成以上这些词的两个语素意义相同或相近。

　　开关 天地 动静 赏罚 轻重 高低
构成以上这些词的两个语素意义相反。

　　手足 口舌 笔墨 人马 岁月 江山
构成以上这些词的两个语素意义相关。

2. 偏正式　在意义上前一个语素修饰限制后一个语素,前为偏,后为正。如：

   黑板　电灯　象牙　公审　意译　武断　狂热　鲜红　高级　好看

还有这样一种偏正式①：

   书本　船只　马匹　枪支　车辆

这种偏正式在意义上以前一个语素为主，后一个语素是量词。"书"可以指很多书，也可以指一本书，加上量词"本"以后，变成了书的总称，不能指一本书。"船只、马匹"等的情况相同。

  3. 陈述式　在意义上前一个语素是被说明的对象，后一个语素表示说明的情况。如：

   心疼　眼花　年轻　内秀　口吃

有的陈述式前一个语素表示动作行为的主体，后一个语素表示某种行为变化。如：

   地震　雪崩　国营　民办　耳鸣

  4. 支配式　在意义上前一个语素表示某种动作行为，后一个语素表示动作行为支配的对象。如：

   司机　开幕　提议　动员　关心　破产　卫生　刺眼　悦耳　动人

  5. 补充式　在意义上前一个语素表示某种动作行为，后一个语素表示动作行为的结果或趋向。如：

   证实　揭穿　改善　推广　撤回　介入　超出　促进　接近　纠正

  6. 重叠式　语素重叠。如：

   爸爸　哥哥　姐姐　星星　娃娃

语素重叠所构成的词的意义同单个语素的意义一样。再如：

   骂骂咧咧　形形色色　婆婆妈妈

两个语素分别重叠合起来组成一个词，如果不重叠合起来（*骂咧、*形色、*婆妈）就不是词。

  （二）词根＋词缀　由词根加词缀所构成的合成词的构词方式叫附加。有前缀加词根的，也有词根加后缀的。

  1. 前缀＋词根

   第——第一　第二　第三　第十一

---

① 也有学者认为这类词属于补充式。

老——老虎　老师　老三　老王
阿——阿娘　阿哥　阿姨　阿宝

2. 词根+后缀

子——桌子　椅子　滚子　推子　疯子　胖子
儿——刀儿　皮儿　画儿　盖儿　亮儿　短儿
头——锄头　石头　想头　看头　甜头　苦头
然——欣然　贸然　猛然　突然　茫然　毅然

后缀还包括一批有某些表义表情作用的叠音成分。如：

乎乎——圆乎乎　胖乎乎　脏乎乎　烂乎乎
溜溜——细溜溜　灰溜溜　顺溜溜　瘦溜溜
滋滋——甜滋滋　凉滋滋
茸茸——毛茸茸　绿茸茸

附加的词缀在意义上不如词根重要，也可以说这种合成词的意义主要是由词根来表示的。所加的词缀有的多少有些意义，如前缀"第"表示次第，"圆乎乎"和"烂乎乎"中的后缀"乎乎"，有加强词根意义和感情色彩的作用，"绿茸茸"中的后缀"茸茸"，表示又短又软又密。有的词缀没有意义或意义模糊，如"老师、老虎"中的前缀"老"，"桌子、石头、字儿"中的后缀"子、头、儿"。有的词缀有时能起语法作用，例如"盖"是动词，加"儿"变成名词，"短"是形容词，加"儿"也变成名词。

"新式、西式"中的"式"，"碱性、创造性"中的"性"，"画师、拳击师"中的"师"，"歌手、能手"中的"手"不能算作典型词缀[①]，因为这些语素都有实在的意义，在意义上受前面的语素修饰或限制，和词缀的性质很不相同。

确定合成词的结构类型要了解清楚组成的语素的意义和作用，不能只根据字面上的意义。例如"狐疑""鼠窜"中的"狐"在这里意为"像狐狸那样……"，"鼠"在这里意为"像老鼠那样……"，分别修饰"疑"和"窜"，因此这两个合成词是偏正式的而不是陈述式的。"风化"指"风俗教化"时是并列式，指"由于长期风吹日晒等原因，地壳表面受到破坏或发生变化"时是陈述式。有些合成词来源比较复杂，组成它的语素的意义有的很难说清楚，词的结构类型不易确定，如"丁香、感冒、陌生"等。

---

① 有学者认为"式、性"等是类词缀、准词缀。

由三个以上语素构成的合成词的构造是多层次的,各个层次都有自己的结构形式。如:

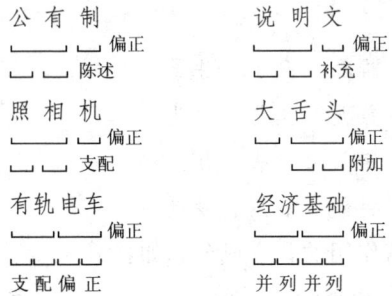

三 造词法

造词法研究用什么语言材料、什么样的造词方法创造词。下面对此做一个简要说明。

(一) 造词原料

造词原料主要是语素,如"炎热、电脑"中的"炎、热、电、脑"都是语素。也可以是音节,如"葡萄、蜈蚣"中的"葡、萄、蜈、蚣"。已创造出来的词也可以充当造词原料构成新词,如"计算机"中的"计算","计算"单用也是一个词。

(二) 造词法的主要类型[①]

1. 词法学造词 运用词法中的手段和变化形式创造词。如:

(1)附加 拍→拍子 甜→甜头

(2)语素重叠 妈→妈妈 常→常常

(3)音变 种(zhǒng)→种(zhòng) 少(shǎo)→少(shào)

2. 句法学造词 语素按照类似句法关系的组合构成词。其类型跟构词法中的"词根+词根"组成的合成词的类型基本相同。如:

(1)陈述式 私营 年轻 耳鸣 地震

(2)偏正式 礼服 红枣 热爱 空袭

(3)并列式 购买 寒冷 答应 人民

(4)支配式 管家 观光 失望 司机

(5)补充式 说明 提高 缩小 减少

---

① 造词法的类型学界有不同分类,本节的说明主要参考任学良在《汉语造词法》(中国社会科学出版社,1981年)中的论述,有调整。

3. 修辞学造词 运用修辞手法来创造词。根据修辞手法的不同来分类,主要有:

(1)比喻式　虎穴　饭桶　手足　心肝儿
(2)借代式　眉目　口齿　拳脚　山水
(3)夸张式　万一　天价　千张　绝顶
(4)婉言式　长眠　有喜　后事　寿木

4. 语音学造词 利用语音模拟、变化等方式创造的词,主要有:

(1)单纯拟声　啪　扑通　滴答　嗡嗡　稀里哗啦
(2)取声命名　布谷　蝈蝈　知了　乒乓
(3)取声表情　哎哟　哎呀　哈哈　呵呵(这是模拟人表示各种感情时发出的声音造的词。)
(4)音节重叠　悖悖　猩猩
(5)合音式　不用→甭　早晚→咱(啫、偺,如"这咱、那咱、多咱")

5. 综合式 综合运用以上两种以上造词方式造的词。主要有:

(1)词法—句法综合式　急性子("急"组合"性子"是句法造词中的偏正式,"性子"是"性"附加"子",是词法中的附加式。)
老百姓("百姓"附加"老",是词法中的附加式,"百"组合"姓"是句法造词中的偏正式。)

(2)语音—句法综合式　打哈哈("打"组合"哈哈"是句法造词中的支配式,"哈哈"是语音造词中的取声表情式。)
哈哈镜("哈哈"组合"镜"是句法造词中的偏正式,"哈哈"是语音造词中的取声表情式。)

(3)修辞—句法综合式　板鸭("板"组合"鸭"是句法造词中的偏正式,"板"在这里是比喻用法。)
蛙泳("蛙"组合"泳"是句法造词中的偏正式,"蛙"在这里不是指实际的动物青蛙,而是比喻用法。)

造词法和构词法研究的平面不同,内容不同。区别主要有:

第一,构词法不分析单纯词,造词法则可以说明一部分单纯词是如何创造出来的。如词法学造词中的音变造词例子"种(zhǒng)"和"种(zhòng)","种(zhòng)"由"种(zhǒng)"产生,二者意义有联系,但语音改变,"种(zhòng)"就成了另一个词。又如,上述语音学造词中的拟声词是模拟所表示的声音造出来的，取声表情词是模拟人表示感情的声音造出来的，取声命名词是用有关事物的声音作为它的名称。

第二，构词法不分析词的构成成分如何表示词义，造词法则说明其表义的不同方法（如上述修辞学造词法的内容），如"牙齿、口齿"，按照构词法分析，都是并列式，但"牙齿"是牙和齿，"口齿"并不是口和齿，二者不同在于造词法，"牙齿"是句法造词，"口齿"是修辞造词，是用"口"和"齿"来借代说话，是一种借代用法。修辞学造词中的各个词，都可以有构词法的分析，也可以有造词法的分析。构词法、造词法内容也有交叉，如造词法中的句法造词，类型的划分同构词法内容基本相同，只是说明这些方式作用的角度不同。构词法说明这是一种结构形式，造词法则说明这是一种造词方式。

四 简称

简称是常见的词语产生的方法。简称产生的词语不都是词，一部分凝固成词的单位可以进行构词法、造词法的分析。下面对简称做一简要说明。

简称就是把长的词语减缩或紧缩成短的词语。例如"清华大学"可以减缩为"清华"，"北京大学"可以紧缩为"北大"。简称的方法很多，常见的做法有：

（一）减缩 即只截取原词语的部分词语。在指称几个并列的事物时常用减缩。如"中国、美国"有时减缩为"中、美"，"农业、林业、畜牧业、副业、渔业"有时减缩为"农、林、牧、副、渔"，"文学、历史、哲学"有时减缩为"文、史、哲"。

（二）紧缩 即抽出原词语中有代表性的词语组成简称。又有不同情况。

1. 由原词语各个词的第一个语素组成的

　　劳动模范——劳模　基本建设——基建　初级中学——初中

2. 由原词语第一个词的第一个语素和最后一个词的最后一个语素组成的

　　扫除文盲——扫盲　军人家属——军属　归国华侨——归侨

3. 由原词语第一个词的第二个语素和最后一个词的第一个语素组成的

　　人民警察——民警　工厂矿山——厂矿　物理化学——理化

（三）统括 即抽出原词语中的共同部分，或概括原来几个词语表示的事物的共性加一个数词组成简称。如：

　　废气、废水、废渣——三废

　　身体好、学习好、工作好——三好

　　稻、黍子、高粱、麦、豆——五谷

两眼、两耳、鼻孔、嘴——七窍

前两例是数词加原词语中的共同成分构成的简称,后两例是数词加原词语表示的事物的共性构成的简称(稻、黍子等都是"谷类",耳、目等都是"窍")。

　　有一部分简称在长期使用中逐渐固定下来,成为一个词。如果是合成词,它们的结构分属于合成词结构的各个类型。上面列举的简称中可能已变成词的如"劳模、基建、初中、军属、归侨、五谷"等属偏正式,"厂矿"属于并列式,"扫盲"属支配式。

　　从造词法的角度看,成为合成词的简称一般都属于句法学造词造出来的词,其类型同构词法的命名相同。

练 习 二

一、下面这些词中哪些是单纯词?
　　剥削　吩咐　伶俐　瓦斯　卑微　偏偏　蛤蟆　纳粹

二、分析下列合成词的结构类型:
　　破产　勇猛　揭晓　海啸　林立　公演　伯伯　宠儿　门儿　皮包
　　办公室　上层建筑

三、"鱼子、瓜子"中的"子"和"鞋子、帽子"中的"子"有什么不同?

四、说明"点播、分头"代表不同意义时的结构类型。

五、分析下列词语的造词法:
　　银耳　咕咚　胖子　嘿嘿　打嘟噜　帽舌

第三节　词　义

一　什么是词义

　　词义是词的内容,是对客观事物现象的反映。例如"自行车"这个词,它的语音形式是 zìxíngchē,它的内容是"一种两轮的陆上的交通工具,骑在上面用脚蹬着前进"。

　　词义是对客观事物现象的反映,包含着人们对客观事物各种特点的认识。例如"自行车"的词义,反映着自行车的几个特点:(1)是一种陆上的交通工具,

(2)有两个轮子,(3)(人)骑在上面,(4)用脚蹬着前进。一般来说,具有这四个特点的就是自行车。"板车"(指三轮板车)虽然有(1)(3)(4)的特点,但没有(2)的特点,它另外还有"装有载物的平板"的特点,所以不是自行车。"摩托车"虽然有(1)(2)(3)的特点,但没有(4)的特点,它另外有"靠内燃发动机推动前进"的特点,所以也不是自行车。

由于词义反映的是有关客观事物现象一般的或本质的特点,即反映该事物现象一般都具有的,或该事物现象所独有的特点(如上面说的自行车的四个特点),所以词义对客观事物现象的反映是概括的,词义是具有很强的概括性的。

人们对客观事物的反映和认识是各式各样的,因此词义也是各式各样的。词义可以反映各种具体的和抽象的事物(人、草、动物、飞机、思维、感情等),可以反映各种动作行为变化(走、跳、攻击、腐蚀、进化等),可以反映各种性质状态(大、红、优良、雄伟、肥沃等),有少数词所反映的对象在客观中并不存在,如"龙王、仙女、鬼魂",这些词是人们想象的产物,存在于人们的思想中,从来源上也可以认为是对客观的一种反映,只不过采取了曲折歪曲的形式罢了。

二 词义的分析

词义分析有多种内容,多种探索。这里说明的是对词义内容特征的分析。

(一) 表名物的词意义分析

表名物的词指动物、植物、矿物、器械、日用器具、用品等等的名称,以及众多的自然现象、社会现象的名称。表名物词的意义的分析主要看它表示的事物所属的类别,它表示的事物具有什么样的特征。例如①:

画笔　<u>绘画用的</u>　<u>笔</u>。
胖子　<u>肥胖的</u>　　<u>人</u>。
　　　（特征）　（类别）

上面表述这两个词意义的扩展性词语中,"笔"表示"画笔"所属的类别,"人"表示"胖子"所属的类别,"绘画用的"表示"画笔"的功用特征,"肥胖"表示"胖子"形貌方面的特征。

事物现象的类别各色各样,事物现象的特征千差万别。表名物词的意义一般可以从这两方面分析它的内容特征。例如:

---

① 以下释义皆引自《现代汉语词典》。

车库　专门用来停放车辆的　库房。

船埠　停船的　码头。

"车库"属于"库房",其特征是"专门用来停放车辆"。"船埠"属于"码头",其特征是"停船的"。这两个词表示的事物都有功用方面的特征。

家产　家庭的　财产。

校舍　学校的　房子。

"家产"属于"财产",其特征是"家庭的"。"校舍"属于"房子",其特征是"学校的"。这两个词表示的事物都有所有权方面的特征。

大路　宽阔的　道路。

碧空　青蓝色的　天空。

"大路"属于"道路",其特征是"宽阔"。"碧空"属于"天空",其特征是"青蓝的"。这两个词表示的事物都有形貌方面的特征。

国仇　因外国的侵略而产生的　仇恨。

冻灾　因低温或冰雪、冻雨等原因造成的　灾害。

"国仇"属于"仇恨",其特征是"因外国的侵略而产生的"。"冻灾"属于"灾难",其特征是"因低温或冰雪、冻雨等原因造成的",这两个词表示的事物都有成因方面的特征。

古物　古代的　器物。

前愆　以前的　过失。

"古物"属于"器物",其特征是"古代的"。"前愆"属于"过失",其特征是"以前的"。这两个词表示的事物都有时间方面的特征。

巨款　数目很大的　钱。

小惠　微小的　恩惠。

"巨款"属于"钱",其特征是"数目很大"。"小惠"属于"恩惠",其特征是"微小"。这两个词表示的事物都有程度、数量方面的特征。

名模　著名的　时装模特儿。

珍馐　珍奇贵重的　食物。

"名模"属于"时装模特儿",其特征是"著名的"。"珍馐"属于"食物",其特征是"珍奇贵重的"。这两个词表示的事物都有评价方面的特征。

以上这些词的意义都以表示某种事物具有一个主要特征为特点。也有很多词的意义表示的事物具有多个特征。如:

　　　　大饼　<u>用白面烙成的</u>　<u>大张的</u>　饼。
　　　　水榭　<u>临水或在水上的</u>　<u>供人游玩和休息的</u>　房屋。
"大饼"属于"饼"，它有两个特征，"用白面烙成"是制作方法的特征，"大张"是形貌特征。"水榭"属于"房屋"，它有两个特征，"临水或在水上"是位置特征，"供人游玩和休息"是功用特征。

　　表名物词所表示的事物现象所属类别和具有的特征多种多样，以上只是举例分析。

（二）表动作行为的词意义分析

　　表动作行为的词指表示人或物的动作行为而能充当谓语的词。对这类词，有人容易顾名思义，认为它只是表示一种动作行为。其实，这类词的词义内容很复杂，它当然表示一定的动作行为，但往往又包含特定的行为主体，包含特定的关系对象，包含有对动作行为、对动作行为的主体、对动作行为关系对象的种种限制等等。

1. 词义包含特定的行为主体

　　如：

　　　　鸣　（<u>鸟兽或昆虫</u>）　叫。
　　　　怒放　（<u>花</u>）　盛开。

"鸣"的行为主体是"鸟兽或昆虫"，其行为是"叫"。"怒放"的行为主体是"花"，其行为是"盛开"。

2. 词义包含特定的行为关系对象

　　如：

　　　　服　吃　（<u>药</u>）。
　　　　捐款　捐助　<u>款项</u>。

"服"的动作行为是"吃"，其关系对象是"药"。"捐款"的动作行为是"捐助"，其关系对象是"款项"。

3. 词义包含有对动作行为的各种限制

　　如：

　　　　捣　<u>用棍子等的一端</u>　撞击。
　　　　扇　<u>用手掌</u>　打。
　　　　上升　<u>由低处向高处</u>　移动。
　　　　喝令　<u>大声</u>　命令。

冬贮　冬季　贮存。

"捣"的动作行为是"撞击","用棍子等的一端"是动作行为所用工具的限制。"扇"的动作行为是"打","用手掌"是对动作行为所用身体部位的限制。"上升"的动作行为是"移动","由低处向高处"是对动作行为方向的限制。"喝令"的动作行为是"命令","大声"是对动作行为方式的限制。"冬贮"的行为是"贮存","冬季"是动作行为时间方面的限制。

也有不少表动作行为的词包含有对动作行为多方面的限制。如：

抠　用手指或细小的东西　从里面往外　挖。

春游　春天　到郊外　游玩。

"抠"的动作行为是"挖","用手指或细小的东西"是动作行为所用工具的限制,"从里面往外"是动作行为方向上的限制。"春游"的动作行为是"游玩","春天"是动作行为时间上的限制,"到郊外"是动作行为空间方面的限制。

4. 词义包含多个动作行为

如：

搜救　搜寻　营救。

勒　用绳等　捆住或套住,并　用力　拉紧。

"搜救"有两个动作行为,一个是"搜寻",一个是"营救"。"勒"也有两个动作行为,一个是"捆住或套住",一个是"拉紧","用绳"是对第一个动作行为工具上的限制,"用力"是对第二个动作行为程度上的限制。

5. 词义包含动作行为产生的条件原因

如：

上冻　因冷　凝结。

养伤　因受伤　而休养。

"上冻"的动作行为是"凝结","冷"是产生动作行为的原因。"养伤"的动作行为是"休养","受伤"是动作行为产生的原因。

6. 词义包含动作行为的目的

如：

鼓掌　拍手,多表示高兴、赞成或欢迎。

挂彩　悬挂彩绸,表示庆贺。

"鼓掌"的动作行为是"拍手","表示高兴、赞成或欢迎"是动作行为的目的。"挂彩"的动作行为是"悬挂",动作行为的关系对象是"彩绸","表示庆贺"是动作行为的目的。

对表动作行为的词意义的分析,除了分析动作行为以外,主要分析我们上面说明的这些特征:动作行为的行为主体、动作行为的关系对象、动作行为的各种限制、产生动作行为的原因条件、动作行为的目的等等。

(三) 表性质状态的词意义分析

表性质状态的词表示事物的性质和状态。这类词的意义丰富,内容复杂。一般表性状的词的意义可以分解为两个方面:适用对象和性状特征。如:

  肥沃 (<u>土地</u>) 含有较多的适合植物生长的养分、水分。

  繁茂 (<u>草木</u>) 繁密茂盛。

"肥沃"一词的适用对象是"土地",它表示的性状特征是"含有较多的适合植物生长的养分、水分"。"繁茂"一词的适用对象是"草木",它表示的性状特征是"繁密茂盛"。

表性状词的意义特征,主要是从"适用对象""性状特征"两方面去分析。

从"适用对象"看,表性状词的意义特征主要有三种情况:

1. 适用对象是一种或一类事物

如:

  危重 (<u>病情</u>) 严重而危险。

  清静 (<u>环境</u>) 安静,不嘈杂。

"危重"的适用对象只是"病情"。"清静"的适用对象只有"环境"。

2. 适用对象是多个或多种事物

如:

  繁华 (<u>城镇、街市</u>) 繁荣热闹。

  浓重 (<u>烟雾、气味、色彩等</u>) 很浓很重。

"繁华"的适用对象是"城镇"和"街市"。"浓重"的适用对象是"烟雾、气味、色彩等"多个。

3. 适用对象广泛,不出现

如:

  细微 很小。

  结实 坚固耐用。

这两个词的词典释义中都没有说明适用对象,只说明性状特征。这是因为"细微"的适用对象广泛,可以形容动作、声音、变化等。"结实"的适用对象也很广泛，可以形容人，也可以形容人工制品和自然物。适用对象广泛是相对的，不是没有限制的。

从"性状特征"看，表性状词的意义特征也可以分为三种情况：

1. 性状特征为一项

如：

　　高强　（武艺）　<u>高超</u>。

　　优异　（成绩、表现等）　<u>特别好</u>。

"高强"的适用对象是"武艺"，表示的性状特征是"高超"一项。"优异"的适用对象是"成绩、表现等"，表示的性状特征是"特别好"一项。

2. 性状特征为多项

如：

　　高亢　（声音）　<u>高</u>而<u>洪亮</u>。

　　繁杂　（事情）　<u>多</u>而<u>杂乱</u>。

"高亢"适用对象是"声音"，它表示的性状特征是"高""洪亮"两项。"繁杂"的适用对象是"事情"，它的性状特征是"多""杂乱"两项。

3. 用主谓结构说明性状特征

如：

　　清通　（文章）　<u>层次清楚，文句通顺</u>。

　　干瘪　（文辞等）　<u>内容贫乏</u>，枯燥无味。

"清通"的适用对象是"文章"，它表示的性状特征用主谓结构"层次清楚，文句通顺"来说明，其中的"层次"和"文句"也可以看作是对适用对象更具体的说明。"干瘪"的适用对象是"文辞等"，它表示的性状特征是"内容贫乏，枯燥无味"，其中的一项特征是用主谓结构"内容贫乏"来说明，"内容"可以看作是对适用对象更具体的说明。

一般表性状词的意义分析都可以从"适用对象"和"性状特征"两方面分析，看其有什么样的适用对象，是一个还是多个，是一种还是多种，又有怎样的性状特征，是一项还是多项等。

三　词的附属色彩

词除了有意义外，有时还带有某种附属色彩，其中最重要的是感情色彩和语体色彩。

（一）感情色彩

感情色彩指词义所附带的表示褒贬态度的色彩。词的感情色彩同词的意义关系密切，词义对客观事物有肯定评价的，一般有褒扬的感情色彩。如：

  英雄 勇士 劳模 珍宝 秀美 魁梧 英勇 渊博 壮丽 优美
  雅致 珍贵 悦耳 富饶

词义对客观事物有否定评价的。一般有贬斥的感情色彩。如：

  奸贼 赌徒 废物 长舌妇 丑陋 凶狠 刻薄 阴险 狂妄
  平庸 粗糙 笨重 刺耳 干巴巴

大部分词的词义是对客观事物的反映，无所谓肯定或否定的评价，也就没有感情色彩，或者说感情色彩是中性的，如"人、牛、山、河、取、送、竞争、运动、社会、宇宙"。

有一些词词义基本相同，但感情色彩不同。如：

褒	中	贬
鼎力	极力	大肆
	老人	老骨头
遵从	服从	
挂花	负伤	
雄心		野心
	同意	附和

词典一般只对感情色彩鲜明的词做出说明。如：

  黄汤 指黄酒（骂人喝酒时说）。
  私图 个人的图谋；企图（含贬义）。
  灰不溜丢 形容灰色（含厌恶意）。
  滑溜 光滑（含喜爱意）。

（二）语体色彩

语体色彩指的是有些词只适用于某一种交际范围、场合、文体当中，而不适用于另外的交际范围、场合、文体当中。书面色彩和口语色彩是两种最主要的语体色彩。带有书面色彩的词适用于书面写作，常出现在某些特定的文体或重要的交际场合中；带有口语色彩的词用于日常谈话，也大量出现在文艺写作中。但大多数的词是通用于书面语和口语的。下面是一些词义基本相同而语体色彩明显不同的词：

书面语	通用	口语
沉湎	迷恋	着迷
迁怒	出气	撒气
致歉	道歉	赔不是
嘲讽	讽刺	挖苦
洗涤	洗	
	乱说	瞎扯

四 语素义

语素是音义结合的最小单位，分为不成词语素和成词语素，两类语素的意义是不相同的。

（一）不成词语素 不成词语素本身不能成为词，只能同别的语素结合起来，组成合成词或固定结构（如成语）。不成词语素的意义，只存在于构成的合成词或固定结构中。语素的这种意义就叫语素义。也就是说，语素义指存在于语素所构成的合成词或固定结构中的语素的意义。例如"涤"有"洗"义，这个意义存在于"洗涤、涤荡、涤除"等合成词中。"忖"有"推测、揣度"义，这个意义存在于"忖度、忖量、思忖"等合成词中。"睛"有"眼珠"义，这个意义存在于合成词"眼睛"和成语"画龙点睛、目不转睛"等之中。

（二）成词语素 成词语素的意义有两种情况。

1. 它的某个意义既是词义，又是语素义

例如"空"是成词语素，它的"不包含什么，里面没有东西或没有内容"的意义，既是词义又是语素义。"空"的语音形式 kōng 联系这个意义时，既可以作为词来运用（如"空箱子、空着手"）又可以存在于"空"所构成的合成词"空洞、空泛、空虚"和成语"万人空巷、十室九空、坐吃山空"等之中。

2. 成词语素的有些意义只是语素义

如"空"还有"天空"的意思，这个意思只是语素义。因为这个意义的"空"不能作为词来运用，它只能存在于"空"所构成的合成词"高空、领空、太空、空降"和成语"空中楼阁"等之中。

了解词义和语素义的区别，就可以避免把语素义当作词义使用的毛病。这部分内容详见下面多义词一节。

五 词义和构成词的语素的意义的关系

词是由语素构成,词义和构成它的语素的意义就有联系。

由一个语素构成的单纯词,词义就是语素的意义,由两个和两个以上语素构成的合成词,词义和语素义的关系要复杂得多。了解词义同构成它的语素的意义之间的关系,对理解和辨析词义有很大帮助。下面是词义和语素义之间常见的几种关系。

(一) 语素义直接完全表示词义

这有两种情况。

1. 词义是语素义的直接组合

如:

  观赏 观看欣赏。

  男生 男性的学生。

  立功 建立功绩。

  受训 接受训练。

2. 语素原来意义相同或相近,在它们所构成的合成词中,表达一个同它们原有意义相同或相近的意思

如:

  洗涤 洗。("洗"和"涤"的意义都是洗。)

  蹊径 途径。("蹊"和"径"都指小路。)

  怪诞 奇怪;古怪。("怪",奇怪。"诞",荒唐的。)

  归拢 把分散的东西弄在一起。("归",集中起来。"拢",使不松散或不离开。)

(二) 词义是语素义的借代比喻用法

1. 词义是语素义借代用法的

如:

  细软 指首饰、贵重衣物等便于携带的东西。

  私房 旧时家庭成员个人积蓄的财物。

  谈吐 指谈话时的措辞和态度。

  裙钗 旧时指妇女。

其中只有一个语素是借代用法的。如:

水酒　很淡薄的酒。"水"是借代用法。

　　踏青　清明节前后到郊外散步游玩叫踏青。"青"指青草,是借代用法。

2. 词义是语素义的比喻用法的

如:

　　城府　比喻待人处事的心机。

　　虎穴　比喻危险的境地。

　　鬼胎　比喻不可告人的念头。

　　死胡同　比喻绝路。

其中只有一个语素是比喻用法的。如:

　　梭鱼　身体细长像梭的一种鱼。语素"梭"是比喻用法。

　　鼠窜　像老鼠那样惊慌逃走。语素"鼠"是比喻用法。

(三)语素义表示了词义的某些内容

客观事物现象都具有多方面的特征,如不同的形貌、颜色、气味、性质、功用等等,人们用合成词作为客观事物现象的名称时,往往只能用语素反映出其中的某一些特征。例如带鱼,它有身体侧扁、像带子、银白色、尾巴黑色、全身光滑无鳞等特征,还有喜洄游、昼夜垂直移动等习性。人们把它叫作"带鱼","鱼"表示它是属于鱼类的动物,"带"指像带子,反映了它的一个形貌特征。这样"带""鱼"这两个语素就只表示了词义的某些内容。这类词数量非常多。如:

　　化学　研究物质的组成、结构、性质和变化规律的科学。"学"表示这是一种科学、"化"只表示这种科学是有关物质变化的。

　　水兵　海军舰艇上的士兵。"兵"表示这是一类士兵,"水"表示这类士兵是在水域中活动的。

　　竖琴　弦乐器,在直立的三角形架上安着四十六根弦。"琴"表示这是一种琴,"竖"只表示这种琴的弦和架是竖立的。

　　清漆　用树脂、亚麻油或松节油等制成的一种涂料,不含颜料,涂在木器表面,形成一层透明薄膜。"漆"表示是属于漆类的涂料,"清"表示是纯净的,没有颜色的。

对这类词,了解语素义有助于了解词义,但不能只根据语素义推断词义。

(四)合成词中部分语素失落原义

这又有两种情况。

1. 其中只有一个语素表示词义，另一个没有意义，这叫复词偏义

如：

  窗户　"户"在这里没有意义。

  人物　"物"在这里没有意义。

  舟楫　"楫"在这里没有意义。

  忘记　"记"在这里没有意义。

2. 其中有的语素意义模糊，不能说它没有意义，又无法明确指出它的意义

如：

  奚落　用尖刻的话数落别人的短处，使人难堪。"奚"原义"何"，在这里意义模糊。

  淡菜　即贻贝，软体动物，壳很厚，三角形，生活在浅海岩石上。"淡"在这里意义模糊。

  斯文　文雅。"斯"原义"这，于是"，在这里意义模糊。

  麻利　敏捷。"麻"在这里意义模糊。

汉语中还有一些这样的词，构成词的所有语素都不显示词义，也就是说，构成词的所有语素的意义都失落了，语素的现有意义同词义之间看不出有什么联系，这些词性质已经接近单纯词。如：

  大方　不吝啬，或举止自然，或样子不俗气。

  冬烘　（思想）迂腐，（知识）浅陋。

  二百五　讥称有些傻气，做事莽撞的人。

合成词中有些语素义模糊或看不出构成成分同词义联系的原因很多，主要是汉语的词来源复杂，加上流传中语音的变异和汉字书写形式的变化，因此不容易弄清它的构成成分的原意。

练　习　三

一、词义的概括性指的是什么？如何说明"妖怪、仙人"等词的意义也是对客观世界的反映？

二、从下列表名物词的释义词语中划出表示类别和表示特征的词语。

  野史　旧时私家著的史书。

  铆钉　铆接用的金属元件，圆柱形，一头有帽。

吊楼　后部用支柱架在水面上的房屋。
　　凉亭　供人休息或避雨的亭子。
　三、从下列表动作行为词的释义词语中划出表示动作行为、表动作行为主体、表动作行为的关系对象,以及对它们的种种限制的词语。
　　奔驰　(车马等)很快地跑。
　　扫描　利用一定装置使电子束无线电波等左右移动而描绘出画面、物体等图形。
　　郊游　到郊外游览。
　　怀柔　用政治手段笼络其他的民族或国家,使归附自己。
　四、从下列表性状词的释义词语中划出表适用对象、表性状特征的词语。
　　温和　(气候)不冷不热。
　　简短　内容简单,言辞不长。
　　生涩　(言辞、文字等)不流畅,不纯熟。
　　繁重　(工作、任务)多而重。
　五、在下面这些词中,哪些词的意义是语素义的组合？哪些词的意义同组成的语素的意义相同或相近？
　　民俗　建筑　苛待　渺小　奉命　灌输
　六、在下面这些词中,哪些词的意义是语素义的借代用法？哪些词的意义是语素义的比喻用法？
　　虎口　命根　笔墨　耳目　蚕食　搁浅
　七、试说明"吊桶、大饼"这两个词中语素所表示的意义,这两个词的语素的意义同词义是什么关系？

第四节　多义词和同音词

一　词在上下文中意义的变化

　　词在不同的上下文中意义往往不同。例如,"水库中存满了水"中的"存"是"蓄积、聚集"的意思,"行李先存起来,回头再取"中的"存"是"寄放"的意思。"刀口"在"刀口生锈了"这句话中,是指"刀上用来切削的一边",在"把力量用在刀口上"这句话中,是指"比喻最能发挥作用的地方"。这里"存"和"刀口"的不同意义,大家在词典中都可以找得到。有时词在运用中出现的意义,在词典中却找不到。如：

> 至少从周秦时起,古先的农民就在这里翻垦每一块土,他们的汗滴在每一块土里。……我们如今看见的那些平田以及山上一鳞一鳞的梯田,哪一处不留着历代农民改造自然的"手泽"?(叶圣陶《从西安到兰州》)

"手泽"词典所说明的意义是"先人的遗物或手迹",这里"手泽"却是"劳动耕作的痕迹"的意思。又如,"春天"在词典里所说明的意义是"春季",但在"现在,我们祖国早已越过了漫漫的长夜,欢度着阳光明丽的春天"(见魏巍《路标》)这句话中,"春天"指的是"新中国成立后的幸福生活"。

习用已久,一般在词典中有记录的意义是词的固定义。上面说的"存、刀口"的两个意义,词典所说明的"手泽、春天"的意义都是固定义。人们为了表达的需要,通过各种修辞手段,临时赋予词的意义是临时义。上面两例中的"手泽、春天"在运用中所产生的意义就是临时义。

词的临时义也有可能发展成固定义。某个临时义如果长时间使用,为社会所熟悉、所接受,就可能成为固定义。例如"包袱"原来的意义是"用布包起来的包儿",后来这个意义产生了一个比喻用法,指"负担",如"思想包袱""放下包袱,开动机器",这个意义原来只是临时义,经过广泛使用,现在已经成为固定义。又如"尖端",原来的意义是"尖锐的末梢,顶点",后来这个词临时用来借指"发展得最高的(科学技术)",如"尖端科学、尖端产品",这个意义目前也已成为固定义。

二 义项

词的固定义在词典中以义项的形式记录下来。义项是词或语素在词典中的意义单位。一个词有多少义项,是根据这个词在运用中意义的共同点来确定的。例如"低"可以在以下各句中运用:

(1)飞机飞得很低。
(2)这个球队技术水平比较低。
(3)弟弟低着头,一句话也没说。
(4)文化程度低会影响工作。
(5)低低的围墙围着院子。

上面(1)(5)中的"低"指"上下距离小",可以确定为一个义项。(2)(4)中的"低",意为"在一般标准下",可以归纳为另一个义项,(3)中的"低"是"(头)下

垂"的意思,同上面"低"的意思都不一样,是另一个义项。再如"经济"可以出现在以下各句中:

(1)我国近年的经济发展引人注目。

(2)经济工作的重要性是不容置疑的。

(3)用这么多钱买这个东西,太不经济了。

(4)写文章也要讲经济原则,尽量做到要言不烦。

上面(1)(2)中的"经济",指"社会物质生产和再生产活动",可以确定为一个义项,(3)(4)中的"经济"意思是"用较少的代价获得较大的效果",可以归纳为另一个义项。词义的义项是从众多的用例中归纳概括出来的,上面只是简单举例说明其中的道理。

语素也同样可以概括出不同的义项。一个语素有几个义项是根据语素在构成的合成词或固定结构中的不同意义归纳出来的。下面是不成词语素"观"的不同义项,各项之下列出一些常用的合成词或固定结构:

①看:～察|～测|～望|纵～|走马～花|坐井～天。

②景象或样子:奇～|壮～|景～|改～。

③对事物的认识或看法:乐～|悲～|人生～|世界～。

义项的划分不是绝对的。义项的确定一方面要根据语言运用的实际情况,另一方面又是人们主观对客观语言材料分析归纳的产物。不同的词典由于性质或任务的不同,对义项的划分有时并不一致。例如"矮"这个词,《现代汉语词典》分为三个义项:

①身材短:～个儿|个头儿不～。

②高度小的:～墙|～凳儿。

③(级别、地位)低:他在学校里比我～一级。

《新华词典》则分为两个义项:

①高度小。例～个儿。

②等级低。例～一班。

《新华词典》把《现代汉语词典》的"身材短"和"高度小"的两个义项合并为一个义项。义项的确定和划分是相当复杂的工作,这里就不详谈了。

三 多义词和单义词

多义词指有多个意义的词,各意义之间有联系。一般来说,词典中一个义项概括词的一个固定义,因此多义词在词典中就表现为有多个义项的词。上面说的"存、刀口"就是有多个义项的多义词。再如:

扑

①用力向前冲,使全身突然伏在物体上:孩子高兴得一下～到我怀里来。

②把全部心力用到(工作事业等上面):他一心～在教育事业上。

③扑打;拍打:～蝇|海鸥～着翅膀,直冲海空|小孩的身上～了一层痱子粉。

④〈方〉伏:～在桌上看地图。

现代汉语中多义词的意义可以多至十几、二十几个,如"好、发、打"等,都是词典中义项很多的多义词。

单义词只有一个固定义,它在词典中也就只有一个义项。科学术语多是单义的,不少鸟兽、草木、器物的名称也是单义的。如:

买　拿钱换东西(跟"卖"相对)。

睡　睡觉。

共振　两个振动频率相同的物体,当一个发生振动时,引起另一物体振动。

经络　中医指人体内气血运行通路的主干和支干。

喜鹊　鸟,嘴尖,尾长,身体大部为黑色,肩和腹部白色,叫声嘈杂。民间传说听见它叫将有喜事来临,所以叫喜鹊。也叫鹊。

黄芩　多年生草本植物,叶子披针形,花淡紫色。根黄色,可入药。

花镜　矫正花眼用的眼镜,镜片是凸透镜。

单义词只有一个固定义,但仍可以另有临时义,如上面举过的"手泽、春天"。

四 多义词的类型

多义词的"义"既指词义也指语素义。词义指可以作为词来运用的意义,语素义指只存在于合成词、固定结构中的意义。多义词可以根据它包含的词义义项、语素义义项的情况来分类。

（一）全部义项都是词义的多义词

如：

跑

①两只脚或四条腿迅速前进：赛～｜～了一圈儿｜鹿～得很快◇火车在飞～。

②逃走：别让兔子～了｜～了和尚～不了庙。

③〈方〉走：～路。

④为了某种事务而奔走：～码头｜～材料｜～买卖。

⑤物体离开了应该在的位置：～电｜～油｜～气｜信纸叫风给刮～了。

⑥液体因挥发而损耗：瓶子没盖严，汽油都～了。

普通话的双音节合成词和多音节合成词，其义项大多数都是词义义项，如：

孤立

①同其他事物不相联系：湖心有个～的小岛｜这个事件不是～的。

②不能得到同情和援助：～无援。

③使得不到同情和援助：～敌人。

冷冰冰

①形容不热情或不温和：～的脸色。

②形容物体很冷：～的石凳。

（二）既有词义又有语素义的多义词

如：

迷

①分辨不清，失去判断能力：～了路｜～了方向。

②因对某人或某一事物发生特殊爱好而沉醉：～恋｜他～上了武侠小说。

③沉醉于某一事物的人：球～｜戏～。

④使看不清；使迷惑；使陶醉：～人｜财～心窍。

恨

①仇恨；怨恨：～入骨髓｜～之入骨。

②悔恨；不称心：～事｜遗～。

这两个词中，"迷"的①②④是词义，③是语素义。"恨"的①是词义，②是语素义。

此外，还有一类多义不成词语素。多义不成词语素现在不是词，它们在古汉语中绝大多数都是词,现在在一些书面语或文言格式中,有些仍当词用。我们把多义不成词语素,作为多义词的附类。现代汉语的多义不成语素如:

师
①称某些传授知识技术的人:教~｜~傅｜~徒关系。
②学习的榜样:前事不忘,后事之~。
③掌握专门学术或技艺的人:工程~｜技~｜医~。
④对和尚、道士的尊称:法~｜禅~。
⑤指由师徒关系产生的:~母｜~兄｜~弟。
⑥〈书〉仿效;学习:~其意不~其辞。

视
①看:~力｜~线｜近~｜熟~无睹。
②看待:轻~｜重~｜藐~｜一~同仁。
③考察:~察｜巡~｜监~。

区分词义义项和语素义义项,可以避免把一个词的语素义义项当作词义义项来使用的毛病。如:

*这个戏有些新的探索,如果要找瑕的话,就是表演还可以更自然些。

"瑕"是不成词语素,它的所有意义都是语素义,不能作为词来运用,这里可以改为"缺点"或"不足的地方"。

*借把剪来剪头发。

"剪"是既有词义也有语素义的多义词,"剪"指一种动作行为的意义是词义,指一种器具的意义是语素义,不能将这个意义的"剪"作为词来用。上面句子中前一个"剪"应改为"剪刀"或"剪子"。

*他的行为祸了家人朋友。

"祸"也是既有词义也有语素义的多义词,"祸"指祸事、灾难的意义是词义,指损害的意义是语素义,不能将这个意义的"祸"作为词来用,这里可以改为"害"。

指导汉语学习的语文词典,最好标注这两种不同的义项,以帮助学习者正确运用汉语的词语。《现代汉语词典》的做法是:以义项为单位标注词性,成词语素的义项、多义词的词义义项标词性;非成词语素的义项、多义词的语素义义项不标词性。这种做法有这样的提示作用:标词性的义项是词义,它能单说或独用;不标词性的义项是语素义,只存在于构成的合成词、固定语中,它不能单说或独用。如:

瑕　玉上面的斑点,比喻缺点:～疵|白璧微～|纯洁无～。

剪　①剪刀。②形状像剪刀的器具:夹～|火～。③㔉用剪刀等使东西断开:～裁|～纸|～指甲|～几尺布做衣服。④除去:～除|～灭|～草除根。

"瑕"没有标词性,说明"瑕"的意义是语素义,它不能单说或独用。"剪"的③义"用剪刀等使东西断开"标为动词,说明该义是词义,可以单说或独用,①义"剪刀"、②义"形状像剪刀的器具"、④义"除去"没有标词性,说明这些意义都是语素义,不能单说或独用。

五　本义,基本义,引申义,比喻义

多义词的各个意义是语言发展的结果。有本义、基本义、引申义、比喻义之分。下面分别说明。

(一) 本义

本义就是文献记载的词的最初的意义。如:

脸　本义是两颊的上部。白居易《昭君怨》:"眉销残黛脸销红"(眉消去了画眉残留的青黑色,颊上消失了红色)中的"脸",用的就是本义。

书籍　本义指典籍(记载古代法制的图书)。《后汉书·马融传》《广成颂序》:"职在书籍"(职务在于管理典籍)中的"书籍",用的就是本义。

顿　本义是以头叩地或脚踩地。《周礼·春官·大祝》:"二曰顿首"。注:"顿首拜,头叩地也。"这个意义现残留在"顿首""顿足"等合成词中。

不少词的本义已经消失,要了解这些词的本义,只能去查找有关的工具书。但也有一些词本义至今仍在使用。如"土"的本义是土壤、泥土,这个意义还在广泛使用。"处置"的本义是处理安置,这个意义也仍在使用。

(二) 基本义

基本义是词在现代最常用最主要的意义。如"脸"的基本义是"头的前部,从额到下巴","书籍"的基本义是"装订成册的著作"。这两个词的基本义同本义是不一致的,也有不少词基本义同本义是一致的。如:

长　本义是距离大。《孟子·滕文公上》:"布帛长短同,则贾相若。""长"的基本义同此。

虹　本义指太阳光线与水汽相映,出现在天空的弧形彩带。《礼·月令·季春之月》:"虹始见,萍始生。"基本义同此。

道路　本义是地面上供通行的部分。《论语·子罕》:"予死于道路乎?"基本义同此。

(三) 引申义

引申义是引申发展出来的意义。有的引申义是从本义、基本义发展出来的。如：

　　锯　本义是"锯子"。《墨子·备城门》："门者皆无得挟斧斤凿锯椎。"从这个意义发展出引申义"用锯子断开"。

　　处决　本义是"处理决断"。《晋书·李重传》："每大事及疑义，辄参以经典处决，多皆施行。"从这个本义发展出"执行死刑"的意义。

有的引申义是从引申义再发展出来的。如：

　　冰　本义、基本义都是"冰块"，从这个意义发展出"因接触寒冷东西而感到寒冷"的引申义，从后者再发展出"把东西和冰放在一起使凉"的引申义。又如"代表"，基本义是"代替集体或个人办事或发表意见的人"（如：老张是我们的代表），从这个意义生出引申义"代替个人或集体办事或发表意见"（如：老张代表我们投票），从这个引申义再发展出引申义"人或事物表示某种意义或象征某种概念"（如：这几个人代表各不相同的性格）。

(四) 比喻义

比喻义是词的比喻用法逐渐固定下来所形成的意义。有的比喻义是从本义、基本义产生的。如：

　　梦话　本义、基本义都是"睡梦中说的话"，从这个意义产生出比喻义"比喻不切实际，不能实现的话"。

　　传声筒　本义、基本义是"话筒"，从这个意义产生出比喻义"比喻照着人家的话说，自己毫无主见的人"。

有的比喻义是从引申义产生的。如：

　　光明
　　①亮光：黑暗中的一线～。
　　②明亮：这条街上的路灯，一个个都像通体～的水晶球。
　　③比喻正义的或有希望的(事物)：～大道｜～的远景。

比喻义③是从②来的，而②是①的引申。

本义、引申义、比喻义是从词义的历史发展和词义联系上命名的，基本义是从词义在当前使用的情况确定的。本义和它发展出来的引申义、比喻义都可以成为基本义。应该注意它们命名角度的不同和联系。

六 同音词和它的类型

声母、韵母、声调相同的词是同音词。如：锯——句——聚（jù），旱——汉——汗（hàn），势力——视力（shìlì），报到——报道（bàodào）。在普通话里，下列各组词不是同音词：

私（sī）——诗（shī）

音（yīn）——鹰（yīng）

拥护（yōnghù）——用户（yònghù）

渣滓（zhāzǐ）——渣子（zhā·zi）

同音词可以分为两大类型：

（一）同音同形词

如：

拼[1]　合在一起；连合：把木板～起来。

拼[2]　不顾一切地干：同敌人～个你死我活。

米[1]　①稻米；大米。

米[2]　长度单位，符号 m。1 米等于 10 分米。

抄袭[1]　把别人的作品或语句抄来当作自己的。

抄袭[2]　（军队）绕道袭击敌人。

大家[1]　著名的专家。

大家[2]　代词，指一定范围内所有的人。

（二）同音异形词（不包括异体词）

1. 单音的

如：

八——扒——疤

泛——饭——犯

培——赔——陪

生——升——笙

2. 双音的，又有形一同一异的

如：

简洁——简捷　精致——精制

经售——经受　军事——军士

　　　　暗室——暗示
　　　　无味——无畏——无谓
　　　　地力——地利——地栗（荸荠）

3. 形全异的

如：

　　　　尝试——长逝　　规格——闺阁
　　　　立意——利益　　静养——敬仰
　　　　坚固——兼顾　　设置——摄制
　　　　示意——释义　　申冤——深渊

此外，还有词和不成词语素同音的。如听[1]，用耳朵接受声音，是词；听[2]，听凭，任凭，是不成词语素。生[1]，生育，是词；生[2]，学生，是不成词语素。还有不成词语素同音的，如捷[1]（快，"敏捷、捷足先登"中的"捷"）和捷[2]（战胜，"连战连捷"中的"捷"），戚[1]（亲戚，"戚谊、戚友"中的"戚"）和戚[2]（忧愁、悲哀，"哀戚、休戚相关"中的"戚"），等等。

七　同音词的来源及其与多义词的区别

现代汉语中的同音词数量相当多。根据一些材料的统计，同音词约占词汇总量的十分之一。现代汉语同音词的大量产生，是有多方面原因的。

现代汉语的音节数量有限，而词的数量巨大，并且可以不断扩充，这就必然使不同的词采用同一个语音形式。例如以 lì 为语音形式的词和语素一共有五十多个。合成词是由语素构成的，自然也会出现一定数量的同音合成词。例如：第一个语素以 f 为声母的双音节合成词，同音的就有：

　　　　发愤——发奋　　发言——发炎　　法衣——法医　　凡是——凡事
　　　　反应——反映　　废话——费话　　分洪——分红　　封口——风口
　　　　复合——复核　　副本——复本　　富有——赋有

现代汉语同音词中有一部分在古代本来不同音，由于语音发展变化而同音了。例如上面说的读 lì 的词当中，"例、利、力"在中古时期就不同音，由于历史音变而同音了。再如读 huà 的"话、化、画、划"，读 yàn 的"艳、验、雁"在中古或声母不同，或韵母不同，或声调不同，现在成了同音词。这些同音词在现代的一些方言中仍保存着不同的读音。词义分化也可能产生同音词。多义词发展出不同的意义以后，意义之间的区别可能越来越明显。如"管"，原指用竹管制成的乐器,后也称形状像管的东西,古代的钥匙为管状,因此也称钥匙为"管"。后来"管"由表钥匙的意义发展出表动作行为的意义,表示管理、负责。在现代汉语中,由于"管"已经没有钥匙这个意义,"管"表名物的意义同它表动作行为的意义之间的联系越来越不明显,就成为同音词了。表名物意义的是管[1],表动作行为意义的是管[2]。

同音词中的同音异形词同多义词是容易区别的,因为词形已经不同了。同音词中的同音同形词和多义词的区别在于词代表的意义现时是否有联系。现时意义有联系的是一词多义,算多义词。例如上面讲到的"锯"和"传声筒",它们的不同意义联系明显,是多义词。而拼[1](合在一起,连合)同拼[2](不顾一切地干),其间意义毫无联系,是同音词。而词义分化产生的同音词,正是因为词义发展使后来生出的意义同原来的意义距离越来越远,使人们感觉不到其间的联系。"管"发展成"管[1]、管[2]"的情况就是如此。

练 习 四

一、解释下面加点的词的临时义:

(1)应该优先发展我们厂的"拳头"产品。

(2)从癌的王国里释放一个俘虏,哪怕是一个嫌疑犯,都是一件值得庆贺的事情。

(3)为端正党风,需要党的纪检干部当硬碰硬的"铁匠"。

(4)月亮还没升起来,车窗外的景物都成了剪影。

二、指出下列各词所列义项哪些是词义义项,哪些是语素义义项。

火　①物体燃烧时所发的光焰:点～。

②指枪炮弹药:～网。

③兴旺;兴隆:买卖很～。

行　①行列:第一～。

②行业:改～。

③某些营业机构:银～。

密　①事物之间距离近,跟"稀""疏"相对:稠～。

②关系近;感情好:亲～。

③秘密:～电。

热 ①温度高,感觉温度高(跟"冷"相对):～水。

②加热:～一下菜。

③很多人羡慕或急切想得到:～门。

④某种热潮:足球～。

三、归并下列各词的义项,判定它们是多义词还是单义词:

零钱

(1)这是找给你的～。

(2)每月吃饭以外,花不了多少～。

(3)我只有五元、十元的大票,没～。

机要

(1)他做的是～工作。

(2)他分配到了～部门。

(3)～秘书是老张。

读

(1)这本书值得～。

(2)老师正在～课文。

(3)去年他～完了大学。

(4)在大学里他～的是工科。

布

(1)他买了一丈～。

(2)商店里～的品种很多。

(3)今天她穿了件～上衣。

四、指出下列各词的基本义、引申义、比喻义:

警卫

(1)用武装力量实行警戒保卫。

(2)指执行这种任务的人。

刀

(1)切、割、削、砍、铡的工具,一般用钢铁制成。

(2)形状像刀的东西:冰～。

繁荣

(1)(经济或事业)蓬勃发展。

(2)使繁荣。

老古董

(1)陈旧过时的东西。

(2)指思想陈腐或生活习惯陈旧的人。

五、根据所列义项的意义,判定哪些词是多义词,哪些词是同音词:

搁

(1)放:把箱子～在屋子里。

(2)搁置:这种事～一下再办吧。

拐

(1)转变方向:车～了个弯。

(2)拐骗:钱被～走了。

领港

(1)引导船舶进出港口。

(2)担任领航工作的人。

关门

(1)比喻停业:商店～了。

(2)关口上的门。

第五节　同义词、反义词、上下位词

一　同义词的类型和来源

意义相同或相近的词叫同义词。同义词一般分为两大类。

(一) 等义词

等义词意义完全相同,在任何语境中都能替换,也叫绝对同义词。如:

剪刀——剪子　螺钉——螺丝钉

番茄——西红柿　母音——元音

拦阻——阻拦　电扇——电风扇

莱塞——激光　布拉吉——连衣裙

等义词对交际和表达思想没有多少积极的作用,应该加以规范,保留其中有生命力的一个。

(二) 近义词

意义基本相同,但是有细微差别的一组词,也叫相对同义词。如:

沉——重　看——望　作——做

轻率——草率　词——词汇

饱满——丰满　毛病——缺点

爱护——爱惜——珍惜

安排——安放——安置

同义词的来源主要是：

1. 普通话和普通话吸收的方言词构成同义词

如：

内行——里手　矮子——矬子　玉米——棒子

2. 书面语、口语和语体上通用的词构成同义词

如：

儿童——孩子——小孩儿

商贾——商人——买卖人

驼背——罗锅

嗜好——瘾头

3. 本族语和外来语构成同义词

如：

动画片——卡通　平炉——马丁炉

锦纶——尼龙　出租汽车——的士

4. 语言不断发展，新词新义和原来的词和意义构成同义词，这是同义词产生的主要原因

例如"讲"原有"谈论"义，"演"原有"推广,传布"义，本来是不同义的,但它们构成的"讲演、演讲"却同义了。"严"原有"严厉,严格"的意思，这个意义现在还能独立当词用，它后来同别的语素构成"严厉、严格"等词，这样"严——严厉——严格"就成了一组同义词。

丰富的同义词是语言的宝贵财富。我们应该很好地利用这个财富,在表达思想,叙述事情,描绘景物时能够从众多的同义词语中挑选出贴切、恰当的一个。而这,一方面要掌握丰富的词汇,一方面要有辨析同义词的知识和能力。

二　同义词的辨析

同义词意义的差别是各种各样的,可以从以下几个方面来辨析。

（一）从意义上辨析

1. 表名物的同义词，意义的同异主要看词义表示的事物所属的类别，以及表示的事物的特征

例如"设备"和"装备"，"设备"多指"非军事方面成套的器物"，如"工厂的设备、实验室的设备"，"装备"多指"军事方面的器物和技术力量"，如"海军的装备、我军革新装备"。两个词都可以用"器物"做类词语，说明它们都属于"器物"，这是相同之处，但"装备"还包括"技术力量"，说明二者范围不完全相同。从特征看，"设备"一般是非军事方面的、成套的，"装备"一般是军事方面的，这是不同之处。

有的表名物的同义词还有集合体和个体的差异，如"书"和"书籍"，都指"装订成册的著作"，但"书籍"指的是书的集合体，不能用于一本书。"书"既可以指书的集合体，也可以指一本书。

2. 表动作行为的同义词，意义的同异主要看词义包含的动作特点、动作行为的主体、动作行为的关系对象等

例如"毁坏"和"损坏"，"毁坏"指"使事物受到严重伤害"，如"毁坏古迹、毁坏庄稼、毁坏他人名誉"，"损坏"指"使事物受到伤害，失去原来的使用功效"，如"损坏牙齿、损坏衣物"。两个词的动作行为都是"使……受到伤害"，行为主体都可以是"人"，关系对象都可以是具体事物，这是相同之处。但是"毁坏"动作行为的特点是"使……受到严重伤害"，语意比"损害"重，"毁坏"的关系对象还可以是"名誉、信誉"等抽象事物，"毁坏"的行为主体也可以是"野兽"，这是不同之处。再如"退还"和"退赔"，"退还"指"交还（已经收下来或买下来的东西）"，"退赔"指"交还，赔偿（侵占的、非法取得的财物等）"。两个词的动作行为都是"交还"，这是相同之处，但是"退赔"的动作行为除了"交还"还有"赔偿"，"退还"的关系对象是"已经收下来买下来的东西"，"退赔"的关系对象是"侵占的、非法取得的财物等"，这是不同之处。

3. 表性质状态的同义词，意义的同异主要看适用对象和词所表示的性状特征

例如"茂盛"和"旺盛"，"茂盛"指"（植物）长势良好且生长得多而茁壮"，"旺盛"指"（植物）长势良好且生命力强；（人、动物）生命力强；情绪高涨"。两个词有相同的适用对象"植物"，都表示"长势良好"的性状特征，这是相同之处。但是"旺盛"的适用对象除了"植物"以外，还可以是"人、动物"，如"精力旺盛、生命力旺盛";当适用对象是"植物"时,两个词除了都可以表示"长势良好"外,"旺盛"还有"生命力强"的性状特征,"茂盛"还有"生长得多而茁壮"的性状特征,这是不同之处。再如"美满"和"圆满","圆满"指"(答案、结果等)完备周全,没有缺欠,使人满意","美满"指"(生活、家庭等)美好完美,没有缺欠,使人满意",这两个词都表示"没有缺欠,使人满意"的性状特征,这是相同之处。但是"美满"还有"美好完美"的性状特征,"圆满"还有"完备周全"的性状特征,"美满"的适用对象是"生活、家庭等",圆满的适用对象是"答案、结果等",这是不同之处。

(二)从用法上辨析

1. 结合的词语不同

词的结合能力同词的语法性质有关,在同义词词性相同的条件下则和词义有很大关系。例如上面讲过的"他买了一本书"中的"书"就不能换用"书籍","我军拥有强大的武器装备"中的"装备"就不能换用"设备"。再如"侵犯"和"侵占","侵犯"指"侵入别国领域","侵占"指"用侵略的手段占有别国领土",又指"非法占有别人的财产",因此"侵犯"常和"主权、利益、领空"等结合,"侵占"则和"土地、财产、领土"等结合。又如"繁荣"和"繁华","繁荣"指"(经济或事业)蓬勃发展","繁华"指"(城镇、街市)繁荣热闹",因此和"经济、市场"结合的是"繁荣",和"都市、街道"结合的是"繁华"。有一部分同义词结合的词语有区别但同词义没有明显的联系,如"商量"和"商榷",两个词都表示"协商、讨论"的意思,词义没有明显不同,但"商榷"多用于意见、观点,"商量"除用于意见观点外,也可用于各种事情(如要人、借钱等)的商讨。再如"帮"和"帮助",两个词都表示"替人出力、出主意或给予物质上、精神上的支援",词义没有区别,但"帮助"可以充当体词性成分,与"有、进行、得到"等词结合,如"有帮助、进行帮助、得到帮助"等,"帮"不能,此外,"帮助"可以和述宾结构的词语结合,如"帮助克服困难、帮助整理材料"等,"帮"不能。

2. 充当的句子成分不同

一般来说,语法性质相同的同义词都能充当同一句子成分。例如"毁坏、损坏"都能充当谓语,"美满、圆满"都能充当谓语和定语。但有些同义词词性虽然相同,充当句子成分的能力并不完全相同。例如"充分"和"充足",都能充当定语,如"充分的理由、充足的人力";但"充分"还可以充当状语,"充足"却不能,"充分发挥大家的力量、充分表现出革命乐观主义的精神"里的"充分"都不能用"充足"替代。如果同义词的词性不同,充当句子成分的能力就更会有差异了。

例如"永久"和"永远"都有"时间久远"的意思。"永久"是形容词,常做定语,如"永久的纪念",也能做状语,如"永久怀念母校";"永远"是副词,一般只做状语,如"永远记住这个教训"。又如"忽然",是副词,"突然"是形容词,都有"来得迅速而出乎意料"的意思,也都能做状语,如"突然(忽然)来了一封电报"。但"突然"还能做谓语,如"这事太突然",做补语,如"他来得太突然了"。"忽然"就不能这样用。这是因为它们词性不同。

（三）从词的附属色彩上辨析

有些同义词意义相同,只是附属的感情色彩或语体色彩不同。例如"教师"（中性）和"教书匠"（贬）,"吝啬"（书面语词）和"小气"（口语词）。有些词词义略有差异,同时感情色彩和语体色彩也有差别。如"责备"（批评指责,通用书面口语）和"数落"（列举过失加以指责,口语词）。又如"行为"（指人的行为、举动,中性）和"行径"（多指坏的行为、举动,有贬义）。

一般来说,感情色彩中性的词,可以分别同感情色彩有褒贬的词构成同义词,如"结果——效果——成果"是一组同义词,"结果——后果——恶果"是另一组同义词,感情色彩完全对立的词,实际上词义也有对立的成分,如"成果"指好的结果,"后果"指不好的结果,一般不构成同义词。

同义词的辨析是以义项为单位的。如果同义词中有多义词,可能只有一个意义相同,其余的意义并不构成同义词。例如：

模糊

①不分明；不清楚：字迹～｜认识～。

②混淆：不要～了界限。

含糊

①不明确；不清晰：～其辞｜他的话很～,不明白是什么意思。

②不认真；马虎：这事一点儿也不能～。

③示弱（多用于否定）：要比就比,我绝不～。

这两个词只是第一个意义同义,其余都不同义。

三 同义词的作用

同义词的存在,增强了语言表情达意的能力。在用词时可以从中挑选更准确的一个。如：

从此就看见许多陌生（原作"新"）的先生,听到许多新鲜（原作"新"）的

讲义。(鲁迅《藤野先生》)

上一"新"既可以指"刚来的",又可指"生疏的",下一"新",既可以指"刚印好的",又可指"内容新鲜的",鲁迅先生分别改作"陌生、新鲜",意义确定,显示出用词的细心、精确。

在重复表达相同的意思时,也往往使用同义词,如:

让那些看不起民众,贱视民众,顽固的倒退的人们去赞美那贵族化的楠木(那也是直干秀颀的),去鄙视这极常见极易生长的白杨吧,但是我要高声赞美白杨树。(茅盾《白杨礼赞》)

称人才思敏捷,说"倚马可待";赞人精力旺盛,道"龙马精神"。(徐君慧《马》)

需要强调某个意思时也可以并用几个同义词来加强力量,如:

倚着石栏杆一望,好啊!这方圆二百里的高原上的大湖,浩浩荡荡,莽莽苍苍,湖心飘着几片渔帆,实在好看。(杨朔《滇池边上的报春花》)

他沿着滚滚浦江走了一站,又一站——人生也是这样,过了一站,又是一站,历尽坎坷,饱尝风雨。(陈祖芬《共产党人》)

四 反义词

(一) 反义表述和反义词

语言表达常常需要反义表述,也就是说,用相反说法的对比来表达自己的思想。例如:

(1)内战开始了。迷信掩没了科学,愚昧反倒戏弄起智慧来了。(徐迟《刑天舞干戚》)

(2)今天你干这个经理,明天你下来让别人上去,是正常的。把不正常的东西变成正常的,就是改革。(李士非《热血男儿》)

(3)我们有些人的价值观念正在发生怎样的变化:原来终生追求的现在不屑一顾,原来可以株连九族的现在可以光宗耀祖,原来引以为荣的现在羞与为伍,原来躲之不及的现在趋之若鹜。(陈祖芬《共产党人》)

(4)生命的泥委弃在地上,不生乔木,只生野草,这是我的罪过。(鲁迅《野草·题辞》)

例(1)是用反义词(迷信——科学,愚昧——智慧)构成反义表述。例(2)是用加否定词的办法(正常——不正常)构成反义表述。例(3)是用词组和成语(终生追求——不屑一顾,株连九族——光宗耀祖,引以为荣——羞与为伍,躲之不及——趋之若鹜)构成反义表述。例(4)是用修辞性说法,使词获得临时义("乔木"比喻宏伟的创造,"野草"比喻价值小的产品),形成对立,构成反义表述。

反义词只是反义表述的一种类型,但在反义表述中占重要地位。

反义词就是表示相反意思的一组词。一般把反义词分为两个类型。

1. 肯定一方必否定另一方,否定一方必肯定另一方的反义词。 可以称为绝对反义词

如:

　　　　真——假　动——静　男——女
　　　　合法——非法　有限——无限
　　　　白天——黑夜　完整——残缺

2. 肯定一方必否定另一方,否定一方不能肯定另一方的反义词。 可以称为相对反义词

如:

　　　　黑——白　大——小　凉——热
　　　　光明——黑暗　困难——容易
　　　　繁荣——萧条　笨拙——聪明

这些反义词表示对立的两个极端,意义有鲜明的对比。不过,在它们表示的两个对立的意义中间,有中间现象,例如"黑、白"之间有"蓝、红、黄"等,"大、小"之间有"中","凉、热"之间有"温"等。

（二）反义词的对应关系

反义词的对应关系也就是反义词的配对情况。了解这种情况对如何运用反义词很有帮助。

1. 单义词对单义词

如:

　　　　恩人——仇人　内行——外行
　　　　出席——缺席　亏本——盈利
　　　　非法——合法　昂贵——低廉

2. 两个词的某一个意义构成反义关系

如:

"买"是单义词,"卖"是多义词,只在"买"的"用钱购物"和"卖"的"以物换

钱"的意义上构成反义关系。"卖"还有"背叛"义（卖国），有"尽量使出来"义（干活真卖力气），在后面两个意思上同"买"不构成反义关系。

"假"和"真"都是多义词，它们只在"不真实""真实"的意义上构成反义关系，在其他意义（"假"的"假定""借用"义，"真"的"清楚、确实"义）上不构成反义关系。

3. 一个词的各个意义（分义项或未分）同多个词构成反义关系

如：

"大方"是多义词，它不同的义项对应不同的反义词。①义"对财物不计较"，反义词是"小气"，②义"言谈、举止自然；不拘束"，反义词是"拘束"，③义"样式、颜色等不俗气"，反义词是"俗气"。

"脆弱"在词典中只有一个义项，指"禁不起挫折；不坚强"，但在不同的上下文中可以和"坚强、坚实、稳固"分别构成反义词。例如可以说："这个人性格脆弱（坚强）""他们感情基础很脆弱（坚实）""国民经济基础很脆弱（稳固）"。

4. 现代汉语同古代汉语反义词不一致。 古汉语中的反义词有许多保留在成语中，从下面几个例子的对比中，可以看出古代和现代反义词的不同

如：

　　寡不敌众——少吃多餐
　　苦尽甘来——忆苦思甜
　　推陈出新——旧的不去，新的不来
　　只争朝夕——起早睡晚
　　真伪莫辨——真假难分

（三）反义词的作用

反义词可以用来表示事物现象的鲜明的对立。如：

这一年来，在死神的门口徘徊，我接触到了多少生离和死别，多少眼泪和悲伤。……也许死亡毕竟是最后裁决，一切人都在这儿洗尽铅华，扯去了纱幕，呈现出赤裸裸的灵魂，于是，忠贞和负义，廉洁和贪婪，坚强和怯懦，善良与残忍，崇高与卑鄙……一切人的本性在这里都纤尘俱显，须眉毕露，进行着淋漓尽致的表演。（柯岩《癌症≠死亡》）

反义词还可以用来表现同一事物现象在不同关系上的对立或矛盾，如：

但我得老实说，尽管这是小规模，而且由他的高足，代任指挥，可是那一次的演奏还是十分的美满；——我应当承认，这开了我的眼界，这使我感动，老觉得有什么东西在心里抓，痒痒的又舒服又难受。（茅盾《忆冼星海》）

一个人的缺点往往是优点的继续,毫无缺陷的优点是不存在的。(祖慰《审丑者》)

五　上下位词

"动物"这个词,对于"牛、马、猪"这些词来说,意义范围大,"牛、马、猪"这些词对于"动物"来说,意义范围小;"动物"可以包括"牛、马、猪","牛、马、猪"是属于"动物"的。有这种关系的词,就是有上下位关系的词。表示意义范围大的词是表示意义范围小的词的上位词,如这里的"动物";表示意义范围小的词是表示意义范围大的词的下位词,如这里的"牛、马、猪"。

上下位关系是相对的。"动物"对于"牛、马、猪"来说,是上位词,但对于"生物"这个词来说,又是下位词,"生物"是"动物"的上位词。"牛"对于"动物"来说是下位词,但对于"水牛、黄牛、牦牛"这些词来说,又是上位词,"水牛、黄牛、牦牛"等是"牛"的下位词。可见,词的上下位关系是有层次的。

表名物的词中普遍存在词的上下位关系,如:

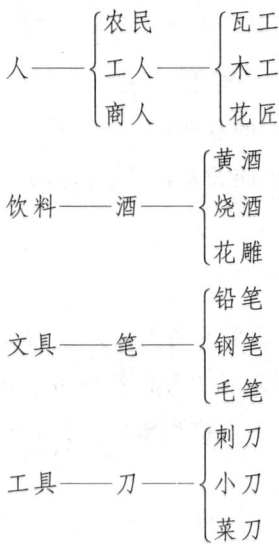

上面各词下的下位词,并未列举周全。一个词在不同关系上可以有不同的下位词。上面"工人"一词的下位词是从行业上区分的,如果着眼于性别和年龄,则"工人"又可有"男工、女工、童工"等下位词,着眼于工作的时间特点,又可有"短工、零工、临时工"等下位词。

表示动作行为的词和表示性状的词中,有一部分也存在上下位关系。如:

$$
打\begin{cases}痛打\\毒打\\鞭打\end{cases} \quad 饮\begin{cases}豪饮\\狂饮\\畅饮\end{cases} \quad 看\begin{cases}注视\\端详\\顾盼\end{cases}
$$

$$
绿\begin{cases}嫩绿\\葱绿\\翠绿\\墨绿\end{cases} \quad 香\begin{cases}清香\\异香\\喷香\end{cases} \quad 咸——齁咸
$$

上下位词的关系反映词在意义上相互隶属的关系,可以叫作词的纵向关系。词的同义、反义关系可以叫作词的横向关系。如：

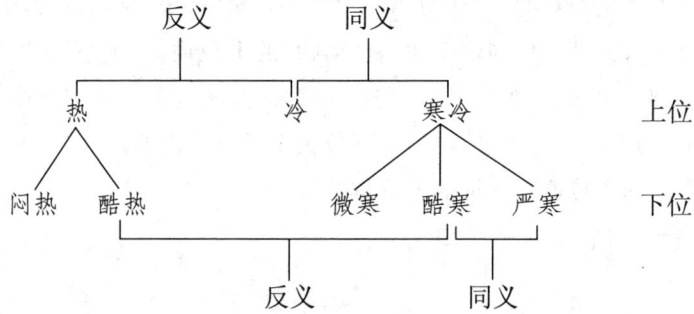

了解词的纵向关系和横向关系,能更全面理解词的意义联系。

在语言运用中,往往利用上下位词之间的纵向关系,构成这样的表达方式：

  下位词 是××××的 上位词

  鱼 是营养丰富的 食物

其中"鱼"对"食物"来说是下位词,"食物"对"鱼"来说是上位词,"营养丰富"是说明"鱼"的性质特征的。这种表达方式广泛用来说明解释各种事物和现象,帮助人们认识下位词所表示的东西属于何种类别的事物现象(上位词表示),有什么样的性质特征(上位词的修饰语表示)。例如：

  北京是中国的首都。

  杧果是一种热带的水果。

  滩羊是生长在宁夏的毛质优良的绵羊。

  唐朝是中国历史上经济文化都有很大发展的朝代。

词典也常用这种表达方式来解释词义。如：

  铅笔 用石墨或加颜料的黏土做笔芯的笔。

花墙　上半砌成镂空花样的墙。

通红　很红，十分红。（"红"是"通红"的上位词）

眄视　斜着眼睛看。（"看"是"眄视"的上位词）

用这种方式解释词义，要挑选恰当的上位词，对事物现象特征的说明要准确，抓住要点。词的上下位关系在构词中也有作用。可以利用表示某类事物现象的词作为词根，加上限制修饰它的语素，造出这个词的下位词来。上面说到的"酒——黄酒、烧酒""打——痛打、鞭打""绿——嫩绿、翠绿"等都是这样造出来的。再如："车——火车、汽车、大车、自行车""路——公路、铁路、泥路""听——聆听、偷听、窃听""黄——嫩黄、鹅黄、金黄"等。这种构词方法是丰富词汇、使词汇更具体细致地反映事物现象的重要手段。

练 习 五

一、辨析下列同义词：

　　气候——天气　传播——传布　稳定——稳固

二、在下列各句括号中的同义词中挑选出最恰当的一个，并说明理由：

　　(1)酒吧的灯光是暗的，别有一种（趣味、味道、情趣）。

　　(2)这些人整天（凑、聚、厮混）在一起，干不正经的事。

　　(3)听了他的解释，疑团打消了，心里（酣畅、欢畅、宽畅）多了。

　　(4)老人很（慈善、善良、和善），对孩子从不发脾气。

三、从意义关系的不同，把下列反义词分为两大类：

　　凹——凸　无——有　高——矮　全面——片面

　　柔软——坚硬　拥护——反对

四、"灵"和"笨""呆"，"困难"和"容易""富裕"在什么意义上分别构成反义关系？试举例说明。

五、给下列各词找到适当的上位词，用它来帮助解释各词的意义：

　　旅舍　露水　庙宇　泼皮

第六节　几种重要的词汇划分

人们对现代汉语词汇有不同角度的划分，它反映了指导语言应用的需要和对词汇认识的深度。20世纪50年代以来我国学者对现代汉语词汇所做的主要划分是：从词在语言词汇构成的地位作用上所做的划分，即基本词汇、一般词汇；从词出现的时间上所做的划分，即古语词和新词语；从词的运用的地域所做的划分，即标准语词汇、方言词汇；从词在不同社会阶层运用上所做的划分，即各种社会习惯语；本族语词汇和外来语词汇的划分。一般认为这是对词汇构成的划分。构成词汇的各类词汇在性质、运用上各有特点和限制，下面说明各类词的特点和运用。

一　基本词汇和一般词汇

（一）基本词汇

基本词汇指的是千百年前就产生，一直应用到现代，并成为构成新词基础的一部分词，一般包括下面这些类的词：

1. 表示自然现象、事物、人体器官的一些词

　　天、地、土、火、雨、水、鱼、瓜、心、手、血、头等。

2. 表示生产资料、生活资料的一些词

　　刀、网、车、船、门、窗、玉、布、丝、笔等。

3. 表示最基本的动作行为和性质状态的一些词

　　走、飞、生、吃、吹、吐、白、黑、肥、美、厚等。

4. 表示时令、方位、数量、指代的一些词

　　年、月、日、东、西、一、十、千、我、你等。

基本词汇中的词有三个特点：

1. 稳固性

这是说它在千百年前就出现，在历史上存在很长时间。上面我们列举的那些词，绝大部分在甲骨文中、在先秦古籍中就已经存在了。

2. 普遍性

这是说它是普遍使用的，因为它表示的都是一些最常见的事物现象和人们交际最需要的一些基本概念。

3. 构词能力强，是构成新词的基础

例如"山"能构成"山冈、山河、山墙、山炮、冰山、火山、雪山、江山、山高水低、山穷水尽"等合成词和成语二百多个。其他属于基本词汇的词也大都能构成大量的合成词和成语。基本词汇中的代词、某些虚词构词能力不强。

(二) 一般词汇

基本词汇以外的词都属于一般词汇。一般词汇数量比基本词汇大得多，有各种类别，各种来源。其中有本属于古代汉语词汇而在一定条件下还在现代运用的古语词，有各个时期创造的新词，有从各方言吸收来的方言词，有各种术语、行业语，还有从其他民族语言中吸收的外来语等等。

一般词汇和基本词汇并不是截然分开的。有些词原属于基本词汇，由于社会和语言的发展变化，可以变成一般词汇。如"弓"，在古代是重要的生产工具，也是重要的作战武器，这个词不但十分稳固，而且普遍使用，也有很强的构词能力，应该属于基本词汇。但是，由于生产和科学的发展，"弓"变得不那么重要了。现在"弓"只能属于一般词汇了。有些原来属一般词汇的词，由于社会和语言的发展变化，逐步进入基本词汇。例如"日"属于基本词汇，和"日"同义的"太阳"到汉代才出现，原来还有"旺盛的阳气"等意义。后来"太阳"比"日"应用得更普遍，"太阳"一词也发展了构词能力，构成了"太阳系、太阳能、太阳时"等词。到今天，"太阳"已进入基本词汇了。

二 古语词和新词语

(一) 古语词

古语词可以分为两类。

1. 历史词语

历史词语指的是历史上出现过的而现在不再存在、或者只是作为遗迹文物存在的事物现象的名称，也包括历史上出现过的神话传说中的事物的名称。如：

耒(lěi)　古代的一种农具，下端分叉，有长把。
觯(zhì)　古代酒器，圆腹、侈口，圈足。
衮(gǔn)　天子和最高级官吏的礼服。
春闱　举人在京会试，考期在春二月，叫春闱。
司马　官名。春秋战国时这个官掌军政和军赋。
瑶池　古代传说中昆仑山上的地名，西王母所居。

2. 文言词语

文言词语是在古汉语中，特别是它的书面语中使用但现代一般场合已不使用的词语。文言词语表示的事物现象或概念在今天的现实生活中还存在,但现代汉语已另有词语来称呼它,这是它同历史词语不同的地方。文言词语中有很多是单音的,到现代许多已经成为不成词语素,如"首(头)、足(脚)、目(眼睛)、观(看)、冀(希望)、恭(恭敬)、固(结实)"。文言词语还包括一批双音词,如"囹圄(监狱)、沐浴(洗澡)、畏葸(害怕)、羞赧(害羞)、伶丁(孤独)",此外还包括一些文言虚词,如"之(的,他)、乎(吗)、何(怎么样、什么样)、均(都)、矧(况且)"等。

古语词本属于古代汉语词汇,但在一定场合一定要求下,可以使用它来为现代服务。在说明历史现象、事件、文物时自然要使用历史词语。例如:

  西周以来,宗族占有大量土地,这种土地占有制,以封建剥削为其内容,以氏族组织为其外壳。宗子则是宗族全部土地的所有者,卿大夫受封土作为自己的采邑,在采邑内可以收族聚党。(范文澜《中国通史简编》第一编)

其中加点的"宗子、卿大夫、采邑"等都是历史词语。

文言词语的运用更有多种表达效果。在文章中适当使用文言词语,可以使文字精练、生动。例如:

  三株名松都在这里。"卧龙松"与"抱塔松"同是偃仆的姿势,身躯奇伟,鳞甲苍然,有飞动之意。"九龙松"老干槎枒,如张牙舞爪一般。若在月光底下,森森然的松影当更有可观。此地最宜低回流连,不是匆匆一览所可领略。(朱自清《潭柘寺戒坛寺》)

在某些声明、电文中,用文言词语可以表示出庄重的感情或态度。例如:

  非洲国家首脑会议:

  值此非洲国家首脑会议召开之际,我谨代表中华人民共和国政府和中国人民,并以我个人的名义向会议表示祝贺。愿会议对促进非洲国家的友好合作和非洲各国人民反对新老殖民主义,争取和维护民族独立,以及加强亚非团结和保卫世界和平的事业作出新的贡献。祝会议成功。(周恩来《致非洲国家首脑会议电》)

用文言词语要看是否需要,是否协调,下列各句中的文言词语用得不当:

  (1)那时候,我年幼,尚不省事,每天只知道玩。
  (2)躲在洞里的敌人悉被我们俘获了。
  (3)他虽有过人的天资,但得不到培养,结果其才能与众人一也。

"尚不省事",改"还不懂事"。"悉"改为"都"。"与众人一也"改"同平常人一样了"。

(二) 新词语

随着生产和社会生活的发展,科学技术的发展,语言中不断产生新词语。它用新的形式表示新的内容。新词语一般都要利用原有的语言材料,按照原有的构词方法、词语组合方法来创造。新词出现后要经过一段时间的应用,为社会所接受,才能在语言中扎下根来。各个历史时期都会出现一批新词语。如"苏区、白区、红军、互助组、供给制"是新中国成立前国内革命战争时期出现的新词语,"三反、公社、助学金、教研室、红领巾"是新中国成立后出现的新词语,下面是最近几年出现的一些新词语:"接轨、创汇、网点、筛选、反倾销、消费信贷、宏观经济、工薪阶层"等,科技新词出现得更多,如:"微波、遥感、硬件、软件、遗传工程、系统工程"等。

词在使用过程中产生了新义和产生新词的情况不同。例如"底线"原指"足球、篮球、排球、羽毛球等运动场两端的界限",现在也可用来指"最低的条件,最低的限度",这是词产生了新义。再如"触电",原指"人或动物接触较强的电流",现在可用来比喻"参加拍摄电影、电视片等",这也是词产生了新义。旧词产生新义同新词语有相同的作用,但它是词汇、词义发展的另一种形式。

新词语中有一部分是外来词,如"作秀、蹦极、三明治、因特网、拉尼娜现象、IC 卡"等。外来词我们后面还要说明。

生造词是任意造出来的词,不同于新词,不能使用。如:

(1) 领导解免了他的职务。
(2) 我们盼等了一天,终于接到他了。
(3) 食品专家们要为离乳婴儿研制营养食品。

例(1)中的"解免"是把"解除"和"免职"压缩在一起,成了生造词。可以改为"解除了他的职务",或"将他免职了"。例(2)可以单说"盼"或"等","盼等"是生造词。例(3)中的"离乳"也是生造的,一般说"断奶"。

和生造词性质相似的是滥用简称。许多简称意义不明确。如:

(1) 禁止"三品"上车,保证旅客人身安全。
(2) 今天,参试人员似乎醒得特别早,也许根本就没睡吧。
(3) 运载着星箭部件的庞大的运输车,从技术阵地开往发射阵地。

(1)中的"三品"指"易燃品、爆炸品、危险品",除非事前交代,简称的指称对象很不清楚。(2)中的"参试"是"参加试验"的简缩,但"参试"本身也可以理解为"参加考试",意义不明确。(3)中的"星、箭"指"人造卫星"和"火箭",但"星、箭"本身各自另有习惯的指称对象,这种简称不妥当。不少简称在一定范围内可以使用,但在一般语境中理解有困难,运用中要注意。

三 标准语词汇,方言词汇,社会习惯语

(一)标准语词汇和方言词汇

标准语指一个民族的共同语,就汉语来说,就是普通话。它以北方话为基础方言,以北京语音为标准音,以典范的现代白话文著作为语法规范。一般所说方言词有广义的方言词和狭义的方言词之分。广义的方言词,指普通话以外的各个方言的词语,它们在各个方言中通行而不属于普通话词汇。狭义的方言词,指普通话词汇中来源于方言的词语,这些词语原先流行于某种方言,后被普通话吸收使用。

普通话词汇同方言词汇有很大的不同。有的同实异名,如"麻雀"昆明叫"小雀",温州叫"将儿"或"吃谷将儿","勤快"苏州说"健",厦门说"骨力",福州说"伶落"。有的同名异实,如北京说的"饺子",湖北、闽南、客家话指馄饨,普通话的"蚊子",湖南话还包括苍蝇,普通话的"笛",福州指的是箫。还有不少是方言所特有的词语。如吴方言把交朋友叫"打淘",两相抵消叫"扯直"。粤方言把聪明的女孩子叫"精女",把漂亮的小伙子叫"靓仔"等等。

普通话在发展的过程中,也吸收了一部分方言词语。如吴方言的"货色、瘪三、尴尬、揩油、腐乳",湘方言的"里手、过硬、过细",闽方言的"马铃薯、龙眼",北方方言西南片的"搞、名堂、晓得",粤方言的"雪糕"。

吸收方言词语,要注意两个方面的问题。

第一,普通话词汇虽然以基础方言词汇为基础,但基础方言中地区色彩比较浓的土语词,如果有比较普通的同义词可以代替,就不应该吸收,如北京话的"老爷儿(太阳)、显派(夸耀)、乌秃(wū·tu)(茶、水不热)"等。北方话中说法不一致的,应该吸收比较普通的说法。如:"小鸡——鸡崽儿——鸡娃""午饭——晌饭——晌午饭""前天——前儿个——前儿日",都应该吸收各组中的第一个词。如果同名异实,应该以北京话的含义为标准。例如"房间"昆明话指屋子,"干粉"济南话指粉条儿,"灰面"成都话指面粉,这几个词在方言中的意义,自然不应该吸收。

第二,在写作中,特别是文艺写作中,有时需要用一些表示地方特有的事物现象的词语,一些方言中生动形象的说法也可以丰富文章的表现力。但不能滥用方言词语。丢开普通话现成的词语不用,滥用方言词语,并不能增强语言的表现力,反而不利于普通话的推广和语言的规范。如:

(1)他最近分到了房子,搬场有困难,询问本市是否有帮助搬场的单位。

(2)信封上的字是女仔写的。

(3)他脸色不好看,是呷醋了。

(1)中的"搬场"普通话说"搬家"。(2)中的"女仔"普通话说"姑娘"。(3)中的"呷醋"普通话说"吃醋"。

(二) 社会习惯语

社会习惯语指各种社会集团和职业集团内部使用的词语。有术语、行业语、隐语之分。

1. 术语

术语指各种学科用的专门用语。如:

哲学术语:存在　意识　唯物论　辩证法　形而上学　机械唯物论

经济学术语:商品　资本　价值　商品经济　可变资本

文艺术语:主题　题材　形象　情节　旋律　构图　蒙太奇

物理学术语:地轴　光波　高频　放射　微波　加速度

数学术语:实数　负数　开方　平行　外角　圆周率

2. 行业语

行业语指社会中某一行业(即职业集团)所用的词语。如:

商业用语:旺季　淡季　高档　中档　库存　盘货　紧俏商品

交通用语:客车　车皮　超载　航班　晚点　引水　吨位

戏曲用语:行头　台步　圆场　亮相　文场　脸谱　老生

3. 隐语

隐语是个别社会集团或秘密组织内部成员间使用的、故意不让外人所知晓的特殊词语。如旧社会的商贩为了使局外人不知道行市,创造了一些代替数字的隐语:"平头"(即"一")、"空工"(即"二")、"横川"(即"三")、"侧目"(即"四")、"缺丑"(即"五")、"断大"(即"六")、"皂底"(即"七")、"分头"(即"八")、"未丸"(即"九")、"田心"(即"十")。

有一部分社会习惯语（主要是术语和行业语）为大家所熟悉和习用，在交际中起着重要作用。有些专门术语在运用中会生出新义，这时它既有专门的意义，也有普通的意义。如：

　　扬弃　①哲学上指事物在新陈代谢过程中，发扬旧事物的积极因素，抛弃旧事物中的消极因素。②抛弃。

　　洗礼　①基督教接受人入教时所行的一种宗教仪式，把水滴在受洗人的头上，或将受洗人身浸在水里，表示洗净过去的罪恶。②喻重大斗争的锻炼和考验。

专门术语也存在规范问题。各学科的术语有一些并不统一。例如关于事物的大类小类，有些学科叫"种（大）、属（小）"，有些学科叫"属（大）、种（小）"，语言学的"词组、短语、仂语""词缀、附加成分、语缀"，科技术语的"继电器、替续器、电驿""向量、矢量"，指的基本上都是同一个东西或同一个概念。这些名称上的分歧并不是必要的，应该规范统一。我国术语标准制定工作已取得很大成绩，制定颁布了多项术语国家标准。

四　本族语词汇和外来语词汇

本民族语言的词汇叫本族语词汇，从外国或本国其他民族语言中连音带义吸收到汉语中的词汇叫外来语词汇。外来词也称借词。外来词不包括意译词，例如"激光"，意义原来是外来的，但是它是用汉语原有的语素按照汉语的构词方式构成的，就不能算是外来词。过去曾把"激光"音译成"莱塞"，是连音带义吸收的，就是外来词。

从汉代开始外来词就已经出现在汉语中了。例如"琵琶、骆驼"来自匈奴，"琉璃、狮"来自西域。"佛、袈裟"原是梵语，是从佛教吸收的外来词。从少数民族语言吸收的外来词有"戈壁、站"（蒙），"喇嘛、糌粑"（藏），"阿訇、冬不拉"（维吾尔）等。近代和现代从欧美和日本吸收的外来词就更多了。

汉语吸收外来词的形式主要有：

（一）译音

　　菩提　胡同　克隆　夹克　海洛因　马赛克　蒙太奇

这些词是按照原词语的声音译过来的，音译时按照汉语的语音特点对原词语的声音做了一些调整，往往只是接近原词的读音。

（二）译音赋义

基因　声呐　引得　维他命　乌托邦　可口可乐

这些词声音同原词接近，各个音节都或多或少同原词意义相关。

（三）半译音半译义

冰激凌　华尔街　新西兰　浪漫主义

这些词将原词分成两半，一半译音，一半译义。如"冰激凌(ice cream)"，"激凌"是译音，"冰"是译义；"新西兰(New Zealand)"，"新"是译义，"西兰"是译音。

（四）译音加表意语素

啤酒　卡车　芭蕾舞　摩托车　高尔夫球

这些词前半部分是译音，如"啤酒"中的"啤"，"卡车"中的"卡"，"芭蕾舞"中的"芭蕾"，后一半是在原词译音的基础上增加的表示事物类别的表意语素，如"啤酒"的"酒"，"卡车"的"车"，"芭蕾舞"的"舞"。

近年来，西文字母加汉语语素组成的外来词语增加了，早期的"X 光、pH 值"就是这种词语，这以科技方面的词语为多，又如"IC 卡、IP 卡、U 盘、POS 机"等。这类词语西文字母按西方语言的读法发音，大多是西方语言的缩略语，它的意义要通过了解它表示的西文语词的意义才能了解。例如"IC 卡"的"IC"是英文"integrated circuit"的缩写，指集成电路卡，"POS 机"中的"POS"是英文"point of sale"的缩写，指销售点终端机，供银行卡持卡人刷卡消费使用。

汉语的日语借词是另一种情况。日语往往用汉语的词或语素意译欧美的科学术语或一般用语，其中有一部分又被我们重新吸收回来，如"概念、干部、干线、纲领、广场、广告、社会、劳动、组织"等。这些词中，有一部分是汉语原来就有的，其中有的和汉语原来词语的意义还有些联系。如"列车"，原指"一列马车"(王粲《杂诗》："列车息众驾，相伴绿水湄。")，现指"配有机车、工作人员和规定信号的连挂成列的火车"。这个意义是日语用这个词来意译欧美的语词产生的。另外有许多词现在的意义和原来的意义没有什么联系。如"具体"，原来大意是"内容、思想、德行等大体具备"(《孟子·公孙丑上》："子夏、子游、子张皆有圣人之一体，冉牛、闵子、颜渊则具体而微。")，这个词现在的意思是"细节方面很明确、不抽象"，这个意义是日语意译欧美的语词产生的，现在又为汉语所吸收。

近代以来，汉语里很多从欧美吸收的外来词逐渐为意译词所代替，如"德谟克拉西、狄克推多、德律风"分别换成了"民主、独裁、电话"。这是因为汉语的词音节短,大部分是双音节,音译词多是多音节的,不合汉语的习惯;汉语使用的是表意文字,表示词的字多少带有一些意义,音译词没有这个特点。但也有不少音译词广泛使用,保留了下来,如"逻辑、幽默、吉他、歇斯底里"等。目前,仍有一些外来词同意译词并存,需要逐步规范。如:

  维他命——维生素 休克——虚脱

  夸克——层子 苏打——纯碱

  外来词有不同的译法,一般应该以北京音为标准,决定取舍。如取"盘尼西林",不取"配尼西林",用"来亨鸡",不用"力行鸡"。有一些外来词在写法上有差别,如"夹克——甲克""的确良——的确凉",需要逐步统一。

  吸收外来词要有利于语言的健康和纯洁。目前有乱用音译词而不用使用已久、意义明确的意译词的现象,应该加以规范。如:

  (1)个体摊贩在推销各种花式的裙子、恤衫。

  (2)他也不爱穿紧士裤,大家说他不合潮流。

  (3)我们推荐两家四星级酒店里的平价"蒲飞",看得到靓景,尝得到美食,不用吃到肚圆尚觉没有值回餐价。

(1)的"恤衫"可以换成更普通的说法"衬衫"。(2)的"紧士裤"可改成"牛仔裤"。(3)中"蒲飞"可改成"自助餐"。

练 习 六

一、下面这些词哪些属基本词汇,哪些属一般词汇?

  土 土产 土豪 土改 尘土 乡土 氢 沙发 互联网

二、从下面的文章中划出历史词语和文言词语:

    庚申之秋,我在十二朝古都所在的西安地区,游览了秦、汉、唐三代有代表性的四座帝王陵墓:秦始皇陵、汉武帝的茂陵、唐太宗的昭陵、唐高宗和则天皇帝合葬的乾陵。王朝逝矣,宫殿邱墟;陵阙尚存,人事已非。念天地之悠悠,叹世变之沧桑,颇有一番感慨。(张啸虎《览四陵记》)

三、分析下列新词的结构:

  离休 代沟 牵头 理顺 一次性

四、指出下列外来词的类型:

哈达　绷带　迪斯科　卡车　道林纸

五、改正下列句子中的生造词、用得不规范的简称和文言词语：
(1)这个孩子是姨妈带挈长大的。
(2)他关在屋子里用功,对周围发生的事都无暇以顾之。
(3)木板倒下来,无情地掩压住老张的身躯。
(4)这些旧机在香港只能当废铁,却当作新机器运来了。
(5)英雄的精神,予人以战胜困难之力量。
(6)在北京,他连故宫、历博、人大会堂都没有时间参观。

六、划出句子中的方言词、外来词,看用得好不好?
(1)在这密密层层的杂草里,一只灰色的跳猫子,慌里慌张往外窜。
(2)六蒙面匪开枪劫士多,顾客腹部被打成蜂窝。
(3)看他干买卖的劲道很足,他妈也放心了。
(4)你饿不饿？不好意思啊,害得你这么晚没吃饭,我请你吃哈力克。

第七节　熟　语

上面说过,词汇中也包括成语、谚语、歇后语、惯用语等,总起来叫熟语。熟语的结构比词复杂,结构和构成成分比较固定,意义往往有整体性。

一　成语

成语是熟语中最重要的一种,形式简洁而意思精练。汉语的成语多数是四字的,如"狐假虎威、弄巧成拙、兴师动众、惟妙惟肖"。也有一些成语不止四个字,如"醉翁之意不在酒""螳螂捕蝉,黄雀在后"。

成语大多是历史故事、古代寓言的概括,或是书面语言中的名句形成的。如:"三顾茅庐"是刘备三次请隐居草舍的诸葛亮出来协助他这个著名历史故事的概括,泛指诚心诚意一再邀请。"守株待兔"是《韩非子·五蠹》中一个寓言故事的概括,比喻不主动努力希望侥幸得到意外的收获。"流芳百世"语出刘义庆《世说新语·尤悔》:"既不能流芳百世,亦不足复遗臭万载耶?"

还有一部分成语来源于古白话写的语录和文艺作品,也有来自民间流传的成句的,这些成语比较接近现代汉语。如:

正大光明　语出《朱子语类》卷81:"大雅非圣贤不能为,其间平易明白,正大光明。"指办事理由正当,态度光明磊落。

  见景生情　语出官大用《严子陵垂钓七星滩》杂剧第四折:"不由我见景生情,睹物伤怀。"意思是由目前事物生出某种感情或联想。

  铁树开花　《日询手镜》:吴湘间有俗谚,见事难成,则曰须铁树开花。

  新中国成立后也出现了一些新成语,如"自力更生、百花齐放、古为今用"等。

  成语有多种多样的结构,其中有不少要从古汉语语法来分析。常见的结构类型有:

  并列:郁郁葱葱　和风细雨　顶天立地　招兵买马
  偏正:咄咄怪事　郁郁寡欢　丧家之犬　半路出家
  述宾:步人后尘　初出茅庐　投其所好　别具匠心
  述补:毁于一旦　囿于成见　相逢狭路　逍遥法外
  主谓:明珠暗投　奇文共赏　呆若木鸡　茅塞顿开

  理解成语的意义要注意两点。第一,了解构成成语的各个语素的意义。语素义是常用义的比较容易理解,如:"古往今来、分秒必争、文如其人、巧立名目"。语素义是生僻义的就不大容易了解,如:"脱颖而出"的"颖"指(锥子的)尖儿。"高风亮节"的"高风",指高尚的品格,"亮节",指坚贞的节操。"蓬荜生辉"的"蓬"指蓬草;"荜"指荆竹,"蓬荜"指蓬草荆竹编的门。如果不掌握这些语素的意义,就很难透彻理解这几个成语的含义。第二,了解成语的整体义。有的成语整体义是语素义的组合,如"十全十美、一技之长、欺人太甚、敬而远之"等。但有许多成语需要了解它的来源和后来的用法才能知道它的意义,如上面说过的"三顾茅庐、守株待兔"。再如:

  风声鹤唳　《晋书·谢玄传》记载,秦王苻坚攻打东晋,在安徽淝水一带被晋军打得大败,在往回逃的路上听到风声鹤叫,都以为是晋军追击他们。后来就用这个成语形容惊慌失措,自相惊扰。

  嗟来之食　《礼记·檀弓》记载:齐国大荒,黔敖准备了些食物等受灾的人来吃。有个饥民过来,黔敖喊道:"嗟,来食!"(嗟,不客气的招呼声)那饥民说:"我就是因为不吃嗟来之食才饿到这个样子的。"后来就用"嗟来之食"表示带侮辱性的施舍。

  成语或形象鲜明,或言简意赅,有很强的表达作用,在写作和日常谈话中常常运用。如:

(1)我独不解中国人何以于旧状况那么心平气和,于较新的机运就这么疾首蹙额;于已成之局那么委曲求全,于初兴之事就这么求全责备。(鲁迅《这个与那个》)

(2)这回重读此文,更觉稚气;但因写时卖了些力气,又可作我的纪念,便敝帚自珍地存下。(朱自清《你我》)

用成语要了解它的含义,注意它的感情色彩,否则会用错。如:

(1)他注意抓大事,具体而微的小事也不放过。

(2)为了学习外国的先进技术,各地都办起了英语进修班,很多人趋之若鹜。

(1)中的"具体而微"的意思是"各部分大体具备,不过局面、规模较小"。这里是由于误解了它的意思而用错了。可改为"具体的事、小事也不放过"。(2)中的"趋之若鹜"是像鸭子一样成群地争着跑去的意思,是贬义的。可以改为"踊跃参加"。

少数成语可以变换个别语素,或变更语素的次序。如"毫发不爽"可以说成"毫厘不爽","寄人篱下"可以说成"依人篱下","神差鬼使"可以改说成"鬼使神差","千钧一发"可以改说成"一发千钧",但绝大多数成语不可以随意更换其中的语素或变更它们的次序。

二 谚语

谚语指多年在民间流传,简单通俗地道出深刻道理的语句,有一部分谚语只是某个意思简练形象的说法。如:

富家一席酒,穷人半年粮。

众人拾柴火焰高。

三个臭皮匠,一个诸葛亮。

粪是地里金,猪是家中宝。

高地芝麻洼地豆。

恭敬不如从命。

横挑鼻子竖挑眼。

谚语一般都有句子的结构。如:

单句

有钱难买心头愿。(无主句)

拿着鸡毛当令箭。（无主句）
清官难断家务事。（主谓句）
行行出状元。（主谓句）

复句

并列
冤有头，债有主。
虎不怕山高，鱼不怕水深。

选择
宁吃鲜桃一口，不吃烂杏一筐。
要打当面鼓，莫敲背后锣。

条件
只要功夫深，铁杵磨成针。
小洞不补，大洞叫苦。

因果
只因一着错，遂叫满盘输。
笑口常开，青春常在。

转折
冰雪虽厚，难过六月。
竹竿虽长，空心无瓤。

谚语和成语都是精练的语句，区别主要有两点。第一，成语书面性强，谚语口语性强。如"饮水思源"是成语，"喝水不忘挖井人"是谚语，"众志成城"是成语，"众人拾柴火焰高"是谚语。成语多用文言词语，谚语多是现代口语。第二，成语比谚语更定型化。成语的语素和格式一般不能变动，谚语的成分和格式有不少是可以变动的。如成语"流水不腐，户枢不蠹"不能变动，谚语"刀不磨生锈，水不流发臭"可以说成"刀不磨要生锈，水不流要发臭"。"见异思迁"是成语，不能变动，"一山望着一山高"是谚语，可以说成"这山望着那山高"。

谚语由于总结有各方面的经验教训，能起论证作用，帮助说理。如：

大地，春天的大地，到处蒙上碧绿的绸缎似的闪着柔和的绿光。那润湿的泥土，只要一粒种子落进去，几天就会生芽出土了。"一年之计在于春，一日之计在于晨"，如果在这时耽误过去一分钟，那末会顶平常的一天甚至更多的时间。（冯德英《苦菜花》）

常言说：将军额上跑下马，宰相肚里行舟船。你这样气量窄，将来如何能独挡一面，肩挑五岳，胸罗百川，统帅百万大军？（梁斌《红旗谱》）

谚语由于形象生动，因此广泛运用于叙述和对语中。如：

况且文坛上本来就"只许州官放火，不准百姓点灯"，既不幸而为庸人，则给天下做一点牺牲，也正是应尽的义务。（鲁迅《华盖集·碎话》）

谢庆元……正护完秧，没有歇气，又去操田。盛淑君晓得他近来积极，只是容不得他嘲弄的口气，马上答白："你是新开茅厕三日香，是角色，跟我们比比。""比什么呢？"谢庆元满眼瞧不起。"比长性。我们都不许三天打鱼，两天晒网。"盛淑君针对谢庆元的寒热病提出了挑战。（周立波《山乡巨变》）

三　歇后语

歇后语是一种短小风趣、生动形象的语句，由两部分组成，有时只说上半，下半略去，所以叫歇后语。歇后语上半一般是形象的表述，下半解释形象表述的含义，然后借比喻或双关，表达它的实际意义，有时，后半的解释也就是歇后语的含义。其间的关系可说明如下：

上半	下半	实际意义
一条绳拴俩蚂蚱	谁也跑不了	比喻当事人不能幸免
隔年的皇历	瞧不得	比喻过时的事物不起作用
四两棉花	弹不上	双关"谈不上"
外甥打灯笼	照舅	双关"照旧"
大海捞针	无处寻	无处寻
诸葛亮皱眉头	计上心来	计上心来

歇后语形象风趣，文艺写作和人民大众口语中都常常运用。如：

赵庄的人们这时都说开了，有的说："把田村家得罪上来，咱们也没取上利。阉猪割耳朵——两头受罪！"（马烽《我的第一个上级》）

生宝心中无限感慨：他这会儿可是一个牛皮灯笼，外头不见光，内里亮堂着哩。（柳青《创业史》）

四　惯用语

惯用语是表达一种习惯含义的固定词组，以三个语素组成的居多。如：

戴高帽　穿小鞋　吃老本
背黑锅　抱粗腿　开后门
开倒车　顺大溜　踢皮球

惯用语大多是述宾结构的,中间可以插入词语,也可以颠倒语素次序,但它所表达的习惯意义不受影响。如：

$\left\{\begin{array}{l}\text{戴一顶高帽}\\ \text{把这顶高帽给他戴上}\end{array}\right.$

$\left\{\begin{array}{l}\text{穿上小鞋}\\ \text{给他小鞋穿}\end{array}\right.$

$\left\{\begin{array}{l}\text{背了一个黑锅}\\ \text{黑锅谁愿意背？}\end{array}\right.$

惯用语形象、精练,运用灵活,应用也很广泛。如：

他趾高气扬,昂头挺胸,感到自己是一个强人,又有人给自己抬轿子了。(柳青《创业史》)

蛤蟆不是飞的,牛皮不是吹的,光说大话不行啊！(峻青《黎明的河边》)

练 习 七

一、解释下列成语中加点的语素的意义,并说明整个成语的结构和整体义：

　　光风霁月　方寸已乱　荼毒生灵　终天之恨　差强人意　直言贾祸

二、试举例说明成语和谚语的区别。

三、下列歇后语用什么方法表示它的实际意义？

　　倒了碾子砸了磨——石打石

　　灯草打鼓——不响

　　矮子上楼梯——步步登高

　　瞎子点灯——白费蜡

四、试将下面划杠的词语,换成相当的谚语,或者相当的歇后语,或者相当的惯用语：

　　(1)大事你来管,我给你出点主意,帮点忙。

　　(2)劲要使得是地方,要不,白费工夫浪费精力。

(3) 我是有话直说,有冲撞的地方,请包涵。
(4) 搞承包制,只要经营得法,发家致富准能实现。

五、改正下列用得不恰当或不应改换成分的成语:
(1) 我们实力比他们强,比赛中定操左券。
(2) 这篇文章写得不通俗,深文周纳,很费解。
(3) 他忙里忙外,细大不弃,是个好管家。
(4) 他年小,你叫他出远门,万一有个山高水长,怎么照应?

第八节 词 典

一 词典的类型

词典可以分为两大类型,一是百科辞典,一是语文词典。

(一) 百科辞典

1. 综合性百科辞典

也叫百科全书。这种辞典详尽地解释各学科各方面的术语词语,篇幅巨大。我国明代永乐年间编的《永乐大典》(1403—1409)被认为是世界上第一部综合性百科辞典。国外最著名的百科全书是《不列颠百科全书》(又名《大英百科全书》,1768年创编)和《苏联大百科全书》(1926年开始出版)。从1978年起,我国开始编纂《中国大百科全书》,1980年开始出书,1993年全部出齐,共74卷,第二版历时14年,共32卷,于2009年出版。

2. 专科性百科辞典

也叫学科百科辞典。这种辞典解释某一学科的名词术语。如《宗教词典》《法学词典》,以及各种人名地名辞典等。

(二) 语文词典

语文词典是解释说明语言词语的词典。它说明词语的读音、书写形式、意义、语法特点等。又分单语词典(解释一种语言词语的词典,如《现代汉语词典》)和双语词典(用一种语言解释另一种语言的词典,如《新英汉词典》《俄汉大辞典》等)。

单语词典又有下面一些主要类型:

1. 现代词典

如《国语辞典》(中国大辞典编纂处编纂,1946年出版)、《现代汉语词典》、

《新华词典》等。

2. 历史、词源词典

如《辞源》、《汉语大词典》。

3. 方言词典

如《现代汉语方言大词典》(1998年江苏教育出版社出版)、《汉语方言大词典》(1999年中华书局出版)。

4. 同韵词典

如《中华新韵》(中国大辞典编纂处编纂,1941年出版)、《诗韵新编》(1964年中华书局上海编辑所编)。

5. 熟语词典

包括成语、谚语、歇后语、惯用语词典,目前已出版多种。

此外又有注重某种功能的词典,如学习词典[①]、同义词典、反义词典、逆序词典、频率词典等。

字典以字为单位,不以词为单位。字典解释汉字的形体、读音、意义等。在古代汉语中,单音节词占大多数,字典也起到词典的作用,在现代汉语中,多音节词占大多数,但字典也能起到解释语素的作用。我国古代著名的字典有东汉许慎《说文解字》、明梅膺祚《字汇》,清《康熙字典》,近代编的有《中华大字典》。新中国成立后出版了《新华字典》。1975年筹编的《汉语大字典》于1986年开始分册出书,至1990年八卷全部出齐,第二版于2010年出版,为九卷本,是迄今为止最大的一部汉语字典。

下面简要介绍几部常用的词典、字典。

《辞源》,商务印书馆出版。旧版1915年出版,现版1958年开始修订,1979年—1983年四年陆续出齐。新版收单字一万两千八百多个,复词八万四千一百多条。这部辞典重在说明词的最早的意义和词义的历史发展。除注今音外,加注《广韵》反切。是一部了解汉语词汇的演变,阅读和研究古籍必备的工具书。

《辞海》,1936年中华书局出版。1957年开始修订,1979年上海辞书出版社出版,后多次增补修订。2009年第六版收词目十二万七千余条,涉及一百二十多个学科,是一部中型的语文兼百科的辞典。这部词典语词释义较确切,百科性词目的解释大多能反映当代科学发展水平。

[①] 学习词典是为帮助、指导语言学习者提高语言水平而编纂的词典。

《现代汉语词典》,商务印书馆出版。中国社会科学院语言研究所词典编辑室编。1958年开始编纂,1978年正式出版,收入词目五万六千多条,2005年第五版修订本收词目六万五千多条。这部词典注音、字形规范,释义确切,有时也说明词的语法特点。这部词典对现代汉语规范化工作起着重要的作用。

　　《新华字典》,商务印书馆出版。新华辞书社编纂,1953年由人民教育出版社印行第一版,后多次修订转由商务印书馆出版。2011年修订收单字一万三千多个,复音词三千三百多条,且有释义,突破了过去字典只收单字的局限。用汉语拼音和注音字母注音。释义简明确切。这部字典在正字、正音、科学释义方面起过重要作用。

二　词的释义

(一) 释义的方式

　　解释词义是词典的重要内容。释义的方法很多,常见的有下面几种(以下引例未注出处者皆引自《现代汉语词典》第5版)。

1. 用同义近义词

　　又有:

　　(1) 用一个词。如:

　　　　 亸 duǒ　下垂。(《新华词典》)

　　　　 剒 cuò　斩。(《新华词典》)

上二例是用今语释古语。

　　　　 向火　(方)烤火。

　　　　 屋里人　(方)妻子。

上二例是用普通话释方言。

　　　　 师父　师傅。

　　　　 剩　剩余。

上二例被解释的词和释义所用的词同样为人们所熟悉,它们是同义的,可以互相解释彼此的意义。

　　(2) 分别解释语素的意义。如:

　　　　 卫护　捍卫保护。

　　　　 受贿　接受贿赂。

　　　　 要隘　险要的关口。

2. 用反义词或有关词语的否定式

如：

　　舒展　不卷缩；不皱。

　　死板　不活泼；不生动。

　　平安　没有事故；没有危险。

　　拉杂　没有条理。

"舒展、死板"释义用的是反义词的否定式，"平安、拉杂"的释义用的是有关词语的否定式。

3. 定义式释义

用下定义的方式解释词义。它的构成是"种＝种差＋类"，其中"种"是被解释的词，"种差＋类"是解释的词语，"种"属于"类"，是"类"的一部分，"种差"说明"种"具有的特征。表示"类"的如果是一个词，则它与被解释的词的关系就是上下位关系。如：

　　矿工　开采矿物的工人。

　　狼毫　用黄鼠狼的毛做成的毛笔。

　　书评　评论或介绍书刊的文章。

　　私货　违法贩运的货物。

表示"类"的也可以是词组。如：

　　行会　旧时城市中同行业的手工业者或商人的联合组织。

　　轮系　机器上互相啮合以传递轴的运动的齿轮传动系统。

上二例表示"类"的分别是词组"联合组织、传动系统"，它们与被解释的词的关系是上下位概念的关系。

4. 具体说明描写词义所表示的动作行为或性状特征等

如：

　　捋　用手指顺着抹过去，使物体顺溜或干净。

　　漂流　漂在水面随水浮动。

　　狂妄　极端的自高自大。

　　刻薄　（待人、说话）冷酷无情；过分苛求。

5. 用"形容……""……的样子"等词语来帮助说明描写

如：

　　冷森森　形容寒气逼人。

涣涣　形容水势盛大。
茫然　完全不知道的样子。
累累　憔悴颓丧的样子。

6. 指明比喻义

这个方式专用来解释比喻义,形式为"比喻……"。如:
靠山　比喻可以依靠的有力量的人或集体。
命根　比喻最受人重视的晚辈,也比喻最重要或最受重视的事物。
可怜虫　比喻可怜的人。

释义又有所谓语文性释义和百科性释义之分。语文性释义只对词的意义做简括的说明。百科性释义则对词表示的事物现象的各种特点做比较详细的说明。例如:

彗星　拖有长光像扫帚的星体。俗叫扫帚星。(《新华字典》)
　　　绕着太阳旋转的一种星体,通常在背着太阳的一面拖着一条扫帚状的长尾巴,体积很大,密度很小。(《现代汉语词典》)

《新华字典》的释义只指出彗星最主要的特征,属语文性释义。《现代汉语词典》的释义说明了彗星的形状、体积、密度等,已带百科性的内容。《辞海》对"彗星"的解释超过五百字,详细说明它的形状、构造、各部分的成分、质量、密度、轨道形状等等,是典型的百科性释义。

(二) 释义的要求

1. 准确恰当

词义的解释首先要求注释词语准确恰当。例如:
蚕食　《现汉》[①]第3版解释为:蚕吃桑叶。比喻逐步侵占。
　　　《现汉》第5版改为:像蚕吃桑叶那样一点一点地吃掉,比喻逐步侵占。
吻　《现汉》第3版解释为:②用嘴唇接触人或物。
　　　《现汉》第5版改为:②用嘴唇接触人或物,表示喜爱。

《现汉》第3版误将偏正结构的"蚕食"解释为"蚕吃桑叶",《现汉》第5版做了修改。《现汉》第3版将"吻"解释为"用嘴唇接触人或物",实际并不是所有用嘴唇接触人或物的动作都可以称作"吻",《现汉》第5版在注释语句中增加了"表示

[①] 《现代汉语词典》简称为《现汉》,以下同。

喜爱"这一对动作行为目的的说明,从而区别开其他用嘴唇接触人或物的动作。

　　对一些词义内容有变化的词,要根据已为大众广泛使用的含义修改词义的说明。例如:

　　　　公务员　《现汉》第 2 版解释为:②旧时称政府机关工作人员。
　　　　　　　　《现汉》第 3 版改为:①政府机关工作人员。

《现汉》第 3 版从"公务员"这个意义的解释词语中去掉了前面"旧时"二字,反映了由于社会生活的变化,"公务员"这个词又恢复了使用。

2. 通俗明了

　　词义的解释还要求注释词语通俗易懂,用普通话词汇,不用方言、文言、专门词汇或其他生僻词语。下面例子中注释词语不合适:

　　　　老实　谨厚。(《国语辞典》)("谨厚"是文言词语)
　　　　独白　剧中人自述其内心情绪、感想或其身世之科白。(《国语辞典》)
　　("科白"为较专门的戏曲用语)

又要避免在解释词语中用被解释的词语或被解释词构成的合成词,如:

　　　　麻　《现汉》第 3 版解释为:感觉轻微的麻木。
　　　　　　《现汉》第 5 版改为:身体某部位发生像蚂蚁爬那样不舒服的感觉
　　　　　　或轻度丧失感觉。

同时要尽量将词普遍使用的意义注释周全,让读者通过释义能明了词语的意义,如:

　　　　矛头　《现汉》第 3 版解释为:矛的尖端,多用于比喻。
　　　　　　　《现汉》第 5 版改为:矛的尖端,比喻批评、攻击的对象。

"矛头"主要使用比喻义,《现汉》第 3 版却没有对其比喻义进行具体说明,《现汉》第 5 版进行了补充。

3. 简明扼要

　　词义的解释在力求准确、全面、明了的基础上,也应注重注释词语语句的简明扼要。例如:

　　　　淘汰　《现汉》第 3 版解释为:去坏的留好的;去掉不合适的,留下合适的。
　　　　　　　《现汉》第 5 版改为:在选择中去除(不好的或不合适的)。

"淘汰"在《现汉》第 3 版的解释啰唆累赘,也不够确切,第 5 版的解释则简明扼要。

三 词典的编排

词典、字典的编排一般包含有三个方面的工作。

(一) 条目的编排

条目指收入的字、词、词语。编排的方法主要有四种。

1. 按部首编排

新中国建立以前编的字典、词典一般采用明梅膺祚编《字汇》时所定的 214 个部首编排。新中国建立以后编的字典、词典对这个部首分类有调整，各种字典、词典采用的部首表不完全一致，具体字的归部也不完全相同，这给字典、词典的使用者带来了不便。2009 年，教育部和国家语言文字工作委员会发布了《汉字部首表》和《GB13000.1 字符集汉字部首归部规范》作为部首法立部和归部的标准。目前几种常用字典、词典，如《现代汉语词典》《新华字典》都按《汉字部首表》所定的 201 个部首编排。

2. 按笔画编排

以字的笔画数目结合起笔的形状（这些年一般按横、竖、撇、点、折的顺序）编排条目。按部首编排也要和笔画编排相结合，以部首为主，笔画为辅，各部首的字根据笔画多少从简到繁编排。按部首编排的词典、字典一般附有部首难以确定的"难字表"，"难字表"一般也是按笔画编排的。

3. 四角号码编排

把汉字四个角的笔形归纳为十类，每一类用一个阿拉伯数字代表，如"一"形用"1"代表，"｜"形用"2"代表，"、"形用"3"代表，"亠"形用"0"代表等等，按左上、右上、左下、右下四角的次序，每个字都可以用四个阿拉伯数字组成的号码来代表，然后按照号码的前后次序将字编排起来。除专用这个方法编排的字典、词典以外，其他字典、词典往往也附有四角号码的查字表。

4. 音序编排

按汉语拼音字母次序编排。过去也有按注音字母次序编排的。还有按韵编排的，同韵的字再按声母的不同排列。

一般的词典、字典都以某种编排法为主，附有其他编排法的查字表。如果知道字、词的读音，可以按照音序查找；如果能判定字的部首，可以从部首查找；如果既不知道读音，又难判定所属部首，可以利用四角号码或笔画编排查字表去查找。

（二）条目下组成内容的编排

一般的次序是：1.注音；2.义项；3.说明是书面语、口语或术语、方言词等；4.释义；5.说明感情色彩；6.引例。各个条目下这些内容并不一定全部具备，要由需要来决定。

（三）条目下义项的编排

一般词典的次序是先列基本义，次引申义、比喻义。词源性的词典则按意义产生的先后次序先列本义，后列引申义、比喻义等。近年来出现了给每个义项标注词性的词典，这种词典通常把同词性的义项放在一起；也有学者探索按义项频率来排列的。

使用一部词典、字典，先要细读它的说明，了解它的编排方法和有关内容，以便更好地阅读和利用。

练 习 八

一、说明语文词典、专科性百科辞典、单语词典、熟语词典等各类词典的性质。

二、举例说明词典和字典的区别。

三、下列各词的释义属于什么方式？

　　救生　救护生命。

　　绿灯　安装在交叉路口指示车辆可以通行的绿色灯光。

　　乱蓬蓬　形容须发或草木凌乱。

　　乱弹琴　比喻胡闹或胡扯。

　　搦战　挑战。

　　挪用　把原定用于某方面的钱移到别的方面来用。

四、下列各词的释义有什么毛病？

　　鞋　足上所穿的履。

　　营业　以营利为目的的职业。

　　偏僻　交通不便、也不热闹的荒僻地方。

　　戏迷　对于戏剧着了迷，称戏迷。

第五章 语　法

第一节　语法的性质与作用

一　语法是指什么？

最通俗的说法，"语法是人们说话时所要遵守的一种规则"。但是这个说法不严密，因为说话时所要遵守的规则不限于语法，还有语音规则、语义规则、语用规则等。

比较科学一点的说法，"语法是一种语言组词造句的规则"。但是这个说法缺乏概括性，因为第一，没能说明这样的问题：由什么来组词？由什么来造句？第二，有些组合规则概括不进去，譬如"形声字"这个词，它的内部构造是：

　　　　形声＋字

"形声字"里的"形声"不是词，而它还可以分析为"形＋声"。对于"形声"的内部组合，上面关于语法的说法就概括不进去。同样，"戴红帽子的人是我小学时的同学"这个句子里的"戴红帽子的"、"小学时的"这样的组合，上面那个关于语法的说法也概括不进去。

到目前为止，最科学的说法是：

语法是一种语言中由小的音义结合体组合成大的音义结合体所依据的一套规则。

为什么说这是最科学的说法呢？要明了这个问题，得先了解语言是什么。

二　语言是什么？

关于语言，我们可以从两方面来认识它，一是从语言的功用来认识它，一是从语言的本体性质来认识它。

就语言的功用来说，语言是人类最重要的交际工具。人之所以能生存，就因为彼此能合作共济,抵御自然的和人为的灾害,不断创造适宜的生存环境;而彼此所以能合作共济,就因为有语言这个交际工具,人们靠它来互通信息。就功用来说,语言又是人类赖以思维的工具,人进行思维、思考问题,都必须凭借某一种语言,所以语言被认为是思维的物质外壳。语言又是人类记载和传承认识成果(包括人类文明、文化和科学技术知识)的最主要的载体。

就语言的本体性质来说,所有语言都是有声语言,所有语言都是用来表情达意的。在没有文字之前,或者在不借助于文字的时候,一个人要向他人表情达意,就从口中发出一连串的声音;听的人就根据这一连串的声音来理解、体会对方的意思和情感。某人有目的地发出的,而他人能从中理解、体会其意的声音,实际是一种某个民族或社群所共有的声音和意义相结合的符号。语言就是一个声音和意义相结合的符号系统。这个符号系统,随着社会的发展而不断发展变化。

既然**"语言是一个声音和意义相结合的符号系统"**,作为语言符号的音义结合体,一定有大有小。那么,我们说**"语法是一种语言中由小的音义结合体组合成大的音义结合体所依据的一套规则"**,就理所当然了。

三 语法单位

语言中的音义结合体有大有小,为了语法研究的需要,我们有必要根据大小不等的音义结合体的不同性质,设立若干单位。语法研究中所使用的单位就叫"语法单位"。

一般把语法单位分为四种:语素、词、词组、句子。下面分别介绍。

(一) **语素**

语素是语言中最小的音义结合体。它是最小的语法单位。语素的特点是它不能再被分割为更小的音义结合体。"铁路"不是语素,因为它还可被分割为更小的音义结合体"铁"和"路"。"姐"是语素,因为它不能再被分割为更小的音义结合体了。"垃圾"也是语素,虽然从表面看它跟"铁路"很相似——包含两个音节,写出来是两个字,但是它并不能像"铁路"那样可以再被分割为更小的音义结合体,因为"垃"和"圾"虽分别是一个音节,但都没有意义;"垃"和"圾"都分别只是一个音节的代表,都不是音义结合体。

语素的功用有两个:

一是直接构成词,包括单纯词和包含两个或两个以上语素的合成词。

例如：

　　A．人　吃　大　不……
　　B．人民　学习　大家　干净……

A组是由一个语素构成的词，B组是由两个语素构成的词。这里要注意的是，不是任何语素都能单独成词，像"们、机、泳、伟"虽然都有意义，但跟"人、吃、大、不"不一样，它们都不能单独构成词。能单独形成词的语素，我们称之为成词语素；不能单独形成词的语素，我们称之为不成词语素。不成词语素，在任何时候、任何场合都不能是词。成词语素可以单独成为词，但不能保证它在任何时候、任何场合都是词。"人民"里的"人"就不是词，它在这里只是以语素的身份出现的，是"人民"这个词的组成成分。这就是说，不能单独形成词的语素，它永远不可能是词；能单独形成词的语素，有时是词，有时不是词。

　　二是构成包含在词内部的"语素组"。例如"形声字"里的"形声"，"林荫道"里的"林荫"，"切割机"里的"切割"，"姑息养奸"里的"姑息"和"养奸"，以及"研究生"里的"研究"等。在上面所举的例子里，"切割机"里的"切割"，"姑息养奸"里的"姑息"，以及"研究生"里的"研究"可以成词，但在这里它们不是作为词在这些词里出现的；而"形声字"里的"形声"，"林荫道"里的"林荫"，压根儿就不能成词。这些词里的"形声、林荫、切割、姑息、养奸"和"研究"就是"语素组"。

　　注意："语素组"不等于"语素的组合"。"语素的组合"，可能是词，也可能是语素组。"语素组"专指包含在词里边的语素的组合。同一个语素的组合，在有的场合可能是词，在有的场合可能是语素组。如"研究$_1$生就应该搞研究$_2$"这句话里的"研究$_1$"和"研究$_2$"都是语素的组合，但前一个"研究"是"语素组"，后一个"研究"是词。

　　从上可知，语素是词的"建筑材料"。

（二）词

　　词是语言中最小的、独立运用的音义结合体。词都是由语素构成的，它是比语素高一级的语法单位。

　　词的特点是独立运用，而且不能再被分割为更小的独立运用的单位。前一个特点，区别于语素，譬如"缔"，它有意义，能表示"结合；订立"的意思，但"缔"在现代汉语里不是词，因为它不能独立运用，我们不说"*两国缔了以后，关系更密切了,交往更频繁了"①"*他们两国缔了个友好条约"等。由"缔"跟别的语素组成的"缔交、缔结、缔盟、缔约、缔造"才是词,上面那两个句子得修改为:"两国缔交以后,关系更密切了,交往更频繁了""他们两国缔结了一个友好条约"。后一个特点区别于词组,试比较"白药"和"白马",从表面看,它们好像是一样的,它们中的"白"都能成词,"药"和"马"也都能成词。但事实上,二者有本质的区别:"白马"里的"白"和"马"结合得很松,可以被拆开,即可以再被分割为更小的独立运用的单位,"白马"在某种场合可以说成"白的马、很白的马";而"白药"里的"白"和"药"则结合得很紧,不能被随意拆开,即不能再被分割为更小的独立运用的单位,在任何场合都不能把"白药"说成"*白的药、*很白的药"。常识也告诉我们,了解了"白"的意思和"马"的意思,大致就能推知"白马"的意思;但是了解了"白"和"药"的意思,并不能推知"白药"的意思。这也足见"白药"不同于"白马"。从语法上说,"白马"是一个词组,其中的"白"和"马"是以词的身份出现的;而"白药"是一个词,其中的"白"和"药"是以语素的身份出现的。

以上是就一般情况而言的,事实上在语言里边,有时一个合成词跟一个由两个单音节词组合成的词组难以区分。譬如说,"鸡蛋"和"小鸟",似乎类似"白马",可以被拆开,可以有"鸡的蛋、小的鸟、很小的鸟"等说法;但人们又总觉得"鸡蛋"更类同于"鸭蛋"("鸭蛋"不能说成"*鸭的蛋"),"小鸟"更类同于"我是一棵小草"里的"小草"("我是一棵小草"里的"小草"不能说成"*小的草、*很小的草")。上述情况不仅汉语里边存在,其他语言也有,只是汉语更突出罢了。上述情况,从事语法研究的学者专家可以去进一步深究;但这不影响一般的语法学习。换句话说,我们在学习语法的过程中不必纠缠于某个组合是词还是词组这样的问题。这如同"到底先有鸡还是先有蛋"这样的问题,哲学家们可以去讨论深究,就一般人而言,知道鸡蛋是母鸡生的,小鸡是从鸡蛋里破壳而生的就行了。

汉语里的词,有两个功用:一是构成词组;二是有时独立形成句子。例如:

"你想喝什么?"

"咖啡。"

上面对话里的答话"咖啡。"就是由一个词独立形成的句子。

词构成词组也好,独立形成句子也好,最终都是形成句子。因此说词是句

---

① 本书所举的不合语法或不妥的例句前都加*,以资识别。

子的建筑材料。

(三) 词组

词组,也有人称为"短语",它是由词和词按一定的句法规则所组合成的比词大的独立运用的音义结合体。如"木头桌子、喝咖啡、洗干净、妈妈好、唱歌跳舞、刚来"等。

词组的特点是一定能被分割为更小的独立运用的音义结合体。

词组的功用也有两方面:一是构成更复杂的词组,即成为一个复杂词组的组成成分,如"木头桌子"这个词组可以用来组成"一张木头桌子、买木头桌子、木头桌子不便宜"等复杂词组,"木头桌子"在这些复杂词组里是作为一个组成成分出现的。二是单独形成为句子,仍然以"木头桌子"为例,在下面的对话里它就单独形成为句子:

"你想买什么桌子?"

"木头桌子。"

汉语中绝大部分的句子都是由词组加上一定的句调形成的。所以,词组也可以看作句子的建筑材料。

词组,虽然是"比词大的独立运用的音义结合体",但在汉语里其功用跟词基本一样。所以词组跟词是同一个级别的语法单位。

(四) 句子

句子是语言中前后有较大停顿、伴有一定句调、表示相对完整意义的音义结合体。它是最大的语法单位。一句话完了,有一个较大的停顿,书面上用句号(。)、问号(?)或感叹号(!)来表示。例如:

(1)他们都去广州。

(2)你先走吧。

(3)你想吃点儿什么?

(4)狼来喽!

句子的特点是,第一,一定伴有句调,前后停顿可看作是一个完整句调的起点和终点;第二,表示相对完整的意义,在交际中能成为一个基本的表述单位。

句子的上述两个特点,决定了句子跟语素、词、词组的最大区别——语素、词、词组可以看作是语言中的静态语法单位,句子可以看作是语言中的动态语法单位。

在汉语里,上述四种语法单位可分为三个级别:语素是一个级别;词和词组是一个级别；句子是一个级别。具体如下：

  句子——最大一级语法单位；

  词、词组——居于句子和语素中间的一级语法单位；

  语素——最小一级语法单位。

这四种语法单位之间的关系，大致可表示如下：

$$语素 \rightarrow 词 \rightarrow 词组$$
$$\downarrow$$
$$句子$$

横箭头"→"，表示组成关系；竖箭头"↓"，表示实现关系，即实现为句子。

四　语法的作用

  我们平时说话，不假思索，脱口而出，不觉得当中有什么规则，其实规则是有的，只是我们习惯成自然，感觉不到罢了。例如在"我把羊拦住了"这句话里，每个词所占的位置是一定的，不能任意调换。像"*我拦住了羊把、*我把拦住了羊、*拦住把羊了我"等说法都不成话。"羊把我拦住了"是可以说的，而且在格式上跟"我把羊拦住了"一样，可是意思跟原句大不一样。"我把羊拦住了、羊把我拦住了"这样的句子就暗示了一个普遍的格式，即：

  X 把 Y 怎么样了

我们用不同的词代到这个格式里去，就可以造出无数新的句子来。例如：

  风把门吹开了。

  云把月亮遮住了。

  姐姐把衣服洗干净了。

  弟弟把自行车骑走了。

可见，学习一种语言，不论是本民族语言或是外语，掌握它的语法格式是重要的。因为不论在哪一种语言里，具体的句子数目是无限的，句子的格式却是有限的。掌握了这有限的格式，就能以简驭繁，举一反三，收到事半功倍的效果。

  我们从小就学会了说话，对于语言的感性知识是很丰富的，但感性知识到底是不完全可靠的，所以有时候我们也会说出不合习惯的话来。特别是写文章时，句子往往比较长，结构往往比较复杂，出错的可能性也就更大了。一句话如果有明显的错误，凭我们对语言的感性知识念一两遍就会发现；但有时候毛病比较隐晦，似是而非，凭感觉不一定能看出问题在哪里，如果有一些语法知识，分析一下句子的结构,那就能帮助我们找出毛病所在。

语法规律不是语法学者主观规定的,而是从具体的语言里归纳、概括出来的,但是它又反过来影响语言。我们学习语法,就是要从理性上认识语言格式的结构规律,利用它来指导、调节我们的语言实践。

语法有指导实践的作用是无可怀疑的。但是,我们不能以为只要读一两本语法书,就能把文章写好。要写好文章,光有语法知识是不够的,何况书本上的知识到底是死的,如果不跟实际的阅读和写作结合起来,那是不会有什么效果的。

五 语法和逻辑的关系

我们知道,根据正确的语法格式造成的句子不一定都是正确的。比较:

(1)风把门吹开了。
(2)*风把吹开了门。
(3)*门把风吹开了。

例(1)没有问题,例(2)和(3)都不通,可是情形不一样。例(2)不符合汉语的语法规律(换句话说,汉语里没有这样一种格式),而且也没有任何意义。例(3)语法结构上没有问题,因为它符合"X 把 Y 怎么样了"这个格式,但是它所表示的意义是荒谬的,不符合事实的。再如:

(4)*因为释迦牟尼是印度人,所以孔子是中国人。

这句话语法上也很难说有什么不妥,可是内容不合逻辑,所以也是不通的。

有些话从表面上看似乎也是违背事理或不合逻辑的,但大家都这样说,而且也懂得是什么意思,就应该承认它是合法的。例如我们说:"你想写什么?"意思是问"你想写的是什么"。"买什么?""吃什么?"也一样,可是我们也能说:"都八点了,你还睡什么!""大什么? 一点儿也不大。"从字面上看,"睡什么""大什么"都似乎不合逻辑,可是这都是习惯的说法,表示某种特定的意思,我们不能用机械的逻辑眼光来批评它。

练 习 一

复习题:

一、什么叫语法? 为什么要学习语法?
二、举例说明语法和逻辑的关系。

三、四种语法单位是什么？在汉语里这四种语法单位之间是什么样的关系？

四、什么是语素？语素的特点是什么？语素的功用是什么？

五、什么叫成词语素？什么叫不成词语素？

六、什么叫"语素组"？"语素组"跟"语素的组合"是不是一个概念？为什么？

七、什么是词？词的特点是什么？词的功用是什么？

八、什么叫单纯词？什么叫合成词？

九、什么叫词组？词组的特点是什么？词组的功用是什么？

十、为什么说语素、词、词组是语言中的静态单位，而句子是语言中的动态单位？

练习题：

一、一种语言是否只有一种语法？为什么不同的语言学家从一种语言里归纳出来的语法规律可以有所不同？

二、判断下列病句是属于语法错误，还是属于逻辑错误：

　　1.*把一件衣服买了。

　　2.*月亮把云吹跑了。

　　3.*人民艺术家徐悲鸿先生是广大读者最热爱的一位著名作家。

　　4.*我是一位普普通通的小学教师。

三、语素"民"也可以和许多别的语言成分组合，如：

　　人民　民主　民族　农民　民工　民警

　　民间　民俗　民心　民众　民政　民情

你认为"民"是成词语素还是不成词语素？为什么？

四、"人、火、白、雷、关、剪"能不能单独成词？在下面各个组合中，它们分别是不是词？如果不是词，那是什么？

　　1.有人来了

　　2.客人来了

　　3.火车来了

　　4.墙刷得很白

　　5.白菜好吃

　　6.打雷了

　　7.关上雷达

　　8.地雷爆炸了

　　9.开关坏了

10.用剪子剪布

五、请举三个逻辑上讲不通,但合乎汉语语法的例子。

六、"都八点了,你还睡什么!""大什么?一点儿也不大。"这两句话里的"还睡什么"和"大什么",你觉得表示什么意思?如果你再多找些类似的说法,你能否从中悟出一些规律性的东西来?

七、切分下列例子中包含的语素和词(用"＿＿＿"切分语素,"／"切分词,如:他/不/喜 欢/吃/巧克力):

1.学开摩托车

2.把苹果皮扔进垃圾箱

3.我有俩哥哥

4.我买了一条漂亮的裙子

5.咳嗽释放的爆炸性空气的速度最高可达每小时96.56公里

6.较小企业和初创企业在影子银行体系之外获得资金的难度现已成为政府关注的一个问题,在影子银行体系中,贷款利率被人为抬高。上上周,中国国务院宣布,将采取措施,呼吁银行为较小企业提供更多信贷,承诺放松贷款标准,并表达了对风险投资等另类融资渠道的支持。

八、判断下列词是单纯词还是合成词,并说明理由:

1.甜菜 2.逻辑 3.基因 4.苹果 5.蝴蝶 6.西红柿

第二节 词 组

词和词按照一定的句法规则组合成的格式叫作"词组"。词组可以是句子的一部分,也可以自己独立形成句子(这时一定带上句调,详见下文第四节)。根据词和词之间不同的结构关系,我们可以把词组分成各种类型。本节先介绍下列五种最基本的词组,另外一些将在后面介绍。

一 偏正词组

偏正词组的前一部分修饰或限制后一部分。例如在"白马"里,"马"是主体,"白"是修饰、限制"马"的。光说"马"指的是一个大类名,概括各种各样的马,加上"白"以后,范围缩小了,仅指白色的一类。再如在"高高的楼房"里,"楼房"是主体,"高高的"是修饰、形容"楼房"的。光说"楼房"指的是一种客观存在的事物,加上"高高的"以后,说出了说话人对楼房的一种具体的主观感受。在"白马"和"高高的楼房"里,"马"和"楼房"都是结构的主要的部分,叫作"中心语","白"和"高高的"都是修饰性的部分,叫作"修饰语"。下面是同类例子:

  (1) 好/书　　　　新/衣服
   酸酸的/葡萄　　干干净净的/衣服
   木头/房子　　　棉布/衣服
   我/哥哥　　　　农场的/马
   三匹/马　　　　五本/书

"仔细研究"也是偏正词组,"研究"是主体,"仔细"是修饰、说明"研究"的。光说"研究"只是说一种行为动作或事情,加上"仔细",同时说明了研究的态度或方式。再如"刚开学","开学"是主体,"刚"是用来修饰、说明"开学"的时态的。在"仔细研究"和"刚开学"里,"研究"和"开学"都是词组的主要的部分,是"中心语","仔细"和"刚"都是修饰说明性的部分,是"修饰语"。下面是同类例子:

  (2) 悄悄/走了　　　暗暗地/思量
   认真/学习　　　积极地/工作
   赶快/走　　　　才/回来
   非常/漂亮　　　更加/认真

(1)类与(2)类词组都属于偏正词组——后面的成分都是词组的主体部分,都叫"中心语",前面的部分都是来修饰、形容、说明中心语的,都叫"修饰语"。另外,无论(1)类或(2)类词组,修饰语部分会带有"的/地",不带"的/地"的,也大都可以加上"的/地",而基本不改变结构的性质和意思。"白马""仔细研究"是偏正结构,"白的马""仔细地研究"也是偏正词组。有了"的/地"后,"马"和"研究"还是中心语,只是修饰语分别为"白的"和"仔细地"了。

  (1)类与(2)类词组虽然都属于偏正结构,但就它们在句子里所起的作用来看,(1)类和(2)类有区别:(1)类常做主宾语,其中心语一般都是指事物;(2)类常做谓语,其中心语一般都是表示行为动作或性状。为区别起见,一般将(1)类里的修饰语称为"定语",将(2)类里的修饰语称为"状语"。(1)类偏正结构叫定中偏正结构,(2)类偏正结构叫状中偏正结构。

二 述宾词组

述宾词组的前一部分举出一种动作或行为,后一部分是这种动作或行为所影响、支配或关涉的对象。例如"洗衣服"的"洗"是一种动作,"衣服"是受"洗"这个动作影响、支配的事物。再如"坐火车"也是述宾词组,"坐"是一种动作,"火车"是"坐"这个动作关涉的事物。我们管"洗衣服、坐火车"里的前一部分"洗、坐"叫"述语",管后一部分"衣服、火车"叫"宾语"。下边的例子也都属于述宾词组:

(3) 修/电灯　　进/城
　　看/电影　　坐/沙发
　　买/东西　　想/办法
　　讲/故事　　研究/问题
　　爱/劳动　　开/窗户

述宾词组的述语部分常常带有或可以带上"了"或"着"。例如"洗了衣服、进了城、坐着火车、开着窗户"。带上"了"和"着"之后,仍是述宾结构,例如在"洗了衣服"里,"洗了"是述语,"衣服"是宾语。述宾词组中间不能插入"的";如果插入"的",结构性质和意思都变了。例如"洗衣服"是述宾词组,插入"的"以后,整个词组的性质就变了,"洗的衣服"就不再是述宾词组了,成偏正词组了,意思也完全不一样了。

三 述补词组

如果将"洗衣服"里的"衣服"换成"干净",结构性质就不一样。"洗衣服"是述宾词组,"洗干净"则成了述补词组了。

在"洗干净"里,"洗"表示一种手段,"干净"是补充说明采取这个手段后所得到的结果。同一种手段可以得到不同的结果,例如:

(1) 洗干净　洗白(了)　洗破(了)　洗丢(了)

同样的结果也可以由不同的手段达到,例如:

(2) 洗干净　刷干净　擦干净　扫干净

我们管这一类词组叫"述补词组"。前一部分"洗"叫"述语",后一部分"干净"叫"补语"。下面的词组也属于述补词组:

(3) 擦洗/干净　　　研究/清楚

走/出去　　　　拿/出来
　　洗得/很干净　　写得/明明白白
　　聪明得/很　　　好得/不得了

述补词组中间往往带有"得",或可以插入"得"。例如:

　　(4)洗/干净——洗得/干净　　研究/清楚——研究得/清楚
　　　 走/出去——走得/出去　　拿/出来——拿得/出来

但不能插入"的"或"了、着、过"。

四　主谓词组

主谓词组由主语和谓语两部分组成。主语是说话的人所要陈述的对象,指出要说的是谁或者什么;谓语是对于主语的陈述,说明主语怎么样或者是谁、是什么。例如:

　　(1)爸爸/回来了　　　　张三/写了一首诗
　　　 自行车/修好了　　　信/寄走了
　　　 成绩/不错　　　　　那苹果/很甜
　　　 那墙壁/白白的　　　那马路/宽宽的
　　　 他/是我老乡　　　　鲸鱼/是哺乳动物

主谓词组中间不能插入"的、了、着、过"和"得"等。某些主谓词组,如"狐狸狡猾",中间似乎可以插入"的",说成"狐狸的狡猾",但插入"的"之后,结构性质就变了——"狐狸狡猾"是主谓词组,"狐狸的狡猾"就变成前面讲过的偏正词组了。

主谓词组中间往往能插入"是不是",加上句调转化为问话形式。例如:

　　(2)爸爸回来了——爸爸是不是回来了?
　　　 自行车修好了——自行车是不是修好了?
　　　 成绩不错——成绩是不是不错?
　　　 那墙壁白白的——那墙壁是不是白白的?
　　　 他是你老乡——他是不是你老乡?

五　联合词组

几个成分并列在一起,地位平等,在语法上不分轻重主次,这样形成的词组叫"联合词组"。例如:

(1) 春夏秋冬　　　飞机、火车、轮船
　　黄河和长江　　爸爸、妈妈和奶奶
(2) 听说读写　　　贯彻执行
　　干净、利落　　聪明而能干

上面所举的例子都是把列举的几部分连在一起,有的中间有停顿("飞机、火车、轮船"),有的没有停顿("春夏秋冬、听说读写"),有的用一些关联成分来联系,如上面举的"黄河和长江""爸爸、妈妈和奶奶""聪明而能干"等。再如:

(3) 北京与上海　　　狮子、老虎与大象
(4) 贯彻并执行　　　又唱歌,又跳舞
　　又干净、又利落　勇敢而机智

下面的词组也属于联合词组:

(5) 去不去　　　研究不研究
　　来没有来　　看没有看
　　好不好　　　干净不干净

例(5)是由一个肯定形式和一个否定形式组合而成的联合词组,含有疑问语气。

联合词组,从意义上看,我们会明显感到可以分为两大类:例(1)和例(3)是一类,都表示事物;例(2)和例(4)是一类,都表示行为动作或性状。这两类在语法性质上也有明显区别,前一类更常见的是做主宾语,后一类更常见的是做谓语中心。

六　复杂的词组

上面所举的各类词组的例子都很简单,大部分都是由两个词构成的。有时一个词组内部可以包含另外一个或几个词组,这样就构成了复杂的词组。例如:

(1) 看/哲学书
(2) 喜欢/看哲学书
(3) 他/喜欢看哲学书
(4) 知道/他喜欢看哲学书
(5) 我/知道他喜欢看哲学书

(1)是一个述宾词组,宾语"哲学书"是一个偏正词组。(2)也是一个述宾词组,但宾语部分"看哲学书"又是一个述宾词组。(3)是主谓词组,谓语部分"喜欢看

哲学书"是述宾词组。(4)是述宾词组,宾语部分"他喜欢看哲学书"是主谓词组。(5)是主谓词组,谓语部分"知道他喜欢看哲学书"是述宾词组。

从表面上看,词组里的各个词像我们排队一样,一个挨着一个排列着;但是就内部构造看,相邻的词不一定直接发生关系。例(5)内部构造的实际情况是这样的:

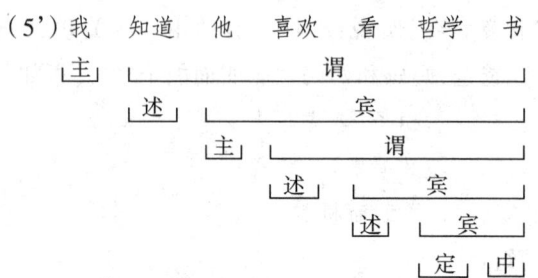

注意,"我知道"在别的交际场合可以是一个主谓结构(如:"你细心点儿!""我知道。"),但是在例(5)里,"我"和"知道"不构成主谓结构,因为它们不处于同一个构造层面上。这说明一个复杂词组里的许多个词是按一定的句法规则一层一层地组合在一起的,词组内部在语法构造上是有层次性的。了解这一点很重要,我们分析复杂词组,乃至以后分析一个复杂的句子结构时,就要按它内部的语法构造层次,逐层进行分析,并指出每一层次上的直接组成成分。分析时,根据分析的需求,可以一直分析到词为止,也可以只分析到某一个层面。这种分析手续,一般称之为"直接组成成分分析法",或称"层次分析法"。下面我们再分析一个复杂的词组:

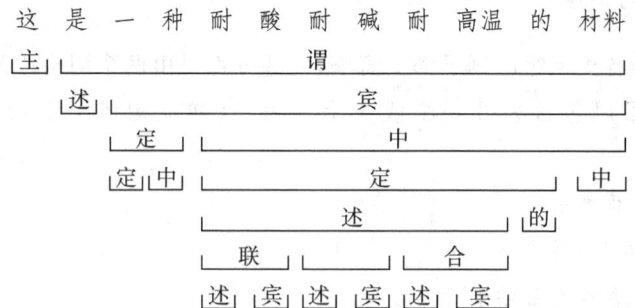

从上面所举的例子可以体会到,层次分析法实际包含两个内容:一是"切分",明确说明在哪里切分,也就是指明每一层面的直接组成成分;二是"定性",明确说明每一层面切分所得的直接组成成分之间是什么句法关系。

七 词组和句法结构

本节一开头我们就说,"词组可以是句子的一部分,也可以自己独立形成句子"。试以"喝红茶"为例,在下面例(1)问话中,"喝红茶"只是整个句子的一个组成部分;在例(2)一问一答的答话中,则是一个带有句调的独立的句子:

(1)"你们喝红茶吗?喝红茶的人请举手。"

(2)"你喝什么?""喝红茶。"

从句法上来说,例(1)和例(2)里的"喝红茶"同音同义,而且句法关系相同,都是述宾关系,二者没有区别。但从表述的角度说,例(1)里的"喝红茶"只是句子的一个组成部分,处于被包含状态;而例(2)里的"喝红茶"伴有句调,独立成为句子。假如要说得严格一些,那么为区别这不同情况,可以这样说:无论例(1)、例(2)里的"喝红茶"都是表示述宾关系的句法结构,当它处于被包含状态时,叫作"词组",当它伴有句调处于单说地位时,叫作"句子"。

我们所听到、看到的都只能或是词组,或是句子,句法结构则是个概括、抽象的概念。在一般教学中,我们也可以不必如此严格区分,将"喝红茶"说成"词组"(述宾词组)也行,说成"句法结构"(述宾结构)也行。因此,本书以后各节中,不做严格区分。

练 习 二

复习题:

一、什么叫词组?

二、什么叫层次分析法?为什么层次分析法又叫"直接组成成分分析法"?

三、举例说明词组有几种最基本的类型。

四、请自行设计一个图表,以比较说明主谓、偏正、述宾、述补和联合等句法结构的区别。

练习题:

一、指出下列各句法结构的所属类型:

1. 调查情况　　2. 练习时间　　3. 练习跳高　　4. 加强联系

5. 我弟弟　　　6. 学习很努力　7. 学得很好　　8. 好不好

9. 学习成绩　　10. 学习语法　　11. 阅读课文　　12. 我写不好

13. 历史研究	14. 进行调查	15. 学习文件	16. 江苏南京
17. 写完	18. 上街	19. 谁的钢笔	20. 无锡南京
21. 有人	22. 同意参加	23. 希望参加	24. 大家同意
25. 一定参加	26. 调查报告	27. 慢慢说	28. 今天天气
29. 是谁	30. 接受批评	31. 批评教育	32. 文艺批评
33. 气坏了	34. 大极了	35. 写的文章	36. 什么衣服
37. 说不清楚	38. 说话不清楚	39. 一起案件	40. 一起进城
41. 门口挺干净	42. 屋里没人	43. 没喝水	44. 水喝了
45. 三个红的	46. 怎么走	47. 写些什么	48. 哪一个人
49. 共同研究	50. 看下棋	51. 很有经验	52. 贯彻执行
53. 觉得不错	54. 都参加	55. 走不开	56. 工作积极
57. 应该参加	58. 经验丰富	59. 明天晴天	60. 没有条件

二、用层次分析法分析下列句法结构：

1. 我不认识那个人
2. 我不认识的那个人
3. 广大人民的利益
4. 保护人民的利益
5. 我写了一篇文章
6. 你写的那篇文章很好
7. 我最好的朋友来了
8. 我最幸福的时刻到了
9. 他不知道那位同学买没买香蕉
10. 他不认识的那位同学买没买香蕉
11. 三加五乘二等于十六。
12. 三加五乘二等于十三。

第三节 词 类

一 词类是词的语法分类

词类是词根据词的语法功能，即根据词在句法结构中的作用所分出的类别。例如：

```
甲    乙    丙
一    尺    布
两    只    鸽子
三    辆    汽车
```

甲、乙、丙这三类词彼此在句法结构中的作用显然不同。甲和乙可以直接组合，可以说"一尺、两只、三辆"；甲和丙不能组成合法的格式，如我们不说"*一布、*两鸽子、*三汽车"。在现代汉语里，甲要跟丙结合，当中非有乙类词不可，如："一尺布、两只鸽子、三辆汽车"；乙和丙一般情况下也不能直接组合，我们不说"*尺布、*只鸽子、*辆汽车"。假定我们已经根据别的标准将甲类词称为数词，将丙类词称为名词，那么我们就可以根据上述组合特点来规定乙类词的范围，并称之为"量词"。

词类是根据词的语法功能分出来的类，但是从意义上看，每一类词也都有共同之处。例如上面举的甲类词都表示数目，乙类词都表示事物的计量单位，丙类词都表示事物的名称。划分词类的时候，根据的是词的语法功能；词的意义由于不便操作，只能作为参考，但是对于学习语法的人来说，意义往往能帮助我们辨认词类。

二　现代汉语词类概貌

现代汉语中的词可以划分为以下十五类：

（一）名词

　　书　水　桌子　棍子　木头　学生　国家　情况　作风　今天　元旦　北京　外边

（二）动词

　　看　走　学习　调查　希望　能够　出去　进来　游行　鞠躬　是　有

（三）形容词

　　红　好　高　大　干净　伟大　美丽　重要　突然　经常

（四）状态词

　　通红　雪白　红彤彤　绿油油　干干净净　认认真真　黑咕隆咚

（五）区别词

　　公　母　男　女　单　棉　夹　公共　日常　野生

(六) 数词

一 二 五 十 二十 三十五 百 千 万 两 第一 第三

(七) 量词

个 条 斤 尺 公尺 公斤(以上为名量词) 下(看一下) 会儿(等一会儿) 阵子(敲了一阵子)(以上为动量词)

(八) 代词

你 我 他 你们 我们 他们 咱们(以上为人称代词) 这 那 这样 那样(以上为指示代词) 谁 什么 怎么样 怎么 几 哪儿(以上为疑问代词)

(九) 副词

不 很 都 也 就 刚 忽然 常常 简直 索性

(十) 介词

把 被 对于 关于 往 从

(十一) 连词

和 或 并 而且 不但 因为 可是 否则 所以

(十二) 助词

了(发了言) 着 过(以上为动态助词) 的(地) 得(洗得干净) 所 似的(以上为结构助词)

(十三) 语气词

啊(真亮啊) 吗 呢 呗 吧 嘛 了(他去北京了)

(十四) 叹词

啊(啊!北京) 唉 哟 喂 啊呀 哎呀

(十五) 拟声词

啪 咝 哗啦 丁零 丁零零 噼里啪啦 丁零当啷

这十五类词中,我们把名词、动词、形容词、状态词、区别词、数词、量词、代词合为一大类,称为实词,把副词、介词、连词、助词、语气词合为一大类,称为虚词。实词和虚词性质不一样,在语言中的作用也不相同。实词的意义一般说都比较实在,易于捉摸、体会;虚词则主要起语法上的组合作用,意义都比较虚灵。试比较名词"作风"和助词"得(·de)"。"作风"的意思虽然跟"桌子"比起来要抽象得多,但我们还是能体会到它是指什么。"得(·de)"表示什么意思,实在说不出来,也不好体会,只能说它总是附着在某些动词或形容词后边下接补语成分(如

"写得清清楚楚、亮得耀眼")。有的虚词起表示某种语气的作用。例如"回来吧"和"回来"意思显然不同,前者带有商量或祈使的口气,这种语气就是由语气词"吧"表示的。就语法功能说,实词能在前面介绍的五种句法结构中充任主要成分(主语、谓语、述语、中心语),虚词则不能。下面我们对各类词分别做些介绍。

三 名词、动词、形容词

先看些例子:

名词 人 马 水 空气 飞机 桌子 学校 群众 教员 历史 情况 作风 因素 思想 星期一 今天 里头 下面

动词 借 喂 看 洗 同意 喜欢 愿意 认为 学习 整理 商量 批判 休息 合作 游行 出现 消失 有 是

形容词 小 红 好 圆 快 大 干净 清楚 仔细 强大 能干 认真 正确

(一)名、动、形三类词语法意义不同

1. 名词表示人或事物

所谓事物可以是具体的东西,如"马、水、空气、飞机、桌子"等,也可以是抽象的东西,如"历史、情况、因素"等。某些名词是表示时间(叫"时间词")或处所、方位(叫"处所词、方位词")的,如"今天、元旦"和"北京、杭州""里头、下面"等。

2. 动词表示动作、行为(包括心理活动和感觉活动)或事物的存现、变化

前者如"借、喂、洗、学习、批判、游行"(以上指具体的动作、行为)以及"同意、喜欢、看见、听见"(以上指心理活动或感觉活动);后者如"是、有、出现、消失"等。

3. 形容词表示性质(或者说属性)

(二)这三类词的语法功能也不同

1. 名词跟动词、形容词在语法功能上的区别比较明显

(1)动词、形容词都能做谓语中心。例如:"小王去(了)、他买(了)、你说(吧)、我看、你洗、大家同意、我们学习、他们俩合作、我有"(以上是动词做谓语中心)以及"北京冷、飞机快、衣服干净、态度正确"(以上是形容词做谓语中心);名词一般不能直接做谓语,特别是在书面上。

(2)动词、形容词都能带状语,如"刚喂、才看、都同意、很红、完全正确"等;名词一般不能。

(3)动词、形容词一般都能做述补结构中的述语,即能带补语,如"看清楚、问明白,唱得很好、洗得干干净净"和"红得很、干净得一点儿灰尘也没有、小极了"等;名词则不能。

(4)名词经常做主语或宾语(这一般比较容易明了,不必举例);名词一般可以直接做另一个名词的定语,又能直接受别的名词的修饰,如"木头桌子、桌子式样""中国历史、历史教员""教育思想、思想情况""人民群众、群众力量、力量源泉"等等。而动词一般不具备这一特点,形容词虽然可以直接修饰名词,但不能直接受名词修饰。

(5)动词、形容词前头一般都能加"不"表示否定,如"不喂、不看、不洗、不休息、不出现","不小、不圆、不清楚、不能干、不认真"等;名词前不能加"不"表示否定,我们不说"不马、不水、不空气"等。

(6)动词、形容词后一般可以加动态助词"了",如"看了一本书、洗了一件衣服、学习了党的政策、整理了两天"和"小了一点儿、清楚了一些"等;名词后一般不能加"了"。

(7)反之,名词前可以加数量词(数词和量词组合成的格式,如"一个、两本"等)做定语,如"一个人、两匹马、一滴水、三架飞机、十张桌子、一所学校"等;动词、形容词一般不具备这个特点。

2. 动词和形容词在语法功能上有许多共同点(如上面所说到的),但是动词、形容词毕竟是两类,在语法功能上有区别

最明显的有三点:

(1)动词一般都能带宾语,如"喂马、看书、洗衣服、同意他的意见、学习文化、批判封建主义"等;形容词不能。

(2)形容词都能受表示程度的副词"很"的修饰,如"很小、很圆、很红";动词一般不能,我们不说"很喂、很洗、很整理"。

(3)形容词能直接做定语,如"小桌子、干净衣服、红太阳、正确思想"等;动词一般不能,除非得带上"的",如"喝的水、提的意见"(去掉"的","喝水、提意见"就成述宾结构了)。

此外还有三点区别:

(4)有少数动词不能带宾语,如"游行、咳嗽、休息、示威、醒"等都不能带宾语,但是它们也不能受"很"的修饰,所以还是能够把它们跟形容词区别开。我们管能带宾语的动词叫及物动词,管不能带宾语的动词叫不及物动词。

(5)也有少数表示心理活动的动词能受"很"的修饰,如"很想、很同意、很喜欢、很讨厌、很怕、很恨"等。但是它们又都能同时带宾语(如"很想家、很同意他的意见、很喜欢孩子"),所以我们也还是能把它们跟形容词区别开来。

(6)有相当一部分动词和形容词能重叠,但是二者重叠的方式不一样。如果是单音节的,动词的重叠形式是 A·A(第二个字读轻音),如"走走、看看、骑骑、想想"等;形容词的重叠形式则是 AA 儿(第二个字儿化,读阴平,如不儿化,读原调),如"慢慢(儿)、好好(儿)、远远(儿)、早早(儿)"等。如果是双音节的,动词的重叠形式是 ABAB,如"讨论讨论、商量商量、合计合计"等;双音节形容词的重叠形式则是 AABB,如"干干净净、明明白白、整整齐齐"等。值得注意的是,动词重叠后还是动词,因为还能受"不"的修饰,还能带宾语(如:"你也不看看这是什么东西、为什么不讨论讨论"等);形容词重叠后则不再是形容词了,因为它们既不能再受"不"的修饰,也不能再受"很"的修饰(如不能说"*不慢慢儿、*不干干净净、*很慢慢儿、*很干干净净")。关于形容词重叠形式的语法性质,详见下文"状态词"。

根据以上分析,名词、动词、形容词从语法意义到语法功能都不一样,它们是三类不同性质的词。

四 状态词

先看下面这些词:

干干净净	大大方方	老老实实	
古里古怪	糊里糊涂	慌里慌张	
黑不溜秋	白不呲咧	脏里呱叽	
红通通	绿油油	喜洋洋	香喷喷
通红	雪白	冰凉	贼亮

这些词一般语法书归入形容词一类,其实它们跟形容词很不相同。从语法功能上看,明显的不同有两点:(1)形容词能受"不、很"的修饰,这些词不能;(2)形容词能带补语,这些词也不能。就意义上说,形容词表示事物的属性,这些词表示事物的状况或情态(试比较"这小孩儿的脸红"跟"这小孩儿的脸通红","他房间干净"跟"他房间干干净净"的不同,以及"白纸"跟"雪白的纸"的不同)。因此,

我们把上面这样的词单独归为一类,称为状态词。关于状态词,后面还要做进一步的说明。

五 区别词

区别词指以下一些词:

公 母 雌 雄 男 女 荤 素 粉(色)
阴 阳 金 银 公 私 单 夹
切身 高等 初等 边远
公共 私有 日常 永久 新型 板式 彩色

这些词一般语法书也归在形容词一类,其实它们跟形容词不同。它们不能受"不""很"的修饰,也不能做谓语、补语,也不能带补语。这些词的语法功能很窄,只能直接修饰名词(如"男孩儿、母牛、荤菜、金耳环、切身利益、高等学校、日常生活、公共汽车、彩色电视"等),或跟结构助词"的"组合("公的、母的、单的、夹的、板式的、浅绿的"等),或彼此结合组成联合结构,但这种联合结构单独站不住("(不分)男女、(不辨)雌雄、公私(兼顾)")。这些词在意义上有区别事物的作用,因此把它们称为"区别词"。

六 数词和量词

(一) 数词

数词表示数。而数有基数和序数的分别。相应的,数词也有基数词和序数词的分别。基数词表示数目,例如"三十八、一百零二"等;序数词实际表示事物在多项同类事物的排列中所处的顺序,例如"第三、第十八、第一百零二"等。序数词一般用"第+基数词"来表示,但也有不用"第"的,例如"二哥、三楼、十一月"等。

(二) 量词

量词表示事物或动作的计量单位。数词本身只能用在抽象的数学计算上。例如"一加二是三"。汉语里的数词一般不能直接修饰名词,修饰名词时,后面必须加量词。例如"三本书、十部电影、一百个学生、三所学校"。数词和量词的组合简称为数量词。数量词用来计算事物或动作的量。

量词可以分名量词、动量词和时量词三类。

1. 名量词

表示事物的计量单位。例如"条、根、枝、张、颗、粒、个、双、对、斗、公斤、里、亩"等。以上所举的都是专用量词。有些名量词是从名词借来的,例如"缸(一缸水)、碟儿(一碟儿花生米)、箱子(一箱子书)"等,这种量词叫"借用量词"。

2. 动量词

表示行为动作的计量单位,也有专用和借用两类。专用动量词如"次(去一次)、下(等一下、敲三下)、遍(再做一遍)、回(见过一回)"等。借用的动量词有以下几类:

(1)身体某部分的名称:看一眼　喝一口　踢一脚

(2)动作所凭借的工具:放一枪　砍一刀　打一鞭子

(3)重复原来的动词:说一说　想一想　歇一歇　换一换

3. 时量词

表示时间的计量单位。例如"年(学了三年)、天(走了五天)、秒(跑了十一秒)"和"会儿(等一会儿)"等。

七　代词

代词是能够起替代和复指作用的一类词。代词可以分为三类。

(一) 人称代词

人称代词就是指人的代词。例如"我、你、他、我们、你们、他们、咱们、人家、大家、自己、别人"。人称代词都是指人的,只有"他"可以指事物。指事物时通常写作"它"。在口语里,指事物的"它"只能在动词或介词之后出现,不能放在一句话的头上。例如可以说:

这个橘子烂了,扔了它吧。

这个橘子烂了,把它扔了吧。

我知道它烂了。

可是不能说"*它烂了,你别吃了"。在书面语里,指事物的"它"可以放在句子头上做主语。例如:

但是,按照辩证法,任何事物都是矛盾的统一体,它既有积极的一面,也有消极的一面。(《人民日报》)

"他、她、它"只是书面上的分别,从事词汇学研究的学者把"他、她、它"看作三个词,从语法研究的角度看,还是处理为同一个词更合适。"它"指物,上文已谈过了。"她"指女性。"他"跟"她"对举的时候指男性,有时只是泛指第三人称,这或是因为性别不明,或是因为没有区别的必要。同样,"他们"也往往是泛指的,只有跟"她们"对举的时候,才一定指男性。

在北方话里,"我们"之外还有一个"咱们"。"咱们"包括听话的人在内。例如:

> 兄弟,穷帮穷,富帮富,你如今是农会委员,是咱们穷哥们的头行人。

(周立波《暴风骤雨》)

"我们"可以不包括听话的人在内,例如:

> 你以为我们要你们这种血腥钱吗?(曹禺《日出》)

也可以包括听话的人在内,特别是在写文章或演讲的时候。但"咱们"一定包括听话的人在内,因此,如果对于"咱们"的用法没有把握,最好一律都用"我们"。

(二) 指示代词

指示代词有近指和远指两类。近指用"这"(zhè, zhèi),远指用"那"(nà, nèi)。"这""那"除了单用或跟量词组合之外,还可以构成复合的指示代词:

这里	那里
这儿	那儿
这么	那么
这么样	那么样
这样	那样
这会儿	那会儿

注意:"这么"在口语里读作 zènme,其中的"这"不读 zhè。同样,在口语里"这么样"读作 zènmeyang,其中的"这"也不读 zhè。

(三) 疑问代词

疑问代词主要有以下几个:

问人:谁

问事物:什么

问时间:多会儿

问地方:哪里 哪儿

问程度:多

问数量:几 多少

问性状、动作或方式:怎么 怎样 怎么样

疑问代词有时候不表示疑问,这有两种情形:

1. 表示"任指",即表示周遍性(强调所说无例外,全部如此)

这样用的时候,句子里必须有副词"也"或"都"跟它呼应。例如:

　　谁也舍不得把他的爹妈扔了。(赵树理《三里湾》)

　　他呀,什么都懂,而我呢,什么也不懂。

　　这一间屋子比哪一间都强。

2. 表示"虚指",即用疑问代词来指称不能或不愿意指明的具体事物

例如:

　　我总想写点儿什么,但一拿起笔就觉得那笔很沉,没法写东西。

　　那事儿我记得谁跟我说过来着。

八　副词

副词是虚词,它的语法功能很窄,只能做状语,不能做其他句法成分。例如"他最勇敢、大家都听明白了、我们常常去工厂、不说我也知道、已经下班了"里的"最、都、常常、不、也、已经"都是副词。

有些副词有时起连接作用,但在句子里的功能还是做状语。如:

　　这个孩子又聪明又活泼。

　　大家越学越有劲儿。

　　既要躲明枪,又要防暗箭!

　　没有车,我们也要赶到工地。

副词表示的意义是多种多样的。

(一)表示程度

例如:

　　很　挺　太　顶　更　最　极　越　十分　非常　稍　稍稍　稍微　略　略微

(二)表示范围

例如:

　　都　也　总共　一共　总共　统统　只　就　光　仅　仅仅

(三)表示时间

例如:

　　正　正在　刚　刚刚　就　才　先　常　常常　时常　曾　曾经　已经

渐渐　逐渐　终于　立刻　马上　连忙　忽然　永远　又　再　还

（四）表示重复

例如：

又　再　重　重新　还

（五）表示否定

例如：

不　没有　没　未　莫　休　勿　别

（六）表示语气

例如：

却　可　倒　竟　也　就　偏　偏偏　都　简直　索性　幸亏　难道
到底　究竟　也许　或许　大约　大概

有的副词只能表示一种意义（如"很、马上、简直"），有的副词可以表示不止一种意义，如"就"可以表示时间（我就去｜那孩子从小就爱学习），可以表示范围（他就念过几年小学｜他们老两口就有一个儿子），也可以表示语气（我就不信我学不会）。"也、都、再"等也都可以表示好几种意义。

副词只能做状语，但不能认为做状语的就是副词。像"努力做个好学生、充分发表意见、坚决刹住这股歪风"里的"努力、充分、坚决"都分别是状语，但它们不是副词，是形容词，因为这些词都能受"不、很"的修饰，能做谓语中心。

九　介词

我们管"把、被、从、在、让、对、对于、关于、跟"之类的虚词叫作"介词"。现代汉语里的介词大多是从动词虚化而演变来的，有的如"比""在""到"等仍旧保存着动词的某些性质。因此也有学者将这些词称为"副动词"或"次动词"。但一般还是将它们看作独立的一类，称之为"介词"。事实上这类词跟一般动词在语法功能上已有明显区别。

介词有以下一些性质：

（一）不能单说。后面必须跟一个宾语，例如"从今天（起）、把衣服（洗干净）"。这样形成的格式（从今天，把衣服）叫作介词结构。

（二）不能重叠。

（三）不能带动态助词"了、着、过"。

纯粹的介词，如"被、把、于、对于、关于"等，跟动词的界限是清楚的。有些

介词同时又是动词,例如:

介词	动词
杯子叫他打破了。	他叫了一声。
你在哪儿住?	爸爸在家。
我给奶奶洗脚。	他给我一本画册。
他跟谁说话?	你得紧跟着我。
四川人管白薯叫红苕。	这事你别管。
他比我画得好。	我们俩不妨比一比。

我们把左边句子里带着重号的词归入介词,右边的归入动词,二者的意义、语法功能都不同。拿第一组例子来说,二者的区别:(1)"叫了一声"的"叫"是"喊"的意思,"叫他打破了"的"叫"是"被"的意思。(2)"叫他打破了"的"打破了"不能去掉,去掉之后,意思就变得荒诞了。(3)"叫了一声"的"叫"可以带"了、着、过";"叫他打破了"的"叫"不能带"了、着、过"。

(四)介词结构一般也不能单说,除非在对话中。例如:

"您从哪儿来?""从北京。"

但也不是所有的介词结构都能在对话中单说,介词结构"把……、被……、对于……"等在任何情况下都不能单说。介词结构经常做状语,例如:

我从北京来。

你把自己的衣服洗了。

一定要按政策办事。

他在黑板上写了个"大"字。

有一些介词结构可以带上"的"做定语,例如:

对这次考试的意见就提这些。

这是我关于工厂扩建的一些设想。

有一些介词结构可以做补语,例如:

他来自黄土高原。

别站在椅子上。

十 连词

连词是连接词、词组或分句的虚词。例如"和、跟、与、同、及、以及、或、或者、而、而且、并、并且、但是、虽然、既然、如果、所以、因此、要是、即使、与其"等。

从连词所连接的词语之间的语义关系看,有的表示并列关系,如"和、跟、同、与、以及"等;有的表示选择关系,如"或、或者、还是、与其、宁可、要么"等;有的表示递进关系,如"不但、不仅、而且、并且、况且、何况"等;有的表示让步—转折关系,如"虽然、尽管、固然、但是、可是、然而、不过、只是"等;有的表示假设让步—转折关系,如"即使、就是、哪怕"等;有的表示假设—结果关系,如"如果、假如、要是、万一"等;有的表示条件—结果关系,如"只要、只有、除非、不然、否则、无论、不管"等;有的表示推论—结果关系,如"既、既然、可见"等;有的表示因果关系,如"因为、由于、所以、因此、于是、从而、以致"等。

十一 助词

助词分两小类。

(一) 动态助词

包括"了、着、过"等。

"了、着、过"在句中都轻读。"了(·le)"主要附在动词之后,表示行为动作的完成或实现。例如"写了一部小说""修了两条马路"。"着(·zhe)"表示行为动作正在进行或表示状态的持续,前者如"那钟摆不停地摆动着、他说着话呢",后者如"墙上挂着一幅画、门口站着许多人"。"过(·guo)"表示曾经发生某事或曾经经历某事,例如"我去过广州、他动过手术"。"了、着、过"有时也能附着在形容词的后面。形容词加上"了、着",后边往往要带上数量词。例如"短了一寸、颜色浅了一点儿""你比他大着六岁、我比他整整高着一个头"。形容词加"过"更多见于否定式中,后边并不要求一定要带数量词。例如"上海从来没有这么冷过、这个人一直没有闲过、刚才还亮过"。

(二) 结构助词

包括"的、地、得、所、似的"等。

"得、地、的"在口语里都读作轻声(·de),用法不一样。"得"附在动词、形容词后面,表示在它后面的词语是前面动词或形容词的补语。如"把旧世界打得落花流水、谈得很深刻、做得很好、白得像雪那样、好得很"等。

"的"附在某些词或词组后面,构成具有名词语法特性的"的"字结构,这种"的"字结构指代事物。例如"红"是形容词,表示性质,"红的"(如:"你要哪一种日记本儿?""我要买一本红的。")就是一个名词性的"的"字结构,用来指称事物(这里指代日记本儿)。"吃"是动词,表示动作,"吃的"(如:"你等着,我去拿点儿吃的。")就是名词性的"的"字结构,指代吃的东西了。再如"前面来了一个骑车的、站在厂门口的是李东、铁的比木头的结实"。

"地"则加在副词、形容词重叠式、某些双音节形容词等之后一起做状语。例如:

这使他感到非常地痛快。
天渐渐地亮了。
她高高地站着。
你给我老老实实地坐着。

"的"和"地"读音完全一样。在书面上两者用法不同。状语之后用"地",其他场合用"的"。

"似的"也写作"是的",读音是 shìde。"似的"可以黏附在实词性词语之后,充任修饰语、谓语或补语。例如:

那是一个黑瘦的,乞丐似的男子。(鲁迅《铸剑》)
小东西石头似的站在那儿。(曹禺《日出》)
他木头似的,站在那儿一动也不动。
他被雨淋得落汤鸡似的。

十二 语气词

语气词是依附在句子之后表示陈述、疑问、祈使、感叹等语气的词。例如"啊、了、吧、吗、呢、欤、罢了"。

关于语气词的作用以及所表示的语气,留到第十四节再谈,这里只说一说语气词"了"和动态助词"了"的区别。

这两个"了"读音相同,都是轻声(•le),但二者功能不一样。动态助词"了$_1$"只在句中出现,语气词"了$_2$"只在句尾出现;动态助词"了$_1$"只出现在动词或形容词之后,语气词"了$_2$"则不受这个限制。从意义上看,动态助词"了$_1$"表示完成或实现,语气词"了$_2$"表示变化,即一种新情况的发生或出现。例如"下雨了$_2$"是说原来没有下雨,现在开始下了。"雨小点儿了$_2$"是说原来雨很大,现在变小了。注意,"他喝了"实际是"他喝了$_1$了$_2$"的一种紧缩形式,由于"了$_1$"和"了$_2$"同音,就把"了$_1$"紧缩掉了。

十三　叹词和拟声词

(一) 叹词

叹词是表示应答呼唤或感叹的词,例如"嗯、唔、喂、欸、唉、哟、哎呀"等。它从不跟别的词发生组合,无论在句子前边或句子后边出现,在它的前后一定有停顿。例如:

　　唉,这种事怎么能没有意见呢?(曹禺《北京人》)
　　哎呀,我差点儿把这件事给忘了!
　　别说了,嗐!
　　你试试看,哼!

(二) 拟声词

拟声词是模拟声音的词,例如"呼、当啷、哗啦、唧唧喳喳"等。拟声词经常充任修饰语或谓语。例如:

　　走到山边,便听见哗哗哗的声音。
　　什么好宝贝,左不过是个破口琴,整天呜呜啦啦吹,讨厌死了。(杨朔《三千里江山》)
　　说话都喊喊喳喳的,生怕惊动了什么似的。(同上)

拟声词也能单独成句。例如:

　　"嘻嘻!"他还听到隐隐约约的笑声。(鲁迅《高老夫子》)
　　"丁零零零!"忽然电话铃响了。

不少语法书把叹词和拟声词归入虚词里,实际上这两类词跟一般的虚词不同,它们都能单说,也不是表示抽象的语法意义。我们既不把它们归入实词,也不把它们归入虚词,看作是特殊的两类词。

十四　关于体词与谓词

上面我们大略地介绍了现代汉语里的各个词类。为了语法研究和语法学习的需要,我们把动词、形容词、状态词合称为"谓词",跟谓词相对的是体词,包括名词、区别词、数词、量词。体词的主要语法功能是做主语、宾语,一般不做谓语;谓词的主要语法功能是做谓语或谓语中心,有的也能做主语、宾语。[①]

[①] 参看朱德熙《语法讲义》第三章 3.5,商务印书馆,1982 年。

代词中多数属体词,如人称代词、指示代词中的"这"和"那"、疑问代词中的"谁、什么、哪儿、几",都跟名词的语法性质类同或相近,这些词归入体词一类。代词中的"这样、那样、这么、那么、怎么样、怎样"都属谓词一类。

跟体词、谓词相应,我们把偏正结构、述宾结构、述补结构、主谓结构、联合结构也分为谓词性结构和体词性结构两类。

谓词性结构包括:主谓结构、述宾结构、述补结构、带状语的偏正结构(即状中偏正结构,如"快走、很红、刚来、坚决支持、认真学习"等),以及由动词性词语或形容词性词语组成的联合结构(如"研究和讨论、庄严而美丽"等)。

体词性结构只包括以下两种:一是带定语的偏正结构(即定中偏正结构,如"红纸、我们学校、明朗的天"等),一是由名词性词语形成的联合结构(如"工人、农民、解放军""北京、上海和天津"等)。

十五　关于词的兼类问题

最后谈谈词的兼类问题。

根据词的语法功能划分出来的词类,各有各的特点,类和类之间,区别十分清楚。同类词必定具有共同的语法特性,异类词的语法特性必定有明显区别。但是就某些具体的词来说,有可能具备两种或两种以上词类的语法特性,这就是一般所谓的"词的兼类现象",也称"一词多类现象"。例如"科学",既是名词("自然科学、社会科学、真科学、伪科学"),又是形容词(如"这样做不科学、这办法很科学");"红"既是形容词(如"太阳红、很红",并有单音节形容词那种重叠式,如"红红的太阳"),又是动词("没想到他就跟我红了脸");"低"既是形容词("不低、很低、声音说得低低的"),又是动词("低着头")。

一词多类现象跟同音词现象是有区别的。下面的例子都是同音词现象,而不是词的兼类:

她会$_1$唱歌　开个会$_2$

他把$_1$着门　请把$_2$门关上　一把$_2$雨伞

就现代汉语来说,这里的两个"会",除了读音相同以外,意思已毫无关系;这里的三个"把"也只是读音、字形相同,而意义已相去甚远,人们已经不觉得它们有什么联系了。

有的时候,一个甲类词临时借作乙类词用。例如:

既然大家都要喝白干儿$_1$,我也陪大家白干儿$_2$一下。

"白干儿"本来是名词,指一种烈性酒,在这里临时借为动词。我们不能因此就说"白干儿"兼属名词和动词两类。这只是修辞上的临时借用而已。

练 习 三

复习题:

一、什么是词类?

二、现代汉语中的词可以划分为多少类?

三、为什么划分词类要根据词的语法功能而不根据词的意义?

四、什么是实词?什么是虚词?两者的区别是什么?

五、请自行设计一个表,填入各类词的语法功能。

六、什么叫体词?什么叫谓词?

练习题:

一、指出下列各词所属词类:

1.时间	2.良性	3.苍白	4.红	5.呢	6.将来
7.大型	8.往常	9.复杂性	10.复杂	11.因为	12.每
13.坚定	14.连忙	15.报告	16.啊	17.平常	18.平时
19.时常	20.清楚	21.清清楚楚	22.等	23.健全	24.的确
25.少量	26.打击	27.拳	28.热	29.蜡黄	30.实在
31.刚	32.刚才	33.刚刚	34.现在	35.可爱	36.可怜
37.什么	38.忽然	39.突然	40.部分	41.科学	42.任性
43.弹性	44.明天	45.里面	46.惨白	47.花白	48.白色
49.统一	50.相同	51.相反	52.讨论	53.粉	54.公共
55.首要	56.干脆	57.对	58.索性	59.绝对	60.相对

二、举例说明兼类词和同音词的区别。

三、"同意、喜欢、拥护、想"等,都能受"很"修饰,可是我们不把它们划入形容词,而把它们划入动词,为什么?

四、从语法功能看,单音节动词重叠式(如:看看、想想、试试、尝尝)该属哪个词类?双音节动词重叠式(如:研究研究、商量商量、考虑考虑)该属哪个词类?请说明理由。

五、从语法功能看,单音节形容词重叠式(如:好好、慢慢)该属哪个词类?双音节形容词重叠式(如:整整齐齐、干干净净)应属哪个词类?请说明理由。

六、指出下面四句话里的"把"分别属于什么词类:

1. 我来把门。

2. 抓了一把米。

3. 请把灯关了。

4. 快拉他一把。

七、指出下列各组里的同形词,是同音词还是兼类词?理由是什么?

1. a. 问个究竟　　　　　2. a. 白衬衣
   b. 究竟去不去　　　　　b. 白跑一趟

3. a. 自动发射　　　　　4. a. 摆了一桌子菜
   b. 自动机械　　　　　　b. 木头桌子

5. a. 军事秘密　　　　　6. a. 她冷得直哆嗦
   b. 这件事必须秘密进行　b. 要直的,不要弯的

7. a. 精神可嘉　　　　　8. a. 师生关系
   b. 他挺精神　　　　　　b. 关系到国计民生的大问题

9. a. 穿制服　　　　　　10. a. 刀口很锋利
   b. 制服敌人　　　　　　b. 刀口已经愈合

八、试用图表的方式比较说明形容词、状态词、区别词在语法功能上的区别。

九、"程度副词+形容词+的"词类性质有哪些?与什么因素有关?

十、按下面的表格,总结代词的语法性质,并说明代词的语法功能与什么因素有关。

语法性质	人称代词	指示代词	疑问代词
名词性	（填入代表性的例词）		
动词性			
……			

第四节　句　子

一　什么是句子?

一个词或一个词组(不论长短),只要单独站得住,能表达一个相对完整的意思,就是一个句子。说话的时候,每个句子都伴有一定的语调,通常叫作"句

调";不同的句调表示不同的语气。句子与句子之间有比较大的停顿。书面上每个句子的末尾用句号、问号或叹号来表示停顿和不同的语气。例如：

  孔子是鲁国人。
  人类的财富是谁创造的？
  世界和平万岁！

这些都是句子。由于它们的语调、语气各不相同，所以分别用了不同的标点符号。

  句子，从表达的角度说，是一个基本表达单位。由句子组成段落，由段落形成篇章。但是从语法的角度说，句子是最大的语法单位。

二　单句和复句

  由一个词或一个词组（不论长短）单独形成的句子是单句，如上一小节所举的例子。由几个意义上密切相关的单句按某种逻辑联系组合起来便构成复句。组成复句的各个单句在复句内不再称作单句，而称作分句；分句与分句之间有较小的停顿，整个复句之后有较大的停顿。在书面上分句之间用逗号或分号隔开。例如：

  他劝大家回去，但谁都不走。
  不管你信不信，他确实出差了。
  虽然大爷从小没念过书，懂得的事情却不少；而且说出话来句句在理。

为显示分句之间的逻辑联系，在各个分句中常常用某些关联词语，如上面复句中的"但""不管""虽然""却"等。（关于复句详见本章第十一节）

三　主谓句和非主谓句

  从结构上看，许多句子都包含主语和谓语两部分，例如：

  母亲和宏儿都睡着了。
  这丫头可疯啦！
  您就再辛苦一趟吧。
  你爸爸还没有回来吧？

包含主语和谓语两部分的句子，一般称之为"主谓句"。有的时候，主谓句的主语在句子里没有出现，这大致有两种情形：

  第一，具体的语言环境不需要把主语说出来。例如：

"这么早就下班了？""还早啊？都快六点了！"
　　别急！晚上一定给你回话。

这两个例子都是对话环境。前一例问话的主语"你"，答话的主语"现在"，后一例前一句主语"你"，后一句主语"我"，都无须说出，而听话人都会明白句子意思。

　　第二，主语已见于上文，或者将见于下文，因而省略。例如：
　　小俊一进门，看见爸爸出差回来了，就高兴地一头扑到爸爸怀里去了。
　　等大伙儿吃完饭，你再走吧！

前一例，因主语见于上文，后面两个小句的主语承前省了；后一例，因主语见于下文，前一小句的主语省了。

　　为区别一般的主谓句，上述第一、第二两类句子叫作"不完全主谓句"；主语、谓语齐全的主谓句就叫作"完全主谓句"。完全主谓句可以不依赖语言环境或上下文表达一个完整的意思。不完全主谓句则只有在一定的语言环境或上下文里才能让对方理解，离开了具体的语言环境或上下文，它所表示的意思就变得不完整了。例如：一个人手里拿着一个玻璃杯对别人说"破了"，意思显然是"这个杯子破了"。如果手里没有杯子，一进门劈头就说"破了"，听话的人一定莫名其妙。

　　由主谓结构以外的词或词组形成的句子，而且这种句子很难说是省略了主语或谓语，也难以补出主语或谓语，我们就称之为"非主谓句"。例如：
　　蛇！（单词）
　　集合！（单词）
　　下雨了。（述宾结构）
　　禁止吸烟。（述宾结构）
　　你的自行车呢？（偏正结构）
　　疼得他直掉眼泪。（述补结构）

非主谓句跟不完全主谓句不一样。第一，非主谓句是补不出主语或谓语来的，我们不能把非主谓句看成是一个主谓句的谓语部分或主语部分。第二，非主谓句可以不依赖上下文而表达一个完整的意思，如上引各句。

　　由一个词单独形成的句子又叫"独词句"。例如：
　　走！走！走！你给我走得远远的！
　　"谁？""我。""进来！"

"蛇!"小玲突然惊叫起来。

四 陈述句、疑问句、祈使句、感叹句、呼应句

上面是从句子的语法结构的角度出发来给句子分类的。如果从句子所表达的内容来看,或者说,从说话的人所要达到的目的来看,句子又可以分为以下几种类型:

(一) 陈述句

报道一件事实。例如:

今天星期一。

大禹治水是古代的传说。

周大娘点着了灯,烧火做饭去了。

(二) 疑问句

提出问题。例如:

今天星期几?

你也去吗?

你是喝茶还是喝咖啡?

(三) 祈使句

表达一种意志(请求、命令、商量等)。例如:

请你把这封信交给他。

别闹了!

你先休息一下吧!

(四) 感叹句

抒发感情。例如:

今年他都十五啦!

这儿的风景真美啊!

(五) 呼应句

呼唤或应答。例如:

老张,你快来!

喂,你在干嘛?

好的,我马上去。

行,就这么办!

"你明天早点来。""是。"

五　从语素到句子

从第一节到第四节,我们介绍了语素、词、词类、词组、句子这些最基本的语法概念。初学语法的人一定要将这些最基本的概念弄清楚。这里,我们再做些扼要的说明。

语素的功能是构成词,语素只跟词发生直接的联系。

词,往下,跟语素发生联系,所有词都是由语素构成的;词,往上,既跟词组发生联系,也跟句子发生联系。词跟词组发生联系,容易理解,因为词组都是由词按一定的句法规则组成的;为了更好地说明由词构成词组的规则,需要给词分分类,于是就有词类。词类是词的语法分类,即词类是按词的语法功能所划分得到的词的类别。词跟句子发生联系,这是汉语的特点之一。由于汉语的各类实词没有形态标志,入句后也没有什么形式上的变化,又加之汉语句子里的许多成分可以省略,所以汉语里的实词,不管是动词、形容词、状态词、名词,大多在一定的语境下可以单独成句。所以说,汉语里的词往上可以直接与句子联系。

词组,往下,跟词联系,因为词组都是由词依据一定的句法规则构成的。往上,跟句子联系,绝大多数的句子都是由词组单独形成的。

无论是词还是词组,所谓单独成句,就是它们大多可以在一定的语境下加上一个完整的句调而成为句子。

最后需要注意的是,我们讲词类的时候,立了名词、动词、形容词等名称,讲词组的时候,又立了主语、谓语、宾语、补语等名称。名词、动词等是就词本身的语法性质说的,主语、谓语、宾语等,是就词和词结合时发生的语法关系说的。正如说某人是北京人还是上海人,是就他本人的籍贯说的;他在家里是父亲,在学校里是教授,在工会组织里他又是主席,那是就他跟他人之间的人际关系说的。一个人只有当他跟别的人发生人际关系时,才有可能说他是父亲、他是教授什么的,但他本人是北京人,这是一定的,不因跟别人发生不同的人际关系而改变。同样,一个词总是属于某个词类,或是名词,或是动词等;但它跟别的词可以发生种种不同的语法关系,只有当它跟别的词发生语法关系(即结合为一个词组)的时候,我们才说它是主语、宾语或是定语等。还有一点需要注意的,主语、谓语、宾语等可以是由一个词充任的,也可以由词组来充任。例如在"研究语法"这个述宾词组里,其宾语"语法"是一个词(属于名词),但是在"研究汉语的语法"里,其宾语"汉语的语法"就是一个词组(属于偏正词组)。

练 习 四

复习题：

一、什么是句子？

二、什么叫单句？什么叫复句？

三、什么叫主谓句？什么叫不完全主谓句？什么叫非主谓句？不完全主谓句和非主谓句的区别在哪里？什么叫独词句？

四、根据句子的结构,可以把句子分为哪几类？根据句子的内容和语气,可以把句子分为哪几类？

五、举例说明汉语里语素、词、词组和句子之间的关系。

练习题：

一、下列各句哪些是主谓句,哪些是非主谓句,哪些是不完全主谓句？

1. 刚才告诉他了。

2. 开会了。

3. 笑得我肚子都疼了。

4. 我笑得肚子都疼了。

5. 别着急。

6. 可把我乐坏了。

7. 请勿随地吐痰！

8. 前边跑过来一个小孩儿。

9. 站住！

10. 今天中秋节。

11. 禁止吸烟。

12. 天上飘着一朵白云。

二、"谁？""我。"上面对话里的"谁、我"是语素,还是词,还是句子？理由是什么？

三、给下列各句加上标点符号,并说明哪些是陈述句,哪些是疑问句,哪些是祈使句,哪些是感叹句？

1. 快点儿走
2. 快上课了
3. 快十二点了
4. 我怎么不知道
5. 站起来
6. 你去不去
7. 我不知道他去不去
8. 你什么时候来的
9. 你都长成大姑娘啦
10. 他什么都不知道
11. 我知道这是为什么
12. 谁不认识他
13. 他不认识谁
14. 时间过得真快

第五节　主语和谓语

上文第二节说,主语是说话的人所要陈述的对象,指出要说的是谁或者什么;谓语是对于主语的陈述,说明主语怎么样或者是什么。这是概括的说法。在具体的句子里,主语和谓语之间的语义联系是多种多样的。

一　主语和谓语的语义联系

(一) 施事和动作

有的时候,主语和谓语之间是"施事"和"动作"的关系,就是说谓语所指的行为动作是由主语发出的。例如:

小宝游泳去了。
姐姐早回来了。
妈妈做了许多好吃的菜。
老师今天表扬了萍萍。

这些主语一般称为"施事主语"。这类句子一般称为"施事主语句"。

(二) 受事和动作

有的时候,主语和谓语之间是"受事"和"动作"的关系,就是说主语所指是受谓语所表示的行为动作的影响或支配的。例如：

  你被骗了！
  头发给剪掉了。
  窗户纸都叫雨淋湿了。
  他的手指都让烟熏得焦黄。
  给大哥的信已经寄出去了。
  苹果只吃了一小片。
  大红灯笼早就挂满了大街小巷。

这些主语一般称为"受事主语"。这类句子一般称为"受事主语句"。在汉语里，主语是受事的句子就是被动句。汉语被动句中常有"被、给、叫、让"等表示被动的词，如前四例，再如：

  （一袋烟的工夫）小山岗被削平了。
  他一不小心给镰刀划了个口子。
  自行车叫小王骑走了。
  脚上的鞋让露水浸得透湿。

但是，在汉语里更常见的是被动句的谓语中不出现"被、给"等这一类字眼，如前面举的后三例，再如：

  凶手抓到了？
  苹果吃了。
  衣服洗完了。
  那隧道打通了吗？
  要带的行李都已经托运走了。

汉语的受事主语句，有两个特点：

1. 主语所指的事物总是确定的，如上面所举各例；或是泛指的

  例如：

    出厂以前，产品都经过严格检查。
    一个螺丝钉也不能浪费。

前一例不是指某一个产品，而是指任何产品；后一例说的是"一个螺丝钉"，实际上概括了一切物资。

2. 谓语往往是复杂的，即谓语不能是单个动词

  以上所举的无一例外。口语中有时也可以是简单的，但只限于回答问题。

例如：

"'农垦58'和'桂花黄'两个稻种你们都要？""不，'农垦58'稻种要，'桂花黄'今年就不要了。"

"《光明日报》订不订？""《光明日报》订。"

"练习交吗？""练习交。"

有些句子的主语无所谓施事或受事。例如：

这就是最凶猛的大白鲨。

潭水又深又绿。

华军的衣服早已湿透了。

即使谓语中心是个动词，有时那主语对谓语动词来说也无所谓施事或受事。例如：

那场大火幸亏消防队来得及时。

语言事实告诉我们，就汉语来说，将主语看作话题，将谓语看作对这个话题的说明，是比较合适的。

二 充任主语的词语

以上是就主语和谓语之间的语义联系说的。从充任主语的词语看：

(一)我们说话时经常拿人或物做话题，因此名词、名词性词组、人称代词等常常做主语

例如：

王老师去上海了。

大家的心情是可以理解的。

笑得最开怀的是秦敏。

他现在不在北京。

我们打算去非洲旅游。

(二)我们也可以拿时间、处所做话题，因此表示时间、处所的名词性词语也可以做主语

例如：

晚上有电影。

今天是端午节。

门口有条小河。

远处传来优美的笛声。

(三)数量也能成为我们说话的话题,所以数量词也能做主语

例如:

一万就是十个一千。

十尺为一丈(或"一丈十尺")。

一元买三斤(或"三斤一元")。

每亩五斤。

一排坐十个人。

三千亩不算多。

三车不够。

(四)动词、形容词性词语也能做主语,因为我们也可以拿行为动作或性状做话题

例如:

游泳对身体有好处。

蛮干将远离成功。

烧饭洗衣服全由他包了。

以上是动词性词语做主语。

长而空不好,短而空好吗?

骄傲不好,骄傲使人落后。

以上是形容词性词语做主语。主谓结构也能做主语。例如:

他去可能最合适。

我能有今天全托您的福。

身体好是最重要的条件。

三　充任谓语的词语

下面说说谓语的情形。

(一)做谓语的最常见的是动词性词语

例如:

(1)我懂。

(2)爷爷回来了。

(3)你说得太好啦。

(4) 老师批评你们了!
(5) 周围的人都笑了。
(6) 杯子给打破了。
(7) 棍儿给弄折了。
(8) 稻子全收完啦。
(9) 这闸门应当提高!
(10) 我们是山东人。
(11) 这场雨直下了两个多小时。
(12) 这件事不能怪他。

动词性词语做谓语,主语对谓语来说,有的是施事,即动作的发出者,如例(1)—(5);有的是受事,即动作的对象,如例(6)—(9);有的,在汉族人的心目中,既不是施事,也不是受事,如例(10)—(12)。

(二)形容词性词语也经常做谓语

例如:

(13) 爸爸的脾气暴躁,妈妈的性格温顺。
(14) 北方干燥,南方潮湿。
(15) 这泉水真甜哪!
(16) 她的劲头足着呢。
(17) 你们辛苦了!
(18) 我激动得说不出话来。
(19) 他又兴奋又惭愧。

例(13)、例(14)的谓语是单个形容词。其他各句的谓语,有的是形容词性词组,如例(15)、例(18)、例(19);有的是形容词后加上"了、着"之类的成分,如例(16)、例(17)。值得注意的是,形容词单独做谓语往往含有对照或比较的意思,即往往是几件事或几种情况对照着说的,如例(13)—(14);那例(15)—(19)都不是形容词单独做谓语,所以都不含有对照或比较的意思。

(三)状态词做谓语

例如:

周围静悄悄的,没有一个人。
每个房间都干干净净。
他的个儿高高的,脸圆圆的,眼睛大大的。

  井里黑咕隆咚的,啥也看不见。

状态词有带"的"的和不带"的"的两种。一般说,带"的"的状态词做谓语比不带"的"的要自由得多。不管带"的"不带"的",状态词做谓语不像形容词单独做谓语那样含有对照或比较的意思。当我们说"他的个儿高",那是形容词"高"单独做谓语,意味着其他人矮;可是说"他的个儿高高的",那是带"的"的状态词"高高的"做谓语,就不含有比较的意思。

(四) 在现代汉语里,名词也可以单独做谓语

例如:

  明天中秋。
  你傻瓜!

但在书面上比较少见。比较多见的是由名词做中心语的偏正词组做谓语。例如:

  这个人死心眼儿。
  我浙江人。
  他很高兴的样子。

在口语里,由动词性词组带上"的"形成的"的"字结构做主语时,表示动作受事的那名词性成分直接做谓语,也比较多见。这一般是在表示对比的句子里。例如:

  他写的散文,我写的诗歌。
  她喝的咖啡,我喝的茶。
  "我买的拖鞋,你呢?""我买的凉鞋。"

以上所举的例子有的可以加上动词"是"。加上"是"之后,基本意义不变,可是结构变了。例如"我浙江人",原是名词性偏正结构做谓语,加上"是"之后,就成了述宾结构"是浙江人"做谓语了。

(五) "的"字结构能直接做谓语

例如:

  这网兜儿尼龙的。
  他昨天来的。
  我这篇论文刚发表的。
  那壶里的水热的。

（六）数量词也能直接做谓语

例如：

　　一打十二支（或"十二支一打"）。

　　这人三十多岁。

　　身高一米八。

　　每个小组一张。

　　白菜五块五毛。

　　（每个办公室）办公桌四张，椅子八把，书架两个，暖瓶两个。

（七）在汉语里，主谓结构不但能做主语，也能做谓语，这是汉语语法的一个特点

例如：

　　这几畦地，水浇得太多了。

　　这道数学题谁也解不出来。

　　我舅舅职务并不高。

　　同学们有的唱，有的跳，除夕玩儿了个通宵。

　　墙上芦苇，头重脚轻根底浅；山间竹笋，嘴尖皮厚腹中空。

前三句的谓语是主谓词组，后两句的谓语是由多个主谓词组组成的联合结构。由这类主谓词组形成的句子，一般称之为"主谓谓语句"。一般将全句的主语称为"大主语"，将做谓语的主谓词组里的主语称为"小主语"。

　　注意，"他精神真好"跟"他的精神真好"不一样："他的精神真好"只能看作是一个普通的主谓结构，"他的精神"是主语，"真好"是谓语。"他精神真好"，则既可以看作是一般的主谓结构，"他精神"这一偏正词组做主语，"真好"做谓语；也可以看作是由"他"做主语，由主谓词组"精神真好"做谓语的主谓结构。对"他精神真好"所做的两种不同的分析，可以通过插入语气词来加以证实——前一种分析，语气词插入"精神"之后，例如：

　　　　他精神呀，真好。

后一种分析，语气词插入"他"之后，例如：

　　　　他呀，精神真好。

同样，"那位同学眼镜打破了"也可以做两种分析——既可以看作是一般的主谓结构，"那位同学眼镜"这一偏正词组做主语，"打破了"做谓语；也可以看作是由"那位同学"做主语，由主谓词组"眼镜打破了"做谓语的主谓结构。这两种分

析,也可以通过插入语气词的不同位置来加以证实。

"他什么都看过"和"什么他都看过",都可以单独成句,而且都是主谓谓语句。所不同的是,前者由"他"做大主语,由表示周遍意义的"什么"做小主语;而后者则由表示周遍意义的"什么"做大主语,由"他"做小主语。

(八)**最后说说由动词"是"作为谓语中心的主谓句。 最常见的是"是"的宾语是名词性词语**

例如:

> 这位是北京大学教授。
> 瓦特发明的是蒸汽机。
> 今天是中秋节。
> 这是你奶奶给的。

"是"的宾语也可以是动词或形容词性的词组,这种格式做谓语主要有两种情形:

1. 肯定与否定对比

例如:

> 他是糊涂,不是笨。
> 我是去接人,不是去送人。

有时只举肯定的或否定的一面,但仍含对比的意思。例如:

> 你要知道,这是在战场上打仗啊!
> 你以为很勇敢,告诉你,这不是勇敢。

2. 主语和"是"的宾语同形,表示让步的意思,含有"虽然"或"尽管"的意思

例如:

> 好是好,就是不结实。
> 去是去,可是得早点儿回来。

注意:下面句子里在动词或形容词前头的"是"不是动词,是副词,表示"确实""的确"的意思。例如:

> 天气是好,月色也很亮了,可是我要问你,"对么?"(鲁迅《狂人日记》)
> 究竟文清走了没有?——走了。——你可不要骗我。——是走了。
> (曹禺《北京人》)

作为动词的"是"字一般得轻读,这里的"是"一定要重读;作为动词的"是",其否定形式是"不是",这里的"是"不能这样否定。

练 习 五

复习题：

一、什么是主语？

二、什么是谓语？

三、什么叫施事？什么叫受事？举例说明。

四、什么叫施事主语？什么叫受事主语？举例说明。

五、可以充当主语的有哪些词语？

六、可以充当谓语的有哪些词语？

七、举例说明汉语被动句的特点。

练习题：

一、按下列要求造句：

1. 主谓结构做主语

2. 主谓结构做谓语

3. 形容词做主语

4. 动词做主语

5. 定中结构做谓语

6. 人称代词做谓语

7. "的"字结构做主语

8. "的"字结构做谓语

9. 方位词做主语

10. 数量词做主语

11. 数量词做谓语

12. 状态词做谓语

13. 联合结构做主语

14. 述宾结构做主语

二、用层次分析法分析下列句法结构：

1. 老师讲的他都详详细细地记下来了

2. 这个办法很解决问题

3. 我们班小李打球打得最好

4. 那孩子的脸老红扑扑的

5. 他做事是最稳当的

6. 我认为他的主意不错

7. 我们队要耕的地一亩也没拉下

8. 坚持早上锻炼很有好处

9. 这件事告诉他行不行

10. 香蕉一块八一斤

11. 我们家住的是六楼

12. 没有买票的还有没有

13. 买录音机你认为有没有必要

14. 他写出来的字有的大有的小

15. 我们三个人一组

16. 多问问没有坏处

17. 我们屋一个戴眼镜的都没有

18. 她比较娇气这我早听说了

19. 那几个学生的名字我一个也叫不上来

20. 二加四等于六

三、名词一般不做谓语，但下列主谓结构的谓语都由名词充当：

今天国庆节　昨天阴天

明天星期日　前天晴天

1. 请总结一下这类结构在意义上的特点；

2. 试举两个这样的例子。

四、请看例句：

这是搞科学研究，不是小孩儿做家家。

姑妈是回去了，姐姐没有骗你。

这两个含有"是"的句子，性质是否一样？试加以论证说明。

五、请描写说明"你写你的""他擦他的车，你看你的书"这类主谓句的格式特点和语法意义。

六、请分析、归纳一下，汉语被动句有多少种类型。

七、如果是主谓结构做谓语，我们通常把第一层主谓结构的主语叫大主语，第二层主谓结构的主语叫小主语。请举例说明大小主语在意义上的关系。

八、下面都是"形容词＋数量词"的主谓结构：

长三公尺　深两丈　厚三寸

重五公斤　高五十米　宽八十公分

请分别说明做主语的形容词和做谓语的数量词各具什么特点。

　　九、你认为"现在上课"是主谓结构还是状中结构？请说明理由。

　　十、为什么只能说"衣服买来了"，而不能说"一件衣服买来了"？

　　十一、举例说明现代汉语中主谓谓语句中大主语和小主语的语义关系，并总结"施事＋受事＋小谓语"格式的限制条件。

第六节　述语和宾语

　　述宾结构表示支配关系。宾语是对述语而言的，通常述语由动词充任，宾语是受述语动词支配、制约的对象。

一　宾语和述语的语义联系

　　在汉语里，宾语和述语动词在意义上的关系是多种多样的，以下是比较常见的几种类型。

　　(一)宾语是动词所指的动作或行为的对象，即一般所说的行为动作的"受事"

　　例如：洗衣服、杀鸡、看电影、打击敌人。这类宾语一般称为"受事宾语"。

　　(二)宾语所指的事物是由这种动作或行为产生的结果

　　例如：写信、煮饭、盖房子、挖坑。这类宾语一般称为"结果宾语"，通常也归入"受事宾语"。

　　(三)宾语是动作、行为所凭借的工具

　　例如：抽烟斗、擦粉饼、吃大碗、写毛笔。这类宾语一般称为"工具宾语"。

　　(四)宾语指处所或地点

　　例如：坐地上、进城、上树、在这儿、去广州。这类宾语一般称为"处所宾语"。

　　(五)宾语是动作或行为的发出者，即一般所说的"施事"

　　例如：住人、来客人(了)、跑了一个犯人。这类宾语一般称为"施事宾语"。

二　宾语和主语的语义联系

　　按说宾语是对述语而言的，可是述宾结构做谓语时，宾语和主语有时在意义上也有一定的联系。主要有这样几种情况：

（一）有的宾语表示主语的类别

例如：

笙是一种乐器。

铝属于轻金属。

（二）有的宾语表示主语的数量

例如：

小评论写了三篇。

拖拉机买了两台。

（三）有的宾语是复指主语的，这时主语一般是受事主语

例如：

桂花就别叫她了。

烟戒了它吧！

4号公路上的敌人据点必须拔掉它！

（四）有的宾语与句子主语是领属关系或部分与整体的关系

例如：

他刚死了爷爷。

香烟只抽红塔山。

"爷爷"跟"他"之间是领属关系；"红塔山"跟"香烟"之间是部分与整体的关系。

三　述语的情况

汉语里什么样的词语可以带宾语。

（一）及物动词和以及物动词为主体的动词性词组

及物动词一般都能单独充任述宾结构里的述语，如"看书、读报、吃苹果、买衣服、学习文化、总结经验、想念亲人"等。不过，更常见的是以及物动词为主体的动词性词组带宾语。例如：

咱们两家不分你我。（偏正词组）

这就是周大勇（偏正词组）

挡住上游流水（述补词组）

脸上看不出不安的表情（述补词组）

巩固和发展我们的友谊（联合词组）

你看不看电影(联合词组)

(二) 能愿动词

在动词中有一类词叫能愿动词,也称作助动词。如"能、能够、可、可以、会、敢、肯、愿意、情愿、乐意、要、想(我想去)、应、应当、应该、该、值得、配(他不配做一个共青团员)"等。这类动词不能重叠。它们后边只能出现谓词性词语,如"能写、可以去、会下雨、应该他去、应当更好"等。由能愿动词加上谓词性词语形成的格式,是述宾结构,不是偏正结构。因此说,能愿动词也能带宾语。

(三) 兼有动词语法特性的形容词

形容词是不能带宾语的,但也有例外,例如我们可以说"方便群众、繁荣市场、清醒头脑",这都表示一种使动意义("方便群众"就是"使群众方便",余者类推)。按传统的说法,这都是形容词的使动用法。为便于划清楚动词与形容词的界限,我们把上面例子里的"方便、繁荣、清醒"看作兼类词——兼形容词和动词,不带宾语时是形容词,带宾语时是动词。

(四) 单音节形容词带程度补语构成的述补词组

在口语里某些单音节形容词带上由"死"或"坏"(特别是"死")充任的补语之后(都表示程度),整个述补词组也能带宾语。例如:

真是乐死人。

热死我了。

这可累坏他了。

这种述宾结构都含有一种夸张语气。

四 宾语的情况

可以做宾语的词语:

(一) 体词性词语

体词性词语基本上都能做宾语。例如"看书、吃苹果、坚持真理、研究中国历史"(以上是名词性词语做宾语),"欢迎你们、喝了它、问这问那、写什么"(以上是体词性代词做宾语),"买了两本、我们要三十、增加一百多斤"(以上是数量词做宾语),"我买红的、我要妈妈做的"(以上是"的"字结构做宾语)。

(二) 谓词性词语

谓词性词语也能充任宾语,这是汉语语法特点之一。例如:

(1)准备集合!

(2)我喜欢直来直去。
(3)王宝坤申请休学一年。
(4)你的伤不算重,也不算轻啊!
(5)我料定你会这样做。
(6)保证集体领导,防止个人包办。

例(1)—(3)是动词性词语做宾语,例(4)是形容词做宾语,例(5)、例(6)是主谓结构做宾语。

(三)动作的施事

前面已经说到,宾语不一定是动作的受事,也可以是动作的施事,这也是汉语语法特点之一。宾语是施事的句子往往表示事物的存在、出现或消失。例如:

台上坐着主席团。　　　　　　(表示存在)
忽然,门背后跑出来一个孩子。　(表示出现)
哗的飞了一只鸽子。　　　　　(表示消失)

带施事宾语的述语往往是复杂的。

(四)表示处所或方位的词语

动词能带处所宾语,这也是汉语语法特点之一。处所宾语大都由表示处所或方位的词语充任,来指明行为动作的处所、位置或事物运动的起点或终点。例如:

矿山的主要生产是在井下。
我这几天住老王那儿。
列车准点离开了上海。
她先生上北京了。
李书记回县里了。

(五)数量词

动词也能带数量宾语。例如:

苹果他只买了三斤。
西服他也做了一套。
我们那儿大学毕业生只有两个。

这些数量宾语都是说明与行为动作相关的事物的数量的。

五　准宾语

准宾语有四小类：

（一）由时量词或动量词形成的数量词充任的数量宾语

上一小节我们谈到，动词也能带数量宾语，不过所举的例子限于由名量词形成的数量词充任的宾语，如"买了三斤、有两个"等。这种数量宾语叫"名量宾语"，表示的是与行为动作相关的事物的数量。下面例子里的数量词我们也看作宾语：

(1) 这本书看了三天。
　　李卫刚跑13秒。
　　我在这里已经住了十年了。
(2) 她思量了一阵。
　　他在门上轻轻敲了三下。
　　这个电影我看过三次了。

例(1)里的数量词是由时量词形成的，这种数量宾语叫"时量宾语"，表示的是行为动作的时间量；例(2)里的数量词是由动量词形成的，这种数量宾语叫"动量宾语"，表示的是行为动作的量。不少语法书上把这种时量宾语和动量宾语归入补语一类，称为"数量补语"。但是我们注意到，名量宾语"看一本"是学界公认的述宾结构，而"看一天、看一次"从语法格式上看，跟"看一本"是比较接近的，存在一定的平行现象。试比较：

(a) 看一本　　看了/过一本　　一本也没有看
(b) 看一天　　看了/过一天　　一天也没有看
(c) 看一次　　看了/过一次　　一次也没有看

有鉴于此，所以我们将这些数量成分也看作宾语。

（二）由实际上并不表示疑问的"什么"所充任的宾语

整个述宾结构表示否定意义。例如：

都八点了，你还看什么，快走吧！
水全被他喝光了，还喝什么呀！
展览馆都闭馆啦，还参观什么呀。
你说的问题老杨早就提出来了，你还提什么。

在第一句话里，"你还看什么"，说话人并不是真要问对方"你想看什么"或"你还在看什么",而是表示"你别看了"的意思。其余各例也都表示否定意思。

(三)由与主语同形的人称代词加"的"形成的"的"字结构充任的宾语

这种宾语也是虚指的。例如:

你吃你的,别理他。

他们呀,在那里唱啊跳啊,我可只管写我的,一点儿不受影响。

她就爱看热闹,她看她的,你管她干嘛!

我们吃我们的,别等她了。

由这种宾语形成的述宾结构,含有不介意、别理会这样的意思。

(四)由第三人称代词充任的宾语

这种宾语是虚指的,并不实指人或事物。例如:

我要有时间我也去那里住它几天。

你要有兴趣,你也去玩儿它两三天。

你不是也会唱京戏吗?你也上台来它一段儿,怎么样?

咱们不妨走它一趟,先去摸摸情况。

这种宾语总出现在双宾结构中(见下一小节)。

以上所说的四小类宾语,都不实指人、事物或事件,特别是第二、第三、第四小类,都表示虚指。更值得注意的,不仅及物动词能带这种宾语(如以上各例),而且不及物动词,甚至形容词也能带这种宾语。请看:

(3)a. 一连咳嗽了几天,喝了点枇杷露就好了。

那孩子,哭了一阵子了。

b. 他那房间只干净了两天,又很脏乱了。

您就再辛苦一趟。(曹禺《明朗的天》)

(4)a. 现在还休息什么呀,都快两点啦!

你笑什么,这有什么好笑的!

b. 那裙子漂亮什么,难看死了。

你那衣服四百块?便宜什么,在我们那里,只要二百元。

(5)a. 你睡你的,我再看一会儿书。

她哭她的,别理她。

b. 你漂亮你的,我才不稀罕!

他富他的,我们可不眼馋。

例(3)、(4)、(5)分别带的是第一类、第二类、第三类准宾语,各例 a 句都是不及物动词带准宾语,各例 b 句都是形容词带准宾语。上面所说的第四小类,带准宾语的动词也都不是真有支配能力的及物动词,显然,这些宾语跟前面讲的典型的宾语很不一样,所以称之为"准宾语"。

六 双宾语

有的动词有时可以带两个宾语。例如:

给他一本书。

他教我德文,我教他中文。

他问你什么?

在那两个宾语中通常是一个指人,一个指物;指人的在前,指物的在后。一般称这种述宾结构为"双宾结构";称前一个指人的宾语为"间接宾语";称后一个指物的宾语为"直接宾语"。

双宾语主要有三种类型:

(一)两个宾语中没有准宾语

例如:

给他一本书。

送图书馆一幅画。

赠她一个笔记本儿。

叶老师教我们英文。

他问你什么?

我考你一个问题。

(二)两个宾语中有一个是由数量词充任的准宾语

例如:

你了解一下敌人的兵力部署情况。

小方深情地看了老赵一眼。

你叫他一声。

郑大感兴趣地打量了一下这两个观众。

(三)两个宾语都是准宾语

前一个是由第三人称代词充任的准宾语,后一个是由数量词充任的准宾语。例如:

咱们好好儿休息它三天。

那庙会我想去逛它一回。

对于双宾语,如何进行层次切分?从理论上来讲,可以有四种切分法(试以"送张三一盆花"为例):

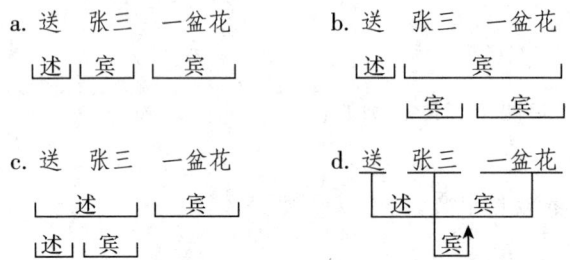

a 切分是一个动词带两个宾语,这种切分缺乏层次观念,不可取。b 切分所得的直接组成成分"张三一盆花"在"送张三一盆花"里不是一个合法的词组,所以也不可取。c 切分是述宾结构带一个宾语。d 切分是在述宾结构"送一盆花"中间插入宾语"张三"。这两种切分都合理,但考虑到汉语存在着句法成分套叠的普遍规律,我们采取 c 切分法,即将双宾结构看作是述宾结构带宾语的一种特殊的述宾结构。

练 习 六

复习题:

一、现代汉语里宾语和充当述语的动词之间,语义上的联系常见的有哪些类型?

二、哪些词语能够充当宾语?

三、能愿动词的特点是什么?

四、哪些词语能够充当述语?

五、举例说明施事宾语句的特点。

六、为什么我们把"住三天、看一次"看成是述宾结构,而不看成是述补结构?

七、什么叫准宾语?

八、双宾语有哪几种类型?

练习题:

一、按下列要求造句:

1. 宾语是施事的述宾结构

2. 动词做宾语

3. 形容词做宾语

4. 形容词带时量宾语

5. 主谓结构做宾语

6. 不及物动词带动量宾语

7. 形容词带动量宾语

8. 述宾结构做宾语

9. 述补结构带宾语

10. 述补结构做宾语

二、用层次分析法分析下列各句句法结构：

1. 你想问他什么

2. 吓了他一跳

3. 他告诉我一个好消息

4. 给人一种看魔术的感觉

5. 准备了五天干粮

6. 我只写过三回诗

7. 我整整教了二十年书

8. 你等他一会儿

9. 他冷冷地瞧了小王一眼

10. 我们必须做好一切准备

11. 我敢肯定他愿意参加我们的聚会

12. 喝了一会儿茶

13. 我一共收到你十封信

14. 吃了小王两个梨

15. 看了一眼小王

16. 我们衷心地希望你能取得成功

17. 大家可以都试一试

18. 这个问题值得我们重视

19. 我就喜欢学习驾驶拖拉机

20. 今天可能要下雨

三、比较一下及物动词、不及物动词和形容词带动量宾语、时量宾语、名量宾语的情况。

四、下面例句中的宾语,哪些是处所宾语?哪些不是处所宾语?请说明理由。
1. 我决定把这些书送学校
2. 我爱北京
3. 他去学校了
4. 欢迎你来上海
5. 他一直注视着门口
6. 我们住厂里
7. 这次卫生评比,表扬了426房间

五、"这根绳子长两公尺"有歧义,请再举几个类似的例子,并分析一下造成歧义的原因。

六、及物动词带宾语的情况不一样,有些只能带体词性宾语,有些只能带谓词性宾语,有些既可以带体词性宾语,又可以带谓词性宾语。请分析一下,下面这些动词分别属于哪一类?

吃　看　打算　洗　出席　妄图　生产
证明　爱　表示　爱护　认为　能　打击
觉得　采取　同意　赞成　进行　听说　相信

一般所说的能愿动词,属于哪一类动词?

七、请看例句:
我能弹钢琴　　我会弹钢琴
我能挑一百斤　*我会挑一百斤
*你能犯错误的　你会犯错误的

请自己再造一些句子,并分析说明"能"和"会"的区别。

八、请比较"来客人了"和"客人来了"在结构上和意思上的不同。

九、"晒太阳"里的"太阳"该归入受事宾语还是施事宾语?为什么?

十、有学者将"看一天、看一次"里的"一天、一次"分析为补语。你认为这种看法是否绝对没有道理?理由呢?

第七节　述语和补语

补语是放在动词或形容词之后做补充说明的成分。例如"洗干净","洗"是述语,"干净"是补语,它是补充说明述语"洗"的。

说补语是补充说明述语的,这也是一种概括的说法。从语义联系看,有的

补语确实是直接说明充当述语的动词的,例如:
  他走得很快。
  你得抓紧。
  热极了。
但有许多补语并不是直接说明述语的,有的是说明述语动词的施事的,例如:
  我吃饱了。
  他走累了。
  他看得眼睛都疼了。
有的是说明述语动词的受事的,例如:
  衣服洗干净了。
  纸已经用完了。
  那钢精锅擦得锃亮。
有的是说明述语动词表示的行为动作凭借的工具的,例如:
  刀砍钝了。
  毛笔写秃了。

  述补结构的述语比较简单,一般由单个的动词或形容词充任。状态词不能带补语,所以不能在述补结构中充任述语。

  补语的情况则比较复杂。不同类型的述补结构,其补语呈现不同的情况;按补语的不同性质可分为以下几类。

一 结果补语

  从语义上来看,补语为结果补语的述补结构,其述语表示某种手段,其补语表示某种结果。"洗干净"就属于这类述补结构,"洗"是手段,"干净"是结果。相同的手段可以造成不同的结果,例如:
  洗净了 洗脏了 洗破了 洗白了……
相同的结果可以由不同的手段造成,例如:
  洗干净了 擦干净了 刷干净了 冲干净了 冲洗干净了……
  补语为结果补语的述补结构中间不带"得"字。述语由动词充任;补语,常常由单个形容词充任,如"变好、拉紧、压低、抬高、洗干净、说清楚"等,也可以由"完、见、成、懂、会、走、住、死、倒、翻、丢、掉"等少数单音节动词充任,如"写完、听见、改成、听懂、学会、拿走、拉住、打死、推倒、撞翻、洗丢(了)、抹掉"等。结果补语和述语结合得比较紧密。如果述语和补语都是由单音节词充任,那么整个述补结构就很像是一个单纯的动词,后面可以带动态助词"了"和"过",也可以带宾语。例如:

  我们做完了练习再玩儿吧。

  他打死过一条蛇。

这类述补结构也可以带准宾语。例如:

  等孩子长大一点儿再说。

  我也才学会一会儿。

带结果补语的述补结构现在一般简称为"述结式"。

二 趋向补语

趋向补语表示事物运动的趋向。补语均由趋向动词充任。

趋向动词有单纯的和复合的两类。单纯的趋向动词有"上、下、进、出、回、过、起"和"来、去"等九个。复合的趋向动词是由"来、去"跟"上、下、进、出、回、过、起"组合而成。所有趋向动词见下表:

	上	下	进	出	回	过	起
来	上来	下来	进来	出来	回来	过来	起来
去	上去	下去	进去	出去	回去	过去	—

在二三十年代有"起去"的说法,如"把财产都变成现钱,偷偷的藏起去!"(老舍《骆驼祥子》)。现在普通话里已极少见到这种说法了。

下面是由单纯趋向动词充任补语的例子:

  只见他们都走进了北房。

  迈开步便走,匆匆地逃回四叔的家中。

  鼓起很大的勇气往前走着。

  他只送来两本杂志。

下面是由复合趋向动词充任的趋向补语的例子:

  快把脏衣服脱下来。

  他慢慢地站起来。

  乌龟的任何部位,你只要碰一下,它伸出的头立刻就缩回去。

  他把锁一会儿卸下来,一会儿又装上去,反复了好几次。

从上面所举的例子看出,补语为趋向补语的述补结构,中间也不带"得"。

由动词"来、去"做补语的格式里,宾语可以放在整个述补结构之后,也可以插在述补结构的中间。请看:

送来一封信　　　　送一封信来

拿出来一本书　　　拿出一本书来　　　拿一本书出来

但宾语如果是表示处所的,在普通话里则只能放在"来、去"之前,"进、出、上、下、回、过"之后。不能放在整个述补结构的后面。例如只能说"进门来、回家去、走进屋子来",不能说"*进去门、*回去家、*走屋子进来、*走进来屋子"。

有时趋向补语并不表示动作的实际趋向。例如:

(1)他一眼就看上了这所房子。

(2)想起来一件重要的事。

(3)让他说下去。

例(1)的"看上"是"看中"的意思。例(2)"想起来"是说"开始想到",例(3)"说下去"是"继续说"的意思,这三个例子里的趋向动词都已经完全没有表示趋向的意思。这是趋向补语的引申用法。这样用的时候,前面的述语就不一定是动词,形容词也可以做它的述语。例如:

(4)他慢慢地坚强起来。

(5)天气可能还要冷下去。

例(4)的"坚强"和例(5)的"冷"就都是形容词,它们后面的趋向补语都只能是引申的用法。

带趋向补语的述补结构现在一般简称为"动趋式"。

三　可能补语

一般说来,在补语为结果补语或趋向补语的述补结构中间插入"得"或"不",便形成肯定与否定相对的带可能补语的述补结构。试看:

看完　　　看得完　　　看不完

听懂　　　听得懂　　　听不懂

做成　　　做得成　　　做不成

说清楚　　说得清楚　　说不清楚

洗干净　　洗得干净　　洗不干净

走过去	走得过去	走不过去
推出去	推得出去	推不出去
放下	放得下	放不下
安上	安得上	安不上
拿出来	拿得出来	拿不出来

再如：

他的舌头不但尝得出这茶叶的性情、年龄、出身、做法，还分得出这杯茶用的是山水、江水、井水、雪水还是自来水。

这些事儿三天三夜也说不完。

"分得出这杯茶用的是山水、江水、井水、雪水还是自来水"，意思大致相当于"能分出这杯茶用的是山水、江水、井水、雪水还是自来水"；"这些事儿三天三夜也说不完"，意思大致相当于"这些事儿三天三夜也不能说完"。

补语为可能补语的述补结构还有以下两种：

(一) "～得" "～不得"

把"得"或"不得"放在动词之后做补语，表示可能或不可能。"看得、去得、吃得"意思相当于"可以看、可以去、可以吃"，"看不得、去不得、吃不得"意思相当于"不可以看、不可以去、不可以吃"。

(二) "～得了" "～不了"

把"得了(liǎo)"或"不了(liǎo)"放在动词之后做补语，表示可能或不可能。"办得了、走得了、决定得了"意思相当于"能办、能走、能决定"，"办不了、走不了、决定不了"相当于"不能办、不能走、不能决定"。这种格式和一般带可能补语的述补结构表示的意义不一样。比较：

做得完（能做完）	做得了（能做）
做不完（不能做完）	做不了（不能做）

上面两种补语为可能补语的述补结构几乎已经成为一种凝固格式。

四　状态补语

状态补语可以很简单，只由一个形容词充任；也可以很复杂，由各种词组充任。例如：

(你)问得好！　　　　　　（单词做状态补语）

(他)写得很快。　　　　　（状中偏正词组做状态补语）

(她)走得慢极了。　　　　　（述补词组做状态补语）
(我)看得忘了吃饭。　　　　（述宾词组做状态补语）
(姐姐)笑得肚子都疼了。　　（主谓词组做状态补语）

有的状态补语带有夸张的意味，例如：

(那玻璃窗)擦得一点儿灰尘也没有。
(他)瘦得只剩下一副骨头架子了。
(大家)气得肺都炸了。

带状态补语的述语，主要由动词充任，如以上所举各个例子。也可以由形容词充任。例如：

(那棉花)白得像雪。
(他)瘦得只剩下一副骨头架子了。

补语为状态补语的述补结构有以下两小类：

（一）中间一定有"得"

如上面所举各例。注意，中间有"得"、补语由单个儿形容词充任的述补结构，有的既可以理解为带可能补语的述补结构，又可以理解为带状态补语的述补结构。例如"洗得干净"，如果把"干净"看作可能补语，整个结构表示"能洗干净"的意思；如果把"干净"看作状态补语，整个结构大致表示"洗得挺干净"的意思。"洗得干净"所表示的这两种意思，在形式上会呈现一系列的差异。请看：

	视为带可能补语的述补结构	视为带状态补语的述补结构
意义上的不同	能洗干净	洗得挺干净
重音位置不同	ˈ洗得干净	洗得ˈ干净
	（重音在"洗"上）	（重音在"干净"上）
否定形式不同	洗不干净	洗得不干净
提问方式不同	洗得干净洗不干净？	洗得怎么样？

（二）中间是"个"

例如："吃个饱、说个没完、调查个一清二楚"。这类状态补语前面的述语一般都是动词，述语后面有时还可以再带上"了"或"得"，形成"～了个～"或"～得个～"的格式。例如：

看了个准　　扫了个一干二净
走得个快　　闹得个不亦乐乎

"个"后面的状态补语可以是肯定形式，也可以是否定形式。如果是否定形式，这个补语一般都表示"不停"的意思，常用的只有"不停、不休、不住、不了、没完、没完没了"等少数否定词语。例如：

  鹅毛般的大雪，一直下个不停。

  这么一点小事情，你怎么说个没完没了！

  你不答应他，他会跟你纠缠个不休。

五　程度补语

补语为程度补语的述补结构，其述语一般由形容词充任，例如"好极了、好得很、臭死了、臭得不得了、暖和极了、暖和得很"等，其中做述语的"好、臭、暖和"都是形容词。少数表示心理活动的动词也能带程度补语，例如"喜欢极了、喜欢得不得、讨厌死了、讨厌得很"等，其中的"喜欢、讨厌"都是表示心理活动的动词。带程度补语的述补结构可分为两小类：

（一）述语不带"得"。　补语由"极了、死了"等充任

例如：

  好极了　坏极了　脏极了　红极了　干净极了

  臭死了　脏死了　热死了　冷死了　讨厌死了

用"极了"做补语，做述语的成分不受限制；用"死了"做补语，做述语的形容词或动词一般是不如意的。

（二）述语带"得"。　补语主要由"很、不得了、了不得"等充任

例如：

  好得很　　　坏得很　　　热得很　　　喜欢得很

  好得不得了　坏得不得了　热得不得了　喜欢得不得了

  好得了不得　坏得了不得　热得了不得　喜欢得了不得

程度补语不管是哪一类，都是强调程度之深。

注意，像"热死了"也会有歧解。如果把它看作是带结果补语的述补结构，那它说明某个有生命的事物因为太热而死亡了；如果把它看作是带程度补语的述补结构，那它表示"很热很热"的意思。

六　由介词结构充任的补语

这类补语表示时间或者处所。例如：

  牛顿（I. Newton）生于公元一六四二年。

我们一直等到昨天。

张萍来自四川达县。

老包头蹲在院里劈柴。（杨朔《三千里江山》）

从胜利走向胜利。

练 习 七

复习题：

一、说明补语和宾语的区别。

二、哪些词语能够充当述补结构的述语？

三、能够充当补语的有哪些词语？

四、补语可以分成哪几类？

五、举例说明趋向补语的引申用法。

练习题：

一、述补结构是谓词性的还是体词性的？为什么？

二、按下列要求造句：

    1. 述补结构做补语

    2. 主谓结构做补语

    3. 述宾结构做补语

    4. 状态词做补语

三、从语法结构关系上来说，补语是对述语的一种补充，但是从语义结构关系上来看，补语不一定是直接说明充任述语的词语的。请举实例说明这一点。

四、请比较分析"写清楚了、染红了、挖浅了"在结构上和语法意义上的异同。

五、"听不太清楚"属于哪一类述补结构？根据是什么？

六、下列句法结构是主谓还是述补？根据是什么？

    考试重要　　分析清楚　　分析很清楚

    讲解明白　　打扫干净　　清理完毕

    清理完　　　报告完了　　考虑周密

    走好　　　　说慢点儿　　说话慢一点儿

七、指出下列甲、乙两组在格式上和意义上的区别。

    甲：写得好　　乙：写的好

    　　红得多　　　　红的多

蒸得烂　　　蒸的烂

买得少　　　买的少

八、下列述补结构的补语属于哪一类？

说清楚　　　问个明白　　　放下去

放得下去　　走下去　　　　洗干净

洗得干净　　好极了　　　　等到下午

飞进来　　　拿不了　　　　染得红

染红了　　　跑不出去　　　气糊涂了

说不清楚　　累死了　　　　疼得直冒汗

摔破了　　　走向未来　　　吓得转身就跑

听不懂　　　坐不下　　　　好得不得了

气得要命　　讲得不明白

九、"吃得了"可以表示几种意思？怎么解释"吃得了"的歧义现象？

十、用层次分析法分析下列句法结构：

1. 孩子们高兴得又蹦又跳

2. 辣得他眼泪都掉下来了

3. 小李喊得嗓子都有点儿哑了

4. 这本书我不知道他看得懂看不懂

5. 你怎么不说清楚

6. 我想不起来他当时是怎么回答的

7. 前面走过来一位老太太

8. 每天都有数不清的自行车驰过天安门广场

9. 你知道我高兴不起来

10. 忙得我这一个月都没好好睡过觉

11. 他渐渐能坐起来了

12. 那金黄色的麦田一眼望不到边儿

13. 我看不清楚黑板上的字

14. 这个典故出自庄子的《逍遥游》

15. 小青蛙气得肚子胀得像一个小皮球

16. 累得我一动都不想动了

十一、比较下面三组述补结构在语义和结构上的异同，并说明应分别归入述补结构的哪一小类。

1. 炒熟了、长大了   2. 挖浅了、炒咸了   3. 挖深了、拉长了

十二、有的述结式(带结果补语的述补结构)可以带宾语,如"做完作业、走肿了脚",有的不能,如"走远了、洗累了"。再找一些例子,总结述结式带宾语的条件。

第八节　定语和状语

一　关于定语和状语的区分

定语和状语都是偏正结构里的修饰语。怎么区分定语和状语?从理论上来说,体词性偏正结构里的修饰语是定语,谓词性偏正结构里的修饰语是状语。可是,就具体语言现象来说,区分起来并不那么简单。

从中心语看,名词前头的修饰语一般是定语,除非修饰语由副词充任,例如"你才傻瓜、他也工程师"里的"才傻瓜、也工程师"都是偏正结构,做中心语的"傻瓜、工程师"都是名词,但做修饰语的成分"才"和"也"都是副词,所以它们都不是定语,是状语。动词和形容词前头的修饰语多数情况下是状语,有时也可能是定语,例如"社会调查、春天的到来、狐狸的狡猾"这些偏正结构,做中心语的成分虽然是动词或形容词,但修饰语都是定语。为什么?因为做修饰语的成分都是名词性词语。下面是同类例子:

　　我的笑便渐渐少了。(朱自清《笑的历史》)
　　梦见春的到来,梦见秋的到来。(鲁迅《秋夜》)
　　街上的冷静使她的声音显得特别的清亮。(老舍《骆驼祥子》)

从修饰语看,由副词充任的修饰语一定是状语,不管中心语是由动词、形容词还是名词充任;由名词、代词充任的表领属关系的修饰语一定是定语。

有时,形成的偏正结构的词语完全相同,可是由于所处的语法位置不同,便成为不同性质的修饰语,即或是定语,或是状语。例如:

　　(1)我们受到了热情接待。
　　(2)他们热情接待每个来访者。

(1)里的"热情接待"做"受到了"的宾语,是体词性的,其中的"热情"是定语;(2)里的"热情接待"做述宾结构的述语,是谓词性的,其中的"热情"是状语。上述例子说明,由双音节形容词修饰双音节动词的偏正结构,如"热情接待、具体分析、彻底解决、周密调查"等,就必须根据整个偏正结构所处的语法位置来确定

前面的修饰语是定语还是状语。

下边我们把定语和状语分开讨论。

二　定语

名词、代词、形容词可以直接做定语,例如"木头房子、我弟弟、新书";也可以加上"的"字之后做定语,例如"木头的房子、我的弟弟、新的书"。所谓加上"的"之后做定语,这只是一种通俗的说法;严格地说,在后一类格式里,充任定语的不是单词,而是"的"字结构。

名词直接做定语时,跟中心语结合得比较紧,是一个稳定的整体,有点像一个单词;用了"的",定语跟中心语相对说来结合得不是那么紧密,这两部分在意义上保持着比较大的独立性。

以上是就一般情形说的,实际上有些格式里的"的"不能取消,例如"水的密度、书的内容、车的速度"。有些格式用"的"不用"的"意思不一样。比较:

甲	乙
谁是日本的朋友?	我有两个日本朋友。
孩子的脾气不好。	他这个人有点孩子脾气。
狐狸的尾巴很大。	敌人的狐狸尾巴露出来了。

在甲类格式里,定语表示领属关系,回答问题"谁的～?"或"什么东西的～?"。在乙类格式里,定语表示事物的性质,回答问题"什么～?"或"什么样的～?"。

人称代词做定语时,如果中心语是亲属称谓,或者指一个集体或机构,就可以不用"的",例如"我哥哥、你父亲、咱们家、我们学校、你们二年级"。否则不用"的"不能单说,例如"我书、你帽子"不能单说,除非被包含在更大的句法结构里,也可以不用"的"字。例如:

　　他把我书拿走了。

　　你帽子呢?

如果中心语之前有了指示代词,那么不用"的"的格式倒比用"的"的格式更普遍,例如"我这衣服、他那几本书"。

指示代词"这、那",做定语时一般表示指示关系,它们都不能带"的"。例如"这人、那孩子、这种看法、那片稻田"。带量词时有时后面可以带"的",但带"的"以后就变成表示领属关系了。例如:

　　那一片的稻子长得好些,麦子差一些。

这本的封皮设计得很好。

数量词做定语时后面一般不加"的",例如"三个人、五件衣服、两种意见"。

一般的单音节形容词可以直接修饰名词,例如"新书、蓝绸子、假古董、酸苹果"。如果要强调定语所表示的属性,也可以用"的",例如"新的书、蓝的绸子"。双音节形容词只有在一些常说的格式里可以直接做定语,如"干净毛巾、老实人、要紧事、反动政权、糊涂思想、民主权利"等。大多数情况仍要用"的"字。例如:

好像有个坚硬的东西在他脑中划了一下。(老舍《骆驼祥子》)

凭着自己的头脑和双手,把荒漠的塞北,一下子变成明媚的江南!(冰心《塞北变江南》)

状态词有的带"的",有的不带"的",带"的"的状态词能自由地做定语。例如:

高高的个儿	长长的辫子
香喷喷的面包	绿油油的麦苗
干干净净的房间	整整齐齐的队伍
古里古怪的样子	黑不溜秋的衣服
通红的炉火	雪白的手套

不带"的"的状态词一般只能修饰"数·量·名"结构,直接修饰名词很不自由。例如:

黑板上写着清清楚楚四个大字。(*清清楚楚大字)

雪白一双鞋,没穿三天就黑了。(*雪白鞋)

一出门就是绿油油一片麦田。(*绿油油麦田)

单音节动词做定语时,后面必须加"的",否则整个格式就不是偏正结构,而是述宾结构了。比较:

偏正结构	**述宾结构**
看的人	看人
吃的水果	吃水果
种的稻子	种稻子
写的文章	写文章
买的书	买书

有一些双音节动词兼有名词的性质,我们称之为"名动词",修饰名词做定语时,加不加"的"是两可的,意义上没有多大的变化。比较:

建设速度　　　建设的速度
学习计划　　　学习的计划
参考材料　　　参考的材料
研究方法　　　研究的方法

不过从结构上说，不加"的"是名动词直接做定语，加了"的"实际上变成"的"字结构做定语了。

还有一类定语比较特殊，这类定语和它所修饰的中心语所指的内容是相同的。例如：

人/字　　　　大兴/区　　　　老张/同志
我/李逵　　　他们/夫妇俩　　你/老张
咱们/大队　　你们/西语系　　他们/木工班

以上各例定语所指的内容和中心语相同，这种定语叫作"同位性定语"。同位性定语常常可以用来代替整个偏正结构。例如"大兴区"可以只说成"大兴"，"我李逵"可以只说成"我"。

三　状语

从带状语的角度看，最常见的是动词、形容词性词语带状语。例如：

在未庄再看见阿 Q 出现的时候，是刚过了这年的中秋。（鲁迅《阿 Q 正传》）（中心语是动词）

街上非常地清静。（中心语是形容词）

复合数词、数量词以及能够替代动词、形容词的代词也都可以带状语。例如：

因为前年据她自己说她才三十，而今年忽然地二十八了。（曹禺《日出》）（中心语是数词）

不多不少，刚好五个。（中心语是数量词）

这本书写得不怎么样。（中心语是代词）

从做状语的角度看，副词都能做状语，而且只能做状语，如"刚走、再研究一下、马上去、很静"等，这不必细说。这里要指出的是，单音节副词做状语大都不能带"地"（·de），而双音节副词做状语，带不带"地"常常是两可的。例如"非常（地）高兴、悄悄（地）走了、比较（地）可靠"。但是，也有一些副词做状语时是绝对不带"地"的，如"已经、也许、马上、刚刚、正在、难道、终于"等。

汉语里并不只是副词能做状语,这一点跟某些外语(如英语、俄语等)不同。在汉语里,部分形容词也能做状语。单音节形容词做状语,常见的如"快(说)、慢(走)、轻(放)、重(扣)、高(举)"等。注意,单音节形容词做状语都不能带"地",不能说成"*快地说、*慢地走、*轻地放、*重地扣、*高地举"。双音节形容词能直接做状语的也不是很多,常见的如"认真(学习)、积极(工作)、仔细(观察)、经常(来往)、突然(回来了)、细心(研究)、公开(道歉)、充分(说明)、彻底(改变)、刻苦(学习)、勉强(同意)"等。这些双音节形容词也可以加"地"后做状语,如"认真地学习、积极地工作"等。有一些双音节形容词则必须加"地"后才能做状语,但仅见于书面语。例如:

　　他们几个人粗暴地喊着。
　　当着她笑的时候,牙齿整齐地露出来。(曹禺《雷雨》)
　　他恭敬的垂手站在伯夷的床前。(鲁迅《采薇》)①

状态词都能做状语,不过带"的"的要比不带"的"的状态词更自由些。做状语时,要将"的"改写为"地"。例如:

　　轻轻地放下　　　　慢慢地走来
　　热热地喝了一碗茶　圆圆地画了个圈儿
　　端端正正地坐着　　老老实实地做人,认认真真地做事
　　黏糊糊地沾了一手

数量词也能做状语,但只限于表示动量的数量词。例如:

　　这个老牧民一把拉住脱了缰的马,拯救了这几个孩子的生命。
　　黄志松眼明心亮,一眼就看穿了那家伙的阴谋。

拟声词也可以做状语,如"嗡嗡地响、哗哗地流、哇啦哇啦地叫"。

介词结构经常充任状语,这可以说是介词结构主要的语法功能。由介词结构充任的状语表示与行为动作相关的处所、时间、目的、方式等,或与动作发生关系的人或物等。例如:

　　在北京开会　　　(处所)
　　从明天开始　　　(时间)
　　为人民服务　　　(目的)
　　用毛笔写信　　　(方式)

---

① 鲁迅作品里状语末尾的"地"大多写作"的"。

比我写得好　　（比较对象）
　　对他很关心　　（相关对象）
　　跟妈妈打电话　（关系人物）
　　把大门关上　　（关系人物（处置））
　　被大家发现了　（关系人物（被动））
　能做状语的还有一种特殊的并列结构,例如:
　　说呀笑的　　　你一句,我一句
　　拼死拼活　　　东张张,西望望
　　拉拉扯扯　　　一把眼泪,一把鼻涕
这种并列结构与一般的联合结构很相像,其实二者有很重要的区别。
　从意义上说,一般的联合结构的每一项都是实指的,而且各有其独立的意义,整个联合结构的意义等于各项的意义的总和。譬如"我、你、他"就是"我和你和他","干净、整齐"就是"又干净又整齐"。并列结构的每一项的意义不是实指的,而是比况性的,整个结构的意义也并不是各项的意义的机械的总和。譬如"你一句,我一句"只是说"大家七嘴八舌地说着",并非实指"你说一句,然后我说一句","你"和"我"都不实指;再如"东张张,西望望"只是说"到处看",并不是实指"往东边看一下,再往西边看一下"。因此并列结构亦有人称之为"比况性联合结构"。
　从语法功能上说,一般的联合结构的语法功能跟它的组成部分的语法功能基本上一致。并列结构的语法功能跟它的组成部分的语法功能则不一定一致。譬如"你呀我的"虽然是由代词"你"和"我"构成的,但它的语法功能跟"你、我"大不相同。"你、我"不能做谓语,也不能做状语;"你呀我的"既能做谓语,又能做状语。例如:
　　你再别你呀我的了。
　　跟我你呀我的说话也可以。（曹禺《日出》）
　现代汉语里能做状语的还有一种比较特殊的主宾同形的主谓结构（如"手拉手、肩并肩、一个挨一个"等）。例如:
　　他们俩手拉手地走进来。
　　他们背靠背坐着,谁也不说话。
　　到会的人很多,大家一个挨一个地坐着。

四 修饰语的层次

如果一个中心语之前有好几个修饰语,修饰语和中心语的关系不外以下几种类型:

(一)修饰语是联合结构,这个联合结构作为一个整体来修饰中心语

例如:

他们可以不穿号坎,而一律的是长袖小白褂,白的或黑的裤子。(老舍《骆驼祥子》)

一股辣气慢慢的、准确的、有力的往下走。(同上)

这一类修饰语内部的组成成分的次序可以自由变换,这种变换不影响句子的基本意义。

(二)修饰语本身带有修饰语,换句话说,修饰语是一个偏正结构

例如:

此外是冷清清的,全没有什么雪白的小兔的踪迹。(鲁迅《兔和猫》)

他很感动地点着头。

在"雪白的小兔的踪迹"里,定语"雪白的小兔"本身是一个偏正结构。在"很感动地点着头"里,状语"很感动"本身也是一个偏正结构。

(三)中心语本身是一个偏正结构

例如:

这面墙上悬挂一张董其昌的行书条幅,装裱颇古。(曹禺《北京人》)

已经被他猜着了。

又仔仔细细地对了一遍。

在"一张董其昌的行书条幅"里,中心语"董其昌的行书条幅"本身是一个偏正结构,在"已经被他猜着了"里,中心语"被他猜着了"本身也是一个偏正结构(介词结构"被他"修饰"猜着")。

在分析复杂的偏正结构时,一定要分清它的层次关系。例如"这就是勤劳勇敢的中国劳动妇女的光辉形象"这个句子,其中的宾语成分是一个比较复杂的偏正结构,它的层次关系如下:

（这 就是） 勤劳 勇敢 的 中国 劳动 妇女 的 光辉 形象

```
                              定                        中
                                            的   定   中
              定            中
                     的   定   中
         联    合         定   中
```

定语连用几个"的"，句子常常臃肿不堪，例如：

（那是）这个工厂的[1]搞技术革新的[2]先进的[3]集体。

（那是）我们学校的[1]新盖起来的[2]教职工的[3]简易的[4]宿舍。

如果其中有些定语带不带"的"是两可的，就用不带"的"格式，上面这两个例子最好改为：

（那是）这个工厂搞技术革新的先进集体。

（那是）我们学校新盖起来的教职工简易宿舍。

此外，写作时要注意，不要把该做状语的成分放到定语位置上去，也不要把该做定语的成分放到状语位置上去。下面的例子就犯了这方面的毛病：

(1)*交换了广泛的意见

(2)*两千多年前新出土的文物

例(1)"广泛"应该是状语成分，却不恰当地放在"意见"前做了定语；正确的说法应该是"广泛地交换了意见"。例(2)"两千多年前"应该是"文物"的定语成分，却不恰当地放在了动词之前做了状语；正确的说法应该是"新出土的两千多年前的文物"。

练 习 八

复习题：

一、怎样区别定语和状语？

二、哪些成分能够充当定语？

三、哪些成分能够充当状语？

四、什么叫同位性定语？

五、哪些词可以带状语？

六、如果一个中心语之前有好几个修饰语，从修饰语的层次角度看，修饰语和中心语的关系可能有哪些类型？

练习题：

一、a."我的大衣扣子"
　　b."我大衣的扣子"
a 和 b 的结构是否等同？"我的大衣的扣子"是同 a，还是同 b？请说明理由。

二、"卖菜的篮子"表示哪几种意思？请再举几个同类的例子。

三、一般说名词修饰名词比较自由，可是"水的密度、车的速度、鞋的质量、信的内容"中的"的"绝不能省，试指出这类名词性偏正结构的特点。

四、为什么能说"塑料的新口杯"，而不能说"新塑料的口杯"？试凭你的语感说说理由。

五、用层次分析法分析下列句法结构：
1. 他是我妈妈的同事的表弟的同学
2. 这个人人都头疼的问题一直没有得到很好的解决
3. 桌上放着那架他哥哥刚买的小录音机
4. 他是我们单位下围棋下得最好的人
5. 新发明的专治感冒的药丸的疗效很不错
6. 学校果树研究小组的王平同学是大家公认的小园艺家
7. 那座高高的大白楼是学校新建成的物理教学大楼
8. 大操场戏台上那盏新安的灯亮得人们眼睛都睁不开
9. 国家保护公民的合法收入、储蓄、房屋和其他生活资料的所有权
10. 我哥哥骑的那辆自行车上挂着一个帆布做的书包
11. 她的衣服都放在妈妈给她买的那只牛皮箱子里
12. 这是让运载火箭减轻一些负担的一个重要措施
13. 由光学元件组成的光电路都安装在笨重的框架上
14. 弟弟慢吞吞地十分不情愿地把皮球从书包里掏出来
15. 一辆装满了大白菜的卡车从北边急驶过来
16. 他又偏偏不在家
17. 我还有一件重要的事要告诉你
18. 我也不知道他还干过这么一件事
19. 羊群在望不到边际的内蒙古大草原上慢慢地游动着
20. 目击者看到的是流星或者是气球或者是探照灯光在云彩中的反射

六、"周密·de 调查"做宾语时，"周密·de"是定语还是状语？根据是什么？

七、按下列要求造句：

1. 中心语是名词的状中结构
　　2. 中心语是动词的定中结构
　　3. 联合结构做定语
　　4. 联合结构做状语
　　5. 联合结构做中心语
　　6. 符合下列格式的复杂的定中偏正结构：
　　　　X1(X2(X3(X4Z)))　［X代表修饰语，Z代表中心语］

八、试动脑筋想想，单音节形容词做状语，为什么不能加"·de"（例如只能说"高举、快走"，而不能说"高·de举、快·de走"）？

九、"悄悄、渐渐、偷偷儿"只能做状语，应该属于副词，加"的"后，"悄悄的、渐渐的、偷偷儿的"也还是只能做状语，所以我们说它们还是副词；"好好儿、大大、慢慢儿"也只能做状语，也应该属于副词，可是加"的"后，"好好儿的、大大的、慢慢儿的"我们却说它们是状态词了，这是为什么？

十、单音节形容词重叠式能不能做定语？为什么？请举例说明。

十一、写出下列句法结构的肯定形式：
　　1. 没有想
　　2. 不想
　　3. 没有想法
　　4. 没有想过
　　5. 洗不干净
　　6. 洗得不干净

第九节　复谓结构

　　复谓结构是指由两个或两个以上的谓词性词语连用而不构成述宾、述补、偏正、主谓或联合等句法关系的一种句法格式。这里的"谓"，是指谓词性词语。例如：
　　　(1) 背着书包/上学校
　　　(2) 去北京/看望我姑父
　　　(3) 有可能/下雨
　　　(4) 吃过午饭/喝茶
　　　(5) 请你/去一下

(6)通知王老师/来办公室

(7)选他/当我们的代表

(8)一看/就懂

(9)越说/越糊涂

复谓结构可以分为连谓结构、递系结构和连锁结构三类,下面分别介绍。

一 连谓结构

上面举的例(1)—(4)都属于连谓结构。连谓结构表面看很像联合结构,其实二者很不相同。从意念上说,联合结构表示的是并列关系("唱歌跳舞")或选择关系("同意或不同意、去上海还是去广州"),连谓结构表示的意思则要复杂得多,常见的有以下几类:

(一)前一个谓词性结构表示动作的方式

例如:

每天晚上开着窗子 睡觉。

一个小伙计正坐在门外 拉胡琴。

可别低着头 走路。

(二)两个谓词性结构表示时间上先后发生的事件

例如:

你的孩子醒了,你进去 喂喂他吧。(曹禺《日出》)

叫他住一两天 再回去。

我得砍几根棍子回去 修补一下篱笆。

黄参谋写好报告 交给站在旁边的通讯员。(柳青《铜墙铁壁》)

(三)后一个谓词性结构表示目的

例如:

我可实在撑不住了,想进去 取个暖。

你得想法子 解决这个问题。

连忙划着个小船 去赶他们。

(四)后一个谓词性结构表示结果

例如:

我给您拿着包袱,您拿着 怪累的。(评书)

他不幸中弹 牺牲了。

船簸动得很厉害，躺在铺上 觉得天旋地转。

（五）前一个谓词性结构表示原因或假设

例如：

他晚上有事 不能来。

有什么事 好好地说，干吗动不动就讲打。（老舍《茶馆》）

她不能就这么窝回去，心中乱 也得马上有办法。（老舍《骆驼祥子》）

（六）前后两个谓词性结构一个是肯定式，一个是否定式，从正反两方面说明同一事实

例如：

他自己却板着脸 不笑。

他拽住我们 不放。

稿子搁在办公室里 没拿来。

有些连谓结构的后一个谓词性词语用某些副词来显示前后意义上的联系。例如：

你晚上有事就别来了。

我问了才明白。

从结构上看，联合结构的几项可以调换次序，次序调换以后，基本意义不变；连谓结构的各项一般不能任意调换次序。例如"笑着说、进去取个暖、打开瞧瞧"不能说"说笑着、取个暖进来、瞧瞧打开"。有些可以变动次序，但意义跟原来不一样，例如"住一两天再回去"和"再回去住一两天"，"回家就忘了"和"就忘了回家"（述宾结构），"进去叫他"和"叫他进去"（递系结构，见下）。

由两个单纯的动词组成的连谓结构比较少见，但动词"来"和"去"却可以直接跟别的动词组成连谓结构。例如：

你去 洗吧。

我不玩了，你玩 去。

我来 写。

在这一类连谓结构里，"来"和"去"可以前置，也可以后置，还可以前后各用一个。例如：

我去开会　　我开会去　　我去开会去

他来开会　　他开会来了　　他来开会来了

"来"和"去"还可以放在两个谓词性结构之间组成连谓结构，如上面举过的"划

着个小船去赶他们"。从结构上说,这种格式里的"来"和"去"是属于第二个谓词性结构的。例如"想一个办法去帮助他"是由"想一个办法"和"去帮助他"两个谓词性结构组成的。

这里需要提醒大家注意的是,用"来"用"去"在表达上有区别。请比较:

(1)我们一定要想一个办法去帮助他。
(2)我们一定要想一个办法来帮助他。

这两句话结构完全相同,意思也差不多,但由于"来"表示近指,"去"表示远指,使用上有区别。如果动作的趋向向着说话的人,那就只能用"来",不能用"去"。例如:

你们一定要想一个办法来帮助我。

这个句子里的"来"不能换成"去"。

连谓结构的后一部分一般是动词性成分,但也有的是形容词性成分。例如:

这种苹果闻着挺香,吃起来并不好吃。
衣服太小,穿着很不舒服。
大家听了都十分难过。
他看上去很年轻。

二 递系结构

本节开头举的例(5)—(7)属于递系结构。递系结构的特点是,前一个谓词性结构一定是述宾词组,这个述宾词组的宾语,跟后面的谓词性成分一定在语义上有某种联系。具体说来又可分为以下三种情况。

(一) 述宾词组的宾语是后头的谓词性词语的施事,即动作者

例如"通知他开会","通知"的宾语"他"在意念上是"开会"的施事。再如:

没有记录,可惜非常,所以要请他补发些讲义。(鲁迅《出关》)
一个驴子倒成两个,又雇个小聚给你赶驴子。(赵树理《三里湾》)
团长命令他们赶快转移。

由动词"有、是"组成的递系结构可以独立,形成无主句,如:"有人来了。"再如:

有人在玩儿魔方。
没有人不知道。
有几个社员在种白菜那一片地里泼水,灌粪。(赵树理《三里湾》)

是我冤枉了你！

是王大叔把她从水里救了起来。

（二）述宾词组的宾语是后边谓词性词语的受事，即受动者

例如"借一本书看"，"借"的宾语"一本书"是动词"看"的受事。下边是同类的例子：

倒杯水喝。

买两个梨吃吃。

买份报看看。

有时，后一部分是一个主谓词组，前面的宾语成分是后面那主谓词组里谓语动词的受事。例如：

倒杯水我喝。

我翻个筋斗你看看。

我煮点儿花生你们拿着路上吃。

（三）后一个谓词性词语说明前边述宾词组的宾语的性质

例如：

称赞他勇敢。

嫌他年纪轻。

成天叫人家看着我不快活，不成材，背后骂我是个废物。（曹禺《北京人》）

递系结构的内部构造层次如下（以"请他教我、借一本书看看"为例）：

```
请  他  教我        借  一本书  看看
└─递─┘ └系┘        └─递─┘ └─系─┘
└述┘└宾┘            └述┘ └ 宾 ┘
```

递系结构跟主谓结构做宾语的述宾结构看起来很相似，但结构完全不同。例如"（我们）请大家来参观"在形式上跟"（我们）希望大家来参观"一样，但前一句是递系结构，后一句是主谓词组做宾语的述宾结构，二者有明显区别：

第一，后一句的动词"希望"之后可以停顿，说成"（我们）希望，大家来参观"；前一句的动词"请"之后则不能停顿，不能说"*（我们）请，大家来参观"。

第二，后一句既能说"（我们）希望大家明天来参观"，也可以说"（我们）希望明天大家来参观"；前一句则只能说"（我们）请大家明天来参观"，却不能说"*（我们）请明天大家来参观"。

三　连锁结构

本节开头举的例(8)、(9)就是连锁结构。连锁结构的前后两个谓词性词语靠某些有关联作用的虚词(多为副词)联系在一起。例如：

一看就明白。
边学边议。
越干越起劲。
不练学不会。
非去不可。
看不懂就问。

连锁结构，或者表示两件事时间上的关系(例如"(一)……就……"表示两件事紧接着，"边……边……"表示两件事同时进行)；或者表示两件事逻辑上的关系(例如"非……不……"表示必要条件)；或者表示程度加深(越……越……)。

注意：连锁结构当中都没有语音上的停顿。如果有停顿就成了复句，不再是复谓结构。试比较：

(1) a. 不把车间里的活计收拾好不回去休息。
　　 b. 不把车间里的活计收拾好，不回去休息。
(2) a. 心里越急手越是不听使唤。
　　 b. 心里越急，手越是不听使唤。

以上二例中的 a 句，中间没有语音停顿，属于复谓结构中的连锁结构；b 句则中间有语音停顿，属于复句。

四　复杂的复谓结构

前面我们所举的复谓结构的例子都比较简单。如果组成复谓结构的前项或后项本身又是个复谓结构，这就构成复杂的复谓结构。例如：

花钱买回来搁着不用

这个复谓结构由两部分组成："花钱买回来"和"搁着不用"，而这两个部分又都分别是个复谓结构，"花钱买回来搁着不用"就是复杂的复谓结构。复杂的复谓结构有两种情形：

(一) 单一的

或是连谓结构里套连谓结构，或是递系结构里套递系结构。前者如：

(你)抽时间去图书馆查一下。

(他)有空来这儿玩儿吗？

(你)回去打个电话催催他。

后者如：

叫你请他来。

请他叫老王去一下。

(我)借两本小说给你看看。

(二) 交错的

即连谓结构和递系结构交错套叠。例如：

(1) 叫他们打电话请王先生来这儿。

(2) 我可没工夫陪你们开故事会。(张天翼《宝葫芦的秘密》)

(3) 老太太一定要叫她写信通知我。

例(1)"叫他们打电话/请王先生来这儿"是个连谓结构，而其两个组成部分都是递系结构。例(2)"没工夫/陪你们开故事会"是连谓结构，而其后一组成部分是递系结构。例(3)"叫她/写信通知我"是递系结构，而其后一组成部分是连谓结构。

练 习 九

复习题：

一、什么是复谓结构？

二、什么是连谓结构？

三、什么是递系结构？

四、连谓结构常见的有哪几种类型？

五、从语义角度看，递系结构可分为几类？请举例说明。

六、什么是连锁结构？

七、如何区别递系结构跟由主谓词组做宾语的述宾结构？

八、什么叫复杂的复谓结构？从结构上看，复杂的复谓结构有几种情况？

练习题：

一、按下列要求造句：

1. 复谓结构做谓语

2. 复谓结构做主语

3. 复谓结构做补语

4. 复谓结构做宾语

5. 复谓结构加"的"做定语

6. 复谓结构做中心语

7. 连谓结构中嵌套递系结构

8. 递系结构中嵌套连谓结构

二、这一节所讲的第二种递系结构，如"倒杯水喝"，语法学界有人将它归入连谓结构。这个问题你怎么看？（尽可能说明理由）

三、"听说他马上回来"和"命令他马上回来"是同一类结构吗？理由是什么？

四、"来/去"在动词后,可以出现三种情况。

　　a. 形成述补结构,如：

　　　　走来　　飞去

　　b. 形成复谓结构,如：

　　　　游泳去　玩儿去

　　c. 形成歧义结构——既可以理解为述补结构，又可以理解为复谓结构,如：

　　　　拿去了　取来了

请考虑一下,能够出现在这三类中的动词各有什么特点。

五、用层次分析法分析下列句法结构：

　　1. 请小张和小李说相声

　　2. 听梅兰芳唱戏

　　3. 希望你能来我们这儿工作

　　4. 通知小李马上去学校开会

　　5. 我不同意选他当代表

　　6. 我估计他今天晚上能赶到北京

　　7. 他只拿出一本书来

　　8. 他立刻跑了过来

　　9. 他站起来腾出一把椅子让我坐下

　　10. 你们应该想个办法解决这个问题

　　11. 他打电话请老张帮他把忘在弟弟那里的棉大衣取回来

　　12. 你能不能借我字典用用

　　13. 是谁把衣服放在这儿了

14. 有人看见一个穿绿衣服的人把汽车开跑了

15. 我一看就明白是怎么回事

16. 瞒着不告诉我可不成

17. 回去找个时间跟他谈谈

18. 幼儿园的阿姨直夸毛毛聪明

19. 等一会儿我给你煮点儿花生吃

20. 你别老抓住这件事不放

六、下面句子中加着重号的结构，是述补结构还是复谓结构？你是根据什么判断的？

1. 她连忙将眼镜摘去。

2. 明天他们去摘葡萄，我们摘去吗？

3. 书，我昨天已经拿来了，不是在书架上嘛！

4. 你说的那本小说，她昨天拿来了，可我没有给她，因为我还没有看完。

5. 字典让小李借去了。

6. 这本书图书馆有，你自己借去吧。

七、我们可以说"有人来了、有一个人走过来了"，但不能说"*有那个人来了、*有小张走过来了"。试想想，这为什么？

第十节　句法里的歧义现象

有的词可以表示不止一个意思，如"耳目"，既可以指见闻，如"耳目不广、耳目一新"；也可以指替人刺探消息的人，如"这个人是他们派来的耳目"。这种词一般称之为"多义词"。句法的平面上也有类似的多义现象，例如"咬死了猎人的狗"，这个词组既可以理解为(a)"把猎人的狗咬死了"，也可以理解为(b)"把猎人咬死了的那条狗"。句法里的歧义现象是指由于语法上的原因而造成的歧义现象。

"这饭不热了"这个话有歧义，既可以理解为"这饭已经凉了"，也可以理解为"这饭不加热了"。这是由多义词"热"引起的——"热"既可以表达"温度高"，与"冷"相对；也可以表示"加热"，与动词"焐"相当。这种歧义现象不属于句法里的歧义现象。

从句法平面上看，造成句法歧义现象，主要有以下三个因素。

一 层次构造

在第二节里我们曾指出,句法结构在构造上有层次性。相同的词类序列,由于内部的层次构造不同,意思也就不同。上文所举的"咬死了猎人的狗"就属于这一类。再如:

```
      我们   两个人    住   一个房间
a. |  主  |          谓              |
              |  主  |      谓       |
                     | 述 |    宾    |
b. |       主       |      谓       |
   |  同  |  位  |  述  |    宾     |
```

上面这句话,从层次构造上看,可以是 a,也可以是 b。不论按 a 或按 b,全句都是主谓结构,但意思不同。按 a 切分,意思是"我们是每两个人住一个房间";按 b 切分,意思是"我们两个人是住在一个房间里"。再如:

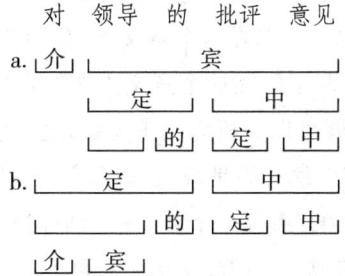

上面这个句法结构,从层次构造上看,可以是 a,也可以是 b。按 a 是介词结构,那批评意见是领导所提的;按 b 是偏正结构,那批评意见是冲着领导提的,二者意思不同。下面再举个例子:

```
      发现   敌人   的   哨兵   回   营房(了)
a. | 述 |             宾              |
            |     主      |    谓    |
b. |      主       |         谓       |
   |  定  |   中   |
```

这个例子,按 a 切分是述宾结构,那哨兵是敌方的哨兵;按 b 切分是主谓结构,那哨兵是我方的哨兵。

二 句法结构关系

句法结构关系指的就是通常所说的主谓、述宾、述补、偏正等等结构关系。

有的语法结构,在内部层次构造相同的情况下,既可以理解为甲类结构,也可以理解成乙类结构,因此会有歧义。例如"出租汽车",可以指一种事物(出租的汽车),也可以指一种行为(把汽车租给别人)。在前一种意义上是偏正结构,在后一种意义上是述宾结构。正是由于"出租汽车"可以被分析为两种不同的句法结构关系,因此会有歧义。许多双音节动词加双音节名词构成的格式,都可能造成类似"出租汽车"这样的歧义结构。例如:"研究方法、补充材料、翻译小说、学习文件、进口设备"等等。下面再举一些其他类型的例子:

(1) 寄去了
(2) 我买的梨

例(1)"寄去"既可以理解为述补结构,相当于"寄走"的意思;也可以理解为连谓结构,相当于"去寄"的意思。不少动词加"来/去",都可能造成类似的歧义格式。如"我拿来了"既可以理解为"我把某个东西拿来了",在这个意义上"拿"和"来"之间是述补关系;也可以理解为"我来拿某个东西了",在这个意义上"拿"和"来"之间是连谓关系。例(2)"我买的"和"梨"之间,既可以分析为偏正关系,这时它指一类梨;也可以分析为主谓结构,这时它相当于"我买的是梨"。一般说,由及物动词(如"买")做谓语的主谓结构(如"我买")加"的"后跟一个名词所形成的句法结构,如果那及物动词能支配那名词,就都可能造成类似的歧义结构。再如:

小张写的散文
他送的蛋糕
姐姐做的棉衣
哥哥骑的摩托车
王老师画的油画

三 语义结构关系

语义结构是指施事(即动作者)和行为动作、行为动作和受事(即受动者)、事物和性状等这样的语义关系。例如"弟弟吃过了"和"苹果吃过了",从句法结构关系看,都是主谓关系,"弟弟"和"苹果"都是主语;但是从语义结构关系看——"弟弟吃过了","弟弟"和"吃过了"之间是施事(即动作者)和动作的关系;"苹果吃过了","苹果"和"吃过了"之间则是受事(即受动者)和动作的关系。句法结构关系和语义结构关系是两种不同性质的结构关系,而且它们之间没有一对一的对应关系。

语言里有些歧义结构正是由语义结构关系造成的。例如:

鸡不吃了

这句话既可以理解为"鸡不吃食了",也可以理解为"某人不吃鸡了"。产生这种歧义不是由于句子包含了什么多义词,也不是由于构造层次或句法结构关系有什么不同,因为"鸡不吃了"只能分析为主语(鸡)和谓语(不吃了)的关系。产生歧义的原因只在于语义结构关系不同:按前一种意思理解,"鸡"和"吃"之间是施事和动作的关系,与"他不吃了"相类同;按后一种意思理解,"鸡"和"吃"之间是受事和动作的关系,与"白菜不吃了"相类同。再如:

在火车上写标语

这句话可以理解为"把标语写在火车(车厢)上",也可以理解为"坐在火车上(往纸上)写标语"。这种意思上的不同也是由语义结构关系的不同造成的。按前者理解,"在火车上"是指明所写的标语所在的位置,类似的例子如:

在黑板上写字

在池子里养鱼

在瓶子里灌水

在棉花上打农药

按后者理解,"在火车上"是指明进行"写标语"这一活动的场所,类似的例子如:

在飞机上看书

在礼堂里开会

在广场上放映电影

在台上演戏

语义结构关系并不是只发生在名词和动词之间。例如:

这是梅兰芳的唱片

这句话可以理解为"这是属于梅兰芳的唱片",也可以理解为"这是梅兰芳所唱的唱片"。这类歧义是由"梅兰芳"和"唱片"之间语义结构关系的不同引起的。类似的例子如:

鲁迅的书(鲁迅写的书/属于鲁迅的书)

小白兔的书(关于小白兔的书/属于小白兔的书)

妈妈的鞋(妈妈做的鞋/属于妈妈的鞋)

句法结构内部的构造层次和句法结构关系可以用层次分析,包括"切分"和"定性",来加以揭示,来加以分化(例见前,从略)。对于语义结构关系,层次分析无能为力,需要靠另一种新的分析方法,即变换分析法来加以揭示。所谓变换,可以理解为语义结构关系相同而结构不同的两种句式之间的依存关系。举例说,表示处置意义的"把"字句跟受事主语句之间就有一种依存关系,因此表处置意义的"把"字句跟受事主语句有变换关系:

把 + 名词语 + 动词语	→	名词语 + 动词语
把衣服拿走	→	衣服拿走
把手夹疼了	→	手夹疼了
把身体炼得棒棒的	→	身体炼得棒棒的
把那些旧报纸卖了	→	那些旧报纸卖了
把木箱放在底下	→	木箱放在底下
别把自己的意见强加于人	→	自己的意见别强加于人
把灯捻得亮亮的	→	灯捻得亮亮的

左边是"把"字句,右边是受事主语句,二者结构不同,但其共现词之间的语义结构关系相同,都是受事和行为动作的关系。因此它们之间可以有变换关系。由语义结构关系的不同而造成的歧义结构,其特点就在于隐含着不止一种语义结构关系,因此我们就可以通过分别找出语义结构关系与之相同而结构与之不同的句法结构来达到分化歧义的目的。再如:

他谁也不认识。

这句话我们可以有两种理解:

a. 把"他"分析为"认识"的施事,把"谁"分析为受事。类似的例子如:

他哪个字也不认识。

他哪种菜也不吃。

他什么书也不读。

他哪个节目也不爱看。

他谁的话也不听。

b. 把"他"分析为受事,把"谁"分析为施事。类似的例子如:

这个字谁也不认识。

这个地方谁也不了解。

这种菜谁也不想吃。

这节目谁也不爱看。

这一段意思谁也不懂。

这种分析是否符合事实，就可以通过变换分析来加以检验。我们发现，按 a 可以找到如下的变换关系：

名词语＋疑问成分＋也不＋动词语 → **疑问成分＋名词语＋也不＋动词语**

他谁也不认识 → 谁他也不认识

他哪个字也不认识 → 哪个字他也不认识

他哪种菜也不吃 → 哪种菜他也不吃

他什么书也不读 → 什么书他也不读

他哪个节目也不爱看 → 哪个节目他也不爱看

他谁的话也不听 → 谁的话他也不听

按 b 可以找到另一种变换关系：

名词语＋疑问成分＋也不＋动词语 → **疑问成分＋也不＋动词语＋名词语**

他谁也不认识 → 谁也不认识他

这个字谁也不认识 → 谁也不认识这个字

这个地方谁也不了解 → 谁也不了解这个地方

这种菜谁也不想吃 → 谁也不想吃这种菜

这节目谁也不爱看 → 谁也不爱看这节目

这一段话的意思谁也不懂 → 谁也不懂这段话的意思

由此，我们就分化了"他谁都不认识"这个歧义结构。

练 习 十

复习题：

一、什么是歧义结构？

二、造成句法歧义的主要因素是什么？

三、怎样分化句法歧义结构？

四、你怎么理解变换分析法？

练习题：

一、分析下列歧义结构，并指出造成歧义的直接原因：

1. 怀疑你的说法毫无根据
2. 哥哥和弟弟的朋友
3. 我们不需要进口设备
4. 这是我们科技工作者的职责
5. 你拿去吧
6. 他请你来检查身体
7. 老刘谁也没看见
8. 他讲不清楚
9. 帮助过我的同学
10. 他唱得好
11. 他的笑话说不完
12. 不适当地管教孩子对孩子成长不利

二、试用变换分析法分析下列歧义结构：
1. 你送哪一个
2. 反对的是他
3. 我们三个人一组
4. 解释不清楚

三、由构造层次不同而造成的歧义结构，其语义结构关系也大多不同，如"咬死了猎人的狗"，一为述宾关系（咬死了/猎人的狗），一为偏正关系（咬死了猎人的/狗）。请问，这跟由语义结构关系不同所造成的歧义结构区别在哪里？

第十一节 复 句

一 复句的构成

复句是由两个或两个以上在意义上有密切关系的造句单位（词或词组）组合成的。这些在意义上有密切关系的造句单位在复句内被称作分句。分句与分句间有较小的停顿。整个复句之后有较大的停顿。在书面上分句与分句之间用逗号或分号隔开。例如：

由于他脖子弯得太低了，以致使别人无法看见他脸上的表情。（从维熙《北国草》）

　　　　他不仅是个工程师,而且是个有突出贡献的工程师。
复句的各个分句可以是主谓句。也可以是非主谓句。例如：
　　　　(1)这个根本问题不解决,其他许多问题也就不容易解决。
　　　　(2)你等着我,我就回来。
　　　　(3)准备好了,你说吧。
　　　　(4)过了几天,爷爷又提起那件事儿来了。
　　　　(5)种瓜得瓜,种豆得豆。
例(1)、例(2)的几个分句都是主谓句,例(3)、例(4)的前一个分句都是非主谓句,后一个分句是主谓句;例(5)的两个分句都是非主谓句。

　　由主谓句形成的复句里,如果几个分句的主语相同,主语往往只在第一个分句里出现,后面的分句采用不完全主谓句的形式。例如：
　　　　大家已经讨论完了领导秋收,接着便谈起准备扩社、开渠的问题。(赵树理《三里湾》)
　　　　我吃过午饭,坐着喝茶,觉得外面有人进来了,便回头去看。
也有的时候,主语在后边的分句里出现,前面的分句采用不完全主谓句形式。例如：
　　　　看完春晚节目,他们就去大门外放鞭炮去了。
　　　　一旦看见自己的爱人出了事,姚志兰还是难受。(杨朔《三千里江山》)
相同的主语在每一个分句都出现,往往表示强调的语气。例如：
　　　　我们不能死,我们得活着,我们得跟他们斗,我们一定能胜利。(靳岚《为了下一代》)

　　现在说一说复句里的连接成分的问题。有些复句根本不用任何连接成分,例如：
　　　　射箭要看靶子,弹琴要看听众。
　　　　中国靠我们来建设,我们必须努力学习。
　　　　我就那么几套拳,都教给了你们,没留看家的玩艺儿。(老舍《神拳》)
书面语里的复句使用关联词语的比较多。最常用的连接成分是连词和副词。下面是用连词的例子：
　　　　人是得活着,但要活得有骨气。
　　　　如果发现谁有不轨行为,谁就将被开除。
　　　　因为饿,她已经没有力气跑跑跳跳。(老舍《四世同堂》)

用副词的例子如：

  别推辞，再推辞，人家就要生气啦！（杨朔《三千里江山》）
  我没有生气，她倒又生起气来了。（曹禺《明朗的天》）
  先要了解这些历史，才能知道他们两口子吵架的真正原因。（赵树理《登记》）

连词和副词常常配合起来用。例如：

  既然不想走，别的就不用再费精神去思索了。（老舍《骆驼祥子》）
  如果明天天气好，我就带你去颐和园玩儿。
  不仅我们不懂世界语，张教授也不懂世界语。

根据分句之间意义上的联系，复句可以分为联合复句和主从复句两大类。联合复句的各个分句是平等的，主从复句的分句有主要与次要之别。比较：

  (1)男人们一排一排的呆站着，女人们也时时从门里探出头来。（鲁迅《铸剑》）
  (2)不管环境多么艰苦，这群女孩子却总是那么欢欢喜喜的。（杨朔《三千里江山》）

例(1)的两个分句地位平等，不分主次；例(2)前一个分句说明条件，后一个分句才是正意所在。前者是联合复句，后者是主从复句。

二 联合复句

联合复句的分句之间主要表示以下各种逻辑语义关系。

（一）并列

表示并列的几件事，几种情况，或同一事物的几个方面。表示并列的联合复句有时不用关联词语。例如：

  狗趴在地上吐出红舌头，骡马的鼻孔张得特别大，小贩们不敢吆喝，柏油路晒化了。（老舍《骆驼祥子》）
  他们家养的是奶牛，我们家养的是黄牛。
  我国土地辽阔，物产丰富。

有时用关联词语。例如：

  (1)杜丽一面拭汗，一面瞅着徐竹卿和那些大汽车和小汽车。（鲁彦周《春前草》）
  (2)迟大冰一边漫无目的地走着，一边遥望着广泛的绿野。（从维熙

《北国草》)

(3)房钱既拿不出来,饭钱也没着落。(邓友梅《那五》)

(4)她是老婆,又是老妈子,又是厨子,又是护士。(王蒙《相见时难》)

(5)太阳也不出,门也不开。(鲁迅《狂人日记》)

例(1)的连接成分是"一面……,一面……";例(2)是"一边……,一边……";例(3)是"既……,也……";例(4)是"又……,又……";例(5)是"也……,也……"。有时两件事意义相反,形成对比。这也是一种并列。例如:

南方湿润多雨,北方干燥多风沙。

要讲团结,不要闹分裂。

(二)选择

表示"或此或彼""非此即彼"或者"与其这样,不如那样"等意思。通常用"或者""还是""不是……就是……""宁可(宁肯、宁愿)""与其""要么"等连接。例如:

这件事,或者我替你去办,或者你叫你秘书去办。

你是卖茧子呢,还是自家做丝?(茅盾《春蚕》)

不是鱼死,就是网破。(李英儒《野火春风斗古城》)

宁可少生产一些,也一定要把设备维修好。

与其跪着生,宁可站着死。

要么去昆明,要么去广州。

(三)递进

表示更进一层的意思,通常用"还、而且、进而、何况、况且、乃至、甚至""不但(不光、不仅、不独、非但、非特)……而且……"等词语连接。例如:

她不但愿意做联络工作,还很善于做联络工作。

非但不能关闸,还要把闸门提高!

仇人相见,本来是格外眼明,况且是相逢狭路。(鲁迅《故事新编·铸剑》)

不光我们为多炼钢、炼好钢出力,大家都在使劲啊!

北京都下雪了,何况哈尔滨?

你以为你聪明,人家比你还要聪明。(曹禺《日出》)

(四)连贯

表示连贯发生的一系列事件。这一类句子里常用副词"又、就"或连词"后

来、然后"等词语连接。例如:

他诊过脉,在脸上端详一回,又翻开衣服看了胸部,便从从容容地告辞。(鲁迅《弟兄》)

我们先做个大概的介绍,然后再具体说明一下这件事的来龙去脉。

(五) 分合

先总提,再分述;或是先分述,再总结。例如:

(1)我们这里一年四季都有花:春天有桃花、杏花,夏天有荷花、石榴花,秋天有桂花、菊花,冬天有腊梅、红梅花。

(2)她家里有一个婆婆,很严厉;有一个小叔子,十多岁,能打柴了;她是春天没有丈夫的;她丈夫原也是打柴为生,比她小十岁;大家所知道的就是这一些。

这种句式都不止两个分句,因此构造比较复杂。如例(1)第一个分句跟后面的几个分句是分合关系,先总提,后分述;第二、三、四、五个分句之间是并列关系。例(2)是先分述,后总说。分合的两部分不管哪个在前,它们之间往往用冒号。

三 主从复句

主从复句亦称偏正复句,其分句有主次之分,表示主要意义的分句叫主句,表示次要意义的分句叫从句。在一般情形下,从句在前,主句在后。从句与主句之间的关系主要有以下几类:

(一) 转折

主句跟从句意义相反。通常用"但(是)、可(是)、而、然而、却"等等表示。例如:

肖大爷今年已经八十三高龄,但是身子骨还是很硬朗。

王教授他们的实验一次又一次失败,先后已进行了十八次,然而他们并不灰心。

有时在从句里用"虽然、尽管、固然、就是、即使"等等表示让步,再在主句里说出相反的意思。例如:

他虽然多住未庄,然而也常常宿在别处,不能说是未庄人。(鲁迅《阿Q正传》)

我们虽然是初会,木叔的名字却是早已知道的。(鲁迅《离婚》)

眼前这个郑敏,尽管是自己的老同学,现在却是让凌峰感到很陌生。

日尔曼人固然一般比较庄重严肃,不过倒也很热情好客。(向明《一曲遥寄》)

他们就是不在你的面前说这些话,我也知道你早就耐不下去了。

即使我们的工作取得了很大的成绩,也不值得骄傲自满。

(二) 因果

说明一件事的原因和结果。通常在从句里用"因为、由于",在主句里用"所以、因此"或"因而"等。例如:

因为无人可谈,所以将牢骚都在信里对你发了。(鲁迅《两地书·五四》)

因为父母死得早,他忘了生日是在哪一天。(老舍《骆驼祥子》)

由于她成绩出众,品学兼优,因此她连续三年获得教育部最高额的奖学金。

"既然、尚且、可见"都表示推论因果关系。"既然、尚且"只用在从句里,强调能够导致某种结果的原因已经存在;而"可见"用于主句,表示后一部分是根据前边说的事实所推断出的结论。例如:

既然河水已经被严重污染,因此在河里再也捕不到鱼虾了。

号称"天无三日晴"的贵州尚且发生了严重的干旱,可见气候之异常。

有的说,他曾经被巡捕带到明日书店里,问是否是编辑;有的说,他曾经被巡捕带往北新书局去,问是否是柔石,手上上了铐,可见案情是重的。(鲁迅《为了忘却的纪念》)

(三) 假设

表示假设和结果之间的关系。通常用"假使、假如、如果、要是"等等表示。例如:

假设能使中国得到解放,那我又何惜于我这条蚁命。(方志敏《可爱的中国》)

如果明天天好,姑姑一定带你去逛庙会。

要是文教、科技工作搞不上去,实现四个现代化就没有保证。

(四) 条件

表示条件与结果的关系。这又可分三种情况。第一类是表示有条件的,从句中往往用连词"只要、只有"。例如:

只要他认错,我可以原谅他。

领导者只有先做群众的学生,才能做群众的先生。

第二类是表示无条件的,从句中用"不管、不论、无论、任凭"等连词。例如:

　　不管哪一位媒人登门,她都只当是夜猫子进宅。(刘绍棠《小荷才露尖尖角》)
　　当时不论价码高低,所有的橘子我们都收购了。
　　你无论怎么说,他也听不进去。
　　任凭你怎么说他,他从不回嘴。

第三类是表示排除条件的,从句中有连词"除非"。例如:

　　除非身体实在支持不住,他才休息。
　　除非是吃了豹子胆了,否则是没有人敢独自一人进龙爪山的。

(五) 目的

说明采取某种行动的目的。常用的连接成分有"为了、免得、以便、以免、省得"等等。例如:

　　老赵尽力使车子跑得平稳,以便让总指挥睡得安宁些。(杜鹏程《工地之夜》)
　　我打算搬进城去,免得天天两头跑。
　　司机酒后严禁开车,以免发生危险。

(六) 相承

偏句与正句有一种"倚变"的关系。例如"谁知道,谁就说",意思是"你知道,你就说;他知道,他就说"。再如:

　　谁能够不怕艰险,谁才可以登上高山。(郭沫若《蔡文姬》)
　　雨下得越大,我们干得越带劲。
　　毒贩逃到哪里,公安人员就紧追到哪里。

(七) 时间

从句意在表明主句所述情况的时间起点。例如:

　　大水这一伙跑到堤边,天蒙蒙的发亮了。(袁静《新儿女英雄传》)
　　卸完东西,天快亮了。(杨朔《三千里江山》)
　　华大妈候他喘气平静,才轻轻地给他盖上了满幅补钉的夹被。(鲁迅《药》)

上文说过,在一般的主从复句里,从句在前,主句在后,如果把二者次序调换一下,从句就带有一种补充说明的意味。例如:

　　今晚却很好,虽然月光也还是淡淡的。(朱自清《荷塘月色》)

他忍受着,不管是怎样的疼痛。(老舍《骆驼祥子》)

分句之间意念上的关系是多种多样的,上文所举的不过是比较常见的几种,并不完备。此外,各种关系的划分也不是绝对的,有些句子从某个角度看是一种关系,换一个角度看,又是另外一种关系了。例如"即使……也……",上文把它归入转折复句,从另一个角度看,把它归入假设复句也未尝不可。因此分析复句时,不必拘泥上文所举的类别,主要得抓住各个分句之间意念上的具体联系,然后根据这些联系来分析结构上的关系。

四 多重复句

如果一个复句包含三个以上的分句,它们之间的关系就复杂起来了。我们举几个例子来分析。

(1)李春三这孩子说话率(a),做事也率(b),从来不会藏奸取巧(c),挺对姚长庚心意(d)。(杨朔《三千里江山》)

(2)这家老大娘看小妹孤苦伶仃的一个妇女(a),就开了门(b),让进屋里(c),拿出饽饽给她吃(d)。(袁静《新儿女英雄传》)

例(1)全句是一个因果主从复句,前三个分句表示原因,最后一个分句表示结果;前面三个分句之间是联合关系。例(2)全句也是一个因果主从复句,第一个分句表示原因,后三个分句表示结果;后三个分句之间都表示联合关系。类似这样的包含多重关系的复句一般称之为"多重复句"。从上面的分析中可以看出,多重复句在内部构造上一定有层次性。

文章中少不了复句,而且多半是多重复句。学会分析复句对准确了解文章的意思很有帮助。分析复句要注意三点,一是复句里的各个分句总是按一定的逻辑联系组织起来的,因此在分析复句时一定要充分注意分句之间的关系。二是复句里各分句在组合上是有层次的,在分析复句时一定要有层次观念;三是复句里往往含有"因为、所以、如果、只有、就、才"等一类关联词语,它们是分句间逻辑关系的一种标志,分析复句时要充分利用句中所包含的关联词语。试看下面的例句:

为了研究物体的机械运动(a),我们不仅需要确定描述物体运动的方法(b),还需要对复杂的物体运动进行科学合理的抽象(c),以便突出主要矛盾(d),化繁为简(e),有利于解决问题(f)。

这个复句包含了六个分句,构造比较复杂,但复句内关联词语用得较多,这就为

我们看清这个复句的脉络,分析这个复句的结构提供了方便。按所用关联词语,我们可以把这个复句简化表示如下:

　　　　为了(a),不仅(b),还(c),以便(d)(e)(f)。

这样复句内部的构造层次就清楚了。根据分句间意义上的关系,并依据所用的关联词语,我们可清楚地看出,全句是一个目的复句。(a)"为了……"是从句,其余是主句;主句中,(b)(c)和(d)(e)(f)之间又是一重目的关系,"以便"就是这一种目的关系的标志。(b)和(c)之间,"不仅"和"还"标明了递进关系;在(d)(e)(f)中,按各分句的意思,显然(d)(e)和(f)之间是因果关系,(d)和(e)之间是并列关系。用层次分析,全句可分析如下:

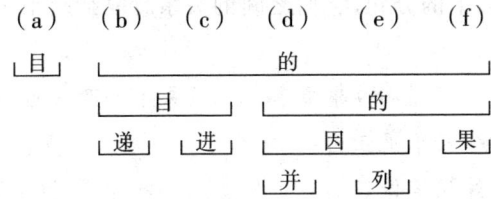

再例如:

　　　　如果把太阳设想为完全是由氢和氧组成的(a),氢和氧的比例是1:3(b),而且氢可以被完全燃烧掉(c),那么,在此过程中,由于平均每克物质只能产生4千卡的热量(d),所以,如果靠这种化学能来维持(e),那么太阳最多只能生存3000年(f)。

我们把句中用到的关联词语一列出来,全句脉络也就一目了然了。请看:

　　　　如果(a),(b),而且(c),那么,由于(d),所以,如果(e),那么(f)。

很明显,全句是由"如果……那么……"关联而成的一个假设结果复句。表假设的"(a)(b),而且(c)"中,连词"而且"表明了(a)(b)和(c)之间的递进关系;(a)和(b)之间是并列关系。表结果的主句中,"由于(d)"和"所以……"之间构成因果关系;由"所以"引出的表结果的一组分句中,"如果"标明(e)和(f)之间是假设结果关系。全句分析如下:

　　　　　　(a)　(b)　(c)　(d)　(e)　(f)
　　　　　　└──假　设──┘└──　设──┘
　　　　　　└─递─┘└─进─┘└─因─┘└─果─┘
　　　　　　└并┘└列┘　　　　└假┘└设┘

分析复句时要充分利用句中的关联词语,但是,确保多重复句合理分析的根本

依据还是分句间的意义关系。例如:

  我赞美白杨树(a),因为它不但象征了北方农民的性格(b),尤其象征了今天我们民族那种质朴、坚强、力争上进的精神(c),所以我总想用我的笔来颂扬它(d)。

这个复句包含四个分句,一共用了四个关联词——因为、不但、尤其、所以。如果我们单纯根据关联词而不细细体会各分句间的逻辑意义关系,就很可能以为最后一个分句里的"所以"是跟第二个分句开头的"因为"相呼应的,从而对全句做出不合理的分析。事实上,按分句间的意义关系,这个复句应分析为:

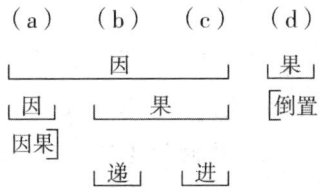

再分析一个复句:

  掌柜是一副凶脸孔(a),主顾也没有好生气(b),教人活泼不得(c);只有孔乙己到店(d),才可以笑几声(e),所以至今还记得(f)。(鲁迅《孔乙己》)

许多人受句中分号的迷惑,就在分号处先断开,把全句分析为表示并列关系的联合复句,把"至今还记得"只归因于"孔乙己到店,可以笑几声"。如果我们仔细体会一下各分句间的意义关系,就会发现上述分析并不符合文意。这个复句的合理的分析应该是:

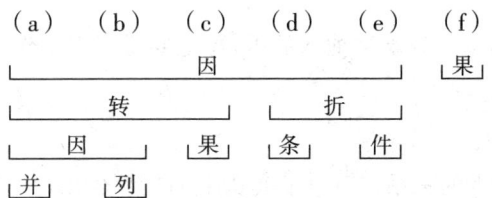

  总之,分析多重复句最根本的是要把握住分句间的意义关系,切不可为一些表面现象所迷惑。

  我们写文章组织复句时,也首先要注意分句间的意义关系。分句之间一定要有逻辑联系,否则便不能组成复句,即使凑合起来,也有问题。例如:

  (1)*我去年搞了一冬天的放牧工作,所以工作得很起劲。

  (2)*这篇文章虽然不长,但层次非常清楚。

例(1)用了连词"所以",按说应该是一个因果复句,前面的从句表原因,后面的主句表结果;但从它们内部的逻辑语义关系看,"搞了一冬天的放牧工作"并不一定产生"工作得很起劲"这样的结果。它们之间在意思上并不存在原因和结果的关系。例(2)用了连词"虽然……但是……",按说应该是一个表示让步转折的复句。但是在这个句子中,乙事("层次清楚")同甲事("文章不长")并不对立,不能构成转折关系(比较正确的说法:文章虽然很长,但层次非常清楚)。

除去要求分句间要有一定的逻辑联系之外,还要注意整个复句的脉络;脉络清楚也是我们组织复句的基本要求。下面的例子在这方面有问题:

*张老师这个人很老实(a),工作很努力(b),常常到夜里十二点后才睡觉(c),但不大和同志们来往(d),见了面也很少说话(e),不过对人的态度是诚恳的(f),他喜欢抽烟(g),一天到晚没个闲(h),你什么时候到他屋(i),总见他在伏案工作(j),不是备课改作业(k),就是写文章(l),可是烟不离嘴(m),一天要抽两盒(n),但没有别的嗜好(o),他对学生要求很严(p),但很关心学生(q),主动帮助学生解决学习、生活上的困难(r),同学们都很喜欢他(s)。

这段话毛病很多,首先是脉络不清楚,某些关联词语也用得不恰当。请看:

(a)说张老师的为人。
(b)(c)说他的工作。
(d)(e)说他的性格((d)句头上的"但"使用不当)。
(f)又说他的为人。
(g)说他的嗜好。
(h)这一句不清楚,不知是要说上文抽烟的事,还是要说下文工作的事。
(i)(j)(k)(l)又说他的工作。
(m)(n)(o)又说他的嗜好。
(p)(q)(r)(s)说他和学生的关系(其中(q)句头上的"但"也用得不当)。

就整段话看,说了五方面内容:张老师的为人、性格、工作、嗜好、跟学生的关系。现在写得很乱,应该根据内容加以调整,并选用合适的关联词语和标点符号。可改写如下:

张老师工作很努力(a),一天到晚没个闲(b),你什么时候到他屋(c),总见他在伏案工作(d),不是备课改作业(e),就是写文章(f),他常常工作到夜里十二点才睡觉(g)。张老师为人老实(h),对人态度诚恳(i);只是不爱和同志们来往(j),见了面也很少说话(k);但是对学生很关心(l),他常常主动帮助学生解决学习、生活上的困难(m),同时对学生要求很严(n),同学们都很喜欢他(o)。张老师喜欢抽烟(p),工作时烟不离嘴(q),一天要抽两盒(r),除此之外没有别的嗜好(s)。

现在整个内容归纳为三部分,改用三个复句来表达。(a)—(g)是第一个复句,写张老师的工作。(h)—(o)是第二个复句,写张老师与人的关系,包括他的为人、他与一般人的关系、他与学生的关系,中间用分号标明这三层意思。(p)—(s)是第三个复句,写张老师的嗜好。这样,句子的脉络就比较清楚了。

在复句组织中还需要注意关联词语的运用。下面的例子都有毛病:

(1)*由于选本(指《古文观止》——引者注)具有特色,自问世以来近三百年中,广为流布,经久不衰,至今仍不失为一部有价值的书。

(2)*我出生在江南,我知道江南妇女清秀俊美的形象。祥林嫂虽是年轻少妇,但她也应该是美的。我想虽然应该表现她的愤怒和悲哀,但也应该表现她对生活的渴望与追求,表现她的美。

(3)*要整顿好党风,各级领导,特别是中央一级领导必须带头整顿,做到以身作则,这样,我们党的好传统好作风才能迅速在全党得以恢复和发扬,然而,中央怎么号召,报纸上怎么宣传,也不会有多大成效。

例(1)缺少了必要的与"由于"相呼应的连词,"由于"管到哪里,不容易让人看清楚。宜在第二个分句("自问世以来……")开头加上连词"因此"或"所以"。例(2)"年轻少妇""是美的",这样的描述顺理成章,用不着转折,第二句里的"虽""但"应删去;第三句里的"虽然……但……"用在这里也欠妥,按文章意思,宜将"虽然"换为"不仅","但"字删去。例(3)"然而"用得不妥,一用表示转折关系的"然而"似乎要说各级领导不愿带头整顿,这显然与原意不符,宜改用"否则"。

练 习 十 一

复习题:

一、什么是复句?什么是分句?

二、复句中各分句的主语出现与否有哪几种情况?

三、复句中的连接成分有哪几种?

四、复句是如何分类的？请画一个表,显示复句的类别及各类复句常用的连接成分。

五、什么是主句？什么是从句？汉语中主句和从句的顺序是怎样的？

六、什么是多重复句？如何分析多重复句？

七、分析复句时要注意什么问题？

八、组织复句时要注意什么问题？

练习题:

一、指出下列复句属何种关系,并标出关联词;若是主从复句,给从句加"()":

1. 诗人应该充分表现人性,否则他就不是诗人。
2. 心灵里没有音乐,绝不能成为一个真正的诗人。
3. 场边靠河的乌桕树叶,干巴巴的才喘过气来,几个花脚蚊子在下面哼着飞舞。
4. 不应该追求一切种类的快乐,应该只追求高尚的快乐。
5. 快乐有两种,一种是持久的、普遍的、永恒的,另一种是暂时的、特殊的。
6. 真理可能存在于两种极端的意见之间,但绝不会处于正确与错误之间。
7. 即使我们想很不光彩地退出战斗,现在也已为时过晚。
8. 我们要知道某个问题的答案,仅仅是因为我们还不知道这个答案而已。
9. 我们的一举一动本身就积累着从宇宙原始时代一直进化到现在的整个历史,而且这一举一动又在决定我们的无穷继起者的命运。
10. 一旦我认定谁是个可交的人,我便真拿他当个朋友看待。
11. 气压越大,气温越高。
12. 有时月牙儿已经上来,她还哼哧哼哧地洗。

二、用下列关联词造句,并比较标星号(*)的各组内各关联词在意义和用法上的异同:

1. { 即使 / 就是 } 　2. *{ 况且 / 何况 } 　3. { 一旦 / 如果 }

4. *{ 不管 / 尽管 } 　5. { 既然 / 既 } 　6. *{ 以便 / 以免 }

三、指出下列各句是单句还是复句,并说明理由:

1. 只有这样的民族,才能使和睦、和平及普遍统一的理想得以实现。
2. 无论如何,我明天决计要走了。
3. 我是否在某种程度上属于后面两种人中的一种,我不得而知。

4. 告诉她秋虽然来,冬虽然来,而此后接着的还是春。

5. 我把画拿出来你看看。

6. 荷塘四面,长着许多树,蓊蓊郁郁的。

7. 一个人死了之后,究竟有没有魂灵的?

8. 任何艺术,任何科学知识,都不能不经过研究而获得。

9. 他打开门出去看了看。

10. 他藏在一个你看不见他,他却看得见你的地方。

四、把下列各组内的单句按尽可能多的逻辑关系组合起来,使成为复句(要求 a 句在前,b 句在后;在不改变基本意思的情况下,可增删个别词语):

1. a. 我去。b. 他不去。

2. a. 我去过北京。b. 他去过北京。

3. a. 我去。b. 他去。

4. a. 天气很热。b. 刚下了雨。

5. a. 这戏很有意思。b. 这戏太长了。

6. a. 他腰扭了。b. 他今天没有上场。

五、分析下列复句的层次和关系:

1. 镇上的人也仍然叫她祥林嫂,但音调和先前很不同;也还和她讲话,但笑容却冷冷的了。

2. 有这样高尚的艺术家,有这样尊重艺术、珍视美的人民,有一个处处能培养美感的环境,那么,具有伟大文明的国度就在面前了。

3. 虽然昨夜在山里人家用完了最后一文钱,但这一夜的下宿处,总得设法去找,而那住下去的结果将会怎样,目前是暂时不用想象。

4. 时候既然是深冬,渐近故乡时,天气又阴晦了,冷风吹进船舱中,呜呜的响,从篷隙向外一望,苍黄的天底下,远近横着几个萧索的荒村,没有一些活气。

5. 如果我们有幸同其他星球上的宇宙人接触,我想我们会发现他们的生物学、生理学、社会学和政治学对我们来说,都是极其异常,甚至是离奇古怪的。

6. 这些旋律不是每个人都能听见的,因为不是每个人都能理解浪漫主义,但是门德尔松、舒曼和萧邦听见了这些旋律,而且证明了浪漫主义的灵魂就是音乐,证明了音乐,那纯感情的艺术,是诗,是抒情性的顶峰。

六、在分句是主谓句的复句里,如果分句的主语相同,主语可以只在前面的分句出现(承前省略),也可以只在后面的分句出现(蒙后省略),请自己收集一些例子,分析不同的主语省略在表达上有什么不同作用。

七、有些关联词用在分句的主语前面,如:

1. 如果情况允许,我明天就动身。

2. 不但我们去不了,而且他们也去不了。

有些关联词用在分句的主语后面,如:

3. 情况如果允许,我们明天就动身。

4. 我们不但要去,而且还要马上去。

请收集足够的例子,说明关联词放在主语前还是放在主语后有什么条件限制。

八、分析500字左右的一段语篇,给其中的复句按逻辑关系归类,指出归类中遇到的问题,并提出解决的办法。

九、指出下列复句组织中的毛病,并加以改正:

1. 王倩老师多年来的教学经验,最主要的就是讲练结合,因此,今年教育局特授予她"特级教师"的称号。

2. 当我们抬头看蓝蓝的天时,顿时产生这样的想法:如果说安太堡露天煤矿是一个壮举或奇迹的话,它毕竟发生在中国的天空之下。

3. 我是个医生,搞了十几年登山,这次却随船航海了。

4. 枕头高低和睡觉姿势不仅影响睡眠时大脑的活动,不正确的睡觉姿势还会影响颜面生长发育,甚至造成面部的畸形。

5. 短短三个月的教学实习,原来基础差的同学不仅学到了不少新东西,有了很大提高,而且原来基础较好的同学也积累了不少教学经验。

6. 要提高射门命中率,一方面要解决意识、耐力问题,也重视解决速度和角度问题。

第十二节 语 气

一句话的语气主要决定于语调。例如"有人不同意",用普通的平调(即句尾没有显著的上扬或下抑)说,是陈述的语气;如果句尾语调上扬,就变成了疑问语气。另一方面,句子的语气跟语气词也有极密切的关系。例如"有人不同意吗?""有人不同意吧?""有人不同意呢?"三句话,如果句尾用升调说,就都是疑问语气,但三者的意味并不相同。第一句是纯粹的疑问;第二句表示说话的人已有自己的估计(有人不同意),但不能确定,因而提问;第三句含有假设的意思,大致相当于"要是有人不同意呢?"

关于句子的语调,语音部分已经谈过了,这里主要介绍一下语气词的作用。普通话的语气词主要有"了、吗、呢、吧、啊、呗、欤"等几个。其中"啊、欤"这两个都是元音开头的音节,在连贯的语言里,往往受前一个音节尾音的影响而变读,这在语音部分已经讲了。在写作的时候,要注意这些变读的汉字写法。例如语气词"啊"除了基本形式 a 之外,还有 ia、ua、na、ŋa、za、ra 几个变读,其中ŋa、za、ra 没有专用的字,一般仍写作"啊",ia、ua、na 分别写作"呀、哇、哪",不能任意混用,下面例句中语气词的写法不对:

＊你还没吃饱哪？

＊这个人你可不能小看哇！

"饱"的尾音是"-u",后面的"啊"变为 ua,应写作"哇";"看"的尾音是"-n",后面的"啊"变为 na,应写作"哪"。

两个语气词连用的时候,如果第二个语气词是元音开头的,就跟前一个语气词融合成一个音节。例如:

了 啊→啦

呢 啊→哪

了 欤→喽

吧 欤→呗

句子的语气大致可以分为陈述、疑问、祈使、感叹几大类。这种种语气都可以单用语调表示,不用语气词,也可以兼用语气词表示,而且不同的语气词有时可以表示类似的语气(例如"吗、呢、吧"都可以表示疑问语气),同一个语气词也可以表示不同的语气(例如"呢"可以用于疑问语气,也可以用于陈述语气)。以下以语气为纲,分别说明各个语气词的作用。

一　陈述语气

陈述语气是直陈事实,或肯定,或否定;有时单纯报道事实或表示意见,有时还带着某种感情色彩。常用"了、呢、吧、啊、嘛"等语气词。

"了"和"呢"都含有时间意义。作为语气词,"了"强调由一种情况进入另一种情况,这也就是一般所谓的新情况的出现。"呢"表示持续,强调行为动作尚未结束。因此"了"常常跟动态助词"了"呼应,"呢"常常跟动态助词"着"或副词"正、正在"等呼应。例如:

我就死了这条心了。(杨朔《三千里江山》)

我现在走不了,上着班呢。
　　他们正在下棋呢。
"呢"除了表示持续的动作之外,有时还能表示夸张或强调的语气。例如:
　　那蛇碗口粗呢!
　　有我呢,你放心吧。
　　那可使不得,二三千里地呢!
　　别耽误工夫!我自己还顾不了自己呢!
　　顺着他一点儿,他还是个小孩呢。(曹禺《北京人》)
"嘛",早期也写作"嚜"或"吗",表示一种申明的语气,强调事情之显而易见。例如:
　　我原来说来不及嘛,他偏偏去。(峻青《黎明的河边》)
　　有钱嚜,你看,就盖大洋楼,越有钱的越有钱嚜!(曹禺《日出》)
　　二妞向来是不动手做饭的,女学生吗!(老舍《龙须沟》)
"啊"也表示申明的口气,但往往带有比较强的感情。例如:
　　这不是水,这是汽油啊!
　　我不是故意的啊!
"哟、欸"跟"啊"近似,但语气比较轻松,俏皮。"哟"往往带点讽刺或不满,"欸"则有出乎意料的意思。例如:
　　不是我哟!我没有那么大的本事。
　　放心吧,不吃你哟!
　　真好欸!
"罢了"跟表示强调的"呢"相反。表示"不过如此",有时含轻视的意味。比较:
　　三里路罢了,还坐什么车!
　　三里路呢!够远的。

二　疑问语气

表示疑问语气的句子有以下四种类型:

(一) 特指问句

句子里有表示疑问的词语,如"谁、什么、哪、怎么、几、多少"等。这类问句不能用"嗯、是的、不、不是"之类单纯表示同意或不同意的词语回答。例如:

谁叫你来的？

你想喝点儿什么？

我可到哪儿找他去？

现在几点了？

有些疑问句形式上虽有疑问词语，但它们在句子里不是用来发问而是表示任指或虚指的。例如：

谁都知道吗？

什么都不能吃吗？

你有什么事吗？

这种句子都能用"嗯、是的、不是"等回答，是是非问句（见下），不是特指问句。特指问句可以不用语气词，也可以用语气词"啊、呢、吧"，但不能用"吗"。

（二）是非问句

可以用"嗯、唔、是的、不是"等回答。例如：

你真要带我走？

这两层楼上不是还住着一班人吗？

你这屋子没有人吧？

那么你就这样预备一辈子不跟他见面啦？

是非问句末尾可以用疑问语气词"吗"和"吧"，但不能用疑问语气词"呢"。例如，"他答应了吗/吧？"是是非问句，如果把"吗/吧"换成"呢"，"他答应了呢？"就变成"非是非问句"了，意思是"他要是答应了怎么办？"。同样，"非是非问句"（包括上面讲的特指问句和下面将要讲的选择问句和反复问句）末尾可以用"呢"，但不能用"吗"。例如，"今天星期几呢？"是特指问句，如果把"呢"换成"吗"，"今天星期几吗？"就成了是非问句，意思是"你是问今天星期几吗？"。

（三）选择问句

选择问句举出并列几个项目，让回答的人选择一个。基本格式是"（是）甲还是乙"。这类问句跟特指问句一样，也不能用"嗯、是的、不是"之类回答。例如：

这个月月大月小？

努力于提高呢，还是努力于普及呢？

他是去广州，还是去长沙，还是去上海？

选择问句也属于"非是非问句"，它跟特指问句一样，末尾能用"呢"，不能用"吗"。

(四) 反复问句

反复问句举出一件事的肯定和否定两面,让回答的人加以选择。例如:

人事主任想了想说:"你做饭行不行?"(杨朔《三千里江山》)

王掌柜,晚上还添评书不添啊?(老舍《茶馆》)

昨天你看没看电影?

你有没有英汉词典?

有的语法书上把反复问句称为"正反问句"。反复问句也属于"非是非问句",它跟特指问句一样,末尾能用"呢",不能用"吗"。

在现代汉语里,还有一种由一个非疑问形式加上"呢"形成的疑问句。例如:

(1)我的帽子呢?

(2)明天下雨呢?

这种问句内没有疑问代词,也没有提出供答话人选择的并列项目,看上去很像是非问句,实际上是"非是非问句"的一种省略形式。在不同的上下文里,有时相当于一个特指问句,如例(1)可能相当于"我的帽子在哪儿呢?",例(2)可能相当于"明天下雨怎么办呢?";有时相当于一个选择问句,如例(1)可能相当于"我的帽子是呢的呢还是布的呢?",例(2)可能相当于"要是明天下雨我们是待在家里还是去看电影呢?"。有时相当于一个反复问句,如例(1)可能相当于"我的帽子好看不好看呢?",例(2)可能相当于"要是明天下雨我们还去不去呢?"。

有的句子在形式上(结构、语调)是问句,实际上并不要求回答,只是用问句的形式来表示一种否定意义——句子如果是肯定形式(即谓语部分不带否定词的格式),表示否定意义(即谓语部分带否定词的格式);如果是否定形式,表示肯定意义。这种句子叫"反问句"。反问句都多少带有感情色彩。例如:

(1)这样情形,还能和和气气的过日子吗?(朱自清《笑的历史》)

(2)你看,这不是大妈的手绢?(曹禺《日出》)

(3)这跟你有什么关系?

(4)有谁会不愿意伸出援助之手呢?

例(1)和例(3)是个肯定形式,表示的是否定意思——例(1)是"不能和和气气过日子"的意思,例(2)是"这跟你没有关系"的意思。例(2)和例(4)是否定形式,表示的是肯定意思——例(2)是"这是大妈的手绢"的意思,例(4)是"谁都会愿意伸出援助之手"的意思。反问句的上述特点,即肯定的形式(谓语部分不带否定词的格式)表示否定的意思,否定的形式(谓语部分带否定词的格式)表示肯

定的意思,可列表呈现如下:

	形　式	意　义
这事我怎么知道?	肯定	否定(这事我并不知道)
这事他怎么不知道?	否定	肯定(这事他应该知道)
这是你的钢笔?	肯定	否定(这不是你的钢笔)
这不是你的钢笔?	否定	肯定(这是你的钢笔)
谁能知道!	肯定	否定(谁都不可能知道)
谁不知道!	否定	肯定(谁都知道)

以上举的都是由特指问句和是非问句形成的反问句。选择问句和反复问句也能形成反问句。例如:

我跟你是亲戚,是老朋友,还是我欠你的?(曹禺《日出》)
这种乌烟瘴气的地方,你说你该去不该去?
那是最锻炼人的地方,你说你该去不该去?

第一例是由选择问句形成的反问句,所选择的几项形式上都是肯定的,意义是否定的,等于说"都不是"。后两例是由反复问句形成的反问句。表面看后两例在形式上都是肯定与否定并列,反问所用的词语都一样,可是二者表达的意义不一样:第一例表示的是否定意义,是说"这种乌烟瘴气的地方,你不该去";第二例表示的则是肯定意义,是说"这种地方你该去"。由反复问句形成的反问句表示的是肯定意义还是否定意义,看来得由语境决定。

三　祈使语气

祈使语气表示请求、劝告、命令等等。常用"啊、欤、了、吧"等语气词。例如:

你可得小心点儿!
你,你还是嫁,嫁了吧,你赶快离开这个牢吧!(曹禺《北京人》)
你倒是走欤!
你听!
把它扔了!
别说了!

用"吧"的时候,语气比较委婉,是一种商量的口气:

您一会儿再来一个电话吧。

你就给他瞧瞧吧。

下面这些问话中,同时包含有祈使的语气,这些问句均为"非是非问句",句子末尾,一定用语气词"吧"。例如:

　　你到底什么时候走吧?
　　总共要多少钱吧?
　　你去广州还是上海吧?
　　你明天去不去吧?

这类问句都蕴含着"你快说吧"这样的祈使语气。

四　感叹语气

感叹语气带有强烈的感情色彩,常用语气词"啊"表示。例如:

　　重庆的夜景多美啊!
　　李先生,我没有疯,我没有疯啊!(曹禺《日出》)

练 习 十 二

复习题:

　　一、列一个表,注明各种语气的特点及常用语气词。
　　二、疑问句有哪几种类型?各有什么特点?
　　三、什么叫反问句?反问句在表义上有什么特点?

练习题:

　　一、判断下列句子属何种语气;若是疑问语气,指出其所属疑问句的小类:

　　　1. 你吃点什么吗?
　　　2. 你吃点什么吧?
　　　3. 你吃点什么?
　　　4. 还有什么不能战胜呢?
　　　5. 你看是我去还是你来?
　　　6. 是我去还是你来?
　　　7. 我不知道能不能坚持到最后。
　　　8. 能不能坚持到最后?
　　　9. 你把门打开!

10.你能把门打开吗?

11.真不容易!

12.很不容易。

二、把下列非疑问句变成相应的疑问句的四种形式:

1.小王是北京人。

2.我明天就走。

三、把下列带"()"的陈述形式变成意义相当的反问形式:

1.(我能完成这个任务。)

2.(他能完成任何任务。)

3.你在外面,我在里面,(挨不着。)

4.(早就告诉过你了,)干吗还装糊涂?

5.既然已经来了,(就不应该走了。)

6.(这戏一点也不好看。)

7.(这家伙既不会做,又不会说,)(没一点用。)

8.他早就来了,(该去找他。)

四、反问句能否看作疑问句的一个小类?不管你持肯定意见还是否定意见,都请说明理由。

五、把下列各句中加双横线的部分分别用疑问代词替换,使句子变成相应的特指问句:

1.<u>他</u> <u>刚才</u> 在<u>屋里</u> <u>唱歌</u>。

2.<u>学校</u> <u>今天</u> 来了 <u>三百个</u> 新同学。

六、下列例句中,甲、乙两类问句各属何种类型?这种不同由什么造成的?乙类问句的意思是什么?

甲1:他什么时候走的?

乙1:他什么时候走的吗?

甲2:今天星期几?

乙2:今天星期几吗?

第十三节　倒装、插说、复指

一般句子的结构,上文大致都介绍过了,本节要谈的是几种特殊的句法现象。

一 倒装

所谓倒装就是句子里各种成分次序的颠倒。在一般的句子里,主语在谓语之前,宾语在动词之后,修饰语在中心语之前;但是在口语里有的时候这个次序可以变动。下面是主语后置的例子:

怎么了,你?(孙犁《荷花淀》)

出来呀,你!(曹禺《雷雨》)

冷得怪呢,这房子。(孙犁《邢兰》)

我不想买了,那茄子。

五十岁啦,王老师?

小王打来的吗,电话?

下面是状语和中心语倒装的例子:

(1)下班了,已经。

买了没有,给我?

(2)他们走了,都。

我只要过一张纸,跟他。

(3)到家了吧,他大概。

滚吧,你给我!

对于例(1)我们不必追究它到底是状语后移,还是中心语前置;对于例(2)似乎看作状语后移为宜;而对于例(3)似看作中心语前置更好些。述宾倒装的情形跟上文讲的状语和中心语倒装的情形有点类似。例如:

(4)"你想喝点什么?""啤酒吧,喝点儿。"

"你想借什么?""小说,我要借一本。"

(5)我自己来写,准备。

我们先去武汉,打算。

(6)他回来了,我听说。

他先回去了吧,我想。

对于例(4)我们也不必追究它到底是述语后移还是宾语中心前置,对于例(5)似看作述语后移为宜,对于例(6)似看作宾语前置为宜。下面是补语前置的例子:

道儿都走不动了,累得。

(老太太)一天没吃饭,让孙子给气得。

肚子都疼了,大伙儿笑得。

句法成分倒装是句子平面上所特有的一种现象。使用倒装句式大致有两种原因:一是说话比较急促,一句话已说完,又想起一些什么要补充,就只好搁在后头了;二是为了要达到某种修辞目的,突出所要传递的最重要的信息。因此倒装句式都具备下列四个特点:

(一)倒装句式的语句重音一定在前置部分上,后移部分一定轻读。

(二)倒装句式的意义重心始终在前置成分上,换句话说,后移成分永远不能成为强调的对象,它只起补充的作用。

(三)倒装的句法成分都可以复位,复位后句子意思不变(只有修辞色彩的不同)。

(四)句末语气词绝不在后移部分之后出现,一定紧跟在前置部分之后。例如上文所举的带语气词的句子都不能说成:

　　＊出来,你呀!（出来呀,你!）
　　＊冷得怪,这房子呢。（冷得怪呢,这房子。）
　　＊滚,你给我吧!（滚吧,你给我!）
　　＊啤酒,喝点儿吧。（啤酒吧,喝点儿。）

我们不能随便用倒装来分析句子。例如"头也不梳,脸也不洗"里的"头"和"脸"就不能解释为倒装的宾语,因为这类格式在汉语里极普遍,其中有许多根本不能恢复原来的次序。例如:

　　(1)一封信写了一半。
　　(2)有的认识,有的不认识。
　　(3)什么书都看。
　　(4)一瓶墨水用不了半年。

例(1)(2)两句次序不能挪动,例(3)(4)两句可以挪动("他都看什么书?""半年用不了一瓶墨水")但意思跟原句完全不一样,这些都不是倒装句。下面的句子也不是倒装句:

　　(5)我买了顶帽子,呢子的。
　　(6)我爸爸给我借了本汉英词典,刚出版的。
　　(7)圆圆的排成一个圈。（鲁迅《药》）
　　(8)也给姑娘热热儿的倒一碗茶来。（袁静《新儿女英雄传》）

例(5)(6)是复句,其中的"呢子的、刚出版的"是个分句,不能分析为后置定语。

例(7)(8)里的"圆圆的、热热儿的"都是状语,分别修饰后面的动词性成分"排成一个圈、倒一碗茶来",只是在语义上分别指向宾语中心"圈"和"茶",它们不能分析为前置定语。

二 插说

插说也是句子平面上的一种现象,就是把一个完整的结构切开,当中插入一个与前后都不发生结构关系的词语。例如:

(1)车,不用说,当然是头等。(叶圣陶《含羞草》)

(2)抽象代数、代数拓扑、泛函分析,可以说是现代数学的三根理论支柱。

(3)他当时气得据说晕过去了。

(4)有了这点简单的分析,我们再说祥子的地位,就像说——我们希望——一盘机器上的某种钉子那么准确。(老舍《骆驼祥子》)

(5)我那时并不知道这所谓猹的是怎么一件东西——便是现在也没有知道——只是无端的觉得状如小狗而很凶猛。(鲁迅《故乡》)

例(1)(2)插入语在主语和谓语之间,例(3)在述语和补语之间,例(4)在述语和宾语之间,例(5)在两个紧接的分句之间。有时插入语也可以放在句子开头。例(1)也可以说成:

不用说,车当然是头等。

再如:

说实话,武震是不喜欢山的。(杨朔《三千里江山》)

不瞒你说,我口袋里已经没有分文了。

一般说来,进入五月,北京就逐渐热起来了。

三 复指

复指也是句子平面上的一种现象。例如由于表达的需要将句中的某个成分提前而在原来的位置上用代词来指称它。例如:

那烂西红柿你把它扔了。

这句话本来可以说"你把那烂西红柿扔了",为了突出强调动作的受事,将"那烂西红柿"提到句首做主语,而用代词"它"在原位来复指"那烂西红柿"。类似的例子如:

商品这个东西，千百万人天天看它用它，但都对它熟视无睹。

老王我已经告诉过你，他不想见你。

那件事别再提它了。

下面是另一类复指的例子：

(1)我们的老船长，他是一个有丰富实践经验的老水手。

(2)三流国家出产品，二流国家出技术，一流国家出知识，超级国家出标准，这就是当今世界的现实。

例(1)的"我们的老船长"，本来就在句首做主语，后面再用"他"来复指，中间增加了一个停顿，既使句子语气舒缓，也更突出了主语成分。例(2)是一个表示分合的联合复句，而最后一个分句的主语"这"用来复指"三流国家出产品，二流国家出技术，一流国家出知识，超级国家出标准"这三个分句。这样做的目的是使每一部分在意义上自成段落，语气舒缓，使听者读者理解时比较省力。

在上面所举的例子里，复指的两部分在结构上没有直接的关系。有的时候复指的两部分紧连在一起，构成一个偏正结构。例如：

(3)a.你们艺术家们是怕人打扰的！(赵树理《三里湾》)

　　b.你们爷儿俩办事真啰嗦！(西戎《宋老大进城》)

(4)a.要说赶车，咱们元茂屯四百户人家，老孙头我不数第一，也数第二呀。(周立波《暴风骤雨》)

　　b.想到这里，她又在担心着湖里的铁道游击队刘洪他们了。(知侠《铁道游击队》)

例(3)复指成分在前，例(4)复指成分在后。这就是本章第八节里所说的"同位性偏正结构"。

练 习 十 三

复习题：

一、什么是倒装？倒装句有什么特点？

二、什么是插说？

三、复指有哪几种情况？

练习题：

一、指出下列句子是否是倒装句，并说明理由：

  1. 快一点算账,经理先生。

  2. 这事阿Q后来才知道。

  3. 头也不梳,脸也不洗,饭也不吃。

  4. 鸟的天堂里没有一只鸟儿,我不禁这样想。

  5. 春天像小姑娘,花枝招展的,笑着走着。

  6. 来客人了。

  7. 台上站着一个人。

  8. 我仍然感到,我只是一个人,孤孤单单的。

 二、标出下列句子中的插说成分:

  1. 长妈妈,已经说过,是一个一向带领着我的长工,说得阔气一点,就是我的保姆。

  2. 这藤野先生,据说是穿衣服太模胡了,有时竟会忘记带领结。

  3. 过了一星期,大约是星期六,他使助手来叫我了。

  4. 总而言之:我将不能常到百草园了。

  5. 最能够识别科学研究应用中善以及恶——如果有的话——的人就是辛勤工作在尖端科学领域里的优秀的研究者们。

 三、收集一些复指的例子,并加以说明和分类。

第十四节 虚 词

  虚词在数量上比实词少得多,但作用却很大。如果在语言里去掉几个实词不用,对话语虽然不能说毫无影响,但总不至于到没法说话的地步;可是如果把"不、了、的、呢、把、才、就"等几个虚词去掉不许用,那就没法说话了。

  虚词的个性很强,同一类里各个虚词在用法上的差别可以很大。因此对于虚词,我们必须一个一个地学,一个一个地掌握。关于各类虚词的一般特点,在第四节里已做了介绍,这一节主要介绍现代汉语里常用而又容易用错的一些介词和连词。

一 把

  介词"把"在现代汉语中的使用频率很高,其基本格式是"甲把乙怎么样",或表示为"甲+把+乙+动词性词语"。一般称这类句子为"把"字句。

"把"字句在意念上主要表示对人或事物的处置。试比较：

(1)我吃了一个苹果。

(2)我把苹果吃了。

例(1)是要告诉听话者"我"吃了些什么,例(2)是要告诉听话者"我"对那个苹果怎么处置了。因此,不表示处置意义时,不用"把"。例如不能说"我把钱有了",就因为它不表示处置意义。下面的"把"字句都表示处置：

妈妈把洗干净的衣服晾在阳台上。

请把书打开。

吴妈把衣服叠得整整齐齐。

姐姐把饭做好了。

有的"把"字句表示致使。例如"那事差点儿把他急疯了",意思是"那事差点儿使他急疯了"。下面的"把"字句也表示致使：

那一大盆衣服把我洗得累死了。

那黑影把我吓了一跳。

这可把我乐坏了。

上面这些表示致使的"把"字句,"把"的宾语都是那动词性词语表示的行为的施事。下面也可以归入表示致使的"把"字句,不过"把"的宾语都是那动词性词语表示的行为的受事,这种"把"字句都表示一种消极的意义,含有不经意的意味。例如：

我把钥匙落车上了。

他竟然把那事儿忘了。

用"把"字的格式要受到许多限制,以下是比较重要的几点。

(一)"把"字句的"怎么样"部分可以是个动词重叠式,但不能是一个单个动词,它前后总跟着一些别的成分。例如可以说"把门关上、把门一关、把门关紧",可是不能说"把门关"。如果把下面例句里括号部分去掉,整个句子就站不住了：

你把钥匙给(我)。

你把它扔(了)。

你把桌子擦(擦)。

把什么都忘(了)。

把这部书读(完)。

下面句子的毛病就在于中心语是个单个的动词：

　　　　＊我们学校已和被服厂说好，把他们的半成品加工。

应在动词"加工"前加"拿来"（更好的说法是"为他们加工半成品"）。

　　（二）那动词性词语部分（即"怎么样"部分）的动词必须是及物的。下面的句子不应该用"把"字：

　　　　＊终于把一个昏迷了五小时的病人清醒了过来。

"清醒"不是及物动词，不能用在"把"字句里。这里宜将"把"改为"使"。有些动词虽然是及物的，也不能放在"把"字句里，例如"有、是、像、在、赞成、承认、遇到、看见、上、下、来、去、出、进、离开、接近"等等。

　　（三）如果那动词性词语部分（即"怎么样"部分）是动词带实指的趋向补语的述补结构，则"把"的宾语不能是表示处所的成分。试比较：

　　　　(1)把屋里打扫得干干净净。

　　　　(2)把球扔过去。

　　　　(3)＊把篱笆跳过去。

例(1)"屋里"是表示处所的成分，中心语不是带趋向补语的述补结构，可以成立。例(2)中心语"扔过去"虽是带趋向补语的述补结构，但"把"的宾语"球"并不表示处所，所以也能说。例(3)不能说，因为中心语是一个带趋向补语的述补结构，而"把"的宾语是个处所宾语。下面的句子违背了上面讲的限制：

　　　　＊对解决这个问题，地委非常关心，多次指示我们将占用的校舍尽早搬出。

介词"将"相当于"把"。宜将句中的"搬出"改为"退还"。"搬出"与"校舍"是动作与处所的关系，"退还"与"校舍"是动作与受事的关系。

　　（四）跟句中主要动词发生关系的能愿动词或否定词只能放在"把"字之前，不能放在"把"字之后。例如只能说"应该把问题弄清楚""你不把话说明白，人家怎么懂？"不能说"把问题应该弄清楚""你把话不说明白，人家怎么懂？"下面的句子有毛病：

　　　　＊如果我把这样先进的事迹不报导好，有愧于"记者"这个光荣的称号。

上面例句里的否定词"不"应挪到"把"字前面。

二　被

　　表示处置义的"把"字句，"把"的宾语在意念上是后面动词的受事；"被"字

句里"被"字的宾语在意念上则是后面动词的施事。换句话说,"被"字的作用是把一件事的主动者介绍出来。例如:

  敌人的主力被我们消灭了。

  我被他问住了。

有时"被"字后边不带宾语,直接放在主要动词之前,这时"被"字的作用只是表明动作的被动性。例如:

  敌人的主力被消灭了。

"把"字没有这种用法。

  介词"叫、让、给"跟"被"字的作用和用法大体相同,后面也可以不带宾语;在口语里,这三个词用得比"被"字多。例如:

  给(她)问得答不上话来了。

  你的手指叫(纸烟)熏成什么样子了?

  那本书让(人)借走了。

由"被、叫、让"组成的介词结构之后可以再用一个"给"字。例如:

  车叫他给弄坏了。

  他的心像一个绿叶,被个虫儿用丝给缠起来。

  在现代汉语里,"被"字用得远不如"把"字频繁,这有两个原因:

  (一)汉语表示被动意义的句子不一定用"被"字;甚至施事在句子里出现的时候,也不一定非用"被"字不可。例如:

  眼镜打破了。

  眼镜我打破了。

  眼镜是我打破的。

  (二)从历史上来看,"被"字句所表示的事情对于受事者是不如意或不企望的。例如:

  我们被人欺负了。(《红楼梦》)

  老太太也被风吹病了。(同上)

  史妹妹这样一个人,又被他婶娘硬压着配人了。(同上)

虽然后来逐渐突破了这种限制,例如可以说"他被选为工会主席",但传统的用例仍有影响,例如我们只说"这个字被他写坏了、墨水被他打翻了",不说"这个字被他写好了、墨水被他送来了"。近来由于受外语的影响,"被"字用得有点滥,下面句子里的"被"字都是多余的:

*所有关于祖国建设的图片都被挂在走廊两边的墙壁上。
　　　*这部作品的主人公被描写得相当有代表性。
　　　*中国电影第一次被介绍到英国去就受到了英国观众的好评。
这三个句子里的"被"都应删去(第二句的"描"也宜删去)。

三　对于、对

　　"对于"和"对"在很多场合用法相同,一般说来,能用"对于"的地方,也能用"对",可是能用"对"的地方不一定都能用"对于"。例如：
　　　他对孩子太严厉了。
　　　对我笑了一笑。
　　　对谁负责？
这些句子里的"对"都有"对待"或"向"的意思,不能换成"对于"。
　　由"对于"(包括跟"对于"同义的"对"在内,下同)组成的介词结构经常用来做状语。例如：
　　　这一场雨对(于)小麦返青是非常有利的。
　　　班主任是新来的,对(于)班上的情况还不十分了解。
"对于"的作用是引介跟谓语动词发生关系的人或事物。这类句子往往可以把"对(于)"去掉,改组成别种说法。比较：
　　　(1)班主任是新来的,对(于)班上的情况还不十分了解。
　　　(2)班主任是新来的,班上的情况还不十分了解。
　　　(3)班主任是新来的,还不十分了解班上的情况。
(1)的"对班上的情况还不十分了解"是一个偏正结构,其中的"对班上的情况"是状语。改组以后,(2)的"班上的情况还不十分了解"变成了一个主谓结构；(3)的"还不十分了解班上的情况"变成了述宾结构。(1)(2)(3)三种格式意义基本上一样,但结构很不相同。应该采用哪一种,要看具体情况。一般地说,采用(1)式,主要有三种情形：一是动词所支配的成分比较长。例如：
　　　　对于在学校学习得好的,指挥、管理能力比较强的,现代化战争知识学
　　　习、掌握得比较好的,而且思想作风也比较好的干部,学校可以直接推荐给
　　　有关单位。
二是动词所支配的成分比较重要,放在前边是为了让它突出。例如：
　　　　我们应该如实反映情况。对成绩不夸大,对问题不缩小,对矛盾不掩

盖,好的、差的全面看,做到实事求是。

  对于终身为教育事业服务的人,应当鼓励。

三是在列举的时候,在每个列举项头上用介词"对于",使列举项更醒目,并便于比照。例如:

  在公交车上,对于老弱病残者,对于女同胞,对于儿童,我们都应该适当照顾。

仅就动词所支配的成分前置这一点来说,(2)式和(1)式是一样的;但就表达上来说,(1)式比(2)式更为显豁,因为我们看见头上的"对于",就知道后面的话语是针对"对于"所引出的成分说的。

目前"对于"也用得太多太滥,其实有许多是不必要的,甚至是用错了的。例如:

  (1)*这些明摆着的事实,对于一切有觉悟的劳动人民和公正的爱国民主人士,都是一致承认的。

  (2)*对于屈原,我们也只有采取上述这样的态度,才能实际从屈原那里得到启发和创造力量。

  (3)*这些小事,对于不关心体育的人看来,自然是无足轻重的。

  (4)*北京市第一商业局关心群众生活,对于离工作单位比较远的职工努力解决交通和幼托问题。

例(1)的"对于"、例(2)的"对于屈原",都应删去;例(3)的"对于"应改为"在";例(4)的"对于"应改为"为"。滥用当然不好,不过该用而不用"对于",也会造成病句。例如:

  *陈老师在教学中很注意因材施教,不同程度的学生采取了不同的方法。

  *在会上,太平天国将领李秀成持两种不同的评价……

前一句,采取不同方法的是"陈老师",不是"不同程度的学生",应在"不同……"之前加介词"对(于)"。后一句在"太平天国……"前边也应加上"对(于)"。

使用"对于"还要注意谁对谁的问题。例如:

  *贾平凹对我们并不陌生。他是位年轻多产的作家……

看前一句,以为作者是要说贾平凹比较熟悉"我们",看到第二句才知道作者要说的意思正相反。或者将"贾平凹"和"我们"的位置对换一下,或者在"我们"之后加上"来说"。这里需要明了,"甲对于乙怎么样"和"甲对于乙来说怎么样"所表示的意思正相反。下面是犯同样毛病的句子：

＊当时他还是一个无名小卒，对于读者并不熟悉。

＊这座县城对他是陌生的，一时不知往哪里去投宿。

在前一句的"读者"之后，在后一句的"他"之后，也应加上"来说"。

四 在

介词"在"常常跟方位名词搭配使用，构成"在……上""在……下""在……中"等介词结构。这种格式在实际话语中用得很频繁。

"在……上""在……下"这两个格式，从结构上看，通常是插入名词性的成分。例如"在桌子上、在房檐下"和"在数量上、在这种情况下"等。如果插入的是抽象名词，如上面举的后两个例子，整个格式所表示的就不是具体的方位，而是一些抽象的引申意义。"在数量上"是"就数量方面说/看"的意思，"在这种情况下"是"出于/面对这种情况"的意思。注意："在老师指导下、在群众监督下"一类格式里的"老师指导、群众监督"看上去好像是主谓结构，其实是偏正结构，"老师、群众"是定语，中间都可以加入"的"字。

底下这些句子插在"在……上""在……下"当中的不是名词性成分，所以都站不住：

＊在渔民们起早睡晚、终日劳动下，生产计划终于超额完成。

＊在如何发挥潜力上，工人们提出了许多建议。

应该说"在……终日劳动的情况下""在如何发挥潜在力的问题上"。不过前一句根本不必用"在……下"这个格式，删去"在……下"好得多。后一句改为"关于如何发挥潜在力"，也比用"在……上"简单些。

"在……中"的情形比较特殊，当中可以插入名词性成分，也可以插入动词性成分，不过意义不一样，前者是"在……里头"的意思，后者表示正在进行或持续的动作。例如：

在中国社会的各阶级中，农民是工人阶级的坚固同盟军。

这种新的治疗方法还在继续研究中。

下面再举一些"在"字用得不恰当的例子：

＊在目前的情况下，在物色群众演员上比过去要方便得多了。

＊这就说明了为什么在一九五二年十二月十三日的世界和平大会游行示威中会有那么多的人参加。

前一句的"在……上",后一句的"在……中"都应删去。再如:

> *导演是重视人物的精神活动的……但是,经过多年教育并参加了一些实际斗争后的杨小梅和以前的杨小梅在对待张金龙这样一个人物的认识和态度上,应该而且也一定会有着明显的本质上的差异;应该而且也一定会恰好在这一关系上,使得我们具体地感觉出后来的杨小梅在思想品质上已经不是一个旧式的、普通的农村妇女,而是一个在成长中的革命的妇女,这样才会更符合人物的真实情况。

这是典型的学生腔,话说得又啰唆又难懂。作者的意思大概是:"……经过多年教育,经过实际斗争的锻炼,杨小梅对于张金龙的看法和态度必然跟以前完全不同了。导演正应该紧紧地抓住这一点,让观众感觉到杨小梅变了;现在的杨小梅再也不是一个普通的、旧式的农村妇女,而是一个成长中的、具有初步的革命思想意识的新型的妇女了"。原句一共用了三个"在……上",其实都是不必要的。

五 比

介词"比"表示两个事物程度上的差别,基本句式是"甲比乙怎么样"。例如:

> 铁比水重
>
> 沈阳比上海冷
>
> 他比我大

由"比"字形成的介词结构修饰的谓词性词语一般是形容词,如上引各例;也可以是动词性词语。例如:

> 他比我会说话
>
> 游泳比打球有意思
>
> 你比小李写得好

能放在"比"字句里的动词性词语在意念上一定都有程度的区别,因此都能加进程度副词,但所能加的程度副词只限于"更"和"还"(=更),不能是"很"类和"最"类程度副词。例如:

> 他比我更会说话。
>
> 游泳比打球更有意思。
>
> 你比小李写得更好。

谁知道今天比昨天还热。

上面句子里的"更/还"都不能换成"很、挺"或"最",不能说成:

*他比我很会说话。｜*他比我挺会说话。｜*他比我最会说话。

*游泳比打球很有意思。｜*游泳比打球挺有意思。｜*游泳比打球最有意思。

*你比小李写得很好。｜*你比小李写得挺好。｜*你比小李写得最好。

*谁知道今天比昨天很热。｜*谁知道今天比昨天挺热。｜*谁知道今天比昨天最热。

下面"比"字句里的程度副词都用得不恰当:

*在世界上,日本的物价比其他国家最高的,可是他们的服务态度是比其他国家最好的。

*林岚没演过戏,这是她第一次演出,没想到她比那些老演员演得非常好。

前一句的毛病很多。如保留"在世界上"这一状语成分,以不用"比"字句为宜,全句改为:

在世界上,日本的物价是最高的,可是他们的服务态度是最好的。

如删去"在世界上"这一状语成分,全句宜改为:

日本的物价比其他任何国家都高,可是他们的服务态度比其他任何国家都好。

后一句应把"非常"改为"更"。

最后需要指出,在"比"字句里用不用"更",意思上会有很重要的区别。例如"小王比小李高",只表示"小王"的高度超过"小李",至于小王是高是矮,不做肯定。"小王比小李更高",也表示"小王"的高度超过"小李",但同时表示"小王"和"小李"都属于个儿高的那一类。可见,用"更",一定表示甲和乙都具有后边形容词所指的那种性质;不用"更"则甲和乙不一定都具有那种性质。

六 连

"连"是动词,又是介词。动词"连"是"带"的意思。例如"连根拔掉、连箱子带书一块搬"。介词"连"构成的句式含有"甚至"的意思。例如:

连七八十岁的老太太都来了。

连小孩都懂。

连话都不会说了。

这类格式可以看成是由主谓结构变换出来的,条件是主谓结构的主语部分重读,后头有轻读的"都"或"也"。比较:

　　　A 式　　　　　　B 式

大家ˈ都来了。　　ˈ老太太都来了。

我们ˈ都懂了。　　ˈ我们都懂了。

水ˈ都喝完了。　　ˈ水都喝完了。

A 式的重音在"都"字上,B 式的重音在主语上,后头的"都"或"也"轻读。B 式前头都能加上"连"变换为"连"字句。请看:

大家ˈ都来了。　　连ˈ老太太都来了。

我们ˈ都懂了。　　连ˈ我们都懂了。

水ˈ都喝完了。　　连ˈ水都喝完了。

注意:由疑问代词做主语表示任指的格式虽然也符合 B 式,但不能变换为"连"字句,如"什么都懂",不能说成"连什么都懂"。如果谓语是否定形式,在口语里可转化为"连"字句,如"什么都不知道",可改说成"连什么都不知道"。

七　和、跟、同、与、及、以及

"和、跟、同、与"四个词的用法基本上是一样的。"与"是从文言来的,口语里用得比较少,"同"流行于华中一带,带一点方言色彩;在普通话里,"跟"用得最多,但是文章里最常见的是"和"。

"和、跟、同、与"都有两种作用,一是连词,一是介词。因为这四个词作用基本上一样,以下举"和"字为代表。就语法作用说,"与"跟"和、同、跟"是一样的,但"与"是从文言来的,显得庄重些,因此在标题里用"与"的比用"和"的多,例如《战争与和平》《王贵与李香香》《武松与潘金莲》。

本节只谈作为连词的用法,但有必要先说一下连词"和"跟介词"和"的区别。

(一) 连词"和"前后的成分可以颠倒,例如"奶奶和孩子都睡了",也可以说成"孩子和奶奶都睡了",颠倒后意思基本不变。介词"和"前后的成分不能随意颠倒,颠倒后意思跟原来不一样。例如"你和你单位说一声"跟"你单位和你说一声"表示的是两回事。

（二）连词"和"前不能插入任何修饰语。例如"奶奶和孩子都睡了"不能说成"奶奶先（今天、马上）和孩子都睡了"；介词"和"前边可以插入各种修饰语。例如"你和你单位说一声"可以说成"你先（今天、马上）和你单位说一声"。

（三）连词"和"有时可以用顿号"、"替换，"奶奶和孩子都睡了"可以说成"奶奶、孩子都睡了"，介词"和"在任何场合都不能用顿号替换，"你和你单位说一声"不能说成"你、你单位说一声"。

跟印欧语里相当的连词（例如俄语的"и"，英语的"and"，法语的"et"等等）比较起来，汉语的"和"用法上有很大的限制。首先，"和"只能连接词或者词组，不能连接分句。例如在"夏天昼长夜短，冬天夜长昼短""射箭要看靶子，弹琴要看听众"一类联合复句里，虽然分句之间是纯粹的并列关系，可是当中都不能用"和"字来连接。下面句子里的"和"字都用得不妥：

*他们为伟大的理想的实现而斗争和对革命事业充满信心。

*他们介绍了先进的科学的石油勘探工作方法和帮助我们解决了现有油矿生产中的许多问题。

其次，"和"字在连接词或词组的时候也受到一些限制。一般地说，"和"字最宜于用来连接名词或名词性词组。例如：

少数民族的语言、文字、风俗、习惯和宗教信仰应受到尊重。

并列的动词、形容词或动词性词组、形容词性词组有时也用"和"连接，但这样形成的联合结构本身不能充任谓语。例如：

(1)团结和进步是我们的目标。

(2)我们坚持团结和进步。

(3)对于这种荒谬和可笑的谣言，你用不着介意。

(4)资料的整理和分类也是很重要的工作。

(5)长期以来，我们搜集和整理了大批有价值的革命史料。

这几个例子里由谓词形成的联合结构都不在谓语的位置上。例(1)的"团结和进步"做主语，例(2)的"团结和进步"做宾语，例(3)的"荒谬和可笑"做定语，例(4)的"整理和分类"做中心语（前头有定语"资料的"），例(5)的"搜集和整理"做述语（后头有宾语"大批……史料"）。如果我们把这些联合结构本身用来做谓语，这样形成的句子就都站不住。例如我们不能说：

*我们团结和进步。

*这种谣言荒谬和可笑。

>＊这些史料都整理过和分了类。

符合习惯的说法应该是：
> 我们团结了,并且进步了。
> 这种谣言荒谬而且可笑("又荒谬、又可笑""很荒谬很可笑")。
> 这些史料都整理过,并且分了类。

"及"跟"与"一样,也是从文言里继承来的,口语里不大用。"及"常常跟"其……"或"其他"连用,例如"中国社会各阶级的经济地位及其对于革命的态度""北京、上海、武汉、广州及其他大城市"。

"以及"和"及"的区别是"及"只能连接词或词组,"以及"还可以连接分句。例如：
> 我已经忘记了怎么和他初次会面,以及他怎么能到了北京。

"和、跟、同、与"是连词,又是介词,如果一句话里连词和介词一起出现,为了避免混淆,我们往往把这几个词穿插起来用。例如：
> 认为中国的民族资产阶级同地主阶级和买办阶级没有任何区别,这种意见自然是不对的。
> 他们的地位和贫农及小手工业生产者不相上下。

前一例介词用"同",连词用"和"；后一例介词用"和",连词用"及"。如果一个联合结构是由三项以上的并列成分组成的,而且内部又需要分成几组,这时也要避免用同一个连词。例如：
> 这是我们对于文化和政治、经济的关系及政治和经济的关系的基本观点。
> 魏晋风度及文章与药及酒之关系(文章标题)

八 或者、还是

"或者"和"还是"都表示选择,但二者在意义上和用法上有所不同。"还是"表示疑问性选择,因此选择问句里都用"还是"。例如：
> 现在,你面临着两条道儿的选择,是往好里走,还是破罐破摔？(李国文《花园街五号》)
> 他是真病了呢,还是装病呢？
> 你说我今天穿红的好,还是穿蓝的好？

在陈述句里有时也用"还是",这时句中所含的选择一定是疑问性选择。例如：
> 他去还是你去,还没有最后定下来。

>前面有什么在一闪一闪地发亮：不知道还是包国维的头发，还是什么玻璃东西。（张天翼《包氏父子》）

"或者"则表示非疑问性选择。因此，上面这些句子里的"还是"都不能换成"或者"。"或者"只用在不包含疑问性选择的句子里。例如：

>女生干部将分头到那几个或者是因为胆小，或者是出于赌气，宣布明天不来上学的女生家去……（刘心武《班主任》）

>有男有女，有老有少，……或者诉说自身的不幸；或者请他们给自己的孩子命名。（李国文《花园街五号》）

>这些客人都穿着不怕泥水的翻毛马靴，或者打着绑腿。（从维熙《黄金岁月》）

这里的"或者"不能用"还是"去换。现在常见的毛病是，该用"还是"的地方却误用了"或者"。例如：

>(1)*面对这样一种势态，如何组队、布阵？是先把全国各队的最佳队员集中后再设计战术打法呢？还是按照主教练的愿望随时充实变换自己固有的打法呢？或者是按照战术主导思想，根据对手情况先设计好冲出亚洲的战术方针，挑选那些具备条件的队员去完成预先的设想好呢？这便值得商榷。

>(2)*不晓得是群众的热情烘燃了我，或者由于"行道"赋给我的习惯，我渴望大声谈话，许多背熟了的演说辞挤得人喉头发痒。

例(1)是选择问句，不该用"或者"，应改为"还是"。例(2)虽是陈述句，但所包含的选择是疑问性选择，所以也应将"或者"改为"还是"。

"或者"和"还是"也有可以相通的地方，那就是在表示无条件的连词"无论、不论、不管"等之后可以通用。例如：

>(1)假使此佛手原种系遗传突变所造成，无论截枝引种，还是采籽育苗，都能尽使之繁衍新种。（袁和平《佛手》）

>(2)不论是看着书，干着活，走着路或者吃着饭，他的灵魂都会倏地飞出躯壳……（郑万隆《红叶，在山那边》）

例(1)用的是"还是"，例(2)用的是"或者"。再如：

>无论叫什么名称，无论每一单位的人数是几个人的，几十个人的，几百个人的，又无论单是由全劳动力组成的，或有半劳动力参加的，又无论实行互助的是人力、畜力、工具，或者在农忙时竟至集体吃饭住宿，也无论是临

时性的,还是永久性的,总之,只要是群众自愿参加(决不能强迫)的集体互助组织,就是好的。(毛泽东《组织起来》)

九 与其、宁可(宁肯、宁愿)

"与其、宁可"经常跟"毋宁、不如、也不"相配,构成下列各种格式:

    a. 与其甲,毋宁乙。
    b. 与其甲,宁可乙。
    c. 与其甲,不如乙。
    d. 与其甲,也不乙。
    e. 宁可甲,也(决)不乙。

这些格式都把两件并非十分令人满意的事情加以比较,衡量得失,选择其中的一件。a、b、c三个格式是说甲不如乙,d、e两个格式是说乙不如甲。例如:

    我早就这样想:与其碌碌无为地混这一生,不如壮烈地去死!死都不怕,我还怕什么?(杨沫《青春之歌》)

    写完后至少看两遍,竭力将可有可无的字、句、段删去,毫不可惜。宁可将可作小说的材料缩成速写,决不将速写材料拉成小说。(鲁迅《答北斗杂志社问》)

    这责任与其让李自成来负,毋宁是应该让卖友的丞相牛金星来负。(郭沫若《甲申三百年祭》)

"与其说……不如说……"用以比较两种说法,表示在说话者看来,后一种说法更好些。例如:

    这次他报名去北大荒,与其说是为了开垦"北大仓",不如说为了追踪俞秋兰更为确切。(从维熙《黄金岁月》)

    与其说是受累,还不如说是受骗!(李国文《花园街五号》)

十 何况、况且

"何况"跟"况且"都表示在已经举出的理由之外,再追加或补充一层新的理由。相当于口语里的"再说"。例如:

    糊涂涂……上了年纪,半夜三更不想磕磕撞撞出来活动,况且使唤惯了孩子们,也有点懒,只是在炕沿上叫有翼。(赵树理《三里湾》)

糊涂涂半夜三更不想出来活动,除了"上了年纪"这一层理由之外,还有一层理

由,就是他"使唤惯了孩子们"。"何况"也有同样的用法。例如:

> 我幼年没有进过马克思列宁主义的学校,学的是"子曰学而时习之,不亦说乎"一套,这种学习的内容虽然陈旧了,但是对我也有好处,因为我认字便是从这里学来的。何况现在学的不是孔夫子,学的是新鲜的国语、历史、地理和自然常识,这些文化课学好了,到处有用。(《毛泽东选集》第三卷,820页)

可是"何况"有时表示逼进一层的意思,表示甲事已是如此了,乙事当然更是如此。"何况"的这种用法,相当于口语里的"甭说、甭提"。不过,"何况"这样用的时候,整个句子含有反诘的语气,因此书面上可以用问号,如下引第二例。"甭说、甭提"都是陈述语气,后面不能用问号。例如:

> 为了进攻而防御,为了前进而后退,为了向正面而向侧面,为了走直路而走弯路,是许多事物在发展过程中所不可避免的现象,何况军事运动。(《毛泽东选集》第一卷,189—190页)

> 北京都下雪了,何况哈尔滨?

这一类用法是"况且"所没有的。下面例句里的"况且"应该换成"何况":

> *这样的事连小孩子都明白,况且你这个大人呢?

> *郝摇旗一向跟李自成作风不同,在平时就不喜欢严格的纪律,况且是打了败仗。

十一 虽然、尽管、固然

这三个词都是兼表让步与转折两重意思的。即先让步,承认某件事,然后再转过来指出相反的一面,因此常常跟表转折的"可是、但是、然而、却"等词相配。例如:

> 天色虽然已暗,但一切仍可看得分明。(从维熙《黄金岁月》)

> 这里的茶叶,虽然比不上太湖洞庭山的碧螺春,然而临近黄天荡,自有独特的色和香。(姜滇《清水湾,淡水湾》)

> 你尽管是她的父亲,但如果不照着她的旨意办事,她可以大义灭亲,明天便把你一齐处死。(郭沫若《屈原》)

> 尽管这里是地处偏僻的东海之滨的一座小城,然而,我们的节日仍然过得是那么热闹、隆重。(峻青《秋色赋》)

> 我们今天如作持平之论,固然不应当夸大他们的作用,但也不宜把他

们的影响估计得太低。(茅盾《夜读偶记》)

> 要求经济权固然是很平凡的事,然而也许比要求高尚的参政权以及博大的女子解放之类更烦难。(鲁迅《娜拉走后怎样》)

但是,这三个词还略有区别。"固然"另有一种用法,它跟"也、更"等连用,表示承认、肯定某一件事情,但更肯定与之相对的另一件事。例如:

> 单四嫂子是一个粗笨女人,不明白这"但"字的可怕;许多坏事固然幸亏有了他才变好,许多好事却也因为有了他都弄糟。(鲁迅《明天》)

> 他骂你固然不对,你打他就更不对了。

"虽然"和"尽管"没有这种用法。"虽然"和"尽管"只有风格色彩的不同:"虽然"比"尽管"语气要轻些;"虽然"书面上用得多,"尽管"口语里用得多。

十二 即使、纵使

"即使、纵使"兼表假设、让步两重意义。例如"即使天塌下来,咱们也不怕","天塌下来"是假设,不是事实,先退一步假定这件事可能发生,然后再指出与预期相反的结果——"不怕"。

"即使、纵使"跟"虽然、尽管、固然"都含有让步的口气,但两组词意义不同。"虽然、尽管、固然"承认的是既成的事实,"即使、纵使"只是姑且假定某事的发生。其次,"虽然、尽管、固然"表示转折关系,因此经常跟"可是、但是、然而"相配;"即使、纵使"表示的不是一般的转折关系,而是强调无例外(咱们什么都不怕,即使天塌下来,仍旧不怕)。从这一方面看,"即使、纵使"和"不管、无论"近似,"不管、无论"是说在任何情况之下都不例外,"即使、纵使"是说就是在这种极端的情形下,也不例外,因此,"即使、纵使"经常跟"也、都、还是、仍旧、仍然"相配。例如:

> 这样即使遇上大风暴,咱们也有把握渡过江去。

> 只要有充分的信心和足够的准备,纵使碰到再大的困难,我们仍旧能够立于不败之地。

十三 不管、不论、无论

这三个词都表示无条件,即表示某事在任何情况之下都必然如此。例如:

> 无论从工业生产、农业生产、基本建设、文化教育或者财政收支哪一方面看,我国的第一个五年计划的成就都是极其巨大的。

> 不管怎么说,事实总是事实。

"不管、不论、无论"后面跟的词语总是有选择性的。从形式上看,它或是列举可供选择的几项,如前一例;或是含有一个疑问词,如后一例。

"不管"和"尽管"有点形似,不注意,常常用混。例如:

*不管当地气候条件极端不利,探险队员终于胜利地完成了自己的任务。

*尽管这种武器的威力多么大,最后决定战争胜负的还是人。

"不管"与"无论"作用相同,"尽管"与"虽然"作用相同。"不管"后面的词语必须有选择性,"尽管"后面的词语不能有选择性。例如,只能说"不管怎么样、尽管这样",不能说"不管这样、尽管怎么样"。

十四　只要、只有

这两个词都表示要讲条件,但又有不同。"只要"引出充足(起码的)条件,表示有这样的条件就可以了,后面常用"就、便"相配。例如:

只要他做一个老实人,对你好,我是让你跟他去的。(田汉《梅雨》)

只要我活着,只要我还捧着公家的饭碗,你就休想跟腊月结婚!(张一弓《张铁匠的罗曼史》)

只要他不是哑巴,他就总有几句话要讲的。(毛泽东《反对党八股》)

"只有"引出唯一条件(决定性条件),表示非这条件不可,后面常用"才"相配。例如:

只有用人类创造的全部知识财富来丰富自己的头脑,才能成为共产主义者。(列宁《共青团的任务》)

只有把这些弄清楚了,我们的文艺才能有丰富的内容和正确的方向。(毛泽东《在延安文艺座谈会上的讲话》)

只有老师教得好,学生才能学得好。(邓小平《关于科学和教育工作的几点意见》)

只有经常接近广大的群众,才能增加自己的勇气。(周恩来《团结广大人民群众一道前进》)

下面这些句子都有毛病:

(1)*我们只要刻苦学习科学文化技术,才能成为一个真正的改革家。

(2)*在不断研究新的化学反应原理,善于利用机械工具的改进,才能促进技术革新。

例(1)"只要……才"不配,或者将"只要"改为"只有",或将"才"改为"就"。例(2)"在"应改为"只有",另外在"善于"前边最好加上"并"。

十五　既然、既

"既然、既"都表示推论关系,推论的根据是已知的事实。比较:

　　a.如果他天亮就动身,晌午准可以赶到。

　　b.既然他天亮就动身,那么晌午准可以赶到。

两句话都表示推论,但在 a 里,推论的根据只是假设,不是事实(不知道他是否天亮就动身),在 b 里,推论的根据是已知的事实(已经知道他天亮就动身)。

"既然、既"常常跟"那么、那、就"等相配。例如:

　　既然他不愿意带我们去,那么我们就自己去。

　　既然你已经懂了,那你还去问什么呀?

　　既有吸收,就应该有消化。

"既"和"又""也"相配,有时表示的不是推论关系,而是一种比较强调的并列关系,跟口语里的"又……又……"或"也……也……"近似。例如:

　　既整齐又干净

　　既不经济,也不美观

十六　因为、由于

"因为"和"由于"都是表示原因的。用"因为"的分句可以放在表示结果的分句之前,也可以放在它之后,例如"因为气温太低,引擎不容易发火",也可以说"引擎不容易发火,因为气温太低"。用"由于"的分句只能前置,不能后置。例如可以说"由于气温太低,引擎不容易发火",可是不能说"引擎不容易发火,由于气温太低"。

"因为"跟介词"为了"不同。"因为"表示原因,"为了"表示目的。常常看见该用"因为"的地方,用了"为了"。例如:

　　＊抗战前一年,住房和两亩稻地都给地主夺去了,为了无法维持生活,他就跑到太原去当兵。

如果保留"为了",就得说"为了维持生活,他就……"。

"由于"跟"由"不同。"由于"表示原因,"由"有时是"从"的意思,如"由北京到天津",有时相当于"被"或"让",如"由我照管""由谁决定"。下面句子里的"由于"都应该换成"由":

　　＊这种由于集体力量所鼓舞起来的无畏精神,作品里也非常鲜明地表

现出来了。

　　*一个人的个性和脾气也是由于他的家庭出身和生活环境所决定的。
"因为、由于"可以单用,也可以用"所以"跟它呼应。下面两个例句的第二个分句头上都能加上"所以":

　　(1)因为年代久远,纸色已经变黄了。
　　　因为年代久远,所以纸色已经变黄了。
　　(2)由于年代久远,纸色已经变黄了。
　　　由于年代久远,所以纸色已经变黄了。

除了"所以"之外,"因而、因此"也常常跟"由于"相配。例如:

　　虽然他是楚国的贵族,但是由于他正视现实,挚爱人民,因而在一定程度内,突破了他自己的阶级。(茅盾《纪念我国伟大的诗人屈原》)
　　由于他跟我们的战士接触太少,因此,就没有能够了解到我们的战士……(魏巍《谁是最可爱的人》)

但"因而、因此"不宜跟"因为"相配,这是因为"因而、因此"本身就已包含有"因为"的意思。下面句子里的"因此"宜改为"所以":

　　(1)*因为任何缺点和错误,都是对人民不利的,因此必须努力改正。
　　(2)*只因为他是我的上级,是我的老朋友,因而我更不宜原谅他。

例(1)也可以保留"因此",将"因为"改为"由于"。

　　下面的句子里,作者用"使、反而"等跟"由于"相配,都是不妥当的:

　　*由于今年粮食增产,使社员的生产积极性更加高涨了。
　　*由于改编者没有很好地掌握主题,纯凭主观想象,加入了许多不恰当的情节和人物,反而大大地减弱了原剧的思想性和形象的优美性。

前一例删去"使",后一例的"反而"改为"因此"。

　　*有一些电影剧本不能采用的原因,正是因为它们不能真实地反映我国人民的生活。

"原因"和"因为"连用,不仅叠床架屋,而且意思上也讲不通。上引一例或者删去"因为",说"……的原因是……",或者删去"的原因",保留"因为"。

十七　进而、从而

"进而"和"从而"形似而实不同。

"进而"意在强调在前一行动的基础上,采取进一步的行动,表示一种递进关系。例如：

　　铁道部决定,先评选出各局、厂的先进集体和先进个人,进而评选出全部的先进集体和先进个人。

　　矿务局党委决定,这种新的采煤法先在个别班组试行,进而在全厂推广。

"从而"的作用则在于引出表示结果的主句,这种结果可以是在已有的结果的基础上产生的,也可以是在某种条件下产生的。例如：

　　大家从团结的愿望出发,通过批评与自我批评,消除了多年来的隔阂,从而达到了新的团结。

　　工程师刘守忠在京广铁路韶广段复线定测中,认真负责,精心修改了韶关、马坝车站初测设计方案,从而为国家节省工程投资553万元。

如果进一步采取的行动,从某种意义上说也可以看作是前一行动所产生的结果,那么既可以用"进而",也可以用"从而",但意思上还是有差别的。试比较：

　　a. 为了迫使她屈服,他们停发了她的工资,进而切断了她的一切经济来源。

　　b. 为了迫使她屈服,他们停发了她的工资,从而切断了她的一切经济来源。

a用"进而",是说他们在停发了工资后,还进一步切断她除工资以外的其他经济来源。这意味着迫害的加深,前后是递进关系。b用"从而",是说由于他们停发了她的工资,这样就切断了她的一切经济来源。这意味着前后是一种因果关系。

练 习 十 四

练习题：

一、改正下列各句中与虚词有关的错误：

　　1. 到十九世纪末,法国大科学家巴斯德终于把自然发生这项观念作废了。

　　2. 柜台前,人群簇拥,大家伸长脖子观看被工作人员操作的微型计算机。

　　3. 如果国家有计划地多生产这类配件而不再进口,就可以把节省下来的外汇进口我国暂时还不能生产而又急需的仪器。

　　4. 一月三十日夜,本市普降大雪,虽然对城市交通增加了不利因素,可是为农业生产则大有好处。

　　5. 这样的工作对一个毫无实际工作经验的青年人当然会感到十分艰苦。

　　6. 在政府的大力支持、市总工会的正确领导,以及全厂职工的不断努力下,兆丰面粉厂胜利地冲过了重重难关。

7.每月借书的数目比每月购入书的数目几乎相等。

8.在数学界老前辈的热情指导下,使他在数学科学研究上迈出了可喜的一步。

二、改正下列各句中与虚词有关的错误:

1.最近在山东新出土了一面铜镜,经初步考证是秦代和西汉的制品。

2.中共中央副主席和国务院副总理邓小平同卡特总统继续进行会谈。

3.出席大会的除该院师生员工外,还有市卫生局负责人,本市各医院的代表,以及本市其他卫生单位都派人参加了大会。

4.奶皮子是内蒙古自治区呼伦贝尔盟或锡林郭勒盟牧区的名产。

三、指出下列各句中的"和"与"同"是连词还是介词:

1.社会主义社会的基本矛盾,仍然是生产关系和生产力之间的矛盾、上层建筑和经济基础之间的矛盾,不过,社会主义社会的这些矛盾,同旧社会生产关系和生产力的矛盾、上层建筑和经济基础的矛盾,具有根本不同的性质和情况罢了。

2.要切实贯彻执行各尽所能、按劳分配的原则,把企业收入和职工收入的高低同他们对国家贡献的大小直接联系起来。

四、改正下列各句中与虚词有关的错误:

1.既然诗人的灵感及其成果是由于出现在他脑海里的种种栩栩如生的形象和感觉而构成的,那么诗人的职责就在于:把自己从这些形象和感觉中所得到的愉快和热诚传达于他人。

2.人哪,无论做天大的官,也不要忘记亲戚朋友,也不要看不起农村人。

3.为了学好外语,不管收听外语广播有很大困难,他们还是坚持听下去。

4.尽管你的办法多好,也必须切合当地的实际情况。

5.凉风,即使是一点点,给予人们许多希望。

6.至于戏曲舞台上那更是丰富多彩,既出现了不少优秀的现代剧目,更创作了不少表现历史题材的作品,和整理出了不少杰出的传统剧目。

7.只有理解得准确,就能说什么像什么,不走样,不含糊,不夹杂。

五、把"况且、何况、而且"分别填入下列句中合适的空格中:

1.上千吨的轮船碰上这样大的风浪也得上下颠簸,[   ]这么一条小船。

2.挖这样大的井,占地多,不合算,[   ]井的四周都是沙土,很容易塌陷。

3.这块地本来就好,[   ]又上足了肥,收成差不了。

第十五节 常见的语法错误

通常说话,句子比较短,结构也比较简单。文章里的句子往往比较长,比较复杂,出错的可能也比较大。语法错误是各种各样的,不可能都列举出来,以下谈的是最常见的几种类型。

一 残缺

残缺是指句子里缺少了某些必不可少的成分。例如:

(1)*这是一部描写苏联伟大卫国战争期间,为了军事上的迫切需要,在远离莫斯科的地方,只在一年时间修筑了一条原定三年才能完成的输油管。

(2)*由于黄道婆革新了纺织技术,建立了从去棉籽到织布一整套新的方法,不但提高了当地人民的生活,有力地推动了松江、青浦等地的纺织工业,使我国棉织业在江南地带奠定了良好的基础。

这两个都是残缺的例子。例(1)作者原来打算说"这是一部……的小说",开头写下了"一部",可是因为句子长,枝叶多,写到后边,就把必须出现的"小说"忘掉了,这样一来,前边的"一部"就悬在半空,没有着落了。(这一句还有许多别的毛病,请同学自己改正。)例(2)前头有一个"不但",那么"有力地"之前应该有"而且、并且"一类连词跟它呼应。缺了这个连词,"不但"就一直管到句末,这个复句就变得只有从句没有主句了。

(一) 残缺主语

我们在第五节里说过,除了主谓结构之外,其他类型的词组也能形成句子,因此句子不一定都有主语。没有主语的句子有两类:一类是非主谓句,这是真正没有主语的;另一类是不完全主谓句,这种句子事实上仍是有主语的,只是没有说出来罢了。例如:

(1)〔 〕晚上一定给你回话。

(2)孙中山欢迎俄国革命,〔 〕欢迎俄国人对中国人的帮助,〔 〕欢迎中国共产党和他合作。

(3)他的研究精神很好,〔 〕研究起什么来能忘了吃饭。

(4)我们有些同志欢喜写长文章;但是〔 〕没有什么内容,真是"懒婆

娘的裹脚,又长又臭"。(毛泽东《反对党八股》)

例(1)是当面说话,省去主语"我"不会引起误解。例(2)几个分句的主语相同,所以只在第一个分句里出现,后面的都省去了。值得注意的是后两个例子。例(3)后一分句省去的主语"他",虽然在前一分句里出现过,可是不是主语,而是定语;例(4)省去的主语"文章"是前一个分句里的宾语。这种说法虽然极常见,可是只有在意义非常明确,不会引起任何误解的情形下才能用。许多缺主语的句子就是由于滥用省略造成的。例如:

　　(1)*红军干部刘开云为了保存《中国共产党党章》,曾经受到反动军阀、地主、豪绅的多次毒打,要向他勒索苏维埃的文件,但他忍痛受辱,宁死不交。

　　(2)*由此看来,拉丁尼虽不一定是但丁面命耳提的教师,但至少受过他的训导。

　　(3)*安徽省广德县白茅、黄麓等乡自今年四月以来先后有三个小孩被猛虎咬伤,有十多只猪羊被猛虎吃掉,对当地人民为害很大。

　　(4)*这首题名为"献给保卫列宁格勒英雄战士"的交响曲,是作者在列宁格勒地区被希特勒法西斯军队围困,并疯狂地叫嚣要在1942年8月9日这一天占领这座城市的时候赶写的。

例(1)"要向他勒索苏维埃的文件"的主语当然是"反动军阀、地主、豪绅",但从字面上看,这一个分句却好像是承着上文第一分句的主语"红军干部刘开云"说下来的。其实"要向他勒索……"一句可以删去("勒索文件"也讲不通);全句可以改为"……为了保存《中国共产党党章》,不让敌人拿去,曾经受到……多次毒打,但他忍痛受辱,宁死不交"。后两句的毛病也一样。例(2)"但"字后应补入"但丁"二字。例(3)可以改为"……等乡虎患很严重,自今年四月以来,老虎先后咬伤小孩三人,吃掉猪羊十多只"。例(4)改为"……是作者在希特勒法西斯军队围困列宁格勒城区,并疯狂地叫嚣要在……赶写的"。下面两句的情形跟上面说的类似而又不同:

　　(5)*矿山电机系学生许振伦和周志第,过去在学习中也碰到很多困难,但都被他们两人顽强的学习精神克服了,慢慢地就跟上了学习进度。

　　(6)*常熟莫城乡恶霸毛才明,当过二十年的伪乡镇长,横行不法,被他杀害的农民达二十四人,强奸妇女五人。

例(5)第二个分句省去的主语"困难"虽然是前一分句的宾语,但这两句意思很明确。没有什么毛病。问题是最后一个分句又省略了主语。而且省去的不再是"困难",而是上文第一分句的"许振伦和周志第"了。例(6)最后一个分句省略的主语就是第一个分句的"毛才明",可是当中隔了一个换了主语的分句"被他杀害的农民达二十四人"。这两个例子都是把隐藏的主语随便变来变去,因此造成结构和意义上的混乱,这种情形必须注意避免。

滥用"对于、由于、关于、在、当"之类的介词,也是造成句子缺主语的一个重要原因。例如:

(1)*但是对于机关、企业的图书馆,由于分散在各个部门,规模也比较小,很容易被人们忽视。

(2)*对英国保守党在小业主中之不得人心,可以从下面这个例子里看出来。

(3)*由于这篇文章,使我们认识到吸烟的害处有多大。

(4)*在组织通讯员写稿的问题上,很快就让我们解决了。

(5)*在这些小人书中,基本上可以分为三种类型。

例(1)本来应该让"机关、企业的图书馆"做全句的主语,前面加上"对于",不但意思上讲不通,而且这样一来,"机关、企业的图书馆"成了介词结构的一部分,失去了做主语的资格,整个句子就变得没有主语了。同样,例(2)的"对",例(3)的"由于",例(4)的"在……上",例(5)的"在……中"都应删去。

(二)残缺谓语

例如:

(1)*王萍同志那种不为名不为利的精神,同志们一致称赞他是革命的老黄牛。

(2)*每个学生都应该成为德育、智育、体育的一代新人。

例(1)王萍同志的那种精神怎么样?还没做说明,就去说第二句话了,造成了前一句残缺谓语的语法错误。宜在"精神"后补上"令人感动"或"感人至深"一类话。例(2)的毛病出在"一代新人"的定语上,应该成为德育、智育、体育怎么样的一代新人呢?忘了交代。应在"德育、智育、体育"后加上"全面发展"这一谓语成分。

(三)残缺宾语中心

例如:

(1)*文章颂扬了陈毅同志无私无畏,一生坚持战斗,光明磊落,努力为人民服务,称他是真正的大雪中挺且直的青松,霜重色愈浓的红叶。

(2)*为了全面推广利用棉籽、菜籽饼喂猪,并进一步提高使用效果,崇明县举办了三期技术培训班。

(3)*《牛郎织女》发展到南北朝时期,便由天空两颗星星的故事演变为注入了人间生活经验和对生活大胆幻想的成分,从而成了现在流传的故事的雏形。

(4)*企业有权在国家政策法令允许的范围内,通过增加生产、提高质量、扩大经营、降低物耗来增加职工工资。

例(1)的"颂扬了"、例(2)的"推广"、例(3)的"演变为"、例(4)的"通过"的后边,都缺少了一个宾语中心。例(1)(2)分别改为:"颂扬了……为人民服务的革命精神和高贵品德""推广……的先进经验/先进方法"。例(3)最好不用"演变为……"的说法,全句宜改为:"《牛郎织女》发展到南北朝时,在天空两颗星星的故事的基础上,注入了人间生活经验和对生活大胆幻想的成分,从而成了现在流传的故事的雏形。"例(4)宜在"降低物耗"后加"等合法途径"。

(四)缺漏必不可少的虚词

例如:

(1)*赵芝圃老人身居国外,心向祖国,当他在异国他乡亲眼看到了祖国自己制造精密机床,激动得热泪盈眶。

(2)*县委领导对护林员揭发林业局局长带头偷运木料的问题,普遍感到气愤。

这两句的毛病都是该用"的"的地方漏用了。例(1)"制造"与"精密机床"之间应有个"的"。赵芝圃老人在异国他乡所亲眼看到的只能是祖国制造的精密机床,不能是"祖国制造精密机床"这件事。例(2)根据原文内容,作者本意是要说县委领导对林业局局长带头偷运木料的问题(这问题是护林员揭发的)感到气愤。现在,由于在"揭发"和"林业局局长"之间少了个"的",意思就变成县委领导对护林员揭发林业局局长的问题这一举动感到气愤了。

滥用介词不好,但该用而漏用也不好。例如:

(1)*过去有人只是从巴金作品中斩头去尾地摘录一些字句,然后再用无政府主义等概念去印证,从而大加批判和否定。巴金的第一部长篇小说《灭亡》就曾有过种种类似的评论。

(2)*语言的发展变化并不是消亡旧的建立新的这一方法来实现的。

例(1)按文意不是小说《灭亡》对什么进行了评论,是人们对《灭亡》进行了评论。应在"巴金的第一部长篇小说"之前加上介词"对于"。例(2)应在"消灭"的前边加上"以"或"用"。

下面的例子缺少必不可少的关联词语:

(1)*现在住房虽然比过去只多了六平方米,老少三代可以不再挤在一个房间里,自己也可以有个读书写字的地方了。

(2)*由于"四人帮"在出版部门炮制了"两个估计",把"文化大革命"前出版的大部分图书都打入"封、资、修"之列,一律禁印、禁销,广大群众长期得不到书看,甚至连字典也很难买到。

例(1)由于缺少必要的关联词语与"虽然"相呼应,句子就站不住,宜在"老少三代"前边加上连词"但是"。例(2)缺少与"由于"相呼应的连词,句子虽然勉强站得住,但意思不清楚:不知道第二、第三个分句到底是归入原因,还是归入结果?宜在"广大群众"之前加上"以致"。

二 赘余

赘余是指句子里多出来某些绝不能有的成分。例如:

(1)*第一枚人造卫星,是苏联人民和科学技术人员在苏联共产党的领导下,在社会主义制度的优越条件下,他们经过紧张的劳动创造出来的。

(2)*少年儿童们从这篇文艺作品中不但可以了解鲁迅的少年生活的片断,认识到鲁迅的伟大的人格;而且可以通过这篇作品,使少年儿童们自觉地树立起热爱祖国、热爱劳动、热爱劳动人民、热爱生活的思想感情。

例(1)的"他们"、例(2)的"使少年儿童们"显然是多出来的。

不问有无必要,一味滥用虚词(特别是"对、对于、当、由于、所、而"之类),也往往造成赘余。例如:

(1)*代表大会着重指出,作为新中国的学生,应该继承我国学生优良的革命传统,清除对资产阶级思想的影响,为建设祖国刻苦学习。

(2)*贾宝玉由于生活在祖母的溺爱里,尤其是生活在女性包围的环境里,这里有"高贵"的小姐,也有"卑微"的丫头。

(3)*这部影片是根据陶承的小说《我的一家》而改编的。

例(1)要"清除"的正是"资产阶级思想的影响",不是"对资产阶级思想的影响","对"字是多出来的。例(2)"由于"是表原因的,可是原句根本不是说的因果关系,"由于"应删去。例(3)用"而"字,是套用文言格式,可是在现代汉语里,这种场合不需要什么连词。"而"字应删去。

滥用"使"字是近几年来常见的一种毛病。下面句子里的"使"都应删去,例(1)(3)(4)"使"后的"他、她、他"也需要同时删去:

(1)*在两月中,他先后访问参观了北京、上海、成都、武汉、长沙、广州、深圳等地,使他亲眼见到了我国实行"对外开放、对内搞活经济"政策以来所发生的巨大变化。

(2)*看了学生的习作展览,使他很兴奋,感到我们的事业后继有人。

(3)*1943年她从重庆来到了延安,脱下学生服,穿上了黄军装,在复杂的斗争中,使她逐步看清了中国妇女解放的道路。

(4)*他在英国只学了三年,就以优异的成绩使他获得了英国伯明翰大学授予的科学博士学位。

(5)*随着农村经济形势的好转,使农民的购买力有了较大幅度的提高。

说话重复、啰唆也是一种赘余。例如:

(6)*如果按照措施上规定的延长机油使用期的办法来延长机油使用期,将反而造成机油的浪费。

前一分句要是改为"如果按照规定的措施去延长机油使用期",就简洁多了。不过这种毛病已不属于语法的范围,这里不细讨论。

三 词语的位置摆得不对

句子中各个部分的位置摆得不恰当也会造成结构上的混乱。由于词语的位置放得不对而产生的语法错误是各式各样的,以下只就修饰语和虚词的位置问题简单地说一下。

(一) 修饰语位置放得不对

简单的修饰语不成问题,如果修饰语不止一项,就发生一个先后次序的问题。次序安排得不对,不但造成语法错误,而且也往往会引起意义上的混乱。关于这个问题,以下两点特别值得注意。

1. 要分清定语和状语,不要把定语放在状语的位置上,也不要把状语放在定语的位置上。

举些例子来看:

(1)*张大娘说出了积压在妇女心里的几千年的话。

(2)*这次会议对于节约原料问题交换了广泛的意见。

(3)*广大的农村青年表现了无比的走社会主义道路的热情。

(4)*1956年,北京故宫博物馆展出了二千九百年前新出土的文物。

前两个例子都是把应该做状语的东西放到了定语的位置上去。例(1)的"几千年"显然是修饰动词"积压"的,应改为"说出了几千年来积压在妇女心里的话"。例(2)"广泛"是修饰"交换"的,应该说"广泛地交换了意见"。后两个例子情形正好相反。例(3)的"无比"是修饰"热情"的,应该说"表现了走社会主义道路的无比的热情"。例(4)应改为"展出了新出土的两千九百多年前的文物"。

2. 由动词、述宾结构、述补结构、主谓结构充任的定语是一类——我们暂时管它叫甲类;由名词、形容词、区别词、数量词充任的定语是另一类——我们管它叫乙类。 一般说来,甲类总是放在乙类前头。①

下面的例子是有毛病的:

(1)*老班长在发言中回顾了班主任在高中三年中对同学们的教育和帮助,说出了大家真挚的一直藏在内心深处的感激之情。

(2)*竟拿这一点作为唯一拒绝他们的理由。

(3)*头上光秃秃的,只剩几根数得清的头发飘在后面。

(4)*女工工作做得好,可以解决一些女工特有的切身问题。

(5)*当时英国无法延缓国内经济因市场缺乏而促成的危机。

例(1)"一直藏在内心深处"是动词性的,是甲类,"真挚"是形容词,是乙类,次序应对调。例(2)"唯一"是区别词,是乙类,"拒绝他们"是述宾结构,是甲类,次序应对调。同样,例(3)的"几根"和"数得清"、例(4)的"一些"和"女工特有"、例(5)的"国内经济"和"因市场缺乏而促成",位置都应对调。

(二)虚词的位置放得不对

例如:

(1)*争取超额完成植棉任务,以奠定棉花的丰收基础。

(2)*把一个人的外表可以描写到十五六页,可是仍旧没有把他的神情刻画出来。

---

① 数量词的位置比较自由,有时可以放在甲类的前头。例如"一个大家都不认识的人、一个永远不会磨灭的印象"。

(3)*……而从《日用俗字》那部著作中，便可以看出他是如何对文字普及工作的重视了。

例(1)应该说"棉花丰收的基础"。如果前面没有"棉花的"三字，那么说"奠定丰收基础"也还勉强过得去，前面加上了这个定语，"丰收"之后就非有"的"字不可了。例(2)应该说"可以把一个人的外表……"。能愿动词也跟否定词一样，只能放在"把"字之前，不能放在"把"字之后。① 例(3)"如何"的位置放得不对。"如何"有时说明程度（"人格是如何地伟大"），有时说明方式（"问题应如何解决"）。说明程度的时候，"如何"要放在所修饰的词语的紧前边。例如只能说"对人是如何地诚恳"，不能说"是如何地对人诚恳"。同样，这一句也应该说"对文字普及工作是如何地重视"。

特别要注意的是虚词（主要是连词和介词）的位置。有些虚词只能放在主语之前，例如"但是他已经走了"，不能说"他但是已经走了"。有的虚词可以放在主语之前，也可以放在主语之后。例如可以说"虽然他已经走了"，也可以说"他虽然已经走了"。这类虚词什么时候前置，什么时候后置，跟句子的结构和意义有关系。下面的例子有毛病：

(1)*王敬信自从将养蜂经验传授给大家之后，王家庄人逐渐改变了贫穷的面貌。

(2)*要是一篇作品思想内容上有问题，那么文字即使很不错，也是要不得的。

(3)*由于他父母封建思想浓厚，竟然把女儿关在家里，不让随便出外。

(4)*过去产品的质量不是比沿海的低，就是成本比沿海的高。

例(1)"王敬信自从……之后"和"自从王敬信……之后"都可以说，可是原文后一个分句的主语不是"王敬信"，而是"王家庄人"，因此前一句的"自从"也必须提到"王敬信"的前边来。例(2)的"思想内容上有问题""文字很不错""也是要不得的"三者共戴一个主语"作品"，如果像原句那样把"即使"放在"文字"之后，那么这一分句的主语就变成了"文字"，而不是"作品"，同时下一个分句也变成是文字要不得，而不是作品要不得了。"即使"应挪在"文字"之前。例(3)把"由于"放在主语"他父母"之前，让人疑心下文似乎另有主语。其实"他父母"是一

---

① 这里说的是跟句子里主要动词发生关系的否定词和能愿动词。"把不会游泳的人另编一组"，否定词"不"和能愿动词"会"都在"把"字后，可是这个"不会"跟主要动词"编"无关。

直管到底的。"由于"应挪在"他父母"之后。例(4)就前一句看,主语是"产品的质量",就后一句看,主语又是"产品"了。应该说"过去的产品不是质量比沿海的低,就是成本比沿海的高"。

四　相关的成分配合不当

这里指的是语法上的配合,不是意义上的配合。例如：

(1)*几千年来的封建剥削大大障碍了生产力的发展。

(2)*终于把一个昏迷了五小时的病人清醒了过来。

(3)*现代化建设事业需要着先进的科学技术。

(4)*每天都有四五百儿童们拥进这个阅览室来看书。

例(1)"障碍"是不及物动词,不能带宾语,这里应该用"阻碍"。例(2)"把"字后面必须用及物动词,"清醒"是不及物动词,不能放在"把"字句里。就这一句说,可以把"把"字换成"使"字。例(3)的"着"需要删去。某些表示状态或心理活动的动词如"需要、具有、企图、爱护、憎恨、厌恶"等等往往不能加"了"和"着"。例(4)的"们"字应删去。名词前边有表示数量的词,或"各、其他"等,后面就不能再加"们"。

从上面的例子可以看出来,配合问题牵涉到语法上的许多细节,这里不可能一一列举。下面我们着重谈一下名词性成分和动词性成分的区别。

不同的动词要求不同类型的宾语,大部分动词只能带名词性的宾语,能够带动词性宾语的动词比较少。下面的句子所以站不住,就是因为在一般的动词之后加上了动词性的宾语：

(1)*早年的农村生活养成了他从小爱劳动。

(2)*这些地区已提出在不下雨的情况下也要完成播种任务。

(3)*殷代的社会,已达到使用大批奴隶从事农业和畜牧业生产。

这些句子里的动词都要求有一个名词性成分做它的宾语,要做到这一点并不困难,只要在原来的宾语后面加一个名词就行了。例(1)改为"养成了他从小爱劳动的习惯",例(2)改为"提出……的口号"。例(3)改为"达到……的阶段"。

"在……上""在……下"一类格式当中也只能插入名词性成分(参看第十四节之四)。下面的句子不妥：

(1)*在渔民们起早睡晚,终日劳动下,生产计划终于超额完成。

(2)*在如何发挥潜力上,工人们提出了许多建议。

例(1)应在"终日劳动"后边加上"的情况"。例(2)在"潜力"后边加上"的问题"。

有的格式要求动词性的成分,在这种地方放上名词性成分,也同样站不住。例如:

(1)*正要配备若干套的儿童书、通俗书、画报等等,供给一般群众和儿童的应用。

(2)*这种现象值得各地中心小学教师所重视。

只能说"供给他们应用",不能说"供给他们的应用",换句话说,"供给"之后要求一个主谓结构。例(1)要删去"的"字。当然,"供给"后面也可以是纯粹的名词性成分,但得是指称具体事物的名词,如"供给灾民、供给粮食"。例(2)的问题出在"所"字上。我们知道,动词之前加上"所"就变成了体词性结构,例如:

所见(=看见的东西)

所为(=做的事情)

关键所在(=关键的地方)

大势所趋(=大势趋向之处)

可是动词"值得"后边却要求一个动词性成分。我们可以说"值得重视",也可以说"值得我们重视",可是不能说"值得我们的重视",或"值得我们所重视"。原句的"所"字应删去。

五 杂糅

同样一个意思,说法可能不止一种,下笔的时候,一会儿想用这个说法,一会儿又想用另一个说法,结果把两种不同的说法硬凑在一起,由此造成结构上的混乱,这也是常见的毛病。例如:

(1)*因为它要求译者具有相当的文化水平和政治水平,才能做到。

(2)*采用这种方法,人数不宜过多,以四五人到六七人即可。

(3)*当她在集体农庄组长里灼夫家和伊果儿单独相处的一段对话,情节发展到了高潮。

例(1)或者说"因为它要求译者具有相当的文化水平和政治水平",或者说"译者必须具有相当的文化水平和政治水平,才能胜任"。现在把两种结构套在一起,就变得非驴非马了。例(2)或者说"以四五人至六七人为宜",或者说"四五人或六七人即可"。改为"以四人至七人为宜"比较好。例(3)把"当她在……单独相处的时候"和"她和伊果儿两个人在集体农庄组长里灼夫家里单独相处时的一段对话"两种说法纠缠在一处了。

还有一种情形,一个结构已经完整,却把它的最后一部分用作另一个结构的起头。例如:

(1)*这里还有一条路向西为德石(石家庄)线。

(2)*他创造性地丰富了唢呐的表现力量是很可贵的。

(3)*因为我们有数千年的极其伟大的古典和民间的文学艺术为我们吸取不尽的滋养。

(4)*今后搁在他们肩上的,是怎样改变企业中的劳动条件,怎样改进和提高生产,而最重要的是怎样使会议产生的果实,灵活地正确地运用到各个有关具体问题中去,还有待全体工人和工会工作同志不断地努力。

这种格式很像递系结构,但用递系结构有一定的限制,不能随意套用。上面的句子都是不合法的,应该分成两个结构。例(1)应改为"这里还有一条向西的铁路,那就是德石线"。例(2)改为"……丰富了唢呐的表现力,这是很可贵的"。例(3)改为"有几千年积累起来的……文学艺术遗产,这些都是我们吸取不尽的滋养"。例(4)最后一个分句之前加"这"字。

前后两个分句该用同一种句式而杂用了两种不同的句式,这也是一种杂糅。例如:"他比谁都说得动听,可是做得比谁都少。"前后两个分句极不相称,要么用前一种说法,把后一分句改为"可是比谁都做得少";要么保留后一种说法,把前一句改为"他说得比谁都动听"。不过这种杂糅,已不属于语法错误的范围,它属于修辞上句式选择的问题。

练 习 十 五

练习题:

一、指出下列各句的毛病,并加以改正:

1. 本书在编写过程中,得到了著名社会学家、全国政协副主席费孝通教授的启发指导,并为本书写了序言。

2. 由于读者对精神食粮的需求正在向高层次发展,使我国图书出版工作面临由量到质的变化。

3. 我国鸟类工作者经过十年的考察已查明,先后在贵州高原的鸟类多达四百一十七种,鸟的数量占全国鸟类总数的三分之一。

4. 这座医疗大楼建成后,该医院总建筑面积将达十三万五千平方米,病床一千多张。

5. 印度和美国高级谈判代表今天就一整套允许印度购买用于气象预报的美国超级电脑达成协议。

6. 三年前,舒维肯女士得到北京航空联谊会的帮助,在四川峨眉深山中发现了她哥哥乘坐的飞机残骸。

7. 只有深入基层,了解群众的疾苦、问题和愿望,对情况做出科学的分析,切实解决群众迫切需要解决的各种问题。

8. 昨天上午,交通部授予上海海运管理局"上海——大连"客运航线为先进客运航线的光荣称号。

9. 两年前,他被在武警部队当教练的王国钧一眼看中,使他成为一名武警战士。

二、指出下列各句中的毛病,并加以改正:

1. 最近,中国从西德一家公司获得一份订货单,将为其制造两艘高级运送轿车的船只。

2. 这本书七十余万字,选择了五十多个汉族及少数民族的近三百篇的传说故事。

3. 这是一封远自南海之滨的湛江市第八小学少先队员们寄来的祝贺信和十五条红领巾。

4. 《孙子兵法》是为历来兵家所推崇的,其中一些基本原则至今仍有生命力。

5. 我不主张在学生未成熟的心灵上,未踏入社会前便蒙上一层悲哀的阴影。

6. 在培植玉米新品种方面,他们一直走在前面,现在他们又在从事培植小米新品种。

7. 一些青年司机还抱着当司机就得捞些外快的思想,置交通安全于脑后,以车谋私,超载混载,造成连连发生交通事故。

8. 根据历史记载和考古经验,他们判定,在一号大墓附近可能还有其他秦公大墓和一个宏大秦公陵园的存在。

9. 当火车行至湖南郴州时,发现一暴徒准备爆炸列车。

10. 随着青年人对美的追求和对美的享受,都欲望能穿体现人体线条美的牛仔裤。

11. 其主要原因是学生课程负担繁重、用眼过度造成的。

12. 上大学究竟为了什么? 这是值得每个学生都应该思考的问题。

13. 黑龙江省考古研究所在五常县龙凤山乡学田村附近,新发现了距今约三万年前的古人类化石。

14. 我们不能因为左宗棠镇压群众,在批判其反动罪行时,像倒脏水那样一概否定是不对的。

15. 打猎是领主的娱乐,农奴睁着眼睛望着自己的庄稼被领主的车马辗死和猎犬的践踏。

第十六节　检查语法错误的两种方法

语法错误有的比较明显,有的比较隐晦。明显的错误很容易发现;隐晦的错误一下子不一定看得出来,必须经过检查分析,才能发现毛病在什么地方。

所谓分析,并不只是简单地找出句子里的主语、谓语、宾语、补语、修饰语等等成分,当然找出这些成分来是必要的,可是仅仅做到这一点并不能确定一个句子有没有语法错误。要判断一个句子的正误,必须进一步检查这些成分的位置放得对不对,彼此之间的联系是否合适,缺少了哪些成分,多余出哪些成分,等等。总而言之,就是要确定整个句子的构造格式是否正确。

本章开头曾经指出:正确的格式就是符合汉语习惯的格式,不正确的格式就是不符合汉语习惯的格式。我们从小就说汉语,对于汉语的感性知识是很丰富的,因此,某个格式是否正确,是否符合我们的语言习惯,根据我们的感性知识,可以做出正确的判断。下面介绍的两种检查语法错误的方法就是以我们对汉语的感性知识为基础的。不过在运用这两种方法的时候,最好能跟我们学到的语法知识结合起来,互相补充、互相启发,如果能做到这一点,那么不仅能帮助我们解决实际问题,而且还可以增进我们对于语法的理解,把死的语法知识变成活的语法知识。

一　类比法

我们对一个句子的语法结构发生怀疑的时候,可以按照原句的方式仿造若干句,放在一起比较。如果仿造出来的句子都能成立,那就表示我们的语言里有这样的格式,可见原句也是正确的;如果仿造的句子都不能成立,那就表示这个格式有问题,因此原句也不能成立。例如:

(1a)*他们用的是梆子腔演出的。

(1b)*我们用的是筷子吃饭的。
(1c)*他们用的是卡车装走的。
(1d)*我用的是热水洗的。
(1e)*我用的是圆珠笔写的。
(1f)*我用的是这把刀切的。

第一句话因为所说的内容一般人不怎么熟悉,所以它的毛病不容易让人觉察出来,可是底下仿造的五句话,说的都是日常生活中的事情,我们会一下子感觉到不能这样说。仿造的五句话都明显有问题,可见第一句也同样有问题。

类比法不仅能检查出句子里的语法错误,而且对于应该如何改正也能给我们启发。拿上边举的例子来说,根据我们对口语的感性认识,知道例(1b)(1c)(1d)(1e)(1f)五句都是不能说的,同时我们也知道要表达同样的意思,应该采用什么说法才对,以例(1d)而论,至少有以下两种说法:(甲)"我用的是热水";(乙)"我是用热水洗的"。其他各句也有跟这相当的两种说法。因此根据类比的方法,我们就可以知道原句也有两种改法:(甲)"他们用的是梆子腔";(乙)"他们是用梆子腔演出的"。这个类比的过程可以表示如下:

甲	乙
b. 我们用的是筷子。	我们是用筷子吃饭的。
c. 他们用的是卡车。	他们是用卡车装走的。
d. 我用的是热水。	我是用热水洗的。
e. 我用的是圆珠笔。	我是用圆珠笔写的。
f. 我用的是这把刀。	我是用这把刀切的。
a. 他们用的是梆子腔。	他们是用梆子腔演出的。

下面再举一个例子:
(2)*不愉快的一件事

这是一篇文章的标题。一共七个字,结构并不复杂,可是到底通不通似乎不容易判断。我们用类比法来试验一下:

(2a)*不愉快的一件事
(2b)*不干净的一件衣服
(2c)*不结实的一辆车
(2d)*不正确的一种看法

(2e)*不宽敞的一间房子

(2f)*不可爱的一个孩子

后五句显然不能说,可见这个格式有问题。正确的说法是:

a. 一件不愉快的事

b. 一件不干净的衣服

c. 一辆不结实的车

d. 一种不正确的看法

e. 一间不宽敞的房子

f. 一个不可爱的孩子

有不少人觉得例(2a)似也可以说的,其实这是一种错觉。造成这种错觉的原因大致有三方面:第一,例(2a)不是口语里最常说的话,相形之下,后五句的毛病就很明显。第二,"很愉快的一件事、很不愉快的一件事、最愉快的一件事、最不愉快的一件事"都是合法的格式,因此似乎例(2a)也不算错。第三,例(2a)是孤立的一句话,没有上下文,要是放在句子里,毛病就很突出了,例如我们只能说"阿 Q 碰到了一件不愉快的事",不能说"阿 Q 碰到了不愉快的一件事"。

运用类比法,要注意以下几点。

(一)仿造的句子在格式上应力求跟原句相当。

这主要包括三方面:

1. 词类相当

例如例(2a)的"愉快"是形容词,"事"是名词,在仿造的句子里,"干净、结实、正确、宽敞、可爱"是形容词,"衣服、车、看法、房子、孩子"是名词,与原句相当。

2. 保持原句的结构

"不愉快的一件事"是一个偏正结构,"不愉快"修饰"一件事";仿造的五句也是偏正结构,结构关系和层次都和原句一样。

3. 原句里头重要的虚词要保留下来,不加改动

例如"不愉快的一件事"里的"不"和"的"在仿造的句子里都没有变动。

(二)仿造的句子最好用日常生活里常说的话,因为我们对这些话最熟悉,最敏感;对与不对,一听就知道。

二 简缩法

简短的句子,有毛病很容易看出来;句子越长,结构越复杂,毛病也就越不容易发现。简缩法就是把结构比较复杂的句子化简以后来进行检查。拿到一个句子,先把它的"主干"和"枝叶"区别开来。"主干"指的是句子的基本结构,就主谓句来说,就是主语、谓语以及宾语的主要部分,"枝叶"指的是主语、谓语和宾语内部的修饰成分。分析的时候,先撇开枝叶,看看主干是否有毛病。因为抓的是主干,结构自然比较简单,头绪也比较少,有没有毛病很容易发现。例如:

　　*参加研制人造地球卫星的全体工人和科技人员,在党的领导和关怀下,在全国人民的支援下,在中国人民解放军的配合下,经过多年的紧张劳动,于1964年9月15日,我国成功地发射了第一颗人造地球卫星。

这是一个主谓句。主语的主要部分是"全体工人和科技人员",前面的"参加研制人造地球卫星的"是定语。谓语部分,前面接连三个"在……下"介词结构,以及"经过……""于……"这两个介词结构,它们都是状语成分,谓语中心是什么?是"我国成功地发射了第一颗人造地球卫星"。如果把句中的修饰成分都去掉,抓住主要部分,那么这个句子的基本结构是:

　　*全体工人和科技人员(主语)我国成功地发射了第一颗人造地球卫星(谓语)。

这显然不成话,原句的毛病就在这里。

　　如果句子里有并列的成分,特别是当并列成分比较长比较复杂的时候,最好把并列的各项逐个进行检查,这也是一种简缩。例如:

　　*让我们欢呼大型管柱基础和管柱钻孔法的诞生和它无可限量的发展吧。

"欢呼"后边的宾语是一个联合结构,包含并列的两项:(甲)"大型管柱基础和管柱钻孔法的诞生",(乙)"它无可限量的发展"。检查的时候先抓住(甲),撇开(乙),看"让我们欢呼……的诞生"是否站得住,然后再抓住(乙),撇开(甲),看"让我们欢呼……的发展"是否站得住。事实上这两种说法都不能成立,可见原句有问题。再如:

　　*经济侵略是无形的,然而却比军事侵略更凶猛,受害也更深。

三个分句共戴一个主语"经济侵略"。第一个分句没有问题,二、三两个分句跟主语距离比较远,一下子不容易发现问题在哪里,因此我们可以利用简缩法先把第三个分句撇开,检查"经济侵略却比军事侵略更凶猛",然后把第二个分句撇开,检查"经济侵略受害也更深"。很明显,第二个分句没有毛病,问题在第三个分句,"受害"的是人,不是经济侵略,应该说"为害也更深"。

"干"和"枝"的区别是相对的,"主干"之上有"大枝","大枝"之上还可以有"小枝";同样,结构复杂的句子也往往是一层套一层的。毛病可能出在主干上,也可能出在大枝或小枝上。因此运用简缩法的时候,往往要分层检查:先检查主干,再检查大枝,然后检查小枝。例如:

　　*我一点也不怀疑他们有为实现共产主义理想的决心。

这个句子可以简缩为"我不怀疑他们有决心",按说"不怀疑"的"不"是修饰语,可以简缩掉,可是"怀疑"和"不怀疑"意思正好相反,为了尽量保存原句的意思,这个"不"字不必删去,而且多一个字对于我们观察句子的基本结构并没有什么妨碍。这句话是可以说的,可见这个句子的基本结构(主干)没有问题;如果有毛病,一定发生在简缩掉的部分上头。因此我们就撇开主干,进一步检查枝叶。"不怀疑"前头原来有一个状语"一点也"。"一点也不怀疑""一点也不怀疑他们有……决心"都没有问题,可见毛病不在这里。"决心"前头原来有一个定语"为实现共产主义理想的",现在的问题是能不能说"为实现共产主义理想的决心",用类比法检查一下,就知道这个格式是有问题的。我们只能说"为争取世界持久和平而奋斗的战士、为提高产量而刻苦钻研的工人、为保卫祖国而牺牲的战士",可是不能说"为争取世界持久和平的战士、为提高产量的农民、为保卫祖国的战士"。可见原句也应该在"理想"之后加上"而奋斗"三字,说"为实现共产主义理想而奋斗的决心"。

简缩法除了能够帮助我们认清句子的基本结构之外,还有另一种重要的作用,就是能够显示出结构的脉络,特别是相关的成分之间的联系。在比较复杂的句子里,本来关系非常密切的词语被一些修饰成分或并列的成分隔开,有的时候,两个相关的成分在句子里离得很远,这就很容易使我们忽略了它们之间的联系。运用简缩法的时候,我们把横亘在当中的修饰成分、并列成分删去或化简,相关的成分之间的联系就显得突出了,它们配搭得是否得当也就很容易看出来。因此简缩法不但能帮助我们检查句子的语法结构,而且对于检查句子各部分之间的逻辑联系以及词语的搭配关系也是一种有效的方法。例如:

　　*我们的祖先,在欧洲还在野蛮的时代,就已是早有了文明生活和高度
　　文化的国家了。

把修饰成分简缩掉,就变成"……祖先……已是……国家了",这在逻辑上说不过去。

关于简缩法,还有几点值得注意。

(一)简缩法的实质在于芟除句子里繁密的枝叶,由此显示出句子的主干和脉络。

因此简缩的时候,必须保持原格式的基本结构不变;如果随意乱砍,破坏了原格式的基本结构,那自然不可能得出正确的结论。譬如上文所提到过的"我一点也不怀疑他们有为实现共产主义理想的决心"这一句子,原来是一个主谓结构,简缩成"我不怀疑他们有决心"也是一个主谓结构,而且其中的谓语跟原句的谓语基本结构也是一致的。在进行这一步简缩的时候,我们关心的是全句的基本结构,这时把"决心"前边的定语"为实现共产主义理想的"删去是完全必要的,因为删去这个定语不但没有影响全句的基本结构,而且反而使句子的基本结构显示得更清楚。可是在检查"为实现共产主义理想的决心"时,我们关心的是这个格式本身的结构是否正确,这个时候,当然不能把"为实现共产主义理想"随便删去;不但不能删去,如果要简缩的话,也必须保持原格式的结构不变。假定说我们把"为"字删去,删去之后,"实现共产主义理想的决心"倒是可以说的,能不能因此就肯定原来的句子没有毛病呢?不能。因为我们简缩错了。第一,"为"是一个虚词,不是修饰语,不能随便删去。第二,删去"为"字,基本结构就变了,在原来的格式里,定语"为实现共产主义理想"是一个介词结构,删去"为"字,定语"实现共产主义理想"却是一个述宾结构了。而且"为实现共产主义理想的决心"这个格式是否正确,关键正在"为"字上,把"为"字删去,问题就变了质,当然不可能得出正确的结论。

(二)有的时候,把句子的某一部分删去之后,全句的意义就显得不连贯了,为了弥补这个缺点,我们可以在删节的地方填补上一些代词。

上文提到的那句简缩以后变成"我不怀疑他们有决心",为了使全句显得比较自然,可以在"决心"之前补入"这种"或"这样的"。

(三)简缩法最适宜于用来检查长句或句子内部一个长段落的基本结构。

对于短句或句子内部的短段落,简缩法的作用就不是很大,有的时候简直用不上。上文说过,简缩法的作用在于芟除枝叶,由此显示出一个格式的基本结构。短结构之所以短,正是因为枝叶少,甚至根本没有什么枝叶,因此也就无从简缩。如果毛病比较显著,那么一眼就可以看出来;如果是隐晦的毛病,那就只能用类比法来检查。

事实上,简缩法和类比法往往可以结合起来用。碰到一个长句子,先用简

缩法把基本结构找出来,如果我们对于这个简缩以后的格式是否正确不能判断,就可以用类比法来检查。例如:

　　*他把上级关于这个问题的决定不向群众交代清楚就生硬地加以执行。

先用简缩法找出基本结构:"他把上级的……决定不……交代清楚就……"。这个格式是否正确,可以用类比法来检验:

　　(1a)*把上级的决定不交代清楚就……

　　(1b)*把门不关上就……

　　(1c)*把话不说清楚就……

　　(1d)*把车不修好就……

这个格式显然站不住,正确的说法是:

　　(2a)不把上级的决定交代清楚就……

　　(2b)不把门关上就……

　　(2c)不把话说清楚就……

　　(2d)不把车修好就……

把(1)(2)两组句子比较一下,我们很容易概括出一条语法规律:否定词"不"只能放在"把"字前边,不能放在主要动词前边。换句话说,"把"字句里的主要动词不能用否定式。由此可见,类比法不但能帮助我们鉴定句子的正误,如果善于运用的话,还能帮助我们发现语法规律。

　　类比法和简缩法是检查语法错误很有效的两种方法。当然,并非所有的语法错误都能用这两种方法来发现,而且运用这两种方法也有一定的限度。例如有些固定的格式(成语、熟语)就不能用类比法,我们决不能因为不许说"管它四七二十八""管它五七三十五",就连"管它三七二十一"的正确性也怀疑起来了。同样,有些格式也不能随便简缩,例如"这个人挺长的白胡子"如果把修饰语"挺长的"和"白"都简缩掉,光剩下"这个人胡子",就简直不成话了。

练 习 十 六

复习题:

　　一、为什么简缩法和类比法能帮助检查语法错误,其实质是什么?
　　二、举例说明如何把简缩法和类比法结合起来运用。

练习题:

一、用简缩法检查下面句子的毛病,并加以改正:

1. 这个城市在繁忙的节日供应期间,从凌晨四点到夜晚十一点,他们一刻也没有停止过营业。

2. 车站大厅里挤满了来自祖国各地的人们,有的来自东南沿海的战士,有的来自边远山区的矿工,有的来自东北林区的采伐工人,有的来自喜马拉雅山的牧民。

3. 去年,车间在没有增加人员的情况下,我们调动了群众的积极性,不仅完成了生产计划,而且还支援了兄弟车间。

4. 全地区已有百分之八十的锅炉使用了消烟除尘装置和其他简易措施,冒黑烟的锅炉越来越少了。

二、用类比法检查下列句子的毛病,并加以改正:

1. 他们终究要走上灭亡的道路,世界上一切捣鬼的坏蛋也都会和他们一样的下场。

2. 不仅如此,他们还把小岛建成像花园一样美丽。

3. 在视察过程中,有人提到准备取消定量供应伐木工人喝酒的制度。

第六章 修 辞

第一节 修辞概说

一 什么是修辞？

人们日常交谈或写作，好像是张口就来，提笔就写，或者随心所欲地敲键码字，似乎并不需要刻意地措词和修饰，看上去也不见得有什么修辞美化；其实不然。只要你使用语言，就免不了要斟酌推敲，修辞文饰。请看下面发生在某办公室的一幕修辞短剧：

（1）我单位的两个女同事聊天，一个说，你的皮肤真好，<u>肤如凝脂</u>。这话正好被一位说话糙的男上司听到，插上话就说："什么肤如凝脂？不就是<u>皮肤像猪油一样</u>。"这个煞风景的男人，把一段很唯美的对话给搅黄了。
（苏北《语言的衣裳》）

只要有一点儿生活情趣的人，都会赞赏这个女同事言语得体优雅，谁不愿意听别人夸你"肤如凝脂"呀？也都会讨厌那位男上司言语冒失粗糙，谁愿意听别人说你"皮肤像猪油一样"啊？真是的，亏他还是一个领导呢。显然，这个女同事善解人意，工于修辞；而那位男上司则不通人情，拙于修辞，说得不好听点儿就是长着一张乌鸦嘴。还好，这是闲聊，修辞的好坏还不至于引起多大麻烦；要是工作联系或者业务洽谈，那后果可能就比较严重。例如：

（2）上周某编辑和我洽谈某本新书，突然对我说："<u>我们给你的这个条件是其他社绝对给不了的</u>！"言下之意是：合作方舍她其谁？这话既是小看了其他出版社，也小看了作者。我的第一反应是——多亏没合作，真的签了合同您还不拿我当长工用。（张大志《编辑如何对待三类典型作者》）

在上例中，年轻编辑在跟资深作者沟通时，因为认识不准（以为作者为钱而写作），言语不当（语气直率又专横、暗示意义不明确），结果引起对方强烈的反感，影响了合作。

人们在写文章时,经常要字斟句酌;写成以后,还要修改润色。即使是擅长文辞的作家诗人,也要对自己的作品反复推敲,特别是对于词语和句式进行精心的调整。例如:

(3)原句:山间的夜风吹得人脸上凉凉的,也把梨花的白色花瓣轻轻拂落在我们身上。(彭荆风《驿路梨花》)

改句:山间的夜风吹得人脸上凉凉的,梨花的白色花瓣轻轻飘落在我们身上。

单纯从句子本身的构造和意义来看,原句和改句各有千秋,难分伯仲。原句的两个分句都是陈述"山间的夜风"吹拂所造成的结果,其中第二个分句承前省略主语,相应地谓语部分使用了"把"字结构来统一叙述的角度,并且强调处置的结果。整个复句结构紧凑,语意流畅,文气贯注。改句的两个分句分别陈述"山间的夜风"和"梨花的白色花瓣",其间隐含了夜风拂落梨花的意思。整个复句结构对称,语意勾连,文气纡徐。但是,考虑到文章的标题和主旨是叙述梨花的,那么原句把全文的叙述主体梨花作为处置对象的表达方式,远不如改句让梨花成为正面的描写对象的表达方式。也就是说,在切合题旨情境方面,改句的意象(夜风吹拂,梨花飘落)比原句的意象(夜风吹人,拂落梨花)更为主动、活泼和轻灵。

可见,修辞渗透在语言使用的每一个角落。恰当的修辞可以促使语言交际的圆满成功,增进人际关系的融洽与和谐;不当的修辞可能造成语言交际的受阻失败,加剧人际关系的紧张与对立。俗话说:"说得好可以让人笑,说得不好可以让人跳";古人云:"良言一句三冬暖,恶语伤人六月寒",甚至还说:"一言可以兴邦,一言可以亡国"。这些都说明了在语言交际活动中,注意修辞是一件多么重要的事情啊。

至于文章写作,讲求修辞的意识和倾向更为明显。上面的例(3)已经充分地说明了这一点。许多优秀的作家对此也有很好的论述。比如,苏联《青年近卫军》的作者法捷耶夫说:

(4)只有在语言上下功夫,才能使读者对于作家所创造的东西引起完整的、诗意般的印象。……必须善于寻找能引起读者必要情绪、必要心境的节奏、词汇、语句。

鲁迅先生在《答北斗杂志社问》一信中曾经说过:

(5)（文章）写完后至少看两遍,竭力将可有可无的字、句、段删去,毫不可惜。

这说明从文章写作的开始到初稿写成以后的修改,始终贯穿着修辞的努力与奋斗。

上面我们说修辞,道修辞,一口一个修辞。那么到底什么是修辞呢？其实,"修辞"是一个比较笼统的概念,至少可以分化为下面四个相对单纯的概念。

1. 修辞活动

一种旨在提高语言表达效果的语言交际活动,即说写者为了达到预期的交际目的,自觉地按照表达内容,根据具体的交际环境,利用民族语言材料的各种可能性,对语言形式进行选择、加工和创造的过程。像上面例(1)中那个女同事对同伴的赞扬、男上司的粗鲁的插话,例(3)中作家对语句的修改,都是修辞活动。

2. 修辞现象

在修辞活动中跟语言相关的现象,主要是对语言材料和表达方式的选择、调整和创造性运用等过程,也包括修辞活动的成果和产品,即能够体现出修辞过程的话语或篇章。像上面例(1)中那个女同事赞扬同伴时对成语"肤如凝脂"的使用、男上司故意用大白话对它的翻译,例(3)中词语的替换和句式的调整,都是修辞现象。

3. 修辞规律

隐藏在修辞现象背后的带有规律性的东西,也就是制约修辞活动的基本法则。像上面例(1)中那个女同事用文雅的成语夸赞同伴的皮肤,体现了语言交际的礼貌原则和表扬原则；男上司故意用大白话对它进行粗鲁的翻译,则明显地违背了这两个原则,也体现出他的不怀好意；例(3)中词语的替换和句式的调整,体现了语言表达必须切合题旨和情境的原则。总而言之,语言交际的成败得失,都是有一定的修辞规律可循的。

4. 修辞学

一门研究修辞规律的语言学科,即研究如何提高语言表达效果的规律的学科。如果说逻辑学研究思维及语言表达的对不对(是否符合定义、推理和证明等的规律),语法学研究语言表达形式的通不通(是否符合词法、句法等的规律)；那么,修辞学研究语言表达形式的好不好(是否切合题旨情境、表达效果怎么样)。总而言之,修辞学最关心的问题主要是:在什么场合、说什么、怎么说、为什么这么说、效果怎么样。

本章重点分析一些常见的修辞现象,讨论若干基本的修辞规律。因为修辞规律在古今中外的语言运用中具有相当的普遍性,所以我们在举例说明时偶尔会超出现代汉语的范围。

二 为什么要修辞?

人类是一种高度社会化的群居动物,语言交际是维系人类社会的最为简便和有效的方式。因此,控制论的创始人维纳要说:"通讯是人类社会的黏合剂"。语言交际是一种典型的社会行为,具有以他人为指向(有意涉及他人)的特点。无论是口头说话还是笔头写作,说写者总是有意识地预设了某些个听读者;说写者发出言语刺激(比如:提问、命令、许诺、呼叫、叙述、说明、议论、抒情或感叹,等等),也总是期待着听读者做出相应的言语回应或行动反应(比如:回答、服从或拒绝、接受或谢绝、应答、聆听、理解、共鸣,甚至有所行动,等等)。说得专门一点儿,语言交际是一种运用语言来传递信息,并且通过信息来进行沟通和控制的活动和过程。也就是说,人们运用语言往往不仅是为了报道有关事实,而且企图在思想、感情或行动上影响他人,劝说他人相信某种事情,甚至做说话人所希望的事情。比如,在《孔乙己》所描写的咸亨酒店里,"脸上黑而且瘦"的孔乙己对小伙计说"温一碗酒",这是想通过语言指令来让小伙计给他温酒解馋;但是,小伙计被他那"黑而且瘦"的模样惊呆了,没有给他温酒,即孔乙己的第一轮言语控制失败。小伙计的行为(没有立刻响应)作为一种反馈信息,反过来刺激了孔乙己,迫使他只得再次发出请求"温一碗酒",进行第二轮言语控制。这种语言交际的控制和反馈的过程,可以抽象为下面的语言通讯模型:

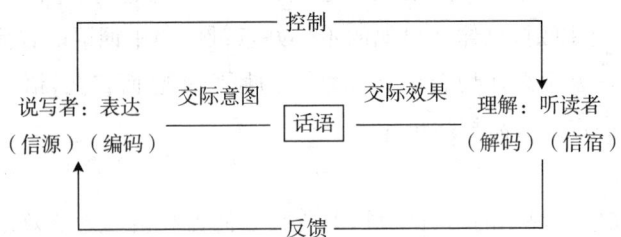

贯穿在说写者与话语之间的主观动力是交际意图:为了完成交际任务,达到预定的交际目标,说写者总是要调动一切可能的语言手段,把自己的意向、目的、态度、情感等强烈地渗透进话语之中。贯穿在话语与听读者之间的客观效应是交际效果:听读者一方面要理解话语的字面意思,另一方面还必须体会出

话语的真正意思(包括言外之意、说写者实际意图,甚至主观评价)。接着,听读者的言语或行为反应又作为一种关于交际效果的信息,反馈给说写者,刺激他不断地调整自己的话语和行为。结果,说写者和听读者的角色也在不断地轮换。

从中我们可以看出,在人类语言交际活动的各个环节上,都充满着矛盾。第一,在说写者与话语之间有矛盾。因为语言不一定能完全准确地表达我们的思想感情,真正做到意随辞遣、意到笔随是不容易的。所以,晋朝文学家陆机要说:"恒患意不称物,文不逮意,盖非知之难,能之难也"(《文赋》)。比词不达意更为极端的情况是,语言有时无法传达我们的思想,这就是人们平常所说的"不知道该怎么说",或者"言不及义、言不尽意",甚至是"只可意会、不可言传"。这就难怪晋朝文学家陶渊明要说:"此中有真意,欲辨已忘言"(《饮酒》)。第二,在话语与听读者之间有矛盾。因为,"你的心思我了然"这种人与人之间心心相印的默契是比较难得的。我们倒是经常可以听到人们说:"不知道他说些什么、不知道他是什么意思"。正如钱钟书先生所说的:"立言之人句酌字斟、慎择精研,而受言之人往往不获尽解,且易曲解而滋误解"(《管锥编》)。可见,听读者从别人的话语上理解其意义和交际意图也殊非易事。难怪唐朝诗人刘禹锡要说:"常恨言语浅,不如人意深"(《视刀环歌》)。更何况,还有"言不由衷、闪烁其词",甚至"口是心非"这种语言陷阱,或者"言者无心、闻者有意"这种节外生枝的麻烦呢。第三,语言交际的明确原则与经济原则之间有矛盾。明确原则要求说写者尽可能把思想内容表达得清楚明白,以期彻底达到交际的目的;这就需要用较多的词语和句子来表情达意,确保听读者轻易地完全理解。但是,经济原则要求说写者尽可能用较少的词语和句子来表情达意,以期节省交际双方的时间、能量和心思。怎样做到用恰当数量的话语,既简明扼要又明确清楚地表情达意,有效地保证说写者对交际内容的充分表达、听读者对交际内容的正确理解,这实在是一个修辞的难题。

因此,在语言交际活动中说写者和听读者要不断地进行博弈,即根据自己所掌握的信息以及对自身情况的认识,做出有利于自己的话语表达或话语理解;表现为:在说写者方面,他担心听读者不能理解他所说写的话语的真正意义和交际意图,所以他要想各种办法、调动各种修辞手段、用复杂程度相当的话语来表情达意;在听读者方面,他要猜测说写者的话语的意思是什么,尤其是其真实的表达意图是什么。为了做到这一点,他除了要充分利用话语的语法结构等形式线索之外,更多地要求助于具体的交际情境、相关的背景知识以及有关的修辞原则和语用惯例。特别是在说写者和听读者之间双方信息不对称的情况下,这种合作性博弈的结果是不确定的:有的时候双方的理解趋于一致,有的时候则可能南辕北辙;并且,总的倾向是朝着有利于自己的方向解读。比如,现行的火车票上一般都标明两行文字:

(1) 限乘当日当次车　　在3日内到有效

虽然这项规定印在火车票上的历史已有几十年了,但据有关媒体的调查结果,74.8%的市民对"在3日内到有效"的理解是:"火车票的有效期为3天",或者"如果当日赶不上火车,只要在车票限定的3日内到达终点站,车票都有效"。而铁路部门的解释是:火车票上很清楚地写明"限乘当日当次车",如果不能及时乘车,车票当然过期,成为废票;至于"在3日内到有效",是指上车后乘客在途中遇到生病等紧急情况下车后,可以在3日内改签车票乘车到达目的地。可见,双方都作出了有利于自己的意义解读。为此,铁道部近期启动了《铁路旅客运输规程》的修订工作,将对此表达作出相应的修改。正是为了避免纠纷和掌握主动,所以许多厂商的广告下面会有一个诸如此类的免责声明:"以上条款的最终解释权归本公司"。这样,通过对解释权的垄断,来堵死消费者作出有利于自己的解读的后门。

其实,为了正确地理解话语的意思,争取语言交际的博弈成功,有时还必须正确地把握说话人的交际动机。比如,2010年秘鲁作家略萨(Mario Vargas Llosa)荣获诺贝尔文学奖,《百年孤独》的作者马尔克斯(Gabriel García Márquez)在微博上对略萨留言道:

(2) 如今我们都一样了。

原来,他们在1967年相识并且成为挚友;但是1976年的某一天,在墨西哥的一家破电影院里,这两位作家却大打出手,没有人确切知道到底发生了什么。从此他们便分道扬镳,连一句话都不说。对于那场打斗的原因,两位文坛泰斗都讳莫如深,坚决不说出当年拳斗的真实原因。1982年,马尔克斯获诺贝尔文学奖;事隔28年,略萨也获此殊荣。面对马尔克斯的微博留言,有媒体指出这句话暗带讽刺;但是,略萨在新闻发布会上表示"很感激马尔克斯的留言"。这种积极的解读和正面的回应,一下子化解了两个人之间的恩怨是非。

在语言博弈时,听读者往往假定话语的实际意思是对说写者有利、但对自己是不利的,这有可能导致不良的后果。比如,我国一对影视明星离婚,数年

后,女方在博客中介绍:

　　(3)与前夫离婚时,他曾找了个记者写过一篇文章《<u>大树栽在花盆里</u>　　<u>起根就是错的</u>》,大致写<u>我就是一花盆</u>,而<u>他是大树</u>,记得当时我看了痛不欲生。

数年以后,男方的回应是:

　　(4)我确实喜欢打一些比方,但不是人人都能理解,我很苦恼,当时这段话也被炒过,我现在还在用这个比喻,尤其是我做了婚姻节目后,更多地看到这种现象……我从来没说过<u>谁是花盆</u>,<u>谁是树</u>,这是个很愚蠢的比喻,但我并不想对她进行解释。

可以想象,当离异的夫妻听到对方用"大树栽在花盆里"这种比喻时,首先会猜测对方不怀好意,然后推断说话人把自己比作大树、而把对方(前妻或前夫)比作花盆。

有的时候,听话人能够确定话语的意思对自己不利,但是一时拿不准说话人的真实意思及其表达逻辑(即言外之意及其推导路径)。比如,据马令《南唐书本传》记载,韩熙载(902—970年)机敏有外交口才。他出使北方,跟北方人有一段有趣而意思晦涩的问答:

　　(5)北人问:江南何不食剥皮羊?
　　　　熙载对:江南地产罗纨故。

韩熙载料到对方心怀叵测,问话意在讥笑江南人不会吃羊肉;因此,他故意答非所问。答话的表面意思是"我们有绫罗绸缎",深层的意思则是"我们用不着穿羊皮",言外之意乃是讥笑北方人没衣服穿。但是,当时北方人只是确信韩熙载的回答一定跟他们的问话相关,但是一时不明白他的真正的(深层的、言外的)意思;以至"追熙载去乃悟,使追之,不及"。

从上面的例子来看,语言博弈的结果可能是双方皆负(即双输,如例(3)(4)),也可能是双方皆胜(即双赢,如例(2));可能是一胜一负(即零和,如例(5)),也可能由零和走向双赢(如例(1))。我们应当通过合适的修辞,来尽量避免双输,争取双赢,努力使零和变为双赢。

可见,恰当的修辞是十分重要的。只要人们之间用语言进行交际和沟通,那么就必须讲究修辞。修辞是取得语言表达效果、走向博弈成功的必由之路。因此,可以这么说:凡是有阳光的地方就有生活,凡是有生活的地方就有语言交际,凡是有语言交际的地方就有修辞。

三 怎样进行修辞？

怎样进行修辞，也就是在什么场合、说什么、怎么说，从而提高语言表达的效果，使语言交际达到预期的目标。一般来说，语言表达的效果可以从准确性、得体性和艺术性三个方面来衡量。因此，进行修辞的过程，也就是一个逐步使语言表达形式具有准确性、得体性和艺术性的过程。反过来说，准确性、得体性和艺术性是修辞的三个基本原则。

（一）准确性

这是针对语言表达形式跟语言交际内容的关系而言的。修辞的最基本的起点就是努力使语言形式能够准确地传递表达内容（即题旨）。因为语言是交际工具，所以修辞的种种努力的首要目标是：使语言形式准确地传达说写者所要表达的意思，包括思想感情、意图评价等内容。如果语言形式没有（或不能）准确地传递表达内容，那么无论怎样遣词造句、布设辞格，都谈不上有什么表达效果。此所谓"皮之不存，毛将焉附"。从作家的改笔中，可以清楚地看到这一点。例如：

(1)原句：我就像遭到雷击，赶忙问他："爸爸呢？"他避开我的<u>眼睛</u>，低声告诉我，根据林彪一号通令，爸被疏散去外地了。（陶斯亮《一封终于发出的信》）

改句：……他避开我的<u>眼光</u>，……

(2)原句：我<u>自信</u>我努力，还能够博采口语，来改革我的文章。（鲁迅《写在"坟"后面》）

改句：我<u>以为</u>我<u>倘十分</u>努力，<u>大概</u>也还能够博采口语，来改革我的文章。

例(1)中"眼睛"改为"眼光"，因为"避开"的不可能是"眼睛"；显然，"他避开我的眼睛"属于词不达意。例(2)中原来的表达太直露，不够谦逊和婉转；后来，随着作者思想认识的改变，语言表达形式也随之改变。

（二）得体性

这是针对语言表达形式跟语言交际的场合（即语境或情境）而言的。语言交际和语言运用总是在某种特定的语境中进行的，只有既准确地传递了说写者所要表达的交际内容，又切合现实的交际环境的语言表达形式，才能为听读者所乐意接受，并且取得预期的表达效果。语境的因素很复杂，大致可以分为以下六个方面：

1. 话语上下文

也称为语流。遣词造句是否合适,有时要看其在特定的上下文中是否妥帖。例如:

(3)蜜蜂是在<u>酿蜜</u>,又是在<u>酿造生活</u>。(杨朔《荔枝蜜》)

(4)柳絮飞来片片红,夕阳初照桃花坞。

例(3)中"酿造生活"这种超常规的词语组合,只有在上面这种特定的上下文中才能成立,并且收到良好的表达效果。相传例(4)中上句是蒲松龄的老师所吟的不合情理的坏句,亏得蒲松龄临时造境逆挽,不仅使坏句起死回生,而且还别具境界,诗意盎然。

2. 语言表达的模式

也称为语体。即适合于特定的交际场合、完成特定的交际功能的特定的语言表达模式。语体是由特定的词语和句式等造成的整体性的表达方式,不同的语体具有各自的风格。人们的语言表达必须适合语体。比如,为了向学生传授知识,教师一般采用课堂谈话语体;为了给大众介绍纳米材料等专业知识,专家应当采用通俗科技语体。在网上购买商品,可以采用称呼对方为"亲"("亲爱的"之缩写)的"淘宝体"。例如:

(5)卖家:朋友,需要什么商品?

买家:为什么没叫我"亲"? 还想不想要订单了? 还想不想要好评了?

卖家:亲,能帮您什么忙吗?

买家:亲,我想买电动剃须刀,包邮么?

这是一则网上购物的段子,买卖双方"亲切又腻歪"的语言,给人一种贴近而温暖的感觉。现在,这种"淘宝体"最大的特点就是逢人就叫"亲",已经突破购物网站的交流范围,进入到众多的场合,成为网络上流行的一种表达方式。例如:

(6)亲,祝贺你哦! 你被我们学校录取了哦! 南理工,211院校噢! 奖学金很丰厚哦! 门口就有地铁哦! 景色宜人,读书圣地哦! 亲,记得9月2日报到哦! 录取通知书明天"发货"哦! 上网(http://www.ems.com.cn)就可以查到通知书到哪了哦!

(7)亲,为什么要犯罪呢? 您这罪给十年已经是最优惠了哦,亲! 现在入狱包吃包住还送双手连体银手镯哦,亲。

(8)亲,告别日日逃,分分慌,秒秒惊的痛苦吧,赶紧预订喔! 全国入狱免费包邮哦!

例(6)是2011年某高校向新生发出的短信,新生和社会对此褒贬不一。例(7)是2011年某地警方博客上为宣传漫画所配的语句,例(8)则是某地警方微博上的通缉令,后来在舆论压力下,警方把这则"淘宝体"通缉令给删除了。可见,在比较严肃的场合,用"淘宝体"可能会带来负面影响。换句话说,越是正式的场合,越是不宜用带有搞笑色彩的语体。

3. 语言交际的具体情境

也称为交际场景。语言表达的是否合适、话语形式的语义解读、交际意图的揣摩,有时依赖于特定的交际情境。例如:

(9)东京也无非是这样。上野的樱花烂熳的时节,望去确也像绯红的轻云,但花下也缺不了成群结队的"清国留学生"的速成班,头顶上盘着大辫子,顶得学生制帽的顶上高高耸起,<u>形成一座富士山</u>。(鲁迅《藤野先生》)

(10)在北大,说你很用功,那不是表扬,<u>是嘲笑你没才气</u>。学生中受推崇的,不是认真念书,而是不听课而能拿高分。……在日本学界,说你"<u>天才</u>",那是嘲笑,意思是你训练不好,或不够用功。(陈平原《训练、才情与舞台》)

例(9)写的是在东京的"清国留学生",所以用富士山作比是妥帖的;如果改用昆仑山,那么可能会令人莫名其妙。例(10)所述多少有点夸张,但说明对于话语真实意义的解读,有时取决于具体的言谈环境。

4. 语言交际的文化背景

即跟语言使用相关的地区、时代、社会、历史、文化和媒体形式等多种因素。比如,"同志"本来是一个很正统的称谓。但是,因为港台地区用以指同性恋;所以,为了避免误会或反感,就用"先生、女士、师傅、老师、老板"等来代替。再比如,在新中国成立前,"小姐"是有钱人家里仆人对于主人的女儿的称呼,也是对于年轻女子的尊称;新中国成立后,因为怕跟地主、资本家等剥削阶级的女儿发生意义联系,人们不爱听这个称呼;改革开放以后,人们又恢复使用这个尊称。但是,好景不长,随着色情服务在暗中死灰复燃,出现"三陪小姐"的称呼;为了撇清这种瓜葛,"小姐"这个本来优雅的称呼又招人反感了。另外,不同时代、不同的交流媒体,所用的话语形式是不同的。有人总结如下:

(11)邮政时代:见信如面。此致敬礼!

电话时代:你是哪位?他人不在!

呼机时代:速回电话!生日快乐!

> 手机时代:你在哪儿？你打错了！
> 网络时代:你是谁？男的还是女的？
> 后网络时代:有人吗？你是人吗？

可见,在不同的时代可能有不同的交际媒体,活跃在这些媒体上的话语形式也是不尽相同的。

5. 语言交际的主体

即上文所说的说写者,在传播学上称为传者。语言表达方式是否合适、话语内容和交际意图是否清晰,有时取决于特定的交际主体。比如,美国驻华大使骆家辉 2011 年 8 月就任后,在首次媒体见面会上这样说:

> (12)在个人层面上,能作为中国移民的孩子代表美国——我出生的土地,以及我的家庭珍视的美国价值观,站在你们面前,我感到既谦卑又荣幸。我只能想象我在 1 月份过世的父亲,吉米,看到他的儿子成为在他和我母亲出生的土地上代表美国的第一位华裔美国人,会是多么骄傲。我的父母,我的妻子,我们的孩子——我们本人都直接代表美国以及美国作为自由、平等和机会之土地的希望。我,以官方身份,作为服务于总统和美国人民的美国驻华大使,将代表的正是这永久希望和这些价值观。

作为一个华裔美国人、驻华大使,面对着父辈的故国人民,骆家辉坦诚而得体的发言赢得了媒体和大众的好评。

6. 语言交际的对象

即上文所说的听读者,在传播学上称为受众。语言表达方式是否合适、语言内容和交际意图是否清晰,有时取决于特定的交际对象。比如,1923 年 12 月 26 日,鲁迅在北京女子高等师范学校文艺会作演讲《娜拉走后怎样》。因为听众大都是脖子上围着一条紫红色绒线围巾的女大学生,所以他可以联系听众说:

> (13)然而娜拉既然醒了,是很不容易回到梦境的。因此只得走;可是走了以后,有时却也免不掉堕落或回来。否则,就得问:她除了觉醒的心以外,还带了什么去？倘只有一条像诸君一样的紫红的绒绳的围巾,那可是无论宽到二尺或三尺,也完全不中用。

当时,北京上演了挪威戏剧家易卜生的《玩偶之家》,有文化的青年人普遍思考"娜拉出走后怎么样？"这一问题。鲁迅通过对梦醒以后的娜拉的出路的分析,来阐明他对妇女解放问题的意见。这本来是一个比较沉重的话题,在演讲中鲁迅说到"人生最苦痛的是梦醒了无路可以走";但是,他通过"像诸君一样的紫红的绒绳的围巾"这一小小的道具,拉近了跟听众的距离,使得演讲轻松、活泼和亲切。

另外,得体性还包括礼貌原则;即说写者根据交际主题和场合,审视自己和听读者的关系,尊重对方,尽可能多表扬、少贬损;谦逊矜持,少自夸、多赞同;即使是反驳别人的观点、批评别人的言行,也要拿捏分寸,委婉措辞,尽量不使人尴尬和难堪。例如:

(14)上世纪50年代初,北大哲学系邀请当时马列学院(现中央党校)艾思奇教授来作关于逻辑问题的学术报告,那时的苏联理论界刮起了一阵批判和否定传统逻辑之风,艾思奇可能受其影响,在报告中也有否定形式逻辑的倾向,系主任金岳霖主持报告会,最后只用两句话作了一个小结:"感谢艾思奇教授给我们作了精彩的报告,他的话都是合乎形式逻辑的。"前一句话作了礼貌式的肯定,后一句话又委婉地亮明了不同的学术观点。这真是恰到好处,正所谓"极高明而道中庸",幽默中表现了他的高度智慧。(张翼星《教授的故事为什么少了?》)

(三)艺术性

主要指语言表达的趣味性,这是语言表达所追求的最高目标。它要求在准确、得体地运用语言的基础上,从相关的同义表达形式中选择最适切的表达形式、施展多种修辞技巧,对语言进行艺术加工和创造,使语言表达具有打动人心的魅力;从而取得最佳的交际效果,实现最优化的沟通、劝说和控制。例如:

(15)本单位的宣传部长是天津人,天生有幽默感。受他的熏陶,他上小学四年级的儿子也显出这般天赋,经常没大没小地和他老子开玩笑。一天下午,儿子放学来单位老子这儿玩。老子中午吃东西不得劲,有点儿闹肚子,这时候下面就放了一个臭响。儿子现场脱口秀:"哟!听您口音,不像本地人。"(祝晓风《有声与无声之间》)

(16)冬,像一双倦游的翅膀,悄悄地在暮色里归去。迎面而来的——春,似一位多情的小姑娘,浑身带着一种困人的诱惑,多么使人陶醉啊!(丁颖《三分春色一分秋》)

例(15)中儿子的俗事雅说,风趣幽默。例(16)则是典型的文学性语言,形象生动。

总之,修辞是一个追求语言使用的准确(真)、得体(善)和艺术(美)的过程,或者说是一个实现语言运用的真诚(信)、通畅(达)和优美(雅)的过程。修辞旨在提高语言的表达效果,进而改善人际交往,达到最佳的沟通、劝说与控制。所以,修辞不仅是一种语言技巧,更是一种运用语言的智慧,一种人生的态度和处世的哲学。因此,我们也可以借助修辞的努力和锻炼,来更好地感悟人生与体察世界,以期获得思想的自由与精神的超越。

练 习 一

一、试分析下面这些句子中"修辞"的意义及其同异。
  1. 君子进德修业。忠信,所以进德也;修辞立其诚,所以居业也。(《易·乾卦》)
  2. 从语录入门者,多不善于修辞。(顾炎武《日知录》十九)
  3. 正如作文的人,因为不能修辞,于是不能达意。(《鲁迅书信集》第746页)
  4. 这种表达方式虽然符合逻辑和语法,但是不符合修辞。
  5. 陈望道先生的研究方向是语法、修辞,著有《文法简论》和《修辞学发凡》。
  6. 李小明这个学期选修了修辞,所以从卓越网上订了好几本修辞。

二、试举例评论下列修辞观念的得失。
  1. 老子:信言不美,美言不信。(《道德经》)
  2. 孔子:辞,达而已矣。(《论语·卫灵公》)
  3. 孔子:言之无文,行而不远。(《左传·襄公二十五年》)
  4. 孔子:情欲信,辞欲巧。(《礼记·表记》)
  5. 孟子:不以文害辞,不以辞害志。(《孟子·万章上》)
  6. 韩愈:陈言务去、词必己出、文从字顺。(《南阳樊绍述墓志铭》)

三、从下面这个故事,分析作为记录者、传播者或阐释者的性别角色与言说倾向。
  相传东晋谢安的妻子刘夫人不许其纳妾,颇好声色的谢太傅很觉不便,家族侄甥便不时在刘夫人面前称《诗经》之《关雎》《螽斯》有不妒忌之德",以微讽之。刘夫人知其意,故问谁撰《诗》,答曰周公。夫人曰,周公是男子,才这么说,"若使周姥撰,应无此语也"。

四、以下面这段介绍为例,讨论话语的意义指谓和语境条件的关系。
  作为司法行政官顾问团的罗马元老院……主要通过财政控制而对行政官进行实际支配。……于是传统上并不包含形式义务的"如果你不介意"(Si eis placeret)这一说法,终于变成了类似于下达命令时的说法:"请听好"。(韦伯《经济与社会》)

第二节 语音的调节和利用

一 什么是语音修辞？

语言是一种通过声音来传递信息的交际系统,主要是诉诸人的听觉的。因为话语存在于说话人和听话人的口耳之间,所以语音形式是否顺口悦耳、是否优美动听,必然会在一定程度上影响到语言表达的效果。特别是对于文学语言来说,通过语音的调整和修饰来增强语言的艺术表现力,是文学创作非常重要的一个步骤。俄罗斯文学家高尔基曾经说过:

(1)作为一种感人的力量,语言的真正的美,是由于言词的准确、明朗和响亮而产生的。(《论社会主义现实主义》)

我国著名作家老舍把朗读作为加工和锤炼语言的第一步。他根据自己语言运用的实践,深有感触地说:

(2)我们写东西第一要要求能念。我写完了,总是先自己念念看,然后再念给朋友听。……我写文章,不仅要考虑每一个字的意义,还要考虑到每个字的声音。不仅写文章是这样,写报告也是这样。我总希望我的报告可以一字不改地拿来念,大家都能听得明白。虽然我的报告作得不好,但是念起来很好听,句子现成。比方我的报告当中,上句末一个字用了一个仄声字。如"他去了"。下句我要用一个平声字。如"你也去吗?"让句子念起来叮当地响。(《关于文学的语言问题》)

连一个虚字"了""啊""吗"等等,都不轻易放过。我的耳朵监督我的口,耳朵通不过的我就得修改。(《对话浅论》)

可见,不光是用口头语言说话要讲究语音修辞,用书面语言写作同样要讲究语音修辞。可以说,文章语言的声音优美,是造就优美的文章所不可缺少的条件。我们平时阅读文章,看上去好像只是在用眼睛看,其实同时也在用无声的内部语言读;这就难怪,有时我们看到精彩的地方会情不自禁地念出声来。所以,为了使文章经得起"读"和便于"念",我们必须充分注意文章语言的音乐性,即重视语音修辞。以期达到刘勰所说的"声转于吻,玲玲如振玉"(《文心雕龙·声律》)。也就是说,通过语音修辞使话语朗朗上口,音义兼美。

所谓语音修辞,指的是对于话语的声音的修饰和调整。一般来说,语音修辞主要包括：(1)词语音节(特别是单双音节)的搭配，(2)叠音词和儿化词的利用，(3)双声词和叠韵词的运用，(4)声调和平仄的配合，(5)整个段落或诗节在语音上的和谐优美。

二 音节配合和节拍调整

人类在呼吸喘气、心跳脉动、行走奔跑、打制石器、叫喊说话和唱歌跳舞等生活、劳动和娱乐的过程中，慢慢地对于声音的节奏敏感起来了：相隔一段时间有规律地重复出现的某种声音特征，使人们对于接下来要出现的这种声音特征充满期待；一旦这种特征再次真正出现了，又使人们在心理上得到满足、产生了快感和美感。于是，人们有意识地把节奏运用到话语的创造和调节上，逐渐形成了话语节拍(简称节拍)的概念。所谓节拍，指话语中交替出现的有规律的语音强弱、长短的现象。对于汉语来说，因为没有系统的轻重音对立，所以不太倚重于语音的强弱，更多地着意于语音的长短。表现为：首先一定数量的音节(拍子)构成一个音步(小节)，然后一定数量的音步构成一个音顿(大节)；最后一定数量的音顿构成一个音逗(语音小句)。其中，音步是在语音上可以独立使用的单位，一个音步通常由两个音节构成(即标准音步)，也可以由一个音节拉长或三个音节挤压来构成(即残音步或超音步)。音步又根据语意和语速，或者独立地成为一个音顿，或者跟其他音步合成一个音顿。音顿和音顿之间可以有短暂的停顿(歇息)，音逗和音逗之间可以有较长的停顿(休止)。拿诗歌等韵文来说，比较典型的情况是：两个音步构成一个音顿(又称半逗)，两个音顿构成一个音逗(诗句或诗行)，两个音逗构成一个音联(对子)，两个音联构成一个诗节(阕)。这样，一个节拍群中不同节拍的时长大致相同，不同的节拍之间有一定长度的停顿。如果这种内部有一定数量的停顿和长短的节拍群重复出现，就可以构成一个节奏模式相似的节拍群组，形成了诗歌等韵文的节奏模式。例如：

(1)(关关|雎鸠)，(在河|之洲)。

　　(窈窕|淑女)，(君子|好逑)。(《诗经·关雎》)

(2)长太息‖以掩涕兮，哀民生‖之多艰。

　　余虽好修姱‖以鞿羁兮，謇朝谇‖而夕替。(屈原《离骚》)

(3)操吴戈兮‖被犀甲，车错毂兮‖短兵接。

　　旌蔽日兮‖敌若云，矢交坠兮‖士争先。(屈原《国殇》)

(4)十五‖从军征，八十‖始得归。

道逢‖乡里人:"家中‖有阿谁?"(汉乐府《十五从军征》)

(5)(秋风|萧瑟)‖天气凉,(草木|摇落)‖露为霜。

(群燕|辞归)‖雁南翔,(念君|客游)‖思断肠。(曹丕《燕歌行》)

(6)风吹过|枫林|响了|又响　月照过|林间‖圆了|又圆

轻的|落叶啊‖画|一幅梦　童年的|怀恋|比风|更远(林庚《驰恋》)

　　当然,不同的人,根据他对诗句意义的理解,以及他朗诵的语速,可以有不尽相同的节拍划分和停顿处理。从而得到他所认可或偏好的诗句节拍。上面圆括号中的节拍群,可以合为一个音顿,也可以拉长为一个音逗。人们在加标点时,逗号一般落在音顿或音逗之后,句号(或分号)一般落在音逗或音联之后。在《诗经》和楚辞中,语气词"兮"一般落在音顿或音逗之后。

　　其实,不仅诗歌要讲究节拍,散文也要对词语的音节搭配进行调整和修饰,尽可能使句子中的节拍匀称和谐,让句子读起来上口,听起来顺耳。反之,如果音节搭配不当,那么读起来就会拗口,听起来就会别扭。

　　音节搭配,一般以整齐匀称为好。为了使话语的节拍整齐匀称,就必须恰当选用单音节词和多音节词语,把它们组合成为整齐匀称的语音形式。例如:

(7)<u>虾、蟹、蜂、蚁、蝇</u>等节肢动物的眼睛都是复眼。……<u>蜜蜂、蚂蚁和某些甲虫</u>却可以凭借复眼看到偏振光的振动方向……(王谷岩《眼睛与仿生学》)

(8)我盼<u>爹爹</u>心中急,等<u>爹</u>回来心欢喜,

　　<u>爹爹</u>带回白面来,欢欢喜喜过个年,

　　欢欢喜喜过个年!(贺敬之等《白毛女》)

(9)黄维慌了手脚,就在双堆集一带<u>胡乱蹲下,布成阵势,守将起来</u>。(谢雪畴《"老虎团"的结局》)

(10)物候学记录植物的生长荣枯,动物的养育往来,如桃花开、燕子来等自然现象,从而了解随着时节推移的气候变化和这种变化对动植物的影响。(竺可桢《大自然的语言》)

例(7)的同一个音顿中,单音节跟单音节相配,双音节跟双音节相配;单双音节各得其所,不能对调。例(8)中,双音节名词"爹爹"和单音节名词"爹"反复换用,无非为了满足七音节歌词的节奏需要。例(9)中,三个双音步音顿配合,节拍整齐,读来顺口。例(10)中,七音节音顿跟七音节音顿相配,三音节音顿跟三音节音顿相配,节奏鲜明,错落有致。

在现代汉语中,常用词语不少是单音节的,同时又有通过复合、附加或重叠而造成的双音节形式。比如:"蟹～螃蟹、打～击打、鞋～鞋子、团～团巴、妈～妈妈、高～高高儿"。这为我们进行语音修辞提供了丰富的词汇资源。

并列的成分,如果在音节上有多有少,那么一般的规律是:音节少的成分排在前面,音节多的成分排在后面。这样,可以避免头重脚轻,读起来就上口,听起来就顺耳。例如:

(11)母亲把饭煮了,还要<u>种田,种菜,喂猪,养蚕,纺棉花</u>。(朱德《回忆我的母亲》)

(12)我们开始烧火做饭。<u>温暖的火、喷香的米饭和滚热的洗脚水</u>,把我们身上的疲劳、饥饿都攘走了。(彭荆风《驿路梨花》)

(13)李四光用他的学识,他的智慧,为我国描绘了多么美丽的<u>石油、煤炭</u>,<u>金属、非金属</u>,<u>稀有元素、分散元素</u>等矿物资源的远景啊!(徐迟《地质之光》)

甚至,社会上的横幅标语也遵循这种语序原则。例如:

(14)防盗,防抢,防诈骗;不听,不信,不汇钱。(银行宣传横幅)

有时,并列的成分会违反上面所说的从音节少到音节多的排序原则。这一般也是有其他原因可寻的,即服从了另外的语序原则。例如:

(15)天上那层灰气已经散开,不很憋闷了,可是阳光也更厉害了:没人敢抬头看太阳在哪里,只觉得到处都闪眼,<u>空中,屋顶上,墙壁上,地上</u>,都白亮亮的,白里透着点红,从上至下整个地像一面极大的火镜,每一条光都像火镜的焦点,晒得东西要发火。(老舍《骆驼祥子》)

(16)北京的物候记录,一九六二年的<u>山桃、杏花、苹果、榆叶梅、西府海棠、丁香、刺槐</u>的花期比一九六一年迟十天左右,比一九六〇年迟五六天。(竺可桢《大自然的语言》)

(17)在我国发现的<u>"中国猿人"、"马坝人"及"山顶洞人"</u>分别属于猿人、古人及新人阶段。(李四光《人类的出现》)

例(15)中"空中、屋顶上、墙壁上、地上"并不按照音节多少来排列,这是为了照应下文的"从上到下"这种感知和描写次序,即根据对空间的认知顺序来排列词语。例(16)中一长串并列成分"山桃、杏花、苹果、榆叶梅、西府海棠、丁香、刺槐",也不以音节多少为序,而是以时间(花期的先后)的实际顺序来排列的。例(17)中三个并列成分"中国猿人、马坝人、山顶洞人",也不以音节多少为序,那是为了照应后文的"猿人、古人及新人"这种进化顺序，即以认识中的人类发展阶段为排序依据。这种根据概念内容和感知顺序的语序排列原则，在认知语言学上叫作像似原则，意思是：语言表达形式中有关成分之间的排列顺序，临摹了这些成分的所指在意义和概念结构中的顺序。

上面这些像似原则压倒节拍原则的例子，充分地说明了修辞的一个重要原则：语言形式首先要服从表达内容，必须在这个基础上，对语言形式进行调整加工，使语言表达优美生动。如果脱离甚至违背表达内容，片面追求语言形式的优美，这是徒劳无功的，在修辞上也是决不会成功的。古人常说的"不以文害意"，讲的就是这个道理。

三 叠音和儿化的利用

在汉语中语素、词的全部或部分可以重叠，构成多种形态的叠音形式（AA式、AABB式、ABAB式、ABB式，等等）。叠音形式跟原来的基础形式相比，在音韵形式和语义内容方面都会发生一些变化。从修辞上看，叠音形式往往加重或减轻了基础形式的语义，增加了强调、爱憎等感性意义，特别是增强了语言的节奏感和音乐美。例如：

(1)再往里走，天山越来越显得优美。在那白皑皑的群峰的雪线以下，是蜿蜒无尽的翠绿的原始森林，密密的塔松像无数撑天的巨伞，重重叠叠的枝丫间，只漏下斑斑点点细碎的日影。（碧野《天山景物记》）

(2)雪中的北海，好像是专为她而安排。浓浓的雪花，纷纷扬扬，遮盖着高高的白塔、葱葱的琼岛、长长的游廊和静静的湖面，也遮盖着恋人们甜蜜的羞涩。（谌容《人到中年》）

(3)这个阵地，从尖古堆到大王庄，顺着地势部署得层层叠叠、严严密密，有虚有实，有明有暗，令人感到冷森森、阴沉沉，一团杀气。（谢雪畴《"老虎团"的结局》）

例(1)通过"白皑皑、密密、重重叠叠、斑斑点点"四个叠音词，生动地描绘出天山原始森林的壮美景象。例(2)通过"浓浓、纷纷扬扬、高高、葱葱、长长、静静"六个叠音词，从上到下，将北海的雪景描写得优美动人，令人向往。例(3)把"老虎团"的严密部署渲染得那么阴森恐怖，离不开"层层叠叠、严严密密、冷森森、阴沉沉"这四个叠音词的巧妙运用。

叠音词的运用，还有助于语段的音节调配和诗歌的韵脚协和。例如：

(4) 成群的鸽子在路上啄食,<u>频频</u>地点着头,<u>咕咕咕</u>呼唤着,文静地挪动着脚步。(吴伯箫《猎户》)

(5) 女人们走路一阵风,长头发剪成<u>短缨缨</u>。(李季《王贵与李香香》)

例(4)中"频频地｜点着头,咕咕咕｜呼唤着",分别通过双音节和三音节的叠音形式,来调配音节、组织音顿,形成匀称和谐的语段节奏。例(5)中"短缨缨"这种叠音形式,使诗句形式工整、节拍匀称、韵脚协和,收到了良好的艺术效果。

儿化是现代汉语中的一种语音变化,它在不增加音节数量的情况下,改变了词语的音韵结构,并且使儿化词在语义上增加了表示小称、喜爱的感性意义。另外,儿化主要发生在口语中,所以儿化词明显地带有口语的语体色彩。比如:"花儿、鸟儿、老头儿、今儿、地儿、玩儿、嗤儿、压根儿、没门儿"等等,读起来声韵圆润、舒扬动听,自然地流露出亲切喜爱的感情色彩。因此,儿化词在文艺作品中被广泛地运用。例如:

(6) 花篮的<u>花儿</u>香,听我来唱一唱;
  来到了南泥湾,南泥湾好地方。(《南泥湾》歌词)

(7) 蓝蓝的天上白云飘,白云下面<u>马儿</u>跑;
  挥动<u>鞭儿</u>响四方,百鸟齐飞翔。(《草原上升起不落的太阳》歌词)

(8) 嫩绿的<u>芽儿</u>,和青年说:"发展你自己!"
  淡白的<u>花儿</u>,和青年说:"贡献你自己!"
  深红的<u>果儿</u>,和青年说:"牺牲你自己!"(冰心《繁星(二)》)

(9) 两杯水酒,一碟炒蚕豆,然后是羊肉酸菜热<u>汤儿</u>面,有<u>味儿</u>没<u>味儿</u>,吃个热乎<u>劲儿</u>。(老舍《正红旗下》)

例(6)(7)中的儿化词有助于使唱腔更为圆润饱满。例(8)(9)则通过运用儿化词,把作者亲切、喜爱、轻松的感情表现得淋漓尽致。

据说,叶圣陶先生的著名童话《蚕和蚂蚁》,原名叫《蚕儿和蚂蚁》。由于这条蚕"出格",是一条不爱劳动的懒蚕,因而作家就把"儿"字去掉了。可见儿化的表情作用是不容忽视的。

四 韵脚呼应和双声叠韵的利用

早在认识到汉语音节的音段可以分为声母和韵母两个部分之前,人们已经觉察到音节中有韵(韵母中除了韵头之外的部分)这个成分;并且还自觉地运用到语言创作中,这便是古代民歌童谣、诗词曲赋中的押韵现象;通过有意识地在某些句子(诗句或诗行)的末尾用韵母相同或相近的音节(字),来使整个诗节音韵和谐、前后呼应。这些韵母相同或相近的音节就是韵脚。比如,相传最早的民歌《弹歌》也大致是押韵的:

(1)断竹,续竹;飞土,逐肉。(《弹歌》)

韵母相同或相近的音节在相关音逗末尾的重复出现,强化了诗句的节拍,给人一种回环往复的美感;同时把相关的音逗贯穿起来,形成一个整体。结果,押韵成为诗歌等韵文区别于散文的一个重要的标志;即使在不讲究音律的现代新诗中,押韵仍然是其最重要的文体特征。并且,日常的标语口号、顺口溜与打油诗,也有意识地让相关的句子押韵。例如:

(2)没有买卖,也就没有杀害。(保护野生动物口号)

(3)撑着油纸伞,独自　彷徨在悠长、悠长　又寂寥的雨巷
　　我希望飘过　一个丁香一样的　结着愁怨的姑娘(戴望舒《雨巷》)

押韵是对人类回响性语音记忆的积极利用。韵脚在诗句末尾有规律地重复出现,把相关的诗句在音响上贯穿起来,前后呼应;不仅读起来朗朗上口、听起来和谐悦耳,而且有助于人们的记忆。因此,《三字经》、《百家姓》、《千字文》等等的童蒙读物,都是在一定范围内押韵的。

再后来,人们逐渐认识到音节的开头部分也是构成音节的一个独立的成分;于是,有了跟"韵"相对的"声"这一概念。当文人学士用"声"和"韵"的概念分析古代汉语中为数不多的双音节词语(联绵字)时,他们发现:其中有些是声母相同,称之为双声字;有些是韵母(或韵)相同,称之为叠韵字。进而从语音构造上理解了双声、叠韵类联绵字具有特殊的艺术表现力的音节结构基础。

在现代汉语中,占优势的是双音节词。在双音节词中,有一些词的两个音节之间有部分相同的关系:或者是声母相同,如:"参差(c-,c-)、惆怅(ch-,ch-)、仿佛(f-,f-)、慷慨(k-,k-)、玲珑(l-,l-)、忐忑(t-,t-)",称为双声词;或者是韵母相同,如:"徘徊(-ai,-uai)、烂漫(-an,-an)、荒唐(-uang,-ang)、妖娆(-iao,-ao)、晶莹(-ing,-ing)、昆仑(-un,-un)",称为叠韵词。它们有的是从古代汉语的联绵字上传承下来的,有的是在近代、现代汉语中新造的。不管是哪一种情况,双声词和叠韵词,由于其内部语音的回环复沓,因而读起来朗朗上口,听起来音韵悦耳,充分体现出汉语音乐美的特点。例如:

(4)青春啊青春,美丽的时光,
　　比那彩霞还要鲜艳,比那玫瑰更加芬芳。

....
青春啊青春,壮丽的时光,

比那宝石还要灿烂,比那珍珠更加辉煌。(歌曲《青春啊青春》)

(5)我希望他们不再像我,又大家隔膜起来……然而我又不愿意他们因为要一气,都如我的辛苦展转而生活,也不愿意他们都如闰土的辛苦麻木而生活,也不愿意都如别人的辛苦恣睢而生活。他们应该有新的生活,为我们所未经生活过的。(鲁迅《故乡》)

(6)真的猛士,敢于直面惨淡的人生,敢于正视淋漓的鲜血。(鲁迅《记念刘和珍君》)

在上面的例子中,加直线的是双声词,加浪线的是叠韵词。例(4)用了"芬芳、珍珠、辉煌"三个双声词,"鲜艳、玫瑰、灿烂"三个叠韵词,使话语在声音上圆润上口,把歌颂青春、赞美生活的美好感情生动形象地表现了出来。例(5)用了双声词"麻木"、双声兼叠韵词"展转"、非双声叠韵词"恣睢",通过三种音韵类型不同的词语来描述三种不同阶层的生活,做到音义兼顾。例(6)句式整齐,叠韵词"惨淡"与双声词"淋漓"遥遥相对,读起来有一种整齐的韵律美。

五 声调配合和平仄调整

在认识到声母和韵母这两个成分之后,经过很长一段时间,人们才觉察到汉语音节中还有声调这个成分;并且,还尝试运用到诗歌创作中,这便是格律诗中的平仄现象;通过有意识地在同一个诗句中让平声字和仄声字重复与交替、上下诗句中平声字和仄声字相对,来使整个一联诗句在音调上抑扬顿挫、前后错综,在节拍上界限分明、上下对应,造就了更加和谐和鲜明的节奏。当然,这是一个漫长而艰苦的艺术探索过程。正如上文所说,优美的节奏有赖于语音强弱和长短的配合,因为汉语没有系统的轻重音与长短音的对立,光是通过调整音步组合造成的节拍在音韵上显得单调和苍白。好在汉语有以音高的高低与升降变化造成的声调,使得人们可以通过声调的配合,来造成一种高低升降、起伏荡漾的音调旋律。但是,古代汉语有平上去入四个声调,怎么把它们调节整合进诗句的节拍群中呢?一种简单明朗的途径是四声的二元化,把音高相对高、音长相对长的平声作为一种声调单元(即平声)、把音高相对低、音长相对短的上去入三种声调作为一种声调单元(即仄声)。其中,最有名的是齐梁时的沈约、谢朓和王融等人;他们把声律和对偶方面的知识运用到诗歌创作上,追求诗句中平仄协调、音韵铿锵、词采华丽、对仗工整,形成了后世所谓的"永明体"。这为诗句的入乐歌唱开辟了新的道路,为格律诗的产生奠定了语言形式方面的基础。

古代汉语的平上去入四个声调,演变成了现代汉语的阴平、阳平、上声、去声四个声调。相应地,平仄的内容也略有调整:因为阴平和阳平的声音较长,读起来舒缓平稳,成为一种声调单元(即平声);上声(经常变调)和去声的声音较短,读起来或升降或曲折或急促,成为一种声调单元(即仄声)。在文章和诗歌中,把这两种调子的词语有机地结合起来运用;于是,在节拍停歇的构架上又镶嵌了音调起伏的旋律,使语句缓急错综、抑扬有致,丰富和强化了语句的节奏。作家老舍曾以口语中的例子生动地说明了这一点:

(1)"张三李四"好听,"张三王八"就不好听。前者是二平二仄,有起有落;后者是四字(按京音读)皆平,缺乏扬抑。……"张三去了,李四也去了,老王也去了,会开成了",这样一顺边的句子大概不如"张三、李四、老王都去参加,会开成了"简单好听。前者有一顺边有四个"了",后者"加"是平声,"了"是仄声,扬抑有致。(《对话浅论》)

修辞学家倪宝元先生曾经非常通俗地打比方说:

(2)平声仄声的配合运用,有如打鼓,平声就像打在鼓中心的 dōng—dōng 声,仄声就像打在鼓边上的 dà—dà 声。老是打在鼓中心,一味的 dōng—dōng—dōng,就显得单调;老是打在鼓边上,一味的 dà—dà—dà,也会使人厌烦。只有 dōng—dōng—dà—dà—dōng, dà—dà—dōng—dōng—dà 地打,才能打出个调子来。(《修辞》)

这说明了平仄调子一定要相重相间地运用,才能增加语言的旋律美和节奏感。

并且,在现代汉语中,我们也完全可以不拘泥于平仄的二元对立;而是注意挖掘阴平、阳平、上声、去声四个声调之间在高低、升降、平折和长短之间的对立和协调,造成节拍群之间在声调上的变化与和谐,创造一种声情并茂、音义俱美的话语旋律。例如:

(3)老王太太嘴上说着:"就这么的吧,不用换了,把坏的换给你们,不好。"眼睛却骨骨碌碌地瞅这个,望那个。(周立波《暴风骤雨》)

(4)峡陡江急,江面布满大大小小的漩涡,船只能缓缓行进,像一个在崇山峻岭之间慢步前行的旅人。但这正好使远方来的人有充裕时间欣赏这莽莽苍苍、浩浩荡荡长江上大自然的壮美。(刘白羽《长江三日》)

(5)正当我们返回的时候,天渐渐黑了,霎时间,四面八方,电灯明亮,就像千万颗珍珠飞上了天!这排排串串的珍珠,使天上银河失色,叫满湖碧水生辉。(谢璞《珍珠赋》)

例(3)中,"骨骨碌碌"是平声调群,"瞅这个"和"望那个"是仄声调群,平声节拍和仄声节拍的搭配十分协调,读起来和谐上口,有助于刻画老王太太口是心非的内心世界。例(4)中,小句末尾的"急(jí)、涡(wō)、进(jìn)、人(rén)、美(měi)"平仄相间,"上升…高平…下降…上升…降升"调子的间隔接续,十分流畅;"峡陡江急",则是"上升－降升－高平－上升"调子的连续展开,声调抑扬顿挫,有助于表达船只受阻缓行、正好尽情欣赏长江美景的兴奋心情。例(5)中,一开始两个小句的末尾是轻声,接着两个小句的末尾是平声,先抑后扬;然后两个小句,一个去声、一个平声,又是先抑后扬;最后三个小句的末尾是平声、去声和平声,先扬后抑再扬;整个一个句群平仄协调、抑扬多变。音调似乎随着作者的心境情绪而跌宕起伏、错综变化。

声调和平仄的运用,其最高境界是声情并茂,一箭双雕。老舍先生说:

(6)一注意到字音的安排,也就必然涉及字眼儿的选择,字虽同义,而声音不同,我们就须选用那个音义俱美的。(《出口成章》)

的确,许多优秀的散文作家,是特别讲究词语的声音跟上下文意义与情感的协调的。例如:

(7)总之,倘佯在这个花海中,常常使你思索起来,感受到许多寻常道理中的新鲜涵义。十一年来我养成了一个癖好,年年都要到花市去挤一挤,这正是其中的一个理由了。(秦牧《花城》)

(8)这几天心里颇不宁静。今晚在院子里坐着乘凉,忽然想起日日走过的荷塘,在这满月的光里,总该另有一番样子吧。(朱自清《荷塘月色》)

例(7)中,"挤"是仄声字,音节的开口度又小;所以,"挤一挤"读起来给人狭窄促迫的感觉,巧妙地体现了在花市上挤的情境和心绪。例(8)中,"日日"跟"每日、每天"同义,但"日日"是叠音词,具有浓厚的描写作用,这是"每日、每天"比不上的。那么,为什么不用同义的"天天"呢?因为"天天"是平声,"日日"是去声,声音短促、下降,更能衬托出作者此时"颇不宁静"的心情。

六 整个段落和诗节的语音美

上面,我们分别从词语的音节、叠音、儿化、双声和叠韵、声调和平仄等几个方面,介绍了语音修辞的内容和手法。其实,在说话和写作中,需要全面考虑、综合运用这些手段,使整个话语、段落和整篇文章或诗歌韵律和谐、语音优美。例如:

(1)月光如流水一般,静静地泻在这一片叶子和花上。薄薄的青雾浮起在荷塘里。叶子和花仿佛在牛乳中洗过一样,又像笼着轻纱的梦。虽然是满月,天上却有一层淡淡的云,所以不能朗照;但我以为这恰是到了好处——酣眠固不可少,小睡也别有风味的。月光是隔了树照过来的,高处丛生的灌木,落下参差的斑驳的黑影,弯弯的杨柳的稀疏的倩影,像是画在荷叶上。塘中的月色并不均匀,但光与影有着和谐的旋律,如梵婀玲上奏着的名曲。(朱自清《荷塘月色》)

(2)四嫂:你要是眼睛不瞧着地,摔了盆,看我不好好揍你一顿!

小妞:你怎么不管哥哥呢?他一清早就溜出去,什么事也不管!

四嫂:他?你等着,他回来,我不揍扁了他才怪!

小妞:爸爸呢,干脆就不回来!

四嫂:甭提他!他回来,我要不跟他拼命,我改姓!(老舍《龙须沟》)

例(1)中,作者调动了多种语音修辞手段(叠音词、双声和叠韵词),渲染了荷塘上幽美的月色。在声调上平仄相间相重,句末音节以仄声居多,配合表现作者在幽静恬美的景色中,淡淡的喜悦里夹杂着淡淡的哀愁的心境。例(2)是话剧的开场,借助语音修辞,几句话就把四嫂的急躁火暴的性格刻画出来了。其中,基本押韵的话语,铿锵有力;并且都以去声收尾,急促刚硬。四嫂话语的语音特征跟她的性格特点十分契合。

跟其他文体相比,诗歌对语音修辞的利用更集中、更系统,甚至达到了程式化的水平。如果把诗歌的结构比作一座大厦的话,那么音顿、音逗等节拍竖立起了一根根大小不同的柱子,奠定了房子的基础;押韵则以前后呼应、回环往复的形式把散漫的音逗组织成为一个整体,就像栋梁把有关的大柱连接起来一样,勾画出房子的基本骨架;平仄等声调配合以连绵起伏、抑扬错综的形式,在这个骨架上面铺设了翻卷起伏的屋顶和重檐飞脊,搭建起了房子的大概轮廓。中国古代诗歌从五言、七言,到绝句、律诗的发展,走的基本上就是这种路线。

练 习 二

一、试分析下列句子中有关词语在音节配合上的得失。

    1.看来很平凡的一块田地,实际上都有极不平凡的经历。在一百几十万年间,人类在这上面追逐着野兽,放牧着牛羊,捡拾着野果,播种着庄稼。(秦牧《土地》)

    2.拿书的拿书,扫地的扫地,擦脸的擦脸;乘机会吐舌头的吐舌头;挤眼睛的挤眼睛;乱成一团,不亚于一个小地震。(老舍《老张的哲学》)

二、分析下面段落中儿化词语和叠音词语的修辞作用。

    1.看那女人生得:黑丝丝的发儿,白莹莹的额儿,翠弯弯的眉儿,溜度度的眼儿,正隆隆的鼻儿,红艳艳的腮儿,香喷喷的口儿,平坦坦的胸儿,白堆堆的奶儿,玉纤纤的手儿,细袅袅的腰儿,弓弯弯的脚儿。(冯梦龙《古今小说》三十六回)

    2.漳河水,九十九道湾;层层树,重重山;

        层层绿树重重雾,重重高山云断路。(阮章竞《漳河水》)

三、分析下面歌词《红尘有你》的节拍和押韵方式。

    我心的空间,是你走过以后的深渊;

    我情的中间,是你留下雪泥梦和梦的片段;

    我梦的里面,是场流离失所的演变;

    我泪的背面,依然留着一面等你的天;

    红尘有你,就有我无悔的泥;

    随人间风雨迁徙,怨不了无情天地;

    那苍天从不曾改变,留给我寂寞的誓言;

    走过人间千百回天涯,又回到深情的原点;

    那岁月再怎么摧残,我的心不会怕永远;

    因为梦和爱不会忘记,红尘有你,红尘有你。

四、分析下列诗句的节拍和平仄,并思考问题:什么是半逗律?能不能用半逗律来说明或规范新诗的节拍?

    1.浮云游子意,落日故人情。(李白《送友人》)

    2.无边落木萧萧下,不尽长江滚滚来。(杜甫《登高》)

    3.日出得高高走出大门去   朋友们奔驰在天的远处

      清晨的杨柳是春的家乡   白云遮断了街头的归路   (林庚《春晨》)

4. 我们常飘向童年的河滨　锥形的大沙堆代替了光明

　　石块迸裂后没有被腐蚀　淡淡的起伏中闪动黄金　（顾城《我们常飘向童年的河滨》）

五、从语音修辞的角度,分析下列作家改笔(在括号中)的得失。

1. 在沉思默想的时候,我仿佛听到一种深沉有力的呼喊:"人们啊,在你自己的一生里,你究竟打算做什么样的人,走什么样的<u>道路</u>(→路)呢?"(魏巍《路标》)

2. 本来是蛇虫蜿蜒、<u>野生植物遍地都是</u>(→荆榛遍地)的荒凉小岛。(秦牧《土地》)

3. 纺线,劳动量并不太小,纺久了会<u>胳膊疼腰酸</u>(→腰酸胳膊疼)。(吴伯箫《记一辆纺车》)

4. 打着<u>狐子</u>(→狐狸)兔子搬家,听见闹革命崔二爷心害怕。(李季《王贵与李香香》)

5. 那黑色的人站在旁边,见炭火一红,便解下包袱,打开,两手捧出孩子的头来,高高举起。那头是秀眉长眼,皓齿红唇,脸带笑容,<u>蓬松的头发</u>(→头发蓬松),正如青烟一阵。(鲁迅《铸剑》)

6. 远处树<u>同</u>(→树木和)建筑物的黑影动也不动,像怪物摆着阵势。(叶圣陶《夜》)

7. 他长着一副微黑透红的脸膛,<u>稍高</u>(→高高)的个儿,站在那里,像秋天田野里一株红高粱那样的淳朴可爱。(魏巍《谁是最可爱的人》)

8. 此后一连几日,变了天,<u>洒</u>(→飘飘洒洒)落着凉雨,不能出门。(杨朔《雪浪花》)

9. 我一看小孩子,是挺好的一个小孩子<u>呀</u>(→儿啊)。(魏巍《谁是最可爱的人》)

10. (那孩子)不知怎么一来就拉开了喉咙直叫。叫开了头便难得停,好比大暑天的<u>蝉儿</u>(→蝉)。(叶圣陶《夜》)

六、王国维在《人间词话》中说:"苟于词之荡漾处多用叠韵,促节处用双声,则其铿锵可诵,必有过于前人者。"请从现代歌词中找出一些例子,来说明上述论断。

第三节　词语的选择和锤炼

一　词语的修辞利用

说话和写文章,首先必须用词正确,即选择合适的词语来准确地表情达意;进而利用词语的意义和色彩,使语言表达生动优美。这就要求我们掌握丰富的词汇,了解各种词汇的修辞特征,从众多的词语中选出最适合需要的词语。俄罗斯诗人马雅柯夫斯基曾经说过:

(1) 为了一个词儿,你得耗费千万吨的词汇的矿砂。(《马雅柯夫斯基全集》)

同样,我国古代文论诗话中早有"炼字"的说法,并且在文学史上流传下来众多的炼字和苦吟的佳话。其中,最有名的是唐朝诗人贾岛"推敲"的故事。唐朝诗人卢延让也有"吟安一个字,捻断数茎须"(《苦吟》)的感慨。现代文学家老舍曾经说过:

(2) 写东西时,用字、造句必须是要求清楚明白。……我的意思是:要老老实实地把话写清楚了,然后再要求生动。(《出口成章》)

其要旨就是要求作者对词语进行审慎的辨别、用心的锤炼。这说明了用词准确对于语言表达的重要作用。顺便说一句,语言表达的正确和生动,还有赖于我们对所描述的事物和情况的透彻了解和深刻体察。正如我国近代文史大家王国维所说的:

(3) 大家之作,其言情也必沁人心脾,其写景也必豁人耳目。其辞脱口而出,无矫揉妆束之态,以其所见者真,所知者深也。(《人间词话》)

相反,如果不仔细地体察事物、分别概念和辨析词义,就有可能用错极其普通的常用词语。比如,2009 年末,《咬文嚼字》编辑部公布了当年中国出现频率最高、覆盖面最广的十大常犯语文差错。其中,有五项是跟词语的误用有关的。列举如下:

(4) 经常混淆的概念是:"祖国"和"新中国"。2009 年是新中国建立 60 周年,在相关纪念活动和媒体报道中,"祖国 60 岁生日"频频出现,正确的说法应是"新中国 60 岁生日"。"新中国"特指中华人民共和国。

(5) 容易用错的成语是:"首当其冲"。所谓"首当其冲",义为<u>首先受到</u>

冲击,遭遇灾难与不幸,不能理解为"冲锋在前"。

(6)经常误用的量词是:"位"。"位"不是一个普通的量词,它含有敬重意味。但有些媒体却用其表达"一位罪犯"或"一位贪官"。"位"也不应用于自称。

(7)地方宣传中经常误用的词语是:"故里"。现在一些地方为了提高知名度,常号称是某名人的"故里",理由是该名人曾在当地生活居住,为争夺名人"故里"称号甚至相互对簿公堂。其实,"故里"指的是故乡、家乡。住过的地方应称"故地",住过的居室应称"故居",都与"故里"无关。

可见,在特定的上下文中,要选准一个词语可不是一件轻而易举的事情。正如18世纪法国文学家福楼拜所说的:

(8)无论你要讲的是什么,真正适用的动词、形容词只有一个,就是那个最准确的一个动词或形容词,其他类似的却很多。而你必须把这唯一的动词或形容词找出来。

鲁迅就有这种从相关的同义、近义表达中挑选出最适合的"那一个"的本领。例如:

(9)……他走近柜台,从腰间伸出手来,满把是银的和铜的,在柜上一扔说……(《阿Q正传》)

(10)他不回答,对柜里说,"温两碗酒,要一碟茴香豆。"便排出九文大钱。(《孔乙己》)

(11)他从破衣袋里摸出四文大钱……(《孔乙己》)

(12)我没有思索的从外套袋里抓出一大把铜元……(《一件小事》)

同样是描写拿出钱来,例(9)中的"一扔"把中兴的阿Q洋洋得意之态写活了。例(10)中的"排出"和"摸出"展现了穷困潦倒的孔乙己的窘态:"排"字反映这九文大钱来之不易,所以郑重其事;"摸"字反映他囊中空空,好不容易才搜索出这些钱来。例(12)的"抓出"惟妙惟肖地刻画出"我"不安而慌张的神态。

可见,词语的准确运用,绝不是一件容易的事情,也是一件不容忽视的事情。下面我们从同义词语的选择和连用、反义词语的连用和照应、类义词语的连用和呼应、词语的评价色彩和易色、词语的形象色彩和造型、词语的语体色彩和挪用等方面,介绍利用词语的意义来美化语言的各种技巧。

二　同义词语的选择和连用

现代汉语中有着丰富的同义词和同义的表达形式,这为我们精细而准确、灵活而多变地表情达意提供了宝贵的资源。一般来说,同义词语在语义表达上的作用主要有两点:

(一) 丰富的同义词语便于准确地描写事物,精细地表达思想感情

例如:

(1)中国的主要人口是农民,革命靠了农民的<u>援助</u>才取得了胜利,国家工业化又要靠农民的<u>援助</u>才能成功,所以工人阶级应当积极地<u>帮助</u>农民进行土地改革,城市小资产阶级和民族资产阶级也应当<u>赞助</u>这种改革,各民主党派各人民团体更应当采取这种态度。(毛泽东《做一个完全的革命派》)

(2)不过我的心境也很复杂,我虽然不高兴他们的<u>厚道</u>,但我又爱他们的<u>厚道</u>。(郭沫若《屈原》,两个"厚道"初稿中均为"愚蠢","他们"指人民群众)

(3)上自王后,下至弄臣,也都恍然大悟了<u>仓皇</u>散开,急得手足无措,各自转了四五个圈子。(鲁迅《铸剑》,"仓皇"初稿中为"即刻")

例(1)中,作者认为中国革命的主力军是工人阶级,而农民是同盟军,所以农民是"援助"革命;但是,土地改革则是农民的事情,所以对工人阶级来说参与其事就是"帮助";至于小资产阶级、民族资产阶级有一定的经济实力,所以说他们应当"赞助"。例(2)中,初稿中的"愚蠢"是贬义词。显然,从热爱民众的屈原口中说出这种话是不合适的。定稿中改为"厚道",这是褒义词,恰当地表达了屈原同情民众的思想感情。例(3)中"仓皇"一词不仅包含了原稿中"即刻"的时间概念,而且把王后到弄臣的慌张恐惧、手足无措的神态刻画出来了,形象生动,感情色彩十分鲜明。

(二) 同义词语的互相替换,避免了文字上的重复和呆板,使行文富有变化

例如:

(4)当时我很喜欢他门前的瓜架、苇篱圈成的小院子和沿苇篱种的向日葵。我也喜欢他屋里的简单陈设:小锅,小灶,一盘铺着苇席和狼皮的土炕;墙上挂满了<u>野鸡</u>、水鸭、大雁等等的羽毛皮,一张一张,五色斑斓。最喜欢的当然是他挂在枕边的那杆长筒猎枪和一个老得发紫的药葫芦。……夏天的水鸭,秋天的<u>雉鸡</u>,冬天的野兔,每次带回不过两只三只。(吴伯箫

《猎户》)

(5)这就是白杨树,西北极普通的一种树,然而决不是平凡的树。(茅盾《白杨礼赞》)

(6)我们以我们的祖国有这样的英雄而骄傲,我们以生在这个英雄的国度而自豪。(魏巍《谁是最可爱的人》)

(7)我向来是不惮以最坏的恶意来推测中国人的。但这回却很有几点出于我的意外。一是当局者竟会这样地凶残,一是流言家竟至如此之下劣,一是中国的女性临难竟能如是之从容。(鲁迅《记念刘和珍君》)

例(4)中,同义词"野鸡、雉鸡"交错运用,避免了同句内"野"字的重复出现。例(5)中,"普通、平凡"都有"平常"的意思,但"平凡"前边加上否定词时,有非凡的意思,形容超过一般,褒颂色彩比较强烈。例(6)中,"骄傲、自豪"交错运用,显得活泼生动。例(7)中"竟会、竟至、竟能"都含有"初不料如此,而终究如此"的意思;"这样、如此、如是"意思也相同,这两组同义词的运用,避免了字面的重复、单调,使语言富于变化。

相反,有时为了强调,可以重复运用某些相关的词语,即采用反复的修辞手法。例如:

(8)孩子啊,你在睡梦中还会用小手揉揉眼睛,抹掉母亲滴在自己脸上的泪水,但是爸爸不能了;孩子啊,你饿了会用小手拿着馍馍啃,你渴了会捧着杯子喝,你会用手绢擦鼻涕,你会拿着冰棍儿吮,跌倒了也会用手撑着爬起来,可是爸爸不能了,都不能了。一年两年,十年、二十年,永远不能了,孩子啊!妈妈怎么办呢?(茹志鹃《离不开你》)

(9)于是每天每月,早上桂芬要穿两个人的衣裳,刷两个人的牙,洗两个人的脸,上两次厕所,烧两份饭。(茹志鹃《离不开你》)

例(8)是妻子在丈夫失去了双臂、想到将来的难处时,面对怀抱的两岁孩子的一段独白。其中,孩子的"会、也会、还会"和爸爸的"不能、都不能、永远不能"交错反复出现,有力地衬托出她痛苦的心境,大大增强了艺术感染力。例(9)由"两"组成的数量词组的五次反复,写出桂芬吃尽千辛万苦,帮助失去双臂的丈夫生活下去的感人细节。

有时候,我们既希望有反复手法那样的强调作用,又不希望字面的重复,可取的办法是让异字面的同义词语前后连用。例如:

(10)本乡本土的,石将军们明白,赵指挥长是员水利战线的老将……

他抓工作大刀阔斧,敢想敢干,凡事喜欢"一锤定音",拍板定案。(古华《五彩石》)

(11)斯琴高娃今年三十二岁,是个文雅贤惠的人。人们赞誉她是"婆婆的好儿媳、丈夫的好妻子、女儿的好妈妈"。(王维俭《斯琴高娃演虎妞之前前后后》)

例(10)通过两对同义成语来反映赵指挥长工作的果断。例(11)通过三个同义的短语,从不同的角度来赞扬斯琴高娃的为人。不同字面的同义词语的运用,一方面表达了着重强调的意思,另一方面文字变化错综,使语言表达丰富多彩。

三 反义词语的连用和反用

现实世界是充满着矛盾和对立的,相应地语言中就有许多反映这种矛盾和对立的词语,即反义词。比如:"大—小、长—短、高—低/矮、好—坏/赖、浪费—节约、吝啬—慷慨/大方、拥护—反对、痛苦—快乐、谦虚—骄傲、平坦—崎岖",等等。我们说话、写文章通常是用语言来反映客观事物和现实生活,并表达自己对此的主观态度。因此,我们就免不了要运用反义词来反映现实中的矛盾和对立。比如,歌剧《白毛女》的主题就是由三组反义词构成的:"旧社会把人逼成鬼,新社会将鬼变成人。"它突出地表现了新旧社会在本质上的差别。

具体地说,反义词语在表情达意方面的作用主要有:

(一)揭示现实世界中存在的矛盾和对立,形成强烈的对照和映衬

例如:

(1)为人民利益而死,就比泰山还重;替法西斯卖力,替剥削人民和压迫人民的人去死,就比鸿毛还轻。(毛泽东《为人民服务》)

(2)母亲没有灰心,她对穷苦人民的同情和对为富不仁者的反感却更强烈了。(朱德《回忆我的母亲》)

(3)他在舞台上是一个反角,演得那么丑,那么讨人恨;但在舞台下他却是一个正角,是那样好,那样令人爱!(刘健屏《演反角的叔叔》)

(4)我在极短期的踌躇中,想,这里的人照例相信鬼,然而她,却疑惑了,——或者不如说希望:希望其有,又希望其无……(鲁迅《祝福》)

例(1)用三对反义词说明了人生的价值,例(2)在"同情"和"反感"的对照中,表现了母亲的爱憎感情;例(3)运用四组反义词语描绘了一个演员在舞台上下完全不同的形象,例(4)通过一对反义短语来刻画祥林嫂对于"一个人死了之后,究竟有没有魂灵的?"的矛盾的心境。

(二)用反义词语构成表面上似乎是矛盾的语句,来深刻地揭示出发人深省的道理

例如:

(5)这是最好的时代,这是最坏的时代;这是智慧的时代,这是愚蠢的时代;这是信仰的时期,这是怀疑的时期;这是光明的季节,这是黑暗的季节;这是希望之春,这是失望之冬;人们面前有着各样事物,人们面前一无所有;人们正在直登天堂,人们正在直下地狱。(狄更斯《双城记》开头)

(6)这一件大发见,虽似意外,也在意中,合伙吃我的人,便是我的哥哥!(鲁迅《狂人日记》)

(7)当我沉默着的时候,我觉得充实,我将开口,同时感到空虚。(鲁迅《野草·题辞》)

(8)老先生的相貌先就长得不一样。这张脸非常不买账,又非常无所谓,非常酷,又非常慈悲,看上去一脸的清苦、刚直、坦然,骨子里却透着风流与俏皮……(陈丹青《笑谈大先生》)

例(5)通过一组貌似矛盾的句子,来刻画18世纪封建制度下日渐腐败的欧洲社会。例(6)中"意外"是说哥哥不应该吃自己的弟弟,而现在却吃起来了;"意中"是说旧家族制度和封建礼教就是靠吃人而存在,没有什么奇怪的;"意外"和"意中"相反相成,在这里是矛盾的统一,含意深刻。例(7)用交叉的两组反义词,反映出人物特殊心境下的特殊感受,非常真切,富有艺术感染力。例(8)则是通过有潜在的反义关系的短语,来刻画鲁迅骨子里既刚毅卓绝、又悲天悯人的气质。

故意用反义词语来说反话,在表达上也很有趣味。一般地说,对敌人说反话就是表示讽刺和嘲笑,对朋友说反话就是表示亲切和喜爱,对自己说反话就是表示自嘲或调侃。例如:

(9)当三个女子从容地转辗于文明人所发明的枪弹的攒射中的时候,这是怎样的一个惊心动魄的伟大啊!中国军人的屠戮妇婴的伟绩,八国联军的惩创学生的武功,不幸全被这几缕血痕抹杀了。(鲁迅《记念刘和珍君》)

(10)有几个"慈祥"的老板到菜场去收集一些菜叶,用盐一浸,这就是她们难得的佳肴。(夏衍《包身工》)

(11)几个女人有点失望,也有些伤心,各人在心里骂着自己的狠心贼。

(孙犁《荷花淀》)

(12)"哈"李宝堂忽然成了爱说话的老头,他笑着答道:"可不是?咱福都享够了,这回该分给咱二亩地,叫咱也受受苦吧。咱这个老光棍,还清闲自在了几十年,要是再分给一个老婆,叫咱也受受女人的罪才更好呢。哈……"(丁玲《太阳照在桑干河上》)

通过说反话,例(9)讽刺了中外反动派屠杀人民的丑行劣迹,例(10)嘲笑了资本家的残酷和贪婪,例(11)则反映出女人们对自己丈夫的挚爱,例(12)表现了老长工李宝堂翻身后的喜悦心情。

还有,反义词语的前后对照使用,可以构成对比的修辞手法。例如:

(13)然而"弱不禁风"的小姐出的是香汗,"蠢笨如牛"的工人出的是臭汗。(鲁迅《文学和出汗》)

(14)当面不说,背后乱说;开会不说,会后乱说。(毛泽东《反对自由主义》)

(15)在长期的阶级斗争和革命战争中,总司令经历了多少惊涛骇浪呵,他对敌人总是针锋相对,革命意志像钢铁一样坚强;而对自己的同志,又总是那样宽宏大量,情感像春天一样温暖。(周立波《朱总司令事迹片断》)

例(13)以出汗比喻阶级性,通过对比说明:虽然汗是没有阶级性的,但是出汗却跟阶级性有关。例(14)通过两组反义词语的对比,写出了自由主义的恶劣表现。例(15)通过两组反义词语的对比,突现了朱总司令爱憎分明的阶级感情。

四 类义词语的连用和呼应

类义词指在意义上代表同一类事物或概念的一批词,它们往往是同一个上位词的下位词。比如,"雨、雪、雹、冰、风、云、露、霜、虹、霞、霭、雾、雷、闪电、潮汛"等,是表示气象的类义词;"香、臭、腥、膻、臊、甜、酸、苦、涩、辣、咸、淡、可口、难吃、醇厚、油腻、清淡"等,是表示味道的类义词;"走、跑、踢、踩、跐、坐、蹲、立、骑、跨、越"等,是表示下肢动作的类义词。

在说话和写作时,为了铺陈或列举,反映事物的全体或从不同的方面来摄取景物的全貌,通常需要连用一连串类义词语。例如:

(1)桃树、杏树、梨树,你不让我,我不让你,都开满了花赶趟儿。红的像火,粉的像霞,白的像雪。花里带着甜味儿;闭了眼,树上仿佛已经满是

桃儿、杏儿、梨儿。花下成千成百的蜜蜂嗡嗡地闹着,大小的蝴蝶飞来飞去。(朱自清《春》)

(2)搬家时热闹非常。部队出动好几十名战士,有人端锅碗,有人抱坛罐,有人扛木头,有人背草袋,有人赶小猪,小猪吱吱叫着,锣鼓响着,排成一长队,热热闹闹,把这一家送进新居。(魏巍《依依惜别的深情》)

例(1)通过连用表示树木及其果实、花的颜色和昆虫的类义词,描绘出了万木争荣、繁花似锦、蜂蝶闹春的颂春画卷。例(2)通过表示动作的类义词来描写搬家的场面,渲染了战争间隙中难得的祥和而热闹的气氛。

在对偶中,上下句的某些词语通常是类义词语,使对偶句不光在句式上整齐美观,在语音上节奏铿锵;而且在意义上前后照应,上下勾连,便于记忆。例如:

(3)惨象,已使我目不忍视;流言,尤使我耳不忍闻。(鲁迅《记念刘和珍君》)

(4)春种一粒粟,秋收万颗子。(李绅《悯农》)

类义词语在一句中连用,在上下句中对用,也可以构成工整的对子。例如:

(5)风声、雨声、读书声,声声入耳,
　　家事、国事、天下事,事事关心。(明·顾宪成)

这种类义词的安排方式非常精致灵巧,艺术性很高,用在文章中能起很好的点缀作用。

另外,许多形式较为严整的句子,一般也在上下句中使用一些类义词语,使上下语句在语意上联系更为紧密,意脉更为显豁。例如:

(6)秋收,秋耕,秋种,都要忙完了。正是大好的打猎季节。……一路上踏着软软的衰草,一会儿走田埂,一会儿走沟畔,不知不觉就是十里八里。田野里很静,高粱秸竖成攒,像一座一座的尖塔,收获的庄稼堆成垛,像稳稳矗立的小山。(吴伯箫《猎户》)

例(6)中五组类义词连用、对用结合起来,层次井然地描绘出了一路上见到的秋后丰收景象,十分醒目。

五 词语的评价色彩和易色

语言不仅有传递事实性信息的功能,而且还有表示情感性评价的功能。对于同样一件事情,可以用积极性词语进行正面肯定,也可以用消极性词语进行

负面否定。例如:

(1)我20岁时借了叔叔两千美元去华尔街买股票,别人叫我赌徒;后来,我把赚来的五千美元买了股票,别人叫我冒险家;30岁时,我把赚来的一万美元买了股票,别人叫我投机者;后来,我又把赚来的十万美元买了股票,别人叫我投资者;40岁时,我把赚来的五十万美元买了股票,别人叫我金融家;后来,我把赚来的一百万美元买了股票,别人叫我银行家。其实,几十年来,我干的一直是同样的事情。

(2)名人和凡人差别在什么地方呢?名人用过的东西,就是文物了,凡人用过的就是废物;名人做一点错事,写起来叫轶事,凡人呢,就是犯傻;名人强词夺理,叫做雄辩,凡人就是狡辩了;名人跟人握握手,叫做平易近人,凡人就是巴结别人;名人打扮得不修边幅,叫做有艺术家的气质,凡人呢,就是流里流气的;名人喝酒,叫做豪饮,凡人就叫贪杯;名人老了,称呼变成王老,凡人就只能叫老王。(王选《我一生中的几个重要抉择》)

例(1)是美国华尔街一个投资者的自述,例(2)是王选的成功感言。词语选择的背后,反映的是说话人的感情评价,折射的是世道人心。可见,修辞是需要洞明世事、练达人情的。

褒义词表示正面的评价,带有尊敬、赞美的感情色彩;贬义词表示负面的评价,带有鄙视、斥责的感情色彩。一般地说,当我们说写到要赞扬的正面事物时,就应该使用褒义词;写到要批判的反面事物时,就应该用贬义词。例如:

(3)进入天山,戈壁滩上的炎暑就远远地被撒在后边,迎面送来的雪山寒气,立刻使你感到像秋天似的凉爽。(碧野《天山景物记》)

(4)马路上一个水点也没有,干巴巴地发着白光。便道上尘土飞起多高,跟天上的灰气联接起来,结成一片毒恶的灰沙阵,烫着行人的脸。(老舍《骆驼祥子》)

例(3)用褒义词"凉爽"表示酷暑天雪山寒气迎面扑来的舒畅感觉。例(4)用贬义词"干巴巴"与"毒恶"修饰"白光"与"灰沙阵",意在表达难受、痛恨的感情色彩。

与此相反,有时为了把自己的褒贬好恶感情表达得更加强烈和别致,可以故意反用词的褒贬色彩:说到要贬斥的事物时用褒义词,说到要褒扬的事物时用贬义词。这种修辞手法叫易色,它可以给人留下强烈而深刻的印象。例如:

(5)不幸的是,尽管我们攻克了不少城市,打了不少胜仗,但总是跟不

上他的胃口。这老头简直是<u>贪得无厌</u>……每天我一到他家,准会听到一个新的军事胜利……(都德《柏林之围》)

(6)这婆娘一旦开骂,一时半刻停不下来,她<u>深入浅出</u>地骂,变着法地骂,反复强调地骂,敞开了骂,分单元分段落地骂,粗犷的骂,仔细的骂,顺着骂,反着骂,其分贝高低错落有致。(赵瑜《中国的要害》)

例(5)中"贪得无厌"是贬词褒用,赞扬儒夫上校真挚、深沉而又热烈的爱国热情,生动风趣。例(6)中"深入浅出"是褒词贬用,意在嘲笑泼妇骂街之恶劣。

六　词语的形象色彩和造型

语言中有不少词是表示事物的形状、颜色和声音的,描形的如:"耸立、翼然、庞大、巍峨、细条条、'品'字形、'之'字形"等;绘色的如:"通红、碧绿、金黄、湛蓝、雪白、漆黑、绿茵茵、绿油油"等;摹声的如:"叮当、滴答、哗哗、轰隆隆、噼里啪啦"等;品味的如:"甜津津、酸溜溜、麻丝丝、咸津津、辣乎乎"等。它们都富有形象色彩和文化底蕴,积淀着民族的普遍情感和想象惯性,便于人们说话和写作时用来造型——写景状物、描形绘色、摹声品味。平时,我们应该积累各种各样的形象性词汇,掌握它们的意义,体会它们的形象色彩,培养对它们的敏锐语感。这样,在阅读时可以帮助自己提高欣赏水平,在说话和写作时就能巧妙地运用,为自己的话语和文章增加文采。下面我们来看优秀作家是怎样运用这种带有形象色彩的词语的。例如:

(1)这个亭<u>踞</u>在突出的一角的岩石上,上下都空空儿的;仿佛一只苍鹰展着翼翅<u>浮</u>在天宇中一般。(朱自清《绿》)

(2)春天有野迎春。夏天太阳一西斜,漫山漫坡是一片黄色,散发着一股清爽的香味。黄花丛里,有时会<u>挺</u>起一枝火焰般的野百合花。(杨朔《海市》)

例(1)的"踞"形象地把静态的亭子写活了,像有生命的人或动物一样灵巧地蹲在山上。例(2)的"挺"字,写出了野百合花遒劲有力的姿态。另外,象声词、色彩词用于景物描写中,可以创造出绘声绘色的艺术境界。例如:

(3)雪野中有<u>血红</u>的宝珠山茶,白中隐青的单瓣梅花,<u>深黄</u>的磬口的腊梅花;雪下面还有<u>冷绿</u>的杂草。(鲁迅《雪》)

(4)"小弟弟,好玩呢,洋铜鼓,洋喇叭,买一个去。"引诱的声调。接着是:<u>冬,冬,冬</u>,——<u>叭,叭,叭</u>。

当,当,当,——"洋瓷面盆刮刮叫,四角一只真公道,乡亲,带一只去吧。"(叶圣陶《多收了三五斗》)

例(3)中显性和隐性(雪→白色)的颜色词,写出了白色的雪地上鲜花争艳、欣欣向荣的景象;例(4)通过一连串摹声词,生动而真切地反映出店员卖力推销商品的情态。

在说话和写作时,为了使话语和文章辞采斑斓、趣味盎然,应该把描写形象与摹声绘色结合起来。例如:

(5)不必说碧绿的菜畦,光滑的石井栏,高大的皂荚树,紫红的桑椹;也不必说鸣蝉在树叶里长吟,肥胖的黄蜂伏在菜花上,轻捷的叫天子(云雀)忽然从草间直窜向云霄里去了。单是周围的短短的泥墙根一带,就有无限趣味。油蛉在这里低唱,蟋蟀们在这里弹琴。翻开断砖来,有时会遇见蜈蚣,还有斑蝥,倘若用手指按住它的脊梁,便会啪的一声,从后窍喷出一阵烟雾。(鲁迅《从百草园到三味书屋》)

(6)西边一湾绿水,缓缓的从净业湖向东流来,……桥东一片荷塘,岸际围着青青的芦苇。几只白鹭,静静的立在绿荷丛中,幽美而残忍的,等候着劫夺来往的小鱼。……一阵阵的南风,吹着岸上的垂杨,池中的绿盖,摇成一片无可分析的绿浪,香柔柔的震荡着诗意。(老舍《老张的哲学》)

这两段绘形绘色的描写,达到了北宋诗人梅尧臣所说的"状难写之景如在目前,含不尽之意见于言外"(欧阳修《六一诗话》引)。

七 词语的语体色彩和挪用

不同的词语运用于不同的场合、完成不同的交际功能,逐渐形成了不同的语体色彩。比如,经常在口头上使用的词语具有口语色彩,经常在书面上使用的词语具有书面语色彩:

(1)爸爸—父亲　妈妈—母亲　吓唬—恐吓　溜达—散步　剃头—理发　小气—吝啬　怎么—如何　忙乎—忙碌　日子—生活　走—步行　信—函　在—于

横线前面的词语带有口语色彩,经常出现于口语交际中,具有随便、通俗的格调。像电影《李双双》中喜旺称他的妻子为"家里的、做饭的、堂客"等,都是口语词,出自农民之口,很得体。横线后边的词语带有书面语色彩,经常出现在书面文章之中,比较正规和严肃,用于比较正式的场合。比如,外交官见面时各自介绍自己的妻子为"这是我的太太",而不能像喜旺那样说"这是我屋里的"。

我们在说话和写作时,应该分清这两种语体色彩不同的词语。描写一般人物日常谈话时,应该用具有口语色彩的词语;当作者自己叙述时,可以用具有书面语色彩的词语。例如:

(2)刚才跑出去那个小闺女,跑到外边一宣传,说有个<u>打官司</u>的老婆,四十五了,擦着粉,穿着花鞋。邻近的女人们都跑来看,挤了半院,唧唧哝哝说,"<u>看看</u>!<u>四十五了</u>!""<u>看那裤腿</u>!""<u>看那鞋</u>!"三仙姑半辈没有脸红过,偏这会撑不住气了,一道道热汗在脸上流。交通员领着小芹来了,故意说:"<u>看什么</u>?<u>人家也是个人吧</u>,<u>没有见过</u>?<u>闪开路</u>!"一伙女人们哈哈大笑。(赵树理《小二黑结婚》)

(3)如果说进到天山这里还像是秋天,那么再往里走就像是春天了。山色逐渐变得<u>柔嫩</u>,山形也逐渐变得柔和,很有一伸手就可以<u>触摸</u>到<u>凝脂</u>似的感觉。这里<u>溪流</u>缓慢,<u>萦</u>绕着每一个山脚,在轻轻荡漾着的溪流的两岸,满是高过马头的野花,红、黄、蓝、白、紫,<u>五彩缤纷</u>,像绵延的<u>织锦</u>那么<u>华丽</u>,像天边的彩霞那么耀眼,像高空的长虹那么<u>绚烂</u>。这密密层层成丈高的野花,朵儿赛过八寸的玛瑙盘。马走在花海中,显得格外<u>矫健</u>,人浮在花海上,也显得格外精神。在马上你用不着离鞍,只要一伸手就可以捧到满怀的你最心爱的大鲜花。(碧野《天山景物记》)

(4)于是老板娘拿起铅桶到锅子里去刮一下锅巴、<u>残粥</u>,再到自来水龙头边去冲上一些冷水,用她那刚梳过头的油手搅拌一下,气烘烘地放在这些<u>廉价</u>的"机器"们前面。"<u>死懒</u>!<u>躺着死不起来</u>,<u>活该</u>!"(夏衍《包身工》)

例(2)运用口头词语描写一伙女人的议论,让人如闻其声。例(3)运用大量的书面词语来描绘美丽的天山景致,华丽而不嫌花哨。例(4)在作者的叙述语言中,运用了具有书面语色彩的词语,在人物的对话则运用了地道的口头语。

具有书面语色彩的词语,根据它们所惯用的文体和功能,其语体色彩也有相当的不同。例如:"云"与"云彩"是同义词,"云彩"一般不用于科技说明文中,因为它有描写性,常用于文艺语体;"擅自、此照"等词一般用在公文语体中,其他语体中很少见。

我们在说话和写文章时,应当分清词语的语体色彩,根据具体场合和文体来正确地选择和运用词语。写什么文体就应该选用什么语体色彩的词,这是一般规律。但是,有时为了使文章生动有趣,也可以借用其他语体中的词语。这种修辞方式叫作词语的挪用。例如：

（5）女士们之对于脚，尖还不够，并且勒令它"小"起来，最高模范，还竟至于以三寸为度。（鲁迅《南腔北调集》）

（6）房胖子是在年末经考核而获得三级跳远冠军的工人工程师。这位工程师……对于人与人之间的"函数"关系是很融会贯通。（中英杰《燃烧》）

（7）看样子还得我这个当妹妹的插手，出面干涉他们的"内政"了。（关庚寅《不称心的姐夫》）

（8）人民解放军横渡长江，南京的美国殖民政府如鸟兽散。司徒雷登大使老爷却坐着不动，睁起眼睛看着，希望开设新店，捞一把。（毛泽东《别了，司徒雷登》）

例(5)中，把具有公文语体色彩的"勒令"挪用到文艺性的政论文中，巧妙地表达了对缠足的讽刺。例(6)中，把具有科技语体色彩的"函数"挪用到文艺作品中，指人与人之间复杂的倚变关系；既形象恰切，又表达出作者嘲讽的主观感情。例(7)中，把具有政论语体色彩的"内政"挪用到文艺语体中，夸张地表示妹妹准备出面干涉姐姐与姐夫之间的私事，别有风趣。例(8)中，把具有文艺语体色彩的"开设新店，捞一把"挪用到政论文中，庄中有谐，增强了政论文的形象性和艺术性。

练 习 三

一、请举例分析和阐发下面这段对于词语的修辞运用的议论。

优美的语言艺术家，总是像海绵吸水似的，去吸取大量富有生命力的词汇；总是像一座喷泉喷水池似的，擅于说出优美动听的语言；总是像卓越的射手似的，要使他的语言的箭精确地射中意义的靶心；总是像一具精密的天平似的，能够称出各个意义仿佛相似的词儿的区分……（秦牧《艺海拾贝》）

二、试分析下列对联在词语使用上的得失。

1. 亲情友情骨肉情，情情无价；网吧酒吧同志吧，吧吧精彩。
2. 男人女人老年人，人人有才；商路政路求学路，路路畅通。
3. 爱情亲情朋友情，情情深浓；真心爱心平常心，心心相印。
4. 阴天晴天多云天，天天开心；你欢我欢大家欢，欢欢喜喜。
5. 桃树梨树梧桐树，树树招蜂；马蜂蜜蜂大黄蜂，蜂蜂蜇你。

三、从词语锤炼的角度,分析下列作家改笔(在括号中)在修辞上的得失。

1. 好大的山呵!起伏的苍青色(→青色)群山一座挨一座,……延伸到遥远的天尽头,消失在那迷茫的薄暮(→暮色)中了。(彭荆风《驿路梨花》)

2. 漫天风雪,封住山,阻住路,却摇撼不了人们的意志,浇灭(→扑灭)不了人们心头的熊熊烈火。(袁鹰《井冈翠竹》)

3. 要是那天上的棉山粮垛能落入人间仓库,那数不尽的羊群马队能赶进乡村的牛栏(→圈栏),那无际(→无数)的瓦块能送给百姓盖房,该多好呵!(孙荪《云赋》)

4. 但到傍晚,有一间的地板便常不免要咚咚咚地响得震天,兼以满房烟尘斗乱;问问熟识(→精通)时事的人,答道,"那是在学跳舞。"(鲁迅《藤野先生》)

5. 老余把电筒在屋内上上下下扫射了一圈,又发现墙上写着几个(→行)粗大的字:"屋后边有干柴,梁上竹筒里有米、有盐巴、有辣子……"(彭荆风《驿路梨花》)

6. 风吹雨打,从不改色,刀砍火烧,从(→永)不低头……(袁鹰《井冈翠竹》)

7. "听听看,今年什么价钱""比去年都不如,只有五块钱!"伴着一副懊丧到无可奈何的嘴脸(→神色)。(叶圣陶《多收了三五斗》)

8. 吓!声音很严厉,左手的食指坚强(→强硬)地指着,"这是中央银行的,你们不要,可是要想吃官司?"(叶圣陶《多收了三五斗》)

四、比较下列原句和改句,找出改动的地方,并从词语修辞的角度进行分析。

1. 原句:传说中有这么一个湖,是古代一个不幸的哈萨克少女滴下的眼泪……(碧野《天山景物记》)

改句:传说中有这么一个湖,湖水是古代一个不幸的哈萨克少女滴下的眼泪……

2. 原句:当落日沉没……的时候,你就看见无数点点的红火光……(碧野《天山景物记》)

改句:当落日沉没……的时候,你就看见无数点的红火光……

3. 原句:睡时,灯是不敢点的,她怕楼上的灯光招惹另外的是非。(叶圣陶《夜叫》)

改句:睡时,灯是不敢点的,她怕楼上的灯光招惹是非。

4. 原句:说到这里,他才放开了紧握不放的李四光的手掌。(徐迟《地质之光》)

改句:说到这里,他才松开了李四光的手。

5. 原句：说中国人失掉了自信力，用以指一部分人则可，倘若加于全体，那是诬蔑。（鲁迅《中国人失掉自信力了吗》）

改句：说中国人失掉了自信力，用以指一部分人则可，倘若加于全体，那简直是诬蔑。

6. 原句：凉爽的风轻轻地吹拂着，皎洁的月光照耀着，让这些英雄的人们，在这自由的天幕下，干净的沙滩上，海阔天空地尽情地谈笑吧，畅酣地休憩吧。（峻青《海滨仲夏夜》）

改句：凉爽的风轻轻地吹拂着，皎洁的月光照耀着；让这些英雄的人们；在这自由的天幕下，干净的沙滩上，海阔天空地尽情谈笑吧，酣畅地休憩吧。

五、试从词语的评价色彩的角度分析下列词语使用的修辞效果。

在解放战争期间，解放军总部明令各部队将国民党军队<u>俘虏兵</u>一律改称"<u>解放战士</u>"，将<u>俘虏军官</u>改称"<u>解放军官</u>"，将<u>战俘营</u>称为"<u>解放战士教导大队</u>"，或"<u>解放军官教导大队</u>"。及时地把他们消化为解放军的有生力量，补充了大量的兵源，推动了解放战争的全面胜利。

第四节　句式的调整和修饰

一　句式的修辞利用

句子的组织方式是多种多样的，为交际意思的表达提供了丰富的形式手段。也只有把句子组织得既妥帖又精巧，才能把交际意思表达得既正确又生动。所以，我们一定要下功夫把句子造好。著名的俄国小说家契诃夫说过：

(1) 要把句子造得有表现力、有内容，否则您的句子就会像熏鲑鱼的棒一样单调无味……句子应该琢磨——艺术就在这里。（引自叶菲莫夫《论文艺作品的语言》）

我国古代诗文中早有"炼句"的说法。比如，宋代诗人陆游写道"香浮鼻观煎茶熟，喜动眉间炼句成"（《登北榭》）。并且，在文学史上流传下来众多的炼句和苦吟的佳话。就拿唐朝诗人来说，杜甫有誓言："语不惊人死不休"。贾岛吟成《送无可上人》中的名句"独行潭底影，数息树边身"之后，自注"两句三年得，一吟双泪流"（《题诗后》）。方干有"才吟五字句，又白几茎髭"、"吟成五字句，用破一生心"的感慨。其要旨就是造句不易，必须用心地推敲。只有这样，才能达到"人妙文章本平淡,等闲言语变瑰奇"的水平,并且进入"出新意于法度之中,寄妙理于豪放之外"的艺术境界。

句子要造得好,还是有一定的方法和技巧的。下面,我们将从句子的长短、松紧和整散,意义表达的直接和间接、明确和模糊,句子的变异形式、句子成分的省略等方面,谈谈从句子方面调整和美化语言的有关技巧。

二 句子的长短、松紧和整散

句子在结构方式上是有相当的伸缩性的。同样一个意思,可以写得很长,形成长句;也可以写得很短,形成短句。一般来说,长句指词语多、结构复杂、形体较长的句子;短句指词语少、结构简单、形体较短的句子。长句周密严谨,较多用于书面,便于表达复杂精确的思想、舒缓繁复的情景;短句简捷明白,较多用于口语,便于表示紧急的情态。例如:

(1)火车在北平东站还没开,同屋那位睡上铺的穿马裤、戴平光的眼镜,青缎子洋服上身,胸袋插着小楷羊毫,足蹬青绒快靴的先生发了问:"你也是从北平上车?"很和气的。(老舍《马裤先生》)

(2)正在这个时候,车外乱了起来。飞机!飞机!我们的!中华民国万岁!不要吵!飞机!敌机!车上的下来!敌机!一定是敌机!从东北边来的是敌机!站台上的人们这样喊叫,车上的人们急忙往下跑。鞋声、喊声、枪刀的响声,结成一片。(老舍《蜕》)

(3)今天,这里有没有特务?你站出来!是好汉的站出来!你出来讲!凭什么要杀死李先生?……无耻啊!无耻啊!(闻一多《最后一次讲演》)

例(1)用长句来周密地描写人物,但是在音顿处断开,方便别人阅读。例(2)用一连串短句来模拟人们的叫喊,描写混乱嘈杂的场面,让人如历其境、如闻其声。例(3)用短句厉声呵斥,节奏明快,反映出讲演者对特务暗杀行为的激愤。

同样一个意思,可以用一串流水句分头叙述,写得很松弛,形成松句;也可以用一个句子合起来叙述,写得很紧致,形成紧句。例如:

(4)a.……于是看小旦唱,看花旦唱,看老生唱,看不知什么角色唱,看一大班人乱打,看两三个人互打,从九点多到十点,从十点到十一点,从十一点到十一点半,从十一点半到十二点,——然而叫天竟还没有来。(鲁迅《社戏》)

b.……于是看小旦、花旦和老生等唱,看一些人相打,从十点到十二点,但叫天还没有来。

(5)a. 在我的后园,可以看见墙外有两株树,一株是枣树,还有一株也是枣树。(鲁迅《秋夜》)

b. 在我的后园,可以看见墙外有两株枣树。

(6)a. 在一九五八年,我国的钢、煤、发电量和棉纱已经分别跃居世界的第七位、第三位、第十四位和第二位了。(周恩来《伟大的十年》)

b. 在一九五八年,我国的钢产量已经跃居世界的第七位了,我国的煤产量已经跃居世界的第三位了,我国的发电量已经跃居世界的第十四位了,我国的棉纱产量已经跃居世界的第二位了。

(7)a. 开我东阁门,坐我西阁床。(北朝民歌《木兰诗》)

b. 开我东阁门,坐我东阁床;开我西阁门,坐我西阁床。

例(4a)是松句,用一串小句铺陈不知名演员的演出,传达了一种不耐烦又无可奈何的情绪;改成相应的紧句(4b)以后,这种主观感性意义就荡然无存了。例(5)的情况也一样。例(6a)是合提分承式紧句,非常紧凑优美,但表达和理解起来比较耗费心力;改成相应的松句(6b)以后,比较啰唆,但是表达和理解起来比较省劲。当然,最紧致的是(7a)这种互文句式;即通过前后句子互相借用有关词语,并合起来表达(7b)这种铺陈性意义。

意思相关的一串句子或小句,可以写得相当整齐,形成整句;也可以写得参差不齐,形成散句。一般来说,整句的各个句子(分句)之间在结构上有相似之处,形式工整,节奏匀称,意义凝重,读起来很动听。例如:

(8)从门到窗子是七步,从窗子到门是七步。(伏契克《二六七号牢房》)

(9)阿Q进三步,小D便退三步,都站着;小D进三步,阿Q便退三步,又都站着。(鲁迅《阿Q正传》)

(10)你看,你看,这不是又一批新砍的毛竹滑下山来了吗?这些青翠的竹子,沿着细长的滑道,穿云钻雾,呼啸而来。它们<u>滑下溪水</u>,<u>转入大河</u>,<u>流进赣江</u>,<u>挤上火车</u>,<u>走上迢迢的征途</u>。井冈山的翠竹啊!去吧,去吧,快快地去吧!<u>多少工地</u>,<u>多少工厂矿山</u>,<u>多少高楼大厦</u>,<u>多少城市和农村</u>,都在殷切地等待着你们!快快地去吧,<u>带去井冈山人的心愿</u>,<u>带去井冈山人的干劲</u>,<u>也带去井冈山人的风格吧</u>!(袁鹰《井冈翠竹》)

当然,最严格的整句是对偶句,其次是例(8)(9)这种近似对偶的句子;再其次是例(10)中结构相似但字数不等的排比句。整句往往具有特别的意蕴。比如,例

(8)是为了强调牢房之小,不惜用两个结构相同的小句来表达同一个意义;同时,也传达出作者的厌烦情绪。例(9)故意用骈文式整句,郑重其事地描写两个无知青年打架的情景,刻画出他们愚昧落后、不分敌友的思想状况,并流露出作者的嘲讽和"哀其不幸,怒其不争"的心情。例(10)用一连串形式整齐的排比句,反映出井冈翠竹愿为国家建设做出贡献的急切心情;气势宏大,充满着一种感人的力量。

在我们日常话语和一般文章中,用得更多的是散句。构成散句的各个句子或分句,在结构上并不相似,在形式上也不匀称;但是,如果安排得当,那么一连串句子可以如行云流水,自然而出,不事雕琢,有一种朴素流利的美质。例如:

(11)类人猿,类猿人,原人,古人,今人,未来的人……

如果生物真会进化,人性就不能永久不变。不说类猿人,就是原人的脾气,我们大约就<u>很难猜得着</u>,则我们的脾气,恐怕未来的人也<u>未必会明白</u>。要写永久不变的人性,实在难哪。(鲁迅《文学和出汗》)

这里的"未必会明白"如果重复前边的"很难猜得着",就构成整句的形式。但是作者采用散句的形式,使行文富于变化,收到了良好的表达效果。

上面分别介绍了长句和短句、松句和紧句、整句和散句在表达上的作用,其实最高的修辞境界是长短、松紧、整散的有机结合,自然搭配。以期达到苏东坡所说的境界:"大略如行云流水,初无定质,但常行于所当行,止于所不可不止,文理自然,姿态横生"。例如:

(12)天气愈冷了,我不知道柔石在那里有被褥不?我们是有的。洋铁碗可曾收到了没有?……<u>但忽然得到一个可靠的消息,说柔石和其他二十三人,已于二月七日夜或八日晨,在龙华警备司令部被枪毙了,他的身上中了十弹</u>。

原来如此!……(鲁迅《为了忘却的记念》)

(13)采说书而去其油滑,听闲谈而去其散漫,博取民众的口语而存其比较的大家能懂的字句。(鲁迅《二心集·关于翻译的通信》)

例(12)中用长句报道被杀人数、时间、地点和惨状,语调哀缓,很好地体现了鲁迅沉痛的心情。接着用短句"原来如此",戛然而止,使我们仿佛看到了鲁迅悲痛与激愤交加而哽噎的情景。长短句的配合达到了出神入化的艺术境地。例(13)中三个分句的框架相似,只是第三分句增加了两个定语"民众的"和"比较的大家能懂的",使三个分句整齐中略有变化,整中有散,散中有整,读来不但不拗口,反而觉得错落有致,天然浑成。

三 句义表达的直接和间接

俗语说:"一句话,百样说。"也就是说,同样一个意思可以采用各种各样的表达方式。这种表达了相同意义的句子叫同义句。其实,同义句只是在基本意义上大致相似,但在具体的意义侧面、感情评价和风格色彩等方面往往有所不同。这就为我们说话和写作时正确而生动地表情达意,提供了无限的可能性;同时,也体现了语言表达的丰富性。下面,我们从肯定与否定、陈述与反问、直陈与婉转、主动与被动,四个方面来介绍和讨论。

(一) 肯定与否定

肯定句主要用于陈述事物具有某种性质或进行某种活动,表示某种肯定性的意义;否定句主要用于否定事物具有某种性质或进行某种活动,表示某种否定性的意义。但是,有时肯定的意思可以用否定句的形式来表达。例如:

(1)a. 死亡是何等地甜美啊!(果戈理临终清醒时最后一句话)

b. 再也没有比死更庄严的事了。假如没有死亡,生命也就不会如此美好。(果戈理此前在亡友棺材前说的话)

(2)投资有两个原则:第一,<u>永远不要亏钱</u>;第二,<u>永远不要忘记第一条原则</u>。

同样是表达对死亡的赞美,例(1a)用肯定形式;例(1b)用否定式比较句,语气更加强烈。例(2)是美国炒股专家巴菲特的名言,他以人们炒股容易亏钱并且容易忘记不亏钱的原则为语用预设,用否定句来劝说和叮嘱,很有表现力。

通过比较,我们可以发现:在许多情况下,肯定句语气坚决干脆,否定句语气婉转温和。所以,当面批评人,为了让对方容易接受,可以用否定句来表达。比如,"你这样做不太合适""你的思想还没有达到一个应有的水平"等等。至于双重否定句,它的意义虽然跟肯定句相似,但语气有时却更加强烈。例如:

(3)从前线回来的人说到白求恩,<u>没有一个不佩服</u>,<u>没有一个不为他的精神所感动</u>。晋察冀边区的军民,凡亲身受过白求恩医生的治疗和亲眼看过白求恩医生的工作的,<u>无不为之感动</u>。(毛泽东《纪念白求恩》)

(4)<u>没有</u>拿来的,人<u>不能</u>自成为新人,<u>没有</u>拿来的,文艺<u>不能</u>自成为新文艺。(鲁迅《拿来主义》)

例(3)用了三个双重否定句,来颂扬白求恩全心全意为中国人民服务的精神。

例(4)用了两个双重否定句来强调实行拿来主义的重要意义。

(二)陈述与反问

要表达一个意思,一般可以用陈述句直接叙述出来。但是,有时为了表示一种强烈的自信、质疑、不满、反感等等的主观感情,可以用反问句的形式来表达。例如:

(5)既然冬天已经来了,春天还会远吗?(雪莱《西风颂》)

(6)历史上没有一个反人民的势力不被人民毁灭的!希特勒,墨索里尼,不都在人民面前倒下去了吗?(闻一多《最后一次讲演》)

例(5)用反问句来表达身处逆境仍心怀希望,短小精悍,脍炙人口。例(6)用反问句来强调反动派多行不义必自毙的历史规律。在这里,反问句的表达效果不是直陈句所能替代的。

反问句是无疑而问,所以不用回答。但是,有时候为了使反问句所表达的意思更为显豁,可以接着反问又从正面进行论述。例如:

(7)从稚龄女孩到妙龄少女,到年轻的少妇到中年主妇,以及到儿孙满堂的老太太,谁不愿意保持女人的妩媚?谁不愿家庭和睦幸福呢?良好的愿望如何去实现?台湾女作家李碧杏的力作《女性妩媚的一生》将令各位女士如愿以偿。(广告词)

例(7)在两个反问句之后给出答案,情文并茂。

(三)直陈和婉转

要表达一个意思,可以直接陈述出来,也可以婉转地表达出来。后者通常由于某种情况或语境所限,不能直说,就用迂回曲折的办法来烘托、暗示。例如:

(8)背后敌人的吆喝声越来越近,越来越高,不能再犹豫了。我停止了脚,放下担子,一把抱着了儿子。……我咬着牙说:"孩子,把筐子给我,你,你顺着这山坡往西……跑,跑,跑吧!"……孩子跑了,他顺着山坡跑了。……当我踏上小路的时候,<u>在我儿子跑去的方向,我听到一阵杂乱的枪声</u>。(王愿坚《粮食的故事》)

(9)新出了年轻译者范晔译的《百年孤独》。我粗粗看了一点范译。看得出来,<u>范晔是努力了</u>,他是想把书译好译忠实的。<u>至于他的译笔如何,我这与他同译一书的译者,不愿作出评论</u>。(吴健恒《从拙译〈百年孤独〉说开去》)

例(8)通过写"杂乱的枪声",曲折地表达出儿子被敌人追杀的本意,表现出作者无比悲痛的心情。例(9)通过正面肯定范晔的努力,来委婉地说明吴氏对于范氏译笔的负面评价。

正因为婉转表达手法可以曲折地达意,所以人们有时要说某个事物又不敢或不愿直说时,就可以用这种婉转手法来曲折地表达,形成避讳。例如:

(10)成岗愉快地看着这个聪明伶俐的孩子:这孩子太可爱了。"你在这里……呆了好久了?"成岗不愿对孩子说出那个可怕的"关"字,改口说成"呆了好久"。"我从小就在这里……"(罗广斌、杨益言《红岩》)

(11)凤姐儿低了半日头,说道:"这个就没有法儿了。你也该将一应的后事给他料理料理;冲一冲也好。"尤氏道:"我也暗暗叫人预备了。——就是那件东西,不得好木头,且慢慢地办着罢。"(曹雪芹《红楼梦》)

例(10)中,成岗为了不伤害孩子稚嫩的心灵,把被强制的"关"说成温和的"呆"。例(11)中尤氏为了避免刺激性的"棺材"这个词,就用"那件东西"来代替。

(四) 主动和被动

在语言表达中,可以先写主动者,让施事做主语,形成主动句;也可以先写被动者,让受事做主语,形成形式或意义上的被动句。主动句和被动句所表示的意义相近,但是感情色彩有差别,表达效果也有所不同。它们各具特点,分别适用于不同的上下文。

由于被动句把受事提到句子头上,因而可以形成以受事为话题的话语;有时,运用被动句还可以改变句子的节律。例如:

(12)瞧,那一棵棵枝叶茂盛的果树上,果实累累,树枝都被压弯了,有的树枝竟然被压断了,大多数树枝不得不用木杆撑住。(峻青《秋色赋》)

(13)近战夜战夺街垒,分割包围歼敌兵。

　　胜利会师金汤桥,陈匪长捷被生擒。(肖华《解放天津》)

例(12)以"树枝"作为叙述中心,保持了叙述方向的一致性。例(13)为了使诗句匀称合律而用被动句。

被动句表示被动意义,同时带有一种不情愿或不如意的意味,适宜用以叙述不愉快或不如愿的事情。例如:

(14)可惜正月过去了,闰土须回家里去,我急得大哭,他也躲到厨房里,哭着不肯出门,但终于被他父亲带走了。(鲁迅《故乡》)

(15)小二黑挣扎了一会,无奈没有他们人多,终于被他们七手八脚打

了一顿,捆起来了。(赵树理《小二黑结婚》)

例(14)中"被他父亲带走了"是"我"和闰土极不愿意的事情,通过被动句传达了作者或作品中的人物的主观感情。例(15)中小二黑是正面人物,所以用被动句来写他的不幸遭遇。

在主动句中,"把"字句是一种有标记的句式。介词"把"将动词后边的受事提到动词前面,强调了施事对它的处置和处置的结果。例如:

(16)它(海水)从我们的脚下扑了过来,响雷般地怒吼着,一阵阵地<u>将满含着血腥的浪花,泼溅在我们的身上</u>。(鲁彦《听潮》)

(17)他活着为了多数人更好地活着的人,

<u>群众把他抬举得很高</u>,很高。(臧克家《有的人》)

例(16)强调海水发怒后对浪花的处置和结果,例(17)强调群众把他抬举的结果状态。

四 句义的明确、模糊和双关

语言中存在着模糊现象,表现为某些词语的所指不清楚,造成句子意义不明确。例如:

(1)《红楼梦》八十回以后,俱兰墅所<u>补</u>。(张问陶《赠高兰墅鹗同年》诗注)

(2)a. <u>少年儿童</u>不得抽烟喝酒。

　　b. <u>不满十八岁者</u>不得抽烟喝酒。

(3)下雪后,各商铺必须<u>随时</u>清扫门口的积雪。

(4)徐小平<u>还</u>欠款四万元。(民间字据,引起了一场官司)

例(1)中的"补",既可以理解为补足、续写,又可以理解为修补、增益。胡适采取前一种解读,所以断定《红楼梦》后四十回系高鹗所作;但是,有人取后一种解读,所以断定《红楼梦》后四十回不是高鹗所作,而是由高鹗修改润色。例(2a)中的"少年儿童"所指模糊,没有年龄界限;改成(2b)就明确了。例(3)中的时间副词"随时"也是一个模糊词语,并且其时间阈限无法确定。例(4)中的"还"如果读作 huán,那么是动词,意为偿还(即不欠了);如果读作 hái,那么是副词,意为仍然(欠别人钱)。

模糊与明确是一对矛盾,各有其不同的表达作用。我们在说话和写文章时,有时需要把语句的意思表达得十分明确,有时则需要利用语言中的模糊词语,把语句的意思表达得比较模糊。到底采取模糊的表达还是明确的表达,要

根据题旨和情境;在应该灵活笼统地披露信息的场合采取模糊的表达,在应该明白无误地披露信息的场合采取明确的表达。例如:

(5)中国国务院总理温家宝3月18日在北京人民大会堂举行的新闻发布会上说,希望日本政府恪守中日建交的三个文件,以史为鉴,面向未来。他说,他将<u>在适当的时候</u>访问日本。(人民网,日本版,2003-03-18)

(6)中国日报网环球在线消息:<u>今年4月11日至13日</u>,中国国务院总理温家宝应邀访问日本。(2007-04-10)

例(5)是处于中日两国关系微妙时期,所以温家宝总理对于日本记者所问的访日时间,采取了模糊的表达方式;例(6)是已经确定了访日行程,所以采取了明确的表达方式。

这种词语和句义的模糊,既可以对语言交际带来负面影响,也可以造成某种幽默风趣的效果。例如:

(7)没什么<u>大不了</u>的,做女人<u>挺好</u>。(丰胸广告)

(8)假如人类失去了<u>联想</u>,世界将会怎样?(联想电脑广告)

例(7)利用歧义形式"大不了"和"挺好"的多重意义,造成了令人会心一笑的效果。例(8)则利用"联想"在所指上的多义性(思维方式、电脑品牌)来宣传产品。

有时,可以巧妙地利用语言中的有关模糊现象,造成一语双关,来表达某种言外之意,收到奇特的表达效果。例如:

(9)可是匪徒们走上这十几里的大山背,他没想到包马蹄的破麻袋片会踏烂在路上,<u>露出了他们的马脚</u>。(曲波《林海雪原》)

(10)<u>莲子</u>(怜子)心中苦,<u>梨儿</u>(离儿)腹内酸。(金圣叹)

例(9)一语双关,说出了言外之意:敌人虽狡猾,但还是暴露了目标。例(10)利用同音词构成谐音双关。双关可使语言表达得含蓄、幽默,而且能加深寓意,给人以深刻印象。

有时也可以利用一些多义词在句子中可能有的多种解释,故意造成误解,使语言表达显得既诙谐幽默又机智风趣。例如:

(11)阿凡提来到皇宫门口,便扭转身子,把屁股朝着皇帝,倒着走上殿去。皇帝见了,骂道:"你这是干什么?阿凡提,还不转过身来,赶紧给我办要紧事。"

"我怎么能转过身来呢?"阿凡提说,"上次您说过,再也<u>不要见我的面</u>了。那有什么法子?今天,只好请你<u>见见我的屁股</u>吧!"(赵世杰编译《阿凡

提的故事》)

例(11)中,阿凡提利用"不要见我的面"意义的模糊性大做文章,机智地愚弄了国王。句子意义的模糊性,本来并不是好事,但是巧妙地利用竟能产生如此神奇的表达效果。

五　句子格式的变异

一个完整的句子往往具有主语和谓语两个部分,如果谓语核心是及物动词,那么还有宾语这一成分;有时,主语和宾语还带有定语,谓语核心还带有状语和补语等修饰成分。并且,主语、谓语、宾语、定语、状语和补语这些句法成分的次序是比较固定的。但是,有时为了语义表达的需要,或者因为上下文的原因,句子中某些成分是可以、或者是应该省略的,并且句子中某些成分的次序是可以调换的。这样,就造成了多种多样的同义的句子变异形式,也大大地丰富了语言的表达方式,便于我们把话语和文章说写得灵活多变,富有弹性。下面,我们介绍句子变异的六种方式:

(一) 主谓倒装

为了强调谓语所表示的动作状态,或表示一种紧急状态,有时可以把主语和谓语的位置互相交换。例如:

(1)鼓动吧,风！咆哮吧,雷！闪耀吧,电！把一切沉睡在黑暗怀里的东西,毁灭,毁灭,毁灭呀！(郭沫若《雷电颂》)

(2)永生笑了一下。女人看出他笑得不像平常,"怎么了,你？"(孙犁《荷花淀》)

例(1)通过主谓倒装来直抒胸臆,谱写了一曲雷电颂歌。例(2)如实描写说话时的急促情况,非常真切地反映出妻子对丈夫反常表情的惊奇和不安。

(二) 宾语提前

为了强调和突显宾语,或者为了使句子的叙述方向一致,有时可以把宾语(或者通常置于宾语地位的受事性成分)放在述语动词的前边或句子的开头。例如:

(3)"雷峰夕照"的真景我也见过,并不见佳,我以为。(鲁迅《论雷峰塔的倒掉》)

(4)"逃荒去,债也赖了,会钱也不用解了,好计策,我们一起去！"(叶圣陶《多收了三五斗》)

例(3)中,"以为"的宾语"(雷峰夕照的真景)并不见佳"提到了前面,摹状了作者急于要表达这种见解的心情;受事"雷峰夕照的真景"通常要实现为宾语,置于"见过"的后面,这里为了话题连接的一致,就让它出现在句首成为话题主语;这样,使句子的叙述角度一致,文气上下贯通。例(4)中,旧毡帽朋友把他们最关心的"债"和"会钱"先说,让它们成为受事主语;以此来反映他们心理上对秋收后的两道关口难过的焦虑。

(三)定语后置

定语通常是用来修饰和限制名词性中心语的,一般应该放在中心词的前面。但是,为了强调和突出这个定语所表示的性质、特征,有时可以把它放到中心词后面。例如:

(5)天空成了浅蓝色,<u>很浅很浅的</u>,转眼间天边出现了一道红霞,慢慢儿扩大了它的范围,加亮了它的光亮。(巴金《海上日出》)

(6)荷塘四面,长着许多树,<u>蓊蓊郁郁的</u>。(朱自清《荷塘月色》)

例(5)通过定语"很浅很浅的"后置,突出了颜色的特征。例(6)通过定语"蓊蓊郁郁的"后置,强调荷塘的浓荫,渲染了荷塘四周幽静阴森的气氛。当然,纯粹从句法分析的角度,也可以把这种后置定语看作是独立的谓语,其主语承上文的宾语而省略。

(四)状语出位

状语通常是修饰谓词性中心语的,一般放在中心语的前面。但是,为了强调状语所表示的性质、状态或方式,有时可以把状语放在中心语的后面或者主语之前。例如:

(7)老爷爷多么好啊!我要是有那么一个老爷爷,我就一年也不掉一回眼泪,<u>一定</u>!(老舍《女店员》)

(8)春天去了大半了,还是冷;加上整天的下雨,<u>淅淅沥沥</u>,深夜独坐,听得令人有些凄凉……(鲁迅《白莽〈孩儿塔〉序》)

(9)<u>悄悄的</u>我走了,正如我<u>悄悄的</u>来;我挥一挥衣袖,不带走一片云彩。(徐志摩《再别康桥》)

例(7)中,后置状语"一定"强调了说话人坚决的态度。例(8)中,后置状语"淅淅沥沥"有突出的描写作用,渲染了春雨潇潇、人心凄凉的气氛。例(9)句首状语"悄悄的"突出了"我"对康桥爱得真切、爱得潇洒,助成了柔美幽怨的意境和清新飘逸的风格。

（五）呼语移后

称呼别人的词语有引人注意的作用，所以往往放在句首。但是，为了突出叫人注意的具体内容，有时可以把呼语降格放到后边去。例如：

(10) 葛朗台把刀子对着梳妆匣，望着女儿，迟疑不决。"你敢吗，<u>欧也妮</u>?"他说。(巴尔扎克《欧也妮·葛朗台》)

(11) 他回过头来惋惜地说："要切掉哇，<u>好孩子</u>!"(周而复《白求恩》)

例(10)中葛朗台急于了解"你敢吗"的答案，所以把呼语后置了。例(11)中白求恩把伤员最关心的信息"要切掉"先说，再补说呼语。

（六）主从换位

现代汉语的偏正复句，一般是从句在前，主句在后；从句表示条件、原因等，主句表示结果。但是，为了强调主句或从句所表达的内容，有时可以主从倒置。例如：

(12) 今晚却很好，<u>虽然月光也还是淡淡的</u>。(朱自清《荷塘月色》)

(13) ……而且又证明着这不但是杀害，简直是屠杀，<u>因为身体上还有棍棒的伤痕</u>。(鲁迅《记念刘和珍君》)

(14) 总之，倘是咬人之狗，我觉得都在可打之列，<u>无论它在岸上或在水中</u>。(鲁迅《论"费厄泼赖"应该缓行》)

例(12)为了强调主句的内容就把从句后移，例(13)为了强调回溯性推论的原因而把从句后置；例(14)既想强调主句的内容，又想强调从句的条件，结果就主从易位。

从上面的介绍可以看出，虽然句子成分的次序是相对稳定的，但是我们可以根据题旨和情境来打破常规，有意改变句子成分的排列次序，把意义或认知上比较突出的成分放在句首或句尾等比较突出的位置。这样做，一方面可以起到强调突显这一成分的作用；另一方面，变化了的句式给人一种新鲜感，可以增强语言表达的艺术性。

六 句子成分的省略

我们在说话和作文时，一般要注意句子的完整。但是，在一定的上下文中，句子成分俱全的句子反而使人觉得呆板。所以，在不影响正确地表达意思的前提下，可以省略一些句子成分。下面，我们从四个方面来讨论省略的有关形式和方法。

（一）承前蒙后省

在一连串句子中，上句出现的某些词语，在下句中可以省略去；反之，下句中将出现的某些词语，也可以在上句中省去。例如：(e代表省略造成的空位，下标代表同指关系)

(1)我$_i$爱热闹，e_i也爱冷静；e_j爱群居，e_j也爱独处。（朱自清《荷塘月色》）

(2)e_i得到母亲去世的消息，我$_i$很悲痛。（朱德《回忆我的母亲》）

(3)小芹去洗衣服$_j$，马上青年们也都去洗 e_j；小芹上树林采野菜$_j$，马上青年们也都去采 e_j。（赵树理《小二黑结婚》）

（二）对话自述省

在对话或自述这种语境中，因为说话人"我"和听话人"你"是明确的，所以可以省略这些成分；当然，他们提及的人或事物，在下文中有时也可以省去。例如：

(4)（ ）先说第一个问题。在现在世界上，一切文化或文学艺术都是属于一定的阶级，属于一定的政治路线的。（毛泽东《在延安文艺座谈会上的讲话》）

(5)在年轻的时候，如果你爱上一个人，
请你，请你一定要温柔地对待他。
....
若不得不分离，（ ）也要好好地说声再见，
（ ）也要心里存着感激，感谢他给了你一份记忆。（席慕容《无怨的青春》）

(6)她问："他们几个呢？"
水生说："（ ）还在区上。爹哩？"
"（ ）睡了。"（孙犁《荷花淀》）

（三）突显暗潜省

为了把话语中的某些词语突显出来，有时可以省去跟它相关的词语，从而表示出说话人的震惊、愤怒、疑惑或不满等情绪。例如：

(7)周朴园：谁是鲁大海？
周　冲：鲁贵的儿子。前年荐进去，这次当代表的。
周朴园：这个人！我想这个人有背景，厂方已经把他开除了。

周　冲：<u>开除</u>！爸爸，这个人脑筋很清楚，我方才跟他谈了一回。代表罢工的工人并不见得就该开除。（曹禺《雷雨》）

尤其是在诗歌中，词语之间在语意上的跳跃性很大，经常可以省去许多成分，而且还不易补进去。例如：

(8) 五月——麦浪。

八月——海浪。

桃花——南方。

雪花——北方。（贺敬之《放声歌唱》）

通过省略意义上的次要成分，有力地突出所要强调的主要信息；剩下的成分作为一种意义线索，让读者循此而生发想象，含不尽之意于言外，读来情味无穷。

（四）跳脱歇后省

有时，说话说到特别的情景，或者说写者有特别的考虑，如为了语意表达的含蓄、心思的急转、事象的突出，或运用了歇后语，就可以故意说了半句话以后，中途截断，省略后半句话。例如：

(9) 没有吃过人的孩子，或者还有？救救孩子……（鲁迅《狂人日记》）

(10) 民侠问那两个生意人道："没有拿走什么吧？"生意人说"没有"，并且又向小喜点头道，"谢谢老总！不是碰上你们就坏了！"小喜在驴上摇头道："没有什么！——他娘的！好大胆！青天白日就截路抢人啦！"（赵树理《李家庄的变迁》）

(11) 这是千里送鹅毛！（老舍《方珍珠》）

例(9)中"救救孩子"后面包含着多少忧虑和希望，都被省却了，显得含蓄、精警。例(10)中小喜在说"没什么"时，突然想到抢劫者，就省去本来要说的话，接着说抢劫者如何如何了。例(11)中"千里送鹅毛"后面，省去了歇后语的解释部分"礼轻情意重"。

练　习　四

一、分析下列外来词语的翻译方式和修辞效果。

　　1. 化妆品 Johnson 在进入中国的初期，译成"庄臣"，没有受到欢迎。后来商家几经修改，定为"强生"。很快在中国市场站稳了脚跟，其婴儿用品销售量得到了大幅提升。

2. 商贸品牌:爱立信(Ericsson)、飞利浦(Philips)、西门子(Siemens)、奔驰(Benz)、托福(TOEFL)、谷歌(Google)、雅虎(Yahoo)。

二、分析下列民间故事所用的修辞手法及其修辞效果。

　　从前有一个地主,很爱吃鸡,佃户租种他家的田,光交租不行,还得先送一只鸡给他。

　　有一个叫张三的佃户,年终去给地主交租,并佃第二年的田。去时,他把一只鸡装在袋子里,交完租,便向地主说起第二年佃田的事,地主见他两手空空,便两眼朝天地说:"此田不予张三种。"张三明白这句话的意思,立刻从袋子里把鸡拿了出来。

　　地主见了鸡,马上改口说:"不予张三却予谁?"

　　张三说:"你的话变得好快呵!"

　　地主答道:"方才那句话是无稽之谈,此刻这句话是见机而作。"

三、从句子调整的角度,分析下列作家改笔在修辞上的得失。

　　1. 原句:这就同做了一场欢喜梦一样,醒转来还是看见绝望的铁脸!(叶圣陶《一个练习生》)

　　改句:这就同做了一场欢喜梦一样,醒来时还不是看见绝望的铁脸!

　　2. 原句:营里有点异样:两个三个弟兄聚集一起,不很高声地在那里讲些什么……(叶圣陶《金耳环》)

　　改句:营里有点异样:两个三个弟兄聚集一起,轻轻地在那里讲些什么……

　　3. 原句:一个巧手姑娘所绣的只是一小幅花巾,广大劳动者却以大地为巾,把本来丑陋难看的地面变得像苏绣广绣般美丽了。(秦牧《土地》)

　　改句:一个巧手姑娘所绣的只是一小幅花巾,广大劳动者却以大地为巾,使本来荒凉单调的地面变得像苏绣广绣般美丽了。

　　4. 原句:短发的女郎随即回答,用教师抚慰学生那样的温和的调子……(叶圣陶《在民间》)

　　改句:短发的女郎随即用教师抚慰学生那样温和的调子回答……

　　5. 原句:更不用说在夏天,用它自己的枝叶挡住炎炎烈日,叫人们在如盖的绿荫下休憩,在黑夜,它可以劈成碎片做成火把,照亮人们前进的路。(陶铸《松树的风格》)

　　改句:更不用说在夏天,它用自己的枝叶挡住炎炎烈日,叫人们在如盖的绿荫下休憩;在黑夜,它可以劈成碎片做成火把,照亮人们前进的路。

6. 原句：正说着，门被推开了。一个须眉花白，手里提着一杆明火枪，肩上扛了一小袋米的瑶族老人站在门前。(彭荆风《驿路梨花》)

改句：正说着，门被推开了。一个须眉花白的瑶族老人站在门前，手里提着一杆明火枪，肩上扛着一袋米。

四、从句子修辞的角度，分析下列句子在表达上的效果。

1. 有谁的目光不被"福特"所吸引？(美国福特汽车公司广告)
2. 同志呵，你可知道，我们敬爱的周总理的办公室呵，
   灯光又亮了通宵。(石祥《周总理办公室的灯光》)
3. 平日注入一滴水，难时拥有太平洋。(太平洋保险公司广告)
4. 灭了，风中的蜡；僵了，井底的蛙；倒了，泥塑的菩萨。(《郭小川诗选》)
5. 她一手提着竹篮，内中一个破碗，空的……(鲁迅《祝福》)
6. 听不清！仿佛从遥远的地方刮来一阵巨风，呜呜的，呼呼的。(杨沫《青春之歌》)
7. 我们要用带血的声音，一万次呼唤，醒来吧，总理！继续你的革命生涯
   ——以你对党的忠贞和崇高的品质。(郭小川《痛悼敬爱的周总理》)
8. 慢慢地，他惊奇地发现，随着一封封信的往来，他和老人的心在一天天靠近……(王愿坚《亲人》)
9. 大胆点吧，好朋友。我既然受得住贝柴克官的拷打，也就受得住你的刮脸刀。(伏契克《绞刑架下的报告》)
10. 老蔡对大水说："最近干部里头有些调动。你回去对双喜说：叫他马上到区上来工作；中心村的村长给你当上……"大水抢着说："啊呀，我那中队长怎么着？"黑老蔡笑着说："你别忙嘛！中队长就叫高屯儿当，你捎搭兼个中队副。"(袁静、孔厥《新儿女英雄传》)

第五节　辞格的运用和创新

一　什么是辞格？

人们在长期的语言运用实践中，创造了许多生动形象、风趣活泼的修辞手法。其中，有一部分已经发展成为形式相对固定的格式，它们往往具有特定的表达方式和相应的表达效果。人们称之为修辞格式（或修辞方式），简称修辞格（或辞格）。在说话和写作时自觉地运用这些辞格，不仅可以使语言形式更加切

合所要表达的内容,并且还能呈现出一种异乎寻常的趣味和情调。当然,我们还应当创造性地运用辞格,为丰富我国的语言宝藏做出贡献。

下面,我们从辞格形成的概念结构和思维基础着眼,把常见的辞格分为四类:(1)基于联想的辞格,(2)基于感知的辞格,(3)基于模式的辞格,(4)基于引发的辞格。分别介绍十六种辞格的构成方式、修辞作用和运用特点。当然,修辞手法绝不止十六种,并且人们还在不断地创造出新的修辞手法。但是,这十六种是最基本、最常见的。掌握了这十六种辞格,对于其他辞格的理解和运用,也能触类旁通,举一反三。另外,有些常用辞格我们已经穿插在第二至第四节中做了介绍,在这里就不再重复了。

二　基于联想的辞格

基于联想的辞格主要有比喻、借代、比拟和夸张等,它们的特点是通过心理联想,把不同的事物或概念领域打通,形成整合性的概念结构和新颖的语言表达。也就是说,比喻、借代、比拟和夸张不仅是一种语言表达方式,更是一种思维方式。下面分别举例讨论。

(一)比喻

比喻就是打比方。我们在描写事物或说明道理时,为了使语言生动形象、通俗易懂,常用性质不同而有相似之处的乙事物(或道理)来比作甲事物(或道理),这就构成了比喻。比喻一般有三个构成要素:本体(被比的甲事物或道理)、喻体(作比的乙事物或道理)和共体(相似点)。另外,还有连接这些成分的比喻词("像、是"等)。比如,"白云(本体)像(比喻词)银片(喻体)一样(比喻词)发亮(共体)","月光(本体)淡(共体)如(比喻词)水(喻体)"。凭着这些成分的异同和隐现,比喻可分为明喻、暗喻和借喻三类。

1. 明喻

本体、喻体、比喻词同时出现,共体可以出现,也可以不出现的比喻。常用的比喻词有"像、好像、似、好似、若、如、如同、一样、一般、似的"等。例如:

(1)<u>水像无边的跳荡的水银</u>。(孙犁《荷花淀》)

(2)<u>红红的枫叶像一枚枚邮票</u>,飘哇飘哇,邮来了秋天的凉爽。(陶金鸿《秋天的雨》)

(3)<u>生如春花般烂漫,死似秋叶般静美</u>。(紫式部《源氏物语》)

(4)<u>没有歌唱就没有生命,就像没有太阳就没有生命一样</u>。而在这里,

我们更是加倍地需要歌唱,因为阳光照不到我们身上。(伏契克《二六七号牢房》)

例(1)—(3)用比喻描写事物,使之生动形象;例(4)用比喻说明事理,使之通俗优美。

2. 暗喻

本体和喻体同时出现,但中间不用"像"一类比喻词的比喻。例如:

(5)花香鸟语,草长莺飞,都是大自然的语言。(竺可桢《大自然的语言》)

(6)乌云四合,层峦叠嶂都成了水墨山水。(李健吾《雨中登泰山》)

(7)在朝鲜的每一天,我都被一些事情感动着;我的思想感情的潮水,在放纵奔流着;它使我想把一切东西都告诉给我祖国的朋友们。(魏巍《谁是最可爱的人》)

(8)老狗你不要耍威风,大风要吹灭你这盏破油灯!(李季《王贵与李香香》)

(9)但此刻,长街静穆,万民伫立,

　　一颗心——一片翻腾的大海,

　　一双眼——一道冲决的大堤。(李瑛《一月的哀思》)

(10)羊群走路靠头羊,陕北起了共产党。(李季《王贵与李香香》)

例(5)(6)是判断性暗喻,格式是:"甲是/变成乙"等。例(7)是修饰性暗喻,格式是:"本体＋的＋喻体"。例(8)是同位性暗喻,格式是:"喻体＋本体"或"本体＋喻体"。例(9)是注释性暗喻,格式是:"本体＋破折号＋喻体"。例(10)是起兴性暗喻,又叫引喻,格式是:"喻体小句＋本体小句"。当然,暗喻的形式远不止以上几种。

3. 借喻

本体和比喻词都不出现,直接用喻体代替本体的比喻。例如:

(11)我似乎打了一个寒噤;我就知道,我们之间已经隔了一层可悲的厚障壁了。(鲁迅《故乡》)

(12)风过去了,只剩下直的雨道,扯天扯地地垂落,看不清一条条的,只是那么一片,一阵,地上射起无数的箭头,房屋上落下万千条瀑布。(老舍《骆驼祥子》)

例(11)用"厚障壁"喻代本体:"我"和闰土之间的隔阂。例(12)用"箭头"喻代本体:地上溅起的水珠;用"瀑布"喻代本体:屋上倾泻下来的檐水。

其实,比喻不仅是一种表达方式,更是一种思维方式,即把本来适用于审视、思考和描述乙种事物的眼光、概念和话语,借用来看待、思考和描述甲种事物及其关系。比如,我们把计算机的工作界面叫作"桌面",又把其中放置一批文件的区域叫作"文件夹",把收发电子邮件的工作区域叫作"邮箱",把存放废弃文档的区域叫作"垃圾桶",等等。这实际上是把现实世界中关于办公室的概念体系,映射到了计算机的工作界面这种虚拟世界上了。

(二) 借代

借代就是借用密切相关的人或事物来代替所要表达的人或事物。其中,所要表达的人或事物叫作本体,借用来代替本体的人或事物叫作代体。借代的形式较多。例如:

(13)在六马路拐角上有一家铺子,灯光通明,陈设别致,大玻璃橱窗很惹眼。苏比捡起块鹅卵石往大玻璃上砸去。人们从拐角上跑来,领头的是个巡警。苏比站定了不动,两手插在口袋里,对着<u>铜纽扣</u>直笑。(欧·亨利《警察和赞美诗》)

(14)李旭利毕业于著名的"<u>五道口</u>"(中国人民银行研究生部)。(《红周刊》)

(15)熟读<u>王叔和</u>,不如临症多。(吴敬梓《儒林外史》)

(16)在雷锋的历史上,虽没有<u>上甘岭冲天的火光</u>,也没有<u>云周西村惊人的风雷</u>,但我们完全可以说,他同黄继光、刘胡兰同样的伟大;或者说,他就是我们祖国建设年代的黄继光和刘胡兰!(魏巍《路标》)

(17)老杨同志到场子里什么都通,拿起什么家具来都会用;特别是好<u>扬家</u>,不只给老秦扬、也给那几家扬了一会,大家都说"真是<u>一张好木锨</u>"(就是说他用木锨用得好)。(赵树理《老杨同志》)

(18)先生,给现洋钱,<u>袁世凯</u>,不行么?(叶圣陶《多收了三五斗》)

(19)步兵一见坦克逃下阵去,也就泄了气,扭转<u>屁股</u>,没命地跑了。(谢雪畴《"老虎团"的结局》)

(20)行者道:"……我去!我去!——去便去了,只是你手下无<u>人</u>。"唐僧发怒道:"这泼猴越发无礼!看起来,只你是人,那悟能、悟净,就不是人?"(吴承恩《西游记》)

例(13)用"铜纽扣"代制服上有铜纽扣的警察,是以特征代替事物。例(14)用地名代其中的机构,是借事物的所在地代事物。例(15)用作者名字代其所著的医书。例(16)用特定的地点和事件特征来代某种类型的事件,用具体的英雄人物的姓名代替一般的英雄人物。例(17)用"好木锨"代"好扬家",以具体代抽象。例(18)中"袁世凯"代铸有袁世凯头像的银元,以标志代事物。例(19)中"屁股"代整个身体,借部分代全体。例(20)中以"人"代孙悟空自己,这是借普通代特定。从上面这些例子可见,借代通常以局部、特征等来代替整个事物,这样可以突出事物的特征,从而增强语言的形象性。同时,借代的本体是不出现的,这样可以造成概念融合和意象重叠,从而使语言表达既简洁精炼又变化多姿。

借代又叫"转喻",这种名称侧重于反映它跟比喻的共性。从认知上看,借代跟比喻有相同点,都涉及两种概念领域;也有不同点:比喻的本体和喻体往往属于两种完全不同的概念领域,但是两者之间有相似关系;而借代的本体和代体一般有接近关系,比如"整体—部分"这种包含关系;因为本体和代体在时间或空间上总是紧邻出现,所以可以互相替代;当然,一般的情况是以认知上突出的部分来代替整体。借代跟借喻特别接近,都是直接代替本体;区别在于:借代的本体和代体之间没有比喻关系,而借喻的本体和喻体之间必须有比喻关系。例如:

(21)这一切,都是为了在四个现代化的储蓄罐里投下一枚枚外汇。(柯岩《汉堡港的变奏》)

(22)然而圆规很不平,显示鄙夷的神色,仿佛嗤笑法国人不知道拿破仑,美国人不知道华盛顿似的……(鲁迅《故乡》)

例(21)中的"储蓄罐"代替资金,这是以容器代替内容,例(22)中"圆规"代替杨二嫂,这是以喻体直接代本体,上文就有用明喻描述杨二嫂的句子:"却见一个凸颧骨,薄嘴唇,五十上下的女人……没有系裙,张着两脚,正像一个画图仪器里细脚伶仃的圆规"。

(三)比拟

在说话或写文章时,为了使描写生动形象,或寄托某种爱憎感情,我们可以把物(事物或动物)当作人来叙述描写,这叫拟人;也可以把人当作物(事物或动物),或把甲物(事物或动物)当乙物(事物或动物)来叙述描写,这叫拟物。拟人和拟物合起来就叫比拟,即把本来的人或物(事物或动物)当作物(事物或动物)或人来叙述描写。其中,本来的人或物叫作本体,被当作的人或物叫作拟体,用来叙述描写本体的词语叫拟词。在比拟中,本体是必须出现的,拟体一般是不出现的,拟词则是一定要出现的。由于拟词本来只适合于拟体,不适合于本体;

因而本体和拟词组合成的比拟表达,必然会造成话语中词语之间的超常规搭配,从而带来新鲜活泼、生动形象、情感分明的表达效果。例如:

(23)鸟儿将巢安在繁花嫩叶当中,高兴起来了,呼朋引伴地卖弄清脆的喉咙,唱出宛转的曲子,跟轻风流水应和着。(朱自清《春》)

(24)正义被绑着示众,真理被蒙上眼睛,连元帅也被陷害,总理也死而含冤。(艾青《在浪尖上》)

(25)咱们老实,才有恶霸,咱们敢动刀子,恶霸就得夹着尾巴跑。(老舍《龙须沟》)

(26)不管怎样,且把这矛盾重重的诗篇埋在坝下,它也许不合你秋天的季节,但到明春准会生根发芽……(郭小川《团泊洼的秋天》)

例(23)是拟人,把鸟儿当作人来写,生动地描绘出一幅花香鸟语、春意盎然的颂春画卷。例(24)也是拟人,把抽象概念当作活生生的人来写,形象而真切地刻画出那个人妖颠倒、黑白混淆的年代的可悲情境。例(25)是拟物,把恶霸当作禽兽来描写,流露了对坏人愤恨、贬斥的强烈感情。例(26)也是拟物,把无生命的诗篇比作有生命的种子来描写,形象地暗示了优秀的诗歌具有强大的艺术生命力。总之,比拟是一种富有修辞效果的表达方法,合理运用,可以产生强烈的艺术感染力。

比拟跟比喻一样,通过联想打通了不同的概念领域。但是,在词语之间的搭配关系和选择限制方面,它们又有一些区别:比拟中的拟词总是跟着拟体走的,所以跟本体超常规组合后会产生异乎寻常、不同凡响的艺术效果;比喻中与拟词相应的叙述词语(包括共体,简称叙词)通常是跟着本体走的,只有在诗性化的表达中才可以跟着喻体走。例如:

(27)她的话像潮水一样,又滔滔地奔腾起来。(杨沫《青春之歌》)

(28)我是一只小小鸟,怎么飞也飞不高。(歌词)

当然,也可以认为这种例子实际上就是比拟或夸张用法,只是借用了比喻的形式。

(四)夸张

夸张就是故意言过其实,夸大或缩小事实,给人异乎寻常又合情合理的感觉,以增强语言的艺术感染力。

1. 扩大夸张和缩小夸张

从程度上看,把事物讲得极度地强、大、高、长等的夸张,叫作扩大夸张;相

反,把事物讲得极度地弱、小、低、短的夸张,叫作缩小夸张。例如:

(29)狗趴在地上吐出红舌头,骡马的鼻孔张得特别大,小贩们不敢吆喝,柏油路晒化了,甚至于铺户门前的铜牌好像也要晒化。(老舍《骆驼祥子》)

(30)休养所的窗口有个妇女探出脸问:"剪刀磨好没有?"

老泰山应声说:"好了。"就用大拇指试试剪子刃,大声对我笑着说,"瞧我磨的剪子。多快,你想剪天上的云霞,做一床天大的被,也剪得动。"(杨朔《雪浪花》)

(31)那里的贫农要筹集几个钱,多么难啊！人们恨不得把一分钱掰成两半来使。(柳青《创业史》)

(32)这山峡,天晴的日子,也成天不见太阳,顺着弯曲的运输便道走去,随便你什么时候仰面看,只看见巴掌大的一块天。(杜鹏程《夜走灵官峡》)

例(29)用铜牌也要晒化的夸大说法,反映了炎炎烈日下,露天干活的人力车夫将遭受的苦难。例(30)中,老泰山对剪子锋利进行了想象性的夸大。例(31)对人们因节省而使用的钱数加以形象化的缩小。例(32)对山谷中仰面看到的天空进行了艺术化的缩小。

2. 直接夸张和间接夸张

从独立性(是否借助其他辞格)来看,直接进行夸大或缩小表达的夸张,叫作直接夸张;相反,借助比喻、比拟、借代等辞格来进行夸大或缩小表达的夸张,叫作间接夸张。例如:

(33)在马上你用不着离鞍,只要一伸手就可以捧到满怀的你最心爱的大鲜花。(碧野《天山景物记》)

(34)千呼万唤始出来,犹抱琵琶半遮面。(白居易《琵琶行》)

(35)"喂！一手交钱,一手交货!"一个浑身黑色的人,站在老栓面前,眼光正像两把刀,刺得老栓缩小了一半。(鲁迅《药》)

(36)六月十五那天,天热得发了狂。(老舍《骆驼祥子》)

例(33)对大鲜花多而密直接进行夸张。例(34)中"千呼万唤"直接极言呼唤之多。例(35)通过比喻进行夸张,突出了刽子手康大叔的凶恶及老栓的恐惧的神情。例(36)通过比拟进行夸张,突出天气的酷热。

3. 超前夸张和滞后夸张

从时间顺序上看,为了加深人们对事件发生得快或慢的印象,有时可以故意颠倒事件的发生顺序;或者把后发生的事件愣说成在先发生的事件之前已经

发生了,这可以叫作超前夸张;或者把先发生的事件愣说成在后发生的事件之后才发生的,这可以叫作滞后夸张。例如:

(37)小姑娘朱唇未启,话音已落。(评书)

(38)农民们都说:"看见这样鲜绿的麦苗,就嗅出白面包子的香味来了。"

(39)他愣了半天,客人们都入座了,才挤出两个字"请坐"。

(40)阿Q在这刹那,便知道大约要打了,赶紧抽紧筋骨,耸了肩膀等候着,果然,拍的一声,似乎确凿打在自己头上。(鲁迅《阿Q正传》)

例(37)中,本该是先启朱唇,再落话音,但是为了夸大小姑娘口齿伶俐,说话利落,就故意颠倒事件顺序,进行超前夸张。例(38)通过超前夸张,反映农民们盼望丰收的急切心情。例(39)本应先请客人坐,然后客人才入座,可是这里却让说请坐的事件滞后,夸大了主人的木讷。例(40)本该先打在自己头上,然后才发出响声;这里颠倒次序叙述,反映了阿Q当时的心境。

可见,夸张通过联想打通了现实世界和虚拟世界两种概念空间,把真实的情境或事态当作悬想的情境或事态来感悟、体味和表达。其目的是追求一种艺术的趣味性,以及由陌生化而带来的新颖性。所以,夸张表达的动机必须是超功利的、纯粹诗意的;否则,就会落入浮夸庸俗的窠臼。例如:

(41)所以呢,我就抓住苍蝇,挤破它的肚皮,把它的肠子扯出来,再用它的肠子勒住它的脖子,用力一拉,呵——整条舌头都伸出来啦!我再手起刀落,哗——整个世界清净了。(电影《大话西游》)

(42)一个南瓜如地球,结在五岳山头上;

把它架在大西洋,世界又多一个洲。(大跃进民歌)

(43)玉米稻子密又浓,铺天盖地不透风;

就是卫星掉下来,也要弹到半空中。(大跃进民歌)

例(41)作为一种戏说、调侃文学,其中的夸张表达尚可接受。例(42)(43)是上个世纪五十年代末期政治运动的产物,其中的浮夸表达反映出来的是好大喜功,鲜有艺术性可言。

三 基于感知的辞格

基于感知的辞格主要有通感、移就、移情和拈连等,它们的特点是通过心理联想和五官互相感应,把不同的感觉、知觉或概念领域打通,形成互感性的感知和概念结构,以及相应的极为新颖和奇妙的语言表达。也就是说,通感、移就、移情和拈连不仅是一种语言表达方式,更是一种感知世界、体验现实和思考事物的方式。下面分别举例讨论。

(一)通感

在日常生活中,人们一般都有过这种经验和体会:视觉、听觉、嗅觉、味觉和触觉等本来由不同的人体器官专司的感觉,有时是可以互相感应、互相沟通的。于是,就出现了下面这种感觉体验:"颜色似乎会有温度,声音似乎会有形象,冷暖似乎会有重量,气味似乎会有锋芒"(钱钟书《通感》)。因而,我们可以用表示冷暖的词去修饰颜色,比如:"冷绿、暖红、寒碧";可以用表示形状的词语去修饰声音,比如:"尖音、钝响、曲调";可以用表示重量的词语去修饰温度,比如:"轻暖、重寒";可以用表示触觉的词语去修饰气味,比如:"刺鼻的酸味、袭人的花香、扎破喉咙的辣味";等等。这种异乎寻常的感觉转移以及相应的词语超常规搭配,叫作通感,也叫移觉。这种表达方式可以使寻常词语艺术化,使语言表达产生优美神奇的修辞效果。例如:

(1)房子里灰暗了一分钟,潮湿的、浅黄色的阳光就从门缝里挤进来。(莫言《球状闪电》)

(2)瘦老头的叫声弹性丰富,尖上拔尖,起初还有间隔,后来竟连成一片。(莫言《球状闪电》)

(3)刘大号对着天空吹喇叭,暗红色的声音碰得高粱棵子索索打抖。(莫言《红高粱》)

(4)那笛声里,有故乡绿色平原上青草的香味,有四月的龙眼花的香味,有太阳的光明。(郭风《叶笛》)

(5)我将深味这非人间的浓黑的悲凉……(鲁迅《记念刘和珍君》)

例(1)(2)打通了感光视觉、听觉和触觉,用更加具体的皮肤触觉来描写光亮视觉、听觉形象,真切可感。例(3)打通了听觉和颜色视觉,用"暗红色"修饰喇叭的"声音",细致入微地暗示了战场上飞溅的鲜血,言少意多,形象生动。例(4)则是打通了听觉和嗅觉、味觉与视觉,感受到笛声(听觉)中蕴含着青草的清香(嗅觉)、龙眼花的芬芳(嗅觉和味觉),还有平原的翠绿(视觉)和阳光的明媚(视觉)。例(5)打通了心情和颜色视觉,用颜色词"浓黑"形容心情之"悲凉",传神地写出作者心里悲痛之沉重。这种不同感觉之间的互相感应与转移,在意境和语言表达上别开生面,坐收新奇之效。

有时候，通过这种通感的手法来打比方，可以使比喻更为新颖别致、超凡脱俗，营造出一种妙不可言的艺术境界。例如：

(6) 八月十四的月亮，如即将开放的玫瑰，浓含香色，鼓胀欲绽。……老秦，仿佛闻到了月光的淡淡的香气！(魏钢焰《没出唇的歌》)

(7) 层层的叶子中间，零星地点缀着些白花，……微风过处，送来缕缕清香，仿佛远处高楼上渺茫的歌声似的。(朱自清《荷塘月色》)

(8) 海在我们脚下沉吟着，诗人一般。那声音仿佛是朦胧的月光和玫瑰的晨雾那样温柔；又像是情人的蜜语那样芳醇；低低的，轻轻地，像微风拂过琴弦，像落花飘在水上。(鲁彦《听潮》)

例(6)神奇地把月亮比作"浓含香色"的玫瑰，打通了视觉和嗅觉，令人如临其境，如闻其香。例(7)把香气比作歌声，打通了嗅觉和听觉，真切地描绘出荷香的缥缈诱人。例(8)打通了听觉和触觉、嗅觉、味觉和视觉，让读者跟作者一起感受那海浪声里蕴含着的温柔(触觉)、芳香(嗅觉)、醇厚(味觉)，还有微风拂琴的灵动(听觉)、落英戏水的轻盈(视觉)。可见，作家和诗人的神奇想象，驱使着人们的听觉、嗅觉、味觉、视觉、触觉等多种感觉互相交融，汇聚整合出流光溢彩的艺术形象和撩人情思的审美境界。因此，我们可以说通感是一种诗性的概念融合，或者说通感是一种概念融合的诗境升华。

(二) 移就

我们在写作诗歌或文章时，可以展开想象的翅膀，乃至视通千里、思接万顷、浮想联翩、联类无穷，感知和联想到了不同事物之间的微妙的诗性类同关系；于是就把本属于其他事物的性状赋予眼前这事物，造成一种奇特而精彩的词语搭配，这种方法叫移就。例如：

(9) 酒后的愁思，愈抽愈长。(蒲牢《大泽乡》)

(10) 妻子脸上绽出了笑容。(茹志鹃《离不开你》)

(11) 杜学诗这话可更辣了，他那猫脸上的一对圆眼睛拎起了，很叫人害怕。(茅盾《子夜》)

(12) 等待着，等待着，

　　载着你的遗体的灵车，碾过我们的心……(李瑛《一月的哀思》)

例(9)中动词"抽"的移就用法，使无形的愁思变成看得见摸得着的丝线之类，增强了艺术感染力。例(10)把"笑容"先拟作"花儿"，再说"绽开了笑容"，这是"绽"的移就用法。例(11)通过"辣"的移就用法，来指话的尖刻与毒辣。例(12)

中,"碾"本来表示碾滚子滚压过的意思,常跟谷物等搭配;这里破格跟"心"搭配,写出灵车经过时,人们的心情之沉重。移就手法,往往可以把抽象的事物具体化,从而给人强烈的印象。而这种词语移就使用的基础就是人们对于相关事象的联想,以及由此造成的相通感觉的转移。因此,可以说移就是比拟和通感的综合运用,是一种给事物渲染着色、增情添趣的修辞方式。

（三）移情

移情是一种把人的感情转移到相关事物上的语言表达方式,比如:"幸福的泪水、欢快的脚步、痛苦的呻吟、愤怒的声音、怒发、醉眼、情书、病院、爱巢、伤心地"等等。其中,"泪水、脚步、发、眼"等是本体,"幸福、欢快、怒、醉"等是情词。这是一种把作者自己的感情或作品中人物的感情,天衣无缝地转移和弥漫到所描写的事物上的艺术表现手法。恰当地运用这种触景生情、借景抒情、情景交融的艺术表现手法,结果就会形成奇特而瑰丽的词语组合方式。例如:

(13)感时花溅泪,恨别鸟惊心。（杜甫《春望》）

(14)露从今夜白,月是故乡明。（杜甫《月夜忆舍弟》）

(15)然而悲惨的皱纹,却也从他的眉头和嘴角出现了。（鲁迅《铸剑》）

(16)她们被幽闭在官闱里,戴了花冠,穿着美丽的服装,可是陪着她们的只是七弦琴和寂寞的梧桐树。（周而复《上海的早晨》）

(17)这些兵卒,昼间的疲劳还未恢复,又从渴睡的床上被叫起来拉到野外去。（据陈望道《修辞学发凡》例改编）

(18)今天晚上,很好的月光。……今天全没月光,我知道不妙。……黑漆漆的,不知是日是夜。赵家的狗又叫起来了。……太阳也不出,门也不开,日日是两顿饭。（鲁迅《狂人日记》）

例(13)(14)中,诗人融情入景,借景抒情。当时,杜甫经历了安史之乱的动荡,只身漂泊异乡,一直抑郁不得志。于是,本来花开鸟叫是自然现象,无关乎人的感情;但是,诗人感叹国家遭逢丧乱,痛恨一家流离分散,不禁见花开而掉下伤心的泪,闻鸟叫而惊动忧愁的心。例(15)—(17)中,作者把作品中人物的感情转移到相关的事物和景色上,使语句组织十分别致,给人一种新奇感,富有情趣,容易引起读者联想。例(18)通过不断变坏的景致来渲染烘托不断变糟的心境。外部的景色和内心的情感不断激荡、相互生发。用王国维《人间词话》中的话来说,移情手法是一种"以我观物",使得"物皆著我之色彩"的艺术手法。巧妙地运用移情手法,可以造就"一切景语皆情语也"的艺术境界。

(四) 拈连

当人们思考和体验一连串相关的事象或情境,并且用一连串语句来叙述表达时,可以顺手牵羊,把本来只适用于上句的词语趁势用在下句中,这种方法叫作拈连。显然,拈连是把本来只适用于甲事物(本体)的词语(本词)拈用到乙事物(拈体)上,从而造成了一种奇特的词语组合。这个拈用到拈体上的本词叫作拈词,拈词可以跟本词完全一样,也可以做出一定的变化。拈连手法可以使上下文自然地关联起来,增加语言的形象性和情意性。例如:

(19)织渔网啊织渔网,织出一片好风光。

(20)春雨滋润了大地,也滋润了每个人的心田。

(21)你走了,把我的心也带走了。……我想结婚,我希望能得到答复,我期望上天赐给我幸福。(某演员致导演信)

(22)铁窗和镣铐,坚壁和重门,锁得住自由的身,锁不住革命精神!(杨沫《青春之歌》)

(23)哼!你别看我耳朵聋——可我的心并不"聋"啊!(郭澄清《大刀记》)

(24)"老董事,小理事,董事不懂事,理事不理事,出国旅游是小事,受骗上当是常事。"这是最近听到的一小段民谚。(舒展《领导得病,群众吃药》)

(25)我只是伫立凝望,觉得这一条紫藤萝瀑布不只在我眼前( ),也在我心上流过。(宗璞《紫藤萝瀑布》)

例(19)—(21)是正向拈连,比如,顺着"织渔网"再说"织出一片好风光",反映了渔家女劳动时对于未来美好生活憧憬的心理。例(22)(23)是反向拈连,比如,逆着"锁得住……",却反说"锁不住……",前后反衬,对照强烈。例(24)是谐音拈连,名词"董事、理事"跟动词"懂事、理事"的谐音性反向拈连,幽默风趣。例(25)是共轭式拈连,说明本体的本词蒙后面的拈词而省略,所以又叫简式拈连。

俄罗斯诗人普希金说过:"从词的搭配上看,语言是无穷无尽的"。其中,基于联想和感知的辞格往往会引起词语的超常规搭配,产生不同凡响的表达效果,生动而形象地表达出深刻的思想和丰富的感情。从表面上看去,这种表达好像不符合一般的逻辑事理;但是,正如散文家秦牧说的那样:"在某种场合,不合逻辑的语言有时会比合乎逻辑的语言更有力量"(《艺海拾贝》),它能使语句平中见奇,使常见的词句产生出奇异的艺术光彩。

四 基于模式的辞格

基于模式的辞格主要有对偶、排比、顶真和回环等,它们的特点是通过内容上的心理联想,利用句子在结构上的某种模式,把相关的句子或小句(甚至句子成分)整齐地组织起来;形成从内容到形式都比较工整的语言表达。也就是说,对偶、排比、顶真和回环不仅追求话语形式的上下整齐均衡,而且注重话语内容的前后对称倚靠。下面分别举例讨论。

(一) 对偶

对偶就是把意义相关、结构相同或相近、字数相等的两个句子或短语对称地排列在一起的修辞方式。其中,上句叫作上联,下句叫作下联。对偶也叫对仗、对子或联语,独立为一种文体时称为对联,有春联、喜联、寿联、挽联等等。对偶可以看作是类比、对照等思维方式在话语组织上的同构性反映。例如:

(1) 人有悲欢离合,月有阴晴圆缺。(苏轼《水调歌头》)

(2) 墙上芦苇,头重脚轻根底浅;山间竹笋,嘴尖皮厚腹中空。(明·解缙)

(3) 天若有情天亦老,月如无恨月长圆。(李贺、石曼卿)

(4) 横眉冷对千夫指,俯首甘为孺子牛。(鲁迅《自嘲》)

(5) 野火烧不尽,春风吹又生。(白居易《赋得古原草送别》)

(6) 黑发不知勤学早,白首方悔读书迟。

例(1)(2)属于正对,是一种上联和下联意思上相近或相似的对偶形式。例(3)(4)属于反对,是一种上联和下联意思上相反或相对的对偶形式。其中,例(3)的上联出自唐朝诗人李贺的《金铜仙人辞汉歌》,宋初石延年(曼卿)配了下联以赠其友。例(5)(6)属于串对,是一种上联和下联意思上相承、相续的对偶形式。比如,例(5)的上下联之间有时间上的顺承关系,例(6)的上下联之间有事理上的因果关系。

好的对偶或联语,不仅讲究形式上有骈文的面貌(结构对称、音律和谐),而且追求内容上有诗歌的意境(文学的意象、艺术的境界)和散文的风骨(鲜明的褒贬态度)。有时,甚至内容比形式更重要,风骨比意境更突出,更能引起人们的关注和兴趣。例如:

(7) 山河破碎风飘絮,身世浮沉雨打萍。(文天祥《过零丁洋》)

(8) 人生自古谁无死,留取丹心照汗青。(文天祥《过零丁洋》)

(9) 苟利国家生死以,岂因祸福趋避之。(林则徐《赴戍登程口占示家

人》)

例(7)(8)见于同一首诗。从对称和意境上看,(7)远胜于(8),并且(8)并不符合对偶的形式标准;但是,几百年来,(8)比(7)影响更大,成为脍炙人口的警句。例(9)在形式上不够工整,但是以意胜而广泛流传。特别是挽联,涉及对逝者一生功过是非的盖棺论定,所以特别强调其风骨神情。比如,鲁迅去世后,姚克和国际友人斯诺联名写的挽联是:

(10)译著尚未成书,惊闻殒星,中国何人领呐喊;
先生已经作古,痛忆旧雨,文坛从此感彷徨。

这副挽联对仗工巧,情深意切,点明了鲁迅在中国文坛的领袖地位;还语带双关,把鲁迅的《彷徨》《呐喊》两书分嵌在上下联中,但又不着一丝雕饰的痕迹,可谓自然妥帖,精妙奇绝。上联的"译著尚未成书",指当时斯诺译编的中国短篇小说集《活的中国》(*Living China*);其中,收入鲁迅的七个短篇和其他十四位作者的十七个短篇作品。

(二) 排比

在说话或写文章时,为了增强话语的气势,可以把三个或三个以上内容紧密关联、结构相同或相似、语气一致的词语或句子接连说写出来,这种修辞手法叫排比。可见,排比是从形式到内容两个方面对于对偶的放松和拓宽。例如:

(11)将脚步放慢一点,我们才能尽情领略漫天的星斗;将脚步放慢一点,我们才能潜心阅读经典中的智慧;将脚步放慢一点,我们才能听到别人的心声;将脚步放慢一点,我们才能和自我的灵魂对白。(阮直《速度多快都不嫌快》)

(12)爱心是一片照射在冬日里的阳光,使贫病交迫的人感到人间的温暖;爱心是一泓出现在沙漠里的泉水,使濒临绝境的人重新看到生活的希望;爱心是一首飘荡在夜空中的歌谣,使孤苦无依的人获得心灵的慰藉。

(13)那些新芽,条播的行列整齐,撒播的万头攒动,点播的傲然不群,带着笑,发着光,充满了无限生机。(吴伯箫《菜园小记》)

(14)秋收,秋耕,秋种,都要忙完了。(吴伯箫《猎户》)

(15)他们思考着,判断着,探索着,寻找着自己的路……(魏巍《路标》)

(16)亲爱的朋友们,当你坐上早晨第一列电车驶向工厂的时候,当你扛上犁耙走向田野的时候,当你喝完一杯豆浆、提着书包走向学校的时候,当你坐到办公桌前开始这一天工作的时候,当你往孩子口里塞苹果的时

候,当你和爱人一起散步的时候……朋友,你是否意识到你是在幸福之中呢?(魏巍《谁是最可爱的人》)

例(11)—(13)是分句与分句的排比,例(14)—(16)是句子成分(主语、谓语、状语)的铺排。

排比适用于各种语体,它的作用主要是增强语势,表现为:用于叙事状物,则笔墨浓重、语意畅达;用于抒情,则节奏明快,感情洋溢;用于说理,则论述详尽,气势磅礴。

(三) 顶真

顶真就是用上句的结尾来做下句的起头,这样连续顶接两次或两次以上的修辞方式。话语模式为:"…XX,XX…YY,YY…"。顶真又叫顶针、联珠或蝉联。例如:

(17)竹叶烧了,还有竹枝;竹枝断了,还有竹鞭;竹鞭砍了,还有深埋在地下的竹根。(袁鹰《井冈翠竹》)

(18)有个农村叫张家庄,张家庄有个张木匠。张木匠有个好老婆,外号叫"小飞蛾"。小飞蛾生了个女儿叫艾艾。(赵树理《登记》)

(19)谈到这儿,老人又慨叹说:"这真是座活山啊,有山就有水,有水就有脉,有脉就有苗,难怪人家说下面埋着聚宝盆。"(杨朔《香山红叶》)

(20)他比先前并没有什么大改变,单是老了些,但也还未留胡子,一见面是寒暄;寒暄之后说我"胖了",说我"胖了"之后,即大骂其新党。(鲁迅《祝福》)

顶真的修辞作用在于:

1. 用来勾连词句,则文意贯通

如例(18),在故事开头交代地点和人物,用顶真手法把张家庄、张木匠、小飞蛾、艾艾环环相扣地交代出来,一气呵成。

2. 用来议事说理,则逻辑严密

如例(19),利用顶真的特点,层层推进,把有水、有脉、有苗之间的递相依存的内在联系做了清楚的阐述。说理严谨周密,表达如行云流水,气势贯通。

3. 用来状物叙事,则条理清晰

如例(17),利用前顶后接,把竹叶、竹枝、竹鞭、竹根顺势连贯,反映了井冈翠竹"野火烧不尽,春风吹又生"的顽强精神,条理十分清楚。

4. 用来造境写意，则格调清新

比如广告："车到山前必有路，有路就有丰田车"。

（四）回环

回环就是利用词语顺序上回环往复的形式，表现两种事物或情理之间的相互依存或倚变关系。通常是用上句的末尾做下句的开头，又用上句的开头做下句的末尾。话语模式为："XX…YY，YY…XX"。回环又叫回文。极端的回文句可以从句尾向句首反着读（如例(23)）。例如：

(21) a. 文学中有科学，科学中有文学嘛！（茅以升语）

　　　 b. 哲学是假科学，科学是真哲学。（前句为胡适语，后句为丁文江语）

(22) 一棵大树可以制成千万根火柴，一根火柴可以烧毁千万棵大树。（北京紫竹院公园防火标语）

(23) 上海自来水来自海上，山东落花生花落东山。

(24) 阿呀阿呀，真是愈有钱，便愈是一毫不肯放松，愈是一毫不肯放松，便愈有钱……（鲁迅《故乡》）

(25) 和爱人的关系越坏，对加丽亚的感情也越浓。对加丽亚的感情越浓，也和爱人的关系越坏。到底哪是因，哪是果，我已不甚了然了。（邓友梅《在悬崖上》）

(26) 摔碎了泥人再重和，再捏一个你来再捏一个我，
　　　 哥哥身上有妹妹，妹妹身上有哥哥。（李季《王贵与李香香》）

回环的修辞作用，主要是用优美的语言形式来揭示和突出事物之间的内在条件性依存或倚变联系。另外，回环形式优美，音韵协调，节奏明快，实现了语言的整齐美。回环是一种精美的语言形式，如果通篇使用，那么就是回文诗。只要不以辞害义，就不算是文字游戏。

五　基于引发的辞格

基于引发的辞格主要有引用、仿拟、转类和设问等，它们的特点是通过直接或间接地引用现成的语句、典故，或者模仿现成的语句、词语，或者改变现成的词语的意义或功能，或者自问自答，来引申、发挥和演绎，从而表达和强调说写者眼下的意向、思想、态度和情感。下面分别举例讨论。

（一）引用

在说话和写文章时，我们可以征引一段文章、几行诗句，或运用成语、谚语、

格言、警句等熟语或典故，借以描写事物，说明问题，阐明观点，表示态度，这种修辞方式叫作引用。引用可以按照征引的不同方式来分类：

1. 明引和暗引

按引文是不是注明出处和来源，可分为明引和暗引。例如：

(1)哥白尼在他的《天体运行》一书中，以他给教皇的一封信开头，他在信末说："<u>假使有一知半解的人</u>，并无数学知识，而根据《圣经》这一段或那一段妄肆批评或者驳斥我的著作，我不但不预备答复他们，而且还要轻视这样的无知的见解。"这是一封科学向宗教挑战的信。（竺可桢《哥白尼》）

(2)他们为了自己的伟大的理想，有些人家可以不要，有些人官可以不做，有些人生命可以抛弃，有些人真正是做到了"<u>富贵不能淫，贫贱不能移，威武不能屈</u>"的地步。（陶铸《崇高的理想》）

例(1)明确交代了引文的作者、出处，所以是明引。用以正面突出哥白尼坚持真理，敢于向宗教挑战的顽强意志。例(2)没有点明引文的作者和出处(《孟子·滕文公下》)，所以是暗引。因为这里并不想突出孟子其人，而只是借他的话来证明自己的观点。

2. 正引和反引

按引文意思和作者的意思是一致还是相反，可分为正引与反引。例如：

(3)这个时候，就连起初生过纺车的气的人也对纺车发生了感情。那种感情，是凯旋的骑士对战马的感情，是"<u>仰手接飞猱，俯身散马蹄</u>"的射手对良弓的感情。（吴伯箫《记一辆纺车》）

(4)在这里，我们根本看不到欧阳修所描写的那种"<u>其色惨淡，烟霏云敛……其意萧条，山川寂寥</u>"的凄凉景色，更看不到那种"<u>渥然丹者为槁木，黟然黑者为星星</u>"的悲秋情绪。（峻青《秋色赋》）

例(3)的诗句引自三国曹植的《白马篇》。用来比喻纺线技术的熟练。引文和作者的意思一致，所以是正引。例(4)中的骈偶句引自欧阳修《秋声赋》，作者在引用时用两个"看不到"加以否定，所以叫反引。

3. 直接引和间接引

按引文是照引原文还是撮合大意，可分为直接引和间接引。例如：

(5)一个荔枝花序，生花可有一二千朵，但结实总在一百以下，所以有"<u>荔枝十花一子</u>"的谚语。（贾祖璋《南州六月荔枝丹》）

(6)黑夜，静寂得象死一般的黑夜！但是，黎明的到来，毕竟是无法抗

拒的。索洛警告美国人当心枕木下的尸首,我也想警告某一些人,当心呻吟着的那些锭子上的冤魂!(夏衍《包身工》)

例(5)原句照引谚语,并用上引号,所以是直接引。例(6)中"警告美国人当心枕木下的尸首"并不是索洛的原文,而是大意,由引用人撮合而成,所以叫间接引。

引用本质上是一种诉诸权威(appeal to authority)的措辞方式,借此可以更好地描写事物、说明事理、论证自己的观点。另外,引语往往涉及当前文本跟引用文本之间的文本互动和参照,从而形成了意蕴丰厚的互文本性(intertextuality)。

引用的进一步发展,就是集句。即摘录前人诗文中现成的句子,重新组合而成为新的诗歌。比如,《牡丹亭》"惊梦"尾声的集句诗:"春望逍遥出画堂(张说),间梅遮柳不胜芳(罗隐);可知刘阮逢人处(许浑),回首东风一断肠(韦庄)。"分别出自四人之作,现在作者把它们重新组合为一首诗,自有一番新的意境:鲜明的主题思想,完整的意象境界,独立的审美价值。

(二) 仿拟

在说话和写文章时,我们可以模仿现成的词语、句式、段落甚至篇章,借以叙述情况、描写场境、阐明观点、表示态度,这种修辞方式叫作仿拟。其中,现成的词语、句式、段落和篇章可以叫作本体,模仿本体而造成的词语、句式、段落和篇章可以叫作仿体。仿拟可以按照所模仿的本体的单位的大小,分为仿词、仿语、仿句、仿调、仿段和仿篇,等等;还可以按照仿体的意义跟本体的意义是否是一致,分为正仿和反仿两种;根据是否交代本体及其出处,分为明仿和暗仿两种。例如:

(7)鸳鸯道:"……我是横了心的,当着众人在这里,我这一辈子,别说是宝玉,就是宝金、宝银、宝天王、宝皇帝,横竖不嫁人就完了!就是老太太逼着我,一刀子抹死了了,也不能从命!"(《红楼梦》第四十六回)

(8)一个阔人说要读经,嗡的一阵一群狭人也说要读经。岂但"读"而已矣哉,据说还可以"救国"哩。(鲁迅《这个与那个》)

(9)张爱玲的名句:"人生是一袭华美的袍,上面爬满了虱子。"后人改编:"婚姻是一袭华美的袍,上面爬满了虱子。"——再后来,到了而今这时代,华美的袍亦褪下了,伫而远望,虮虱毕现;迫而察之,创痕森然。(石述思《我们的婚姻为何千疮百孔?》)

(10)继《让子弹飞》在中国热演之际,朝韩联合上演《让炮弹飞》,而发改委日前已经紧急上映了《让油价飞》,至于什么时候证监委筹备《让股价飞》,目前还没有时间表。(《红周刊》)

(11)a.味千拉面拿浓缩液兑汤是因为肉价上涨买不起骨头！至于你们信不信,我反正信了。(博文)

b.郭美美的妈妈是炒股暴富的,至于你们信不信,我反正不信！(博文)

(12)分不在高,及格就行;学不在深,作弊则灵;斯是教室,惟吾闲情。小说传得快,杂志翻得勤。琢磨下象棋,寻思看电影。可以打瞌睡,写家信。无书声之乱耳,无复习之苦心。虽非跳舞场,堪比游乐厅。心里云:混张文凭。

例(7)(8)是仿词中的正仿和反仿,例(9)(10)是仿句中的明仿和暗仿。例(10)中的表达仿自电影片名《让子弹飞》。例(11a)是仿句,更是仿调——模仿一种说话的语气、腔调或风格。本体的事件背景是:2011年"7·23"甬温线动车追尾事故发生26小时之后,官方新闻发布会终于在温州举行。当铁道部发言人王勇平被问到"为何救援宣告结束后仍发现一名生还儿童"时,他称:"这只能说是生命的奇迹"。之后,被问到为何要掩埋车头时,王勇平又说出了另一句话,"至于你信不信,我反正信了"。王勇平这段话,以及新闻发布会上面带笑容的表情,让广大网友不满。在微博上,大家都用"至于你信不信,我反正不信"来表达对事故发生以及善后的质疑。同类的如"我爸是李刚",也成为广为模仿的本体。例(11b)是反仿。例(12)是流行在大学校园的一则模仿刘禹锡《陋室铭》的仿篇,当然也是仿调;我们正是在本体和仿体的对照中,体会到一种讽刺嘲笑的意味。

可见,仿拟就是借助于联想,甚至是反逻辑的想象,把用于不同语境中的词语、句子或腔调运用于当前语境之中,制造出新鲜、奇异、生动的表达形式;启发听读者对本体和仿体进行对照,制造出幽默风趣的表达效果,同时还可以不露声色地达到消解庄严、讽刺嘲弄的目的。

(三) 转类

说话和写文章时,为了使行文生动活泼、简短精警,有时可以转变词语的词类,即把甲类词当作乙类词来使用,这种表达方式叫作转类。转类的结果就不仅改变了词的用法,而且改变了词的意义,从而赋予寻常的词语以全新的精神和活力。例如:

(13)在他心的深处,他似乎很怕变成张大号第二,——科员了一辈子自己受了冤屈也不敢豪横。(老舍《离婚》)

(14)从此我不再仰眼看青天,不再低头看白水,只谨慎着我双双的脚步;我要一步步踏在泥土上,打上深深的脚印！(朱自清《毁灭》)

(15)这一年的春天特别玫瑰。(铁凝《玫瑰门》)

(16)每次和那些采埃孚在中国的工作人员打交道时,记者都能想起那句著名广告词:"真的很德国"。采埃孚在中国的很多活动和工作方式,都颇有些德国味。(商用汽车新闻)

(17)2009年2月,某省对某市辖下各县市的小康达标情况进行随机电话民意调查。当地政府要求受访群众熟记事先统一下发的标准答案,如家庭人均年收入,农村居民必须回答8500元,城镇居民必须回答16500元,"是否参加社会保险或保障"必须回答"参加了","对住房、道路、居住环境是否满意"必须回答"满意"。于是,那些原本在小康水平之下的群众,一夜之间"被小康"了。(孙朝方《"被"字蹿红2009年中国舆论场》)

(18)你的美一缕飘散,去到我去不了的地方;
  在瓶底书汉隶仿前朝的飘逸,就当我为遇见你伏笔。(《青花瓷》歌词)

例(13)(14)是名词、形容词转类为动词。例(15)(16)是名词转类为形容词,其中"很+名词"已经成为网络上流行的仿拟格式,比如:"很中国、很女人、很青春、很暴力、很色情"。例(17)是名词转类为及物动词,并且通过仿拟,"被+名词/形容词/不及物动词"已经成为网络上流行的新颖被动格式;比如:"被代表、被潜(规则)、被腐败、被就业、被增长、被自杀、被离婚"。对于例(18)中转类的作用,作者自己的分析是:"'伏笔'原为名词,在这里做动词用。由于这样的转化,句子顿时有了动态感,进而深刻表达出前一句中的'书写'动作,以及隐含在书写动作下的心意。……'一缕'则是数量词转化成副词,整个画面感都出来了"(方文山《中国风:歌词里的文字游戏》)。

在这个追求语言表达快捷、新异和陌生化的网络时代,转类陡然成为一种大众喜闻乐见的修辞手段。因为,转类是在旧词语的基础上赋予新的意义和用法,可以化陈腐为神奇,收到既出人意料、又在情理之中的表达效果。

(四)设问

说话和写文章时,说写者为了提醒听读者,引人注意,虽然心中早有定见,却明知故问,并且通常自问自答,偶尔只问不答,这种修辞方式叫设问。例如:

(19)第一个问题:我们的文艺是为什么人的?(毛泽东《我们的文艺是为什么人的?》)

(20)为什么我的眼中常含泪水?因为我对这土地爱得深沉。(艾青《我爱这土地》)

(21)是什么支持我浪迹天涯?是求知欲,是自信,更是"万物静观皆自得"的对大地万物的那份欣赏。(三毛《自爱而不自怜》)

(22)什么时候儿时玩伴都离我远去?什么时候身旁的人你不再熟悉?人潮的拥挤拉开了我们的距离,沉寂的大地在静静的夜晚哭泣。谁能告诉我,谁能告诉我,是我们改变了世界,还是世界改变了我和你?(罗大佑、吴念真《一样的月光》)

设问运用的范围很广,形式多样,一般都有突出主题、强调重点的作用。例(19)是篇首设问,用以统领全文或引出下文,收到引人入胜的表达效果。例(20)是篇末设问,用以总结全诗,抒发了真挚的爱国情怀。篇中设问数量最多,有转换话题和承上启下的语篇功能。像《十万个为什么》一类书就是用设问来谋篇布局的。

练 习 五

一、试从比喻的角度来分析歇后语的构成,指出其中哪个是喻体、哪个是本体。

二、指出下列语句所用的修辞方式,并分析其修辞效果。

1. 勤奋是点燃智慧的火花,懒惰是埋葬天才的坟墓。

2. 美丽的梦留下美丽的忧伤。(舒婷《神女峰》)

3. 散文比诗容易写,但也须下一番功夫才能写好。不害怕,就敢下笔。一下笔,就发现了困难。有困难,就去克服!(老舍《散文重要》)

4. 我还没把话说完,裁缝店老板就量完了我的身材,并在吩咐学徒了。(马克·吐温《百万英镑》)

5. 孟子说:"所谓故国者,非谓有乔木之谓也,有世臣之谓也。"我现在可以仿照说:"所谓大学者,非谓有大楼之谓也,有大师之谓也。"(梅贻琦1931年12月3日清华大学校长就职演说)

6. 雾锁山头山锁雾,天连水尾水连天。(厦门鼓浪屿)

7. 朋友,当你听到这段事迹的时候,你的感觉又是如何呢?你不觉得我们的战士是最可爱的人吗?(魏巍《谁是最可爱的人》)

8. 晴朗的天,你正在欣赏"齐鲁青未了",忽然一阵风来,"荡胸生层云",转瞬间,便像宋之问在《桂阳三日述怀》里说起的那样,"云海四茫茫"。(李健吾《雨中登泰山》)

9. 我到此快一个月了，懒在一所三层楼上，对于各处都不大写信。(鲁迅《厦门通信》)

10. 我亲爱的棕色伤感小鞋。……你还记得我在《死者》里面提到你身体时用的三个形容词吗？它们是：动听、奇异和芬芳。(《致诺拉——乔伊斯情书》)

11. 这是一个让诗人发疯的时代/铺天盖地的口水都成了诗/我在泥泞中行走举步维艰。(刘雅青《行走的诗歌》)

12. 上次大扫除的时候，我由床底下找到了但丁的《神曲》。不知道这老家伙干吗在那里藏着玩呢！(老舍《有了小孩以后》)

三、曹雪芹曾经为他"批阅十载、增删五次"的巨著起名为《石头记》，后来又改为《情僧录》《金陵十二钗》，之后又想叫《风月宝鉴》，最后定名《红楼梦》。沈雁冰曾经给小说《子夜》拟过另外三个题目"夕阳、燎原、野火"，还拟了笔名"逃墨"，后来改为"茅盾"。请比较分析这些标题和笔名在修辞上的高下优劣。(说明："逃墨"语出《孟子·尽心下》："逃墨必归于阳，逃阳必归于儒"。)

四、吹牛一般是用令人吃惊和发笑的语言把自己或他人的能力或经历渲染到离奇和怪诞的程度。请通过下面这个相声故事说明吹牛与夸张的联系与区别。

相声大师马三立先生说"我"的一次唱戏经历：坐票卖净了，就卖趴票（趴在地上听戏，抽空抬头叫一声好），然后卖挂票——把观众用滑轮吊到墙上，连绳子带钉子多收两毛四分钱。

五、请把下面八个句子组成四个对偶句。

1. 一片水光飞入户　　2. 月照平沙夏夜霜
3. 万窍有声含晚籁　　4. 春愁黯黯独成眠
5. 世事茫茫难自料　　6. 千竿竹影乱登墙
7. 风吹古木晴天雨　　8. 数峰无语立斜阳

六、有人认为对对子能全面地反映一个人的语文水平，所以语文考试只要出上联，让考生对下联就足够了。你是否赞成这种观点？请说明理由。

第六节　适应语体和调整风格

一　什么是语体和风格？

语言为了完成不同的功能(交际的目的、内容等)、适应不同的语域(交际的场合、角色关系和媒质等)而形成的相对恒定的表达模式，叫作语体。比如，面对面地交谈跟提笔写信或创作小说，在语言使用上有一系列不同的特点；当这种成系统的语言使用特点成为一种强制性的规范时，就自然地形成了一种语言表达模式。在这里，前者的表达模式可以叫作口头语体，后者的表达模式可以叫作书面语体。当然，在口头语体中，家庭成员之间的饭后闲聊跟法庭上控辩双方律师之间的争论，在语言使用上也有成系统的差别；在书面语体中，写请假条跟写学术论文，在语言使用上也有成系统的差别。也就是说，语体是分层级的，在一级语体下面还有二级、三级分语体。不同的分语体在语言使用上的差别也是十分明显的。比如，我们口语中所说的"鲸鱼"，在科技论文中通常要视情况的不同而称其为"露脊鲸、座头鲸、弓头鲸"或是"抹香鲸"等；童话作品中所说的"天鹅的家"，在生物学论文中则会说成"天鹅的栖息地"；相声小品的措辞自然有别于国家领导人的演讲，像因赵本山的小品而蹿红的流行语"不差钱"，在正式的社交场合一定会被"资金充足"所取代；2008年美国劳工部长赵小兰来北京大学演讲，谈及她的家人时用的都是"父亲、母亲"这样的称谓，但是她在家中一定不会叫得如此正式。再比如，文学作品中可以利用一语双关的修辞手法，但是法律文书中词语和句子的意思就不能模棱两可。

总之，语体是全民语言的功能变体和语域变体，就像地域方言是全民语言的地域变体、社会方言是全民语言的社会变体一样。正因为不同的语体是不同的语言表达规范，具有一定的强制性，所以我们在说话和写作时必须适应语体，遵循不同语体的语言运用规范。

不同语体在语言使用上的特殊性，形成了不同的语体风格或语体色彩。风格一词经常用于美学、文学、艺术、建筑、文艺评论等领域，指作者的创作或设计个性或是艺术作品、建筑物等所反映出来的艺术特色。就一个流派，一个时代，一个民族的文学、艺术或建筑等来说，又有流派风格、时代风格和民族风格。比如，就个人风格而言，同是意大利文艺复兴时期的画家，米开朗琪罗的风格是雄强，达·芬奇的风格是深沉，拉斐尔的风格则是优雅。就时代风格而言，罗马式、哥特式、文艺复兴式、巴洛克式分别是不同时代西方建筑的典型。就中国画而言，汉魏六朝画之"迹简而意澹"、初盛唐画之"雄浑壮丽"，也反映了不同时代的不同风格。就语言运用而言，不同的语体有各自的语体风格，不同的说话人有不同的语言风格，不同的作家或作品也有各自在语言表达上的特色，即表达风格；或者措辞简洁、或者措辞繁丰，或者表达明快、或者表达含蓄，或者用词藻丽、或者用词平实，或者语言典雅、或者语言通俗。

总之，语言风格是作者或作品在对语言材料和修辞方式的选择和运用上表现出来的特点，这种语言使用特点往往是重复出现的，具有一定的系统性。但是，它并不像语体那样具有规范性和强制性，而是更多地跟作者的才情、时代的精神或语境的氛围等个性因素相关。正因为语言风格具有个别性和灵活性，所以我们在说话和写作时可以有意识地调整表达风格，形成适合自己的学识和才情的、具有个性化的语言表达风格。

二 口头语体的特征和类型

口头语体主要是一种听说双方面对面进行语言交际所用的表达模式，其功能是为人们的工作、学习、日常生活和交往等服务。口头语体的特征是语言平易自然、生动活泼，利用语调等语音表情手段和身体姿势、面部表情等副语言手段；用词以口语词汇为主，以短句和结构不完整的零句为主，经常省略有关成分，常用各种富有表现力的修辞手法。在口头语体中，语言的使用不仅取决于交际的目的和内容，而且还取决于交谈的场合和双方的社会角色关系。比如，大英帝国的维多利亚女王1848年和她的表哥阿尔伯特公爵结了婚。婚后有一天，女王敲门找阿尔伯特。"谁？"里面问道。"英国女王。"女王回答。门没有开。敲了几次后女王感觉到了些什么，又敲了几下，用温和的语气说："我是你的妻子。"这时门开了。女王感觉到的是什么呢？是语体问题，在家庭谈话语域不该用在公共谈话语域的词语和说话方式。

根据口头交际的目的和内容、交际双方所充当的角色及其关系，参考交际的地点处所、媒体形式、方式态度等因素，至少可以把现代汉语口头语体分为八个分语体。

（一）家庭谈话体

家庭谈话体是家庭谈话语域的语言表达模式。在该语域中，角色主要是家庭成员、亲戚朋友或街坊邻里，处所主要在家里。谈话内容丰富，话题广泛，涉及生活、文化，甚至政治、经济的各个领域，交际方式一般是亲热的。交际双方很少提供背景信息，多用方言、俚语、流行语，甚至粗俗词汇。

（二）职场谈话体

职场谈话体是职场谈话语域的语言表达模式。在该语域中，角色主要是单位里的同事、学校里的同学等，处所有车间、农场、商场、教室、办公室、事务所等。谈话内容较多涉及他们所从事的工作或学习等，话题相当广泛，交谈方式是随便的,词汇中夹有相当的行话、术语、俚语、流行语、学生专用词语等。

(三) 商场谈话体

商场谈话体是商场谈话语域的语言表达模式。在该语域中,角色主要是顾客和店员。地点主要是商业场所。谈话内容主要集中在商品买卖和服务提供等方面,话题相对集中。交谈的方式是商量式的,甚至是讨价还价式的。交际的进程较多的是顾客问、店员答,因此句子以问答句为多。

(四) 课堂谈话体

课堂谈话体是课堂谈话语域的语言表达模式。在该语域中,角色主要是老师和学生,处所是课堂。谈话的内容是有关教学的内容,话题比较集中。经过教师备课,谈话的进程有一定的计划性。交谈的方式是正式的,比如教师之间或学生之间的某些谈话方式(调侃、亲昵)一般不能用于该语域。

(五) 法庭谈话体

法庭谈话体是法庭谈话语域的语言表达模式。在该语域中,角色主要是司法人员和被告、原告及各自的律师、证人等,地点在法庭上。谈话内容明确——有关诉讼裁决,谈话内容往往是预定的;话题相当集中,如有离题现象,即会遭到对方或司法人员的制止打断。轮流说话的顺序是框定的,谈话方式是严肃的,不允许有粗言俗语。交际过程不一定是自然终结的,有时中途停止——法庭宣布休庭。

(六) 外交谈话体

外交谈话体是外交谈话语域的语言表达模式。在该语域中,角色主要是两国或多国外交人员,地点在某一外交商谈的场所。内容总是外交事务,具体内容是双方预定的;话题集中、有针对性,围绕话题的有关话语往往是事先周密设计的。交谈方式是庄重的,各自代表了自己的国家。用词严谨、谈话得体,经常有言词交锋,也经常使用较有弹性的模糊表达。

(七) 发布谈话体

发布谈话体是新闻发布、事实澄清、产品说明等情况通告和信息披露语域的语言表达模式。在该语域中,角色主要是政府部门、法人团体等的相关领导或发言人,也可以是相关事件的当事人或知情人,地点可以在某一会议室、接待室,甚至家里。内容主要是国家关于国内或国际政策的解释、突发公共事件的说明、新产品面市的介绍、引起社会关注的私人事件的澄清,具体内容是由发言人决定的,媒体记者、现场听众可以提问。话题非常集中和确定,双方围绕话题的有关话语往往是事先周密设计的。交谈方式是程序性的,发言人介绍情况,记者和听众提问,发言人回答。用词一般比较严谨、谈话有一定的争辩性,偶尔有言词交锋。

(八) 流动谈话体

流动谈话体是流动谈话语域的语言表达模式。该语域的处所有车厢、剧院、商场、广场等人员流动性大的场所。角色主要是在这种场所萍水相逢的陌生人。谈话内容很芜杂,较多涉及双方到这一场所的目的等,话题是随机多向的。交谈方式是谨慎的,但也有可能随着双方说话投机的程度而趋于随便。由于是陌生人,因此说话时双方要不断地向对方提供背景信息。用词造句是几经思考的,一般不能有粗言俗语或专业词汇,因为这是"公众场合"。

其实,口头语体是一个模糊的连续体。上面所举的八个分语体只是该连续体上较有代表性的几个点,还有许多处于中间状态的分语体没有得到应有的描写。

三 书面语体的特征和类型

书面语体主要是一种通过文字书写来进行语言交际所用的表达模式,其功能是为人们的工作、学习、日常生活和交往、科学讨论和思想交流等服务。其语域特点是交际双方一般不同时在场,写者通过书面语言向他所预设的读者表情达意。书面语体的特征是:措辞造句比较从容,所以语言相对严谨,可以利用标点符号来部分地实现本该由语调、姿势、表情等所表达的意义和情感;用词面广,以书面词汇为主;以长句和结构完整的句子为主,常用各种富有表现力的修辞手法;话题比较集中,主题相对明确和突出,篇章结构比较完整。

根据书面交际的目的和内容、写者所预设的读者以及双方的角色关系,参考交际的地点处所、媒体形式、方式态度等因素,可以把现代汉语书面语体分为四个分语体:公文语体、科技语体、政论语体、文艺语体等,每一个分语体下面又有各自的分语体。

(一) 公文语体

指适应国家机关、社会组织、法人团体和个人之间事务活动等所需要而形成的语言表达模式。公文语体包括:国家的文件、法令、条约,社会团体和企事业单位的规章、合同、协议书,个人的书信、借条、请假条,公共场所的广告、启事,以及总结、检查、保证书、挑战书、感谢信等文字。公文语体一般以实用为目的,以记述为特征,以行动为指归。比如,像判决书、任免书、保证书、感谢信、道歉信、邀请信等等,其中的话语有以言行事的特点,言语本身就实现了判决、任免、承诺、感谢、道歉等社会行为。公文语体的基本特点是:准确性、简洁性、规格性。因为公文语体往往涉及社会契约、行为规范,对相关方面的权利或行为有约束力量;所以,措辞造句必须明晰准确,否则会造成灾难性后果。比如,19世纪末,清政府曾向德国借款修筑胶济铁路,签订了一个借款条约,其中有一款:

(1)沿铁路线左右30里内煤铁等矿,德国有权开采。

清廷的本意是沿线左右加起来共30里,但德方解读为左右各30里(加起来共60里)。因为表达不清,以致产生歧义,使国家白白丢失了一倍土地的矿产权。

公文语体一般有比较固定的规格。比如,公函的末尾有"此致敬礼"等礼貌性套语,个人书信的结尾都有"祝你健康、恭贺新禧"等祝颂语。公文语体有一批专用的词汇(如:"任命、决议、审核、咨询、复查、预算、承总、刑事、批示、欣逢、值此……之际"等)。公文语体要求用词规范、讲究分寸、明确界限、态度鲜明。公文语体较少运用口语词、俚语词,文言语词与句式的运用较为广泛。公文语体很少运用积极修辞方式,尤其是构成藻丽风格的比拟、夸张,或造成含蓄风格的婉曲、反语等,只有对偶、排比等辞格可以适当地使用。

公文语体内部可分为事务公文体和鼓动公文体。像广告等鼓动公文体,大量借用文艺语体的表达方式,来富有感染力地完成产品推广、服务宣传等事务性目的。例如:

(2)面朝大海,春暖花开。(烟台海景房广告)

(3)你们放心去死吧,我们来做剩下的。(美国一个殡仪馆广告)

(4)青翠纷披景物芳,岛环万顷海天长。啤花穷水成佳酿,酒自清清味自芳。

例(2)用海子的诗句做广告,富有诗意。例(3)用调侃、玩笑的口气做本为晦气的广告,轻松幽默。例(3)则是用藏头诗的形式来为青岛啤酒做广告。

(二) 科技语体

是适应科学技术领域的语言交际所需要而形成的语言表达模式。其功能是准确系统地叙述自然、社会和思维等现象。科技语体的修辞要求:精确、谨严、质朴。科技语体的特点是:(1)术语性,大量运用术语;(2)单一性,句式严整而又少变化,以长句为主,只能利用积极修辞方法的一部分;(3)符号性,大量运用符号、公式、图表等,形成了一套特殊的表达方式。

科技语体内部可以分为专门科技语体和通俗科技语体。前者是向专业人员或具有相当科学知识的人准确而系统地叙述自然、社会或思维等现象;后者是向非专业人员介绍、普及科学知识。试比较下面介绍遗传这个概念的两段话语:

(5)生物按照亲代所经历的同一发育途径和方式,摄取环境中的物质建造自身,产生与亲代相似的复本的一种自身繁殖过程叫作"遗传"(heredity)。(河北师范大学等编《遗传学》)

(6)大家知道,种瓜得瓜,种豆得豆。鸡蛋总是只能孵化出小鸡;牛总是生牛;人总是生人;大肠杆菌的后代总是大肠杆菌;肝炎病毒的后代总是肝炎病毒。这些生物产生同类,即类生物的现象就是遗传。(方宗熙、江乃萼《遗传与育种》)

例(5)是专门科技语体,用一个长句下了一个周密的定义,其中充满了专业术语,关键术语后面还给出英语。例(6)是通俗科技语体,尽量少用专业术语,多举通俗易懂、生动形象的例子。像许多科幻作品,可以看作是通俗科技语体与文艺语体的融合。

(三) 政论语体

又称宣传鼓动语体,是适应社会政治思想领域的交际需要而形成的语言表达模式。其功能是讨论现实社会生活问题,起宣传、反驳作用。言语总特色是:逻辑严密,感情强烈;大量引用政治词汇,多用祈使句、疑问句和反问句;也利用一些积极修辞手法来增强说服力。政论语体的特点是:鼓动性、综合性。由于政治动员的需要,政论的语言必须如宋人朱熹所说,"稳健,有气势,锋刃快利,忌软弱宽缓"。比如,2007年9月在美国扬言要把伊朗伊斯兰革命卫队定性为恐怖组织之际,伊朗总统内贾德向伊朗伊斯兰革命卫队指挥官和负责人发表鼓动性演讲,警告美国和以色列不要对伊朗轻举妄动。他说:

(7)你们面对的是一个站起来的民族和英勇无畏的领导人,胜利属于我们。

这里把民族和领导人捆绑在一起来赞扬,强调我们共同跟你们对抗,很有鼓舞人心的力量。

综合性是因为政论介于文艺语体、科技语体和公文语体之间,兼有科技、公文语体的严密与明晰,也具备文艺语体的感性色彩。政论语体类话语大致包括两个部分:一部分是论证,另一部分是说理。前者主要是摆事实,要求话语确实、明晰;后者主要是讲道理,要求逻辑严密、生动形象。

政论语体的内部可以分为一般政论体和文艺政论体。文艺政论体包括杂文、随笔,甚至会议致辞等,它们已经向文艺语体靠拢了。例如:

(8)春分刚刚过去,清明即将到来。"日出江花红胜火,春来江水绿如蓝"。这是革命的春天,这是人民的春天,这是科学的春天!让我们张开双臂,热情地拥抱这个春天吧!(郭沫若《科学的春天》)

这是1978年3月31日,86岁高龄的中国科学院院长郭沫若,在全国科学大会闭幕式上的书面讲话,由著名播音员虹云当场朗读。优美的文辞、鼓动性的语气,其效果可想而知。

(四)文艺语体

又称文学语体或艺术语体,是适应文学艺术领域语言表达的需要而形成的语言表达模式。其功能是通过艺术形象反映自然界和人类社会,表现作者的观点和思想感情;其言语总特色是形象生动。文艺语体虽然也以语言的准确性为基础,但是以语言的鲜明性和生动性为基本要求,以语言的艺术化为努力方向。文艺语体的特点是:(1)语言的形象化和情感性,体现在诸多方面:大量运用艺术化和情感评价性词语,妙用姿态、位移、表情等动感性强的动词,多用形容词、色彩词、比喻性量词等描绘性词语,以及善用活跃在人民群众口头上的表现力强的成语、俚语、惯用语、歇后语等熟语,选用富有特色的方言土语,这些都是文艺语体形象性和情意性的重要体现。句式长短错综,利用叠音、拟声、双声、叠韵、谐音、押韵、轻重音、字调、语调等语音手段,运用各种积极修辞方法。例如:

(9)像蜂蝶飞过花丛,像泉水流经山谷,我每忆及少年时代,就禁不住涌起视听的愉悦之感。在我记忆的心扉中,少年时代的读书生活恰似一幅流光溢彩的画页,也似一阕跳跃着欢快音符的乐章。(叶文玲《我的"长生果"》)

(2)平常词语的艺术化,就是把平常词语运用到某个特定的语言环境之中,使之产生不平常的艺术效果。平常词语艺术化的途径多种多样,关键是在特定的语境下选择一个最恰当的词语。(3)人物语言的个性化,通过作品中人物话语所用的特定词语和特殊句式来表现。比如,孔乙己的"多哉乎?不多也","窃书不能算偷",等等。

文艺语体内部可以分为单纯文艺语体和综合文艺语体两个大类,前者又分为散文体和韵文体两类;后者是戏剧体,它差不多是散文体、韵文体和口头语体等多种语体的综合。

1. 散文体

包括小说、散文、特写等。在语言使用方面,其特点是多样性与统一性。在散文语体中,要涉及多个不同的人物,他们的语言表达一定是不尽相同的,必须让他们的语言具有个性化。并且,作者叙述的语言跟作品中人物的语言又是有区别的。例如:

(10)马太太笑道:"易先生回来了。"

"看这王佳芝,拆滥污,还说请客,这时候还不回来!"

易太太说:"等她请客好了!——等到这时候没吃饭,肚子都要饿穿了!"

廖太太笑道:"易先生你太太手气好,说好了明天请客。"

马太太笑道:"易先生你太太不像你说话不算话,上次赢了不是答应请客,到现在还是空头支票,好意思的?想吃你一顿真不容易。"

"易先生是该请请我们了,我们请你是请不到的。"另一个黑斗篷说。

他只是微笑。女佣倒了茶来,他在茶杯碟子里磕了磕烟灰,看了墙上的厚呢窗帘。把整个墙都盖住了,可以躲多少刺客?他还有点心惊肉跳的。(张爱玲《色戒》)

虽然如此,但叙述语言跟人物语言之间必然达到某种相通,形成统一的语言风格。比如,张爱玲的小说跟钱钟书《围城》在人物语言与叙述语言整体上的差别还是比较明显的。

2. 韵文体

包括诗歌、唱词、曲艺等。它追求语言的音乐美(讲究节拍、押韵和平仄等韵律),这是它区别于散文的特征。韵文体在语言使用上有变异性、跳跃性的特点,表现为:可以在相当程度上挣脱语法的桎梏,使用破格的句式;从而为读者开拓出丰富的想象空间,达到"言有尽而意无穷"的境界。例如:

(11)多少年来多少代,盼那铁树<u>把花开</u>。(阮章竞《妇女自由歌》)

(12)一句话,一辈子,一生情,一杯酒。(周华健《朋友》歌词)

(13)用了世界上最轻最轻的声音,

轻轻地唤你的名字,<u>每夜每夜</u>。(纪弦《你的名字》)

例(11)中,"把"字的谓语核心可以是单个动词。例(12)中,数量短语可以独立成句。

3. 戏剧体

包括话剧、歌剧、地方戏等。其言语特点主要在于人物的语言的口语化、个性化和动作性。例如：

(14)丁四（颓唐地坐下）：赵大爷，您说吧！

赵老：四嫂，你先别这么哭，听我说。

（四嫂止住哭声）你昨儿晚上干什么去啦？你不知道家里还有三口子张着嘴等着你哪？孩子们是你的，你就不惦记着吗？

丁四（眼泪汪汪地）：不是，赵大爷！我不是不惦记孩子……（老舍《龙须沟》）

因为戏剧人物在舞台上的对话要反映现实生活中人们之间关系、事件和冲突，所以口语化是必须的，并且要通过人物语言来反映他们各自不同的思想、身份、教养和经历等个性特点；另外，人物语言还要跟相关的动作配合协调，来加强冲突和对抗，推动剧情发展。

当然，不同语体之间可以互相渗透、互相交融，并且不断形成新的交叉性语体。

四 表达风格的特征和类型

表达风格指不同的作品由于语言表达方式的不同而造成的语言风格上的差异。这种表达风格的差异往往跟作者的气质与才华、表达的内容与语境相关。现代汉语的表达风格可以分为以下四组相互对立的八种类型：简约—繁丰，藻丽—平实，明快—含蓄，典雅—通俗。

（一）简约—繁丰

简约就是简明扼要，其语言基础是：语词简洁，不枝不蔓；繁丰则是繁复细腻，其语言基础是：不惜笔墨地反复叙说，不遗细节地恣意铺陈。比如，《春秋》笔法简洁，《左传》《公羊传》《穀梁传》相对繁丰。简约的表达经常出现在公文、科技语体中，可以收到言简意赅、以少胜多的效果。繁丰的表达经常出现在文艺、政论语体中，可以细致入微地描写景色、叙述事件、刻画人物、抒发感情和论证事理，起到反复强调的作用。例如：

(1)同一个世界，同一个梦想。（奥运口号，英语：One World, One Dream.）

(2)我想了一想，我只是一棵小草，一棵野草。我愿意做一棵小草。草是可以肥田的。草是在什么地方都可以活下来的。我没有别的,我到这里来,我还是做一棵小草,作为这些繁花盛开的肥料!(丁玲《我是一棵小草》)

例(1)简要地表达了世界和谐的中国理念。例(2)反复强调自己想做一棵小草,铿锵有力。

(二) 藻丽—平实

藻丽就是文采绚烂,其语言基础是:多用描摹性、修饰性成分,多用比喻、比拟、夸张、通感、移就、拈连等基于想象和感知的修辞方式。平实就是平易朴素,其语言基础是:从实道来,不事修饰。藻丽的表达追求生动细致、富丽堂皇,适合于文艺、政论语体中以动情兴感为主的场合,平实的表达追求通达,不用或少用描摹性、修饰性成分,不用或少用比喻、夸张之类的修辞方式,老老实实地叙述事实,铺陈景物,解剖事理。适合于公文、科技、政论、文艺语体中以阐释教导、情况交代为主的场合。例如:

(3)曲曲折折的荷塘上面,弥望的是田田的叶子。叶子出水很高,像亭亭的舞女的裙。层层的叶子中间,零星地点缀着些白花,有袅娜地开着的,有羞涩地打着朵儿的;正如一粒粒的明珠,又如碧天里的星星,又如刚出浴的美人。(朱自清《荷塘月色》)

(4)回忆童年时代,距家门口半里来远的小河边上,有一小块砂石地,叫"石笼"。那儿尽是比牛还大的花岗岩石头,有的在地面上,有的大半埋在地里。总之,这是无法耕种的荒地。(曹靖华《小米的回忆》)

例(3)浓墨重彩地写景状物,用优美的词句抒发内心幽微处的情感,精雕细刻,文采绚烂;例(4)中没有太多华美的词藻,没有充沛外露的感情,因而显得朴实自然、平易近人。

(三) 明快—含蓄

明快就是明白畅快,其语言基础是:有什么说什么,有多少说多少,使人一听就明白,一看就理解。含蓄就是含而不露,言有尽而意无穷;其语言基础是:要表达的意思不直接说出来或不全部说出来,有意让人揣摩,而且越揣摩含义越多。明快的表达明朗晓畅,适合于公文、科技语体,当然也适合于文艺、政论语体。含蓄的表达言少意多、话中有话,含义深邃、耐人寻味,适合于文艺、政论语体。例如:

(5)新过门的全庆媳妇长得那个俊俏,真把全村几百口子镇了。连老杜家的后人都说,他们的祖奶奶是百里难得挑一的大美人,可是跟全庆媳妇一

比,那可就是狗尾巴花和牡丹花插到一个花瓶里。(李一信《三种故事》)

(6)我还要以我的余生,振翅翱翔,继续在火中追求真理,为讴歌真理之火而死。秋白同志,我的整个生涯是否能安慰死去的你和曾是你的心,在你临就义前还郑重留了一笔的剑虹呢?(丁玲《我所认识的瞿秋白》)

例(5)通过映衬手法,明白地说"全庆媳妇长得那个俊俏"。例(6)是文章结尾,作者并没有直白地说出自己对瞿秋白的怀念,而是以自己的际遇作为结尾,让人思考体会。更有意思的是,在这篇文章中,丁玲介绍:瞿秋白在妻子王剑虹病逝后,感情十分低沉、悲恸。他给丁玲写了"一束谜似的信"。这些信里面隐晦、曲折的含义,直到多年后丁玲在延安看到瞿秋白的《多余的话》,她才一下子明白过来。可见,理解含蓄的话语是需要背景知识的。

(四) 典雅—通俗

典雅就是典范而高雅,其语言基础是:尽量运用规范、文雅的书面语言,努力回避俚俗词语,排斥方言土语,保持跟日常生活语言之间的距离。通俗就是普通随俗、浅显易懂,其语言基础是:尽量使用日常生活用语,不避俚语粗话,甚至追求粗俗。典雅的表达规范庄重,适合于部分公文、科技、文艺语体;特别是文言词语和句式的运用,往往能够创造出一种古雅而庄严的风格,尤其适合于部分文艺、政论语体。通俗的表达平易近人、清澈见底,适合于各种语体。例如:

(7)长亭外,古道边,芳草碧连天。

　　晚风拂柳笛声残,夕阳山外山。

　　天之涯,地之角,知交半零落。

　　一瓢浊酒尽余欢,今宵别梦寒。(李叔同《送别》)

(8)人家都说俺们东北特产是黑社会,

　　我说老铁要是这么说那就是你的不对了;

　　一下把俺这颗爱国的红心吧嗒扔地下摔稀碎,

　　俺死都不信有谁能比这个社会还黑。(陈旭《东北人都是黑社会》)

例(7)用词规范文雅又词浅意深,感情凄迷阴柔又哀而不伤;堪称二十世纪的"阳关三叠"。例(8)是走红的网络歌曲,用词俚俗,明白易懂,活泼风趣。

从上文的讨论可以看出,功能语体和表达风格的关系是错综复杂的。表达风格是多种多样的,上面介绍的几种风格只是一些比较容易把握的。此外,还有"刚健—柔婉、疏放—谨严、诙谐—庄严、沉郁—旷达",以及无法用简单的一个词语概括的风格。我们不仅要在分析文本的基础上努力了解各种风格的基本类型,还要在鉴赏、甄别他人风格的同时,形成自己所期望的理想的风格。在风格的培养上,要掌握好分寸;坚持适度自然的原则:根据表达的需要来遣词造句和选择修辞方法。千万不要走极端,因为:过分简约就会变成苟简、过分繁丰就会变成啰唆、过分藻丽可能沦为浮艳、过分平实可能沦为寡淡、过分明快就会变成直露、过分含蓄就会变成晦涩、过分典雅可能沦为古奥、过分通俗可能沦为粗俗。

五 网络语言的特点和规范

网络语言是一种由网民创造的、专门用于网络交流(论坛、聊天、飞信,等等)的语言表达模式,是随着网络的普及而新兴的语体,有别于在传统平面媒体上使用的语言表达形式。网络语言的特点是:通过符号、字母、数字、语素等材料,加上谐音、合音、比喻、借代等手段来创造新词,或者赋予旧词以新的意义,还有一些特殊的语法格式和修辞方式。例如:

(1)O! 偶^_^,偶 T T。(哦! 我高兴,我流泪。)

(2)I 服了 U。1314920。(我服了你了。一生一世就爱你。)

(3)你个小 P 孩,偶 PS 你。出来混,迟早要还的。(你个小屁孩,我鄙视你……)

(4)我是菜鸟,路过这里,顺便灌水,欢迎拍砖。(我是新手,随便浏览这个论坛,顺便发表议论,欢迎严厉的批评。)

(5)斑竹、各位大虾,表酱紫,做人要厚道;我收声,我闪,行不?(版主、各位大侠高手,不要这样子……我闭嘴,我离开这个论坛……)

(6)童鞋,你走先。哥还要围观一会儿。你懂的。瞧人家车模 MM 秀的不是身材,而是寂寞。(同学,你先走。我还要浏览……)

可见,在网络语言中还经常引用各种名言警句。其中,"出来混,迟早要还的"引自电影《无间道》台词,"做人要厚道"引自贺岁片《手机》台词。"V 的不是 N,V 的是寂寞"是仿拟。

当然,在网络上使用的语言并非都是网络语言。网络上的语言也是多种语体并存的。比如,网络上的新闻、公告仍是公文语体,网络上的散文、小说仍是文艺语体。这里的"网络语言"指网友在论坛发文、发帖,在网上聊天所使用不同于在一般平面媒体上所使用的语言。这种语言往往呈现出新颖、搞怪、简约、随意、直观、幽默、不规范、无厘头的风格特点。所以,被人们称为"火星文""脑残体"等。不过,网络语言有强大的辐射功能和渗透功能,首先影响到网上的博客和微博语言、电子邮件和手机短信等新媒体语言,然后影响到年轻人的口头语言交流和书面写作,再影响到其他人的书面语和口语。网络语言成了是否时尚、是否跟随热门的标志。比如,某大学校长爱上学生论坛"冒泡"(时不时发个言),被学生称为"根叔"。他在2010年6月23日毕业典礼致辞中,用了不少网络语言。例如:

(7)我知道,你们还有一些特别的记忆。你们一定记住了"俯卧撑"、"躲猫猫"、"喝开水",从热闹和愚蠢中,你们记忆了正义;你们记住了"打酱油"和"妈妈喊你回家吃饭",从麻木和好笑中,你们记忆了责任和良知;你们一定记住了姐的狂放,哥的犀利。未来有一天,或许当年的记忆会让你们问自己,曾经是姐的娱乐,还是哥的寂寞?

2010年11月10日,网络词语"给力"登上了《人民日报》头版头条,网友惊呼"太给力了"。从最初的"火星文"到而今的流行语,网络语言越来越被大众接纳。网友把它看成是网络语言被认可的一个大事件,更有网友提出:报纸给力能否带动网络语言"转正"。的确,随着网民数量的激增,网络语言已不完全是小众语言;其中一部分正在逐步变成人们生活不可缺少的大众语言,并且已有少量网络词语被词典收录;更多的是昙花一现,随即风流云散。

对于网络语言这种流行于网络社区的小众语言,不管它多么怪异出格,我们都应该容忍。但是,对于那些努力进入大众语言的网络词汇和句式,我们应该审慎地加以规范。具体的规范标准是:(1)必要性,选择那些现实交际所必需的词汇和句式;(2)明确性,选择那些意义明确清楚的词汇和句式;(3)普遍性,选择那些流通面和群众基础广泛的词汇和句式。比如,"神马都是浮云"中的"神马"就不符合必要性标准,肯定竞争不过"什么"。"给力"在北方土话中有"带劲"的意思、在福建莆田方言中有"勤快"的意思、在淮北方言中有"加油"的意思,在网络语言中有"有帮助、有作用、给面子"等多种意思,"不给力"又可以形容和预想目标相差甚远;可见,这个词在意义明确性方面就太不"给力"了,妨碍它进入大众语言。来源于日语的"吐槽",意思类似相声的捧哏;引申指给人难堪、抬杠、掀老底、拆台,在网络语言中多用于嘲笑、讥讽、抱怨、甚至谩骂;但是,它的流通面不太广泛。

六 网络语言的语体和风格

在网络语言中,业已形成几种著名的语体,比如,淘宝体、凡客体、咆哮体、梨花体、丹丹体、高铁体,等等;它们有着特定的语言使用特点和表现风格。下面,只介绍前三种。

(一)淘宝体

这是一种亲切、可爱的说话方式。起源于淘宝网上卖家与买家之间的交流,常见字眼有:"亲""包邮哦""好评哦"。例如:

(1)亲!!! 熬夜不好哦!!! 包邮哦!!!

亲,你有没有感觉,每一次完毕淘宝支付,我都想这么说话呢。

淘宝体很有爱的说呢,嘻嘻。亲,那咱们都换作用淘宝体说话吧!

因为这种表达模式亲昵、轻松、活泼,被网民广泛使用,在网络上,喊"亲"的声音更是屡见不鲜。还被高校用于发送录取短信、警方用于通缉罪犯和宣传交通安全、外交部用于微博招聘人才。例如:

(2)亲,你大学本科毕业不?办公软件使用熟练不?英语交流顺溜不?驾照有木有?快来看,中日韩三国合作秘书处招人啦!这是个国际组织,马上要在裴勇俊李英爱宋慧乔李俊基金贤重 RAIN 的故乡韩国建立喔~此次招聘研究与规划、公关与外宣人员 6 名,有意咨询 65962175~不包邮。(2011 年 8 月 1 日)

这则招人微博发布后,引来大量网友的围观。对于这种表达模式,许多网友赞扬"好有创意",也存在质疑的声音:"该严肃的时候不严肃,这样合适吗?"

(二)凡客体

这是一种调侃、戏谑的说话方式。起源于凡客诚品(VANCL)的广告文案。这种广告意在戏谑主流文化,彰显该品牌的个性形象。韩寒、王珞丹的广告词采用 80 后生人的口吻调侃社会,戏谑主流文化,彰显出 VANCL 个性品牌形象。例如:

(3)爱网络,爱自由,
　　爱晚起,爱夜间大排档,爱赛车;
　　也爱 29 块的 T-SHIRT,我不是什么旗手,
　　不是谁的代言,我是韩寒,
　　我只代表我自己。

我和你一样,我是凡客。

其另类手法也招致不少网友围观,网络上出现了大批恶搞凡客体的帖子,代言人韩寒、王珞丹等也被掉包成小沈阳、凤姐、郭德纲、陈冠希等名人。其广告词被网友恶搞为令人捧腹的"凡客体"。例如:

(4)爱碎碎念,爱什么都敢告诉你,
爱大声喊"爱爱爱",要么就喊"不爱不爱不爱",
请相信真诚的广告创意永远有口碑,
我不是"某白金"或"某生肖生肖生肖",我是凡客体。

(三)咆哮体

这是一种表示强烈感情的说话方式,没有固定的格式或内容;特点是在词语或者句子后面带有许多感叹号,反复使用"有木有?"追问,频繁使用"伤不起!"哀叹自怜。这种语体一般出现在回帖或者 QQ、MSN 等网络聊天对话中。使用者激动的时候,有时会觉得一个感叹号不能表达自己的情感,于是打出很多感叹号;有些人在回复的时候,也会用感叹号来凑字数。例如:

(5)办公室上班族你伤不起!每天手机打卡机跟你作对有木有!聊个QQ还得小心被抓到有木有!上下班挤成饼干有木有!

这种看上去带有很强烈感情色彩的咆哮体引来了网友的追捧,大家认为咆哮体有助于舒缓压力;于是竞相效仿,出现了校内咆哮体:

(6)两年前选了法语课!于是踏上了不归路啊!!电话报完一集葫芦娃都看完了啊!有木有!学法语的人你伤不起!!!

一时间各种专业版本的咆哮体文章陆续出现,比如,英文版、西语版、日语版等等,在网络上被疯狂转载;迅速得到网友的呼应,并由此衍生了对法医、字幕组翻译、记者、保安等各个群体的控诉。接着各路明星、网络作者也加入咆哮大军。甚至各路粉丝也纷纷开始撰写关于他们的偶像的咆哮体文章。很多咆哮体的粉丝还很注意感叹号的排序,使咆哮体显得美观而又能表达自己的情感。由于咆哮体的火爆,网上已经出现了各种各样的咆哮体生成器,比如,音频版咆哮体、视频版咆哮体,以音频或者视频的方式在网络上激动地表达自己的感情;通常大声呼喊"有木有",并配以凌乱的字幕。

有人认为通过咆哮体在网上排解心理压力可能有一定效果,但是人们最终要落实于现实中。如果网络的发泄让人在现实生活中越发退缩,那就不是一件好事了。有人甚至担心过分使用咆哮体在网上宣泄自我,可能危害我们的思想境界,甚至遗忘了中华文学的本来面目。其实,咆哮体作为一种语言狂欢和心理宣泄,夸张性表演成分居多,其正面和负面作用都是有限的。因此,我们不能对它寄予什么希望,也不必过于多虑。

最后,我们借用神经生物学家卡尔文(William H. Calvin)的一段话来结束本章:"莎士比亚所用的词汇并非全是他发明的,他只是重新组合了那些词语,尤其是使用比喻把某个层次的关系转义到另一个层次。同样,智力行为往往是由旧东西的新组合所造成的"(《大脑如何思维》)。是的,修辞的奥秘差不多全在于此,修辞学知识的作用也仅在于帮助大家打开一扇窥探修辞奥秘的窗户。

练 习 六

一、举例说明语体跟文体的联系与区别。
二、举例说明作家作品的艺术风格跟其语言表达风格之间的关系。
三、分析下列话语的表达风格和修辞效果及其语言基础。

1. 日本鬼子又闹事哪!哼!闹去吧!庚子年,八国联军打进了北京城,连皇上都跑了,也没把我的脑袋辫了去呀!八国都不行,单是几个日本小鬼还能有什么蹦儿?咱们这是宝地,多大的乱子也过不去三个月!咱们可也别太粗心大胆,起码得有窝头和咸菜吃!(老舍《四世同堂》)

2. 而在这三十年中,却使我目睹许多青年的血,层层淤积起来,将我埋得不能呼吸,我只能用这样的笔墨,写几句文章,算是从泥土中挖一个小孔,自己延口残喘,这是怎样的世界呢,夜正长,路也正长,我不如忘却,不说的好罢。但我知道即使不是我,将来总会有记起他们,再说他们的时候。(鲁迅《为了忘却的记念》)

3. 潘金莲骂如意:"你这个老婆,不要说嘴!死了你家主子,如今这屋里就是你!……你背地干的那茧儿,你说我不知道?偷就偷出肚子来,我也不怕!"(《金瓶梅》)

4. 我们村西有一条河,流水清澈,平平的河滩廓大宽展,自远处眺望,浅亮亮的河水仿佛是铺晾在沙滩上的一派银箔,轻轻闪烁。(杨闻宇《日月行色》)

5. 清凉台和始信峰的顶部都是稍微向外突出的悬崖,下边是树木茂密的深壑。站脚处很窄,只能容七八个人,要不是有石栏杆,站在那儿不免心慌。

如果风力猛,恐怕也不容易站稳。(叶圣陶《黄山三日》)

  6.我站在牵牛花架前,这时空气多么清新,朝阳乍露,一切都令人欣然喜悦。是的,早晨多么美好呀! 牵牛花是早晨的花,这紫的、蓝的、白的、红的花,是专门开给那些和黎明、早霞、和朝阳一起开始生活与工作的人看的,是为早起的人祝福的。(刘白羽《早晨的花》)

  7.在春天暖和的阳光下,他坐在带弹簧的四轮马车上,望着新出土的青草,白桦树的嫩叶,望着春天最初出现的朵朵白云在灿烂的蓝天上飘动。他一无所思,愉快而随意地左顾右盼。(托尔斯泰《战争与和平》,娄子良译本)

  8.你说你吃面就吃面,还要喷一根到我碗里! 好吧,看在你这么帅的份儿上,饶你不死。这家伙喷我一根面条也就算了,居然还追到我的公司来! 嘿嘿,这可是你自己送上门来的……什么? 这白净的面条男居然是老板的私生子? 动他,这身份,我怎么敢下得去手? 不动他,我又怎么对得起我自己! (没有故事《钓个金龟婿》)

四、分析下列网络词语的构造方式和修辞效果。

  1."菜鸟"和"大虾"是网络新手和超级网虫的网上称呼。"斑竹"即版主,就是BBS论坛的管理维护者;"竹页"则表示同站的主页。

  2."菌男"和"霉女"在网络中则表示俊男和美女。"青蛙"表示网络中不够帅气的男性,而"恐龙"则是样子有点对不住观众的女性的统称。

  3."伊妹儿""幽香"是Email、邮箱的网上昵称,"烘焙鸡"则是英文Homepage的谐音,即个人主页;"酒屋"和"酒吧"则是代表了操作系统WIN95和WIN98。

五、分析和论证所谓的"梨花体、羊羔体、丹丹体、高铁体、幸福体、Hold体、撑腰体"等,能不能成为网络语言的一种分语体,或者是网络语言的一种表达风格。